*"Entre líneas de texto existe un mundo inadvertido.
Es una incómoda área gris que pocos pueden penetrar.
Barbara Hand Clow, con su inimitable habilidad, escudriña en este
mundo con una visión como de rayo láser y la ha lanzado ante nosotros
de una manera que no puede ser ignorada. Como un ingeniero que está
'basado' en la realidad tri-dimensional,* Catastrofobia *lee entre mis líneas
con inteligencia y claridad".*
Christopher Dunn, *autor de* The Giza Power Plant: Technologies
of Ancient Egypt (La Planta de Poder de Gizeh: Tecnologías
del Antiguo Egipto)

"En Catastrofobia, *Barbara Hand Clow, con su perceptiva voz,
nos invita a explorar las desconocidas grietas del pasado a través
de su insólito ojo espiritual"*
Rand Flem-Ath, *autor de* When the Sky Fell (Cuando el Cielo Cayó)

*Encuentro que este libro expande la mente, es provocativo y ofrece
una importante contribución a nuestro propio entendimiento como una
especie, en especial en estos críticos tiempos en los que enfrentamos
trascendentales decisiones"*
Matthew Fox, *autor de* Original Blessing (Bendición Original)

En Catastrofobia, *"Abuela Cielo" (Barbara Hand Clow), ha capturado
la esencia de la Madre Tierra, como una energía viva dentro del Círculo
Universal. Para apreciar mejor nuestro propósito aquí en la Madre Tierra,
algunas veces a un escritor como Barbara le cuesta volver a visitar la Antigua
Sabiduría por nosotros. Ella ha tocado el conocimiento que nos ayuda como
seres humanos a cruzar hacia el futuro. El libro revela algunas dinámicas
universales que nos ayudan a entender nuestra conexión con el pasado aquí en
la Isla Tortuga. En verdad podemos aprender de la Medicina Tortuga o del
pasado, que tenemos la habilidad para cambiar y empezar de nuevo".*
J.T. Garrett, Ed.D. M. P.H.
Miembro de la Banda Oriental de los Indios Cheroquí

CATASTROFOBIA

La Verdad Detrás de los Cambios de la Tierra
en el Arribo de la Era de Luz

Barbara Hand Clow

Ilustraciones de Christopher Cudahy Clow

Inner Traditions en Español
One Park Street
Rochester, Vermont 05767
www.InnerTraditions.com

Lasser Press Mexicana, S.A. de C.V.
Praga 56, Colonia Juárez
México, D.F. 06600
Teléfono 5514 2020

Inner Traditions en Español es una división de Inner Traditions International

Título original: *Catastrophobia*

ISBN 968458527-6 (Lasser Press Mexicana)
ISBN 089281140-4 (Inner Traditions en Español)

Traducción al español: *Martha L. Malo Esparza*
Formación de la versión en español: *Javier Curiel*

Impreso en: Grupo Editorial Zeury, S.A. de C.V.

Impreso en México
Printed y Mexico

Contenido

1. Midiendo los Ciclos de las Estrellas   9

El Solsticio Galáctico de Invierno

Precesión de los Equinoccios

Arqueoastronomía

El Gran Año Platónico

Personalización por las Fuerzas Celestiales Arquetípicas

Teoría de Cataclismo

Cambio Generacional y Desmaterialización

La Medicina Tortuga

2. El Gran Cataclismo y la Caída   33

El Molino de Hamlet y la Precesión de los Equinoccios

Los Terribles Días de Diluvio, Viento y Fuego

Modelos Cambiantes de la Corteza

La Columna Geológica

El Panorama Prediluviano

La Época del Holoceno: La Tierra después del Cataclismo

3. El Cereblo Bicameral y la Esfinge   53

El Colapso del Cerebro Bicameral

Volviendo a Despertar el Cerebro Bicameral

La Correlación de Orión y el Misterio de la Esfinge

7. Los Ángeles Caídos y las Piedras de Ica 149

Draco y la Osa Mayor
La Pesadilla Colectiva de la Elite Global
Ciudades Subterráneas y los Tiempos de Supervivencia
Arcaicos Textos Sagrados y Zaratustra
Los Observadores, el Nefilim y los Ángeles Caídos
Chamanismo de Buitre y el Nacimiento de Zal
La Misteriosa Biblioteca de Piedra de Ica
Los Antiguos Astrónomos estudian el Cielo y los Mapas
    Marítimos Globales
¡La Gran Pirámide es una Planta de Poder!

8. La Conspiración de la Puerta Estelar y el CosmoCráter 177

¡Apoyo a los Herejes!
La Conspiración de la Puerta Estelar
Edgar Cayce y la Búsqueda del Pasillo de los Registros
La Civilización Perdida en Marte
El Anuncio de Marte
El Consejo de los Nueve
Símbolos como Transmisores de la Mente Divina
Perseo le quita la vida a la Medusa
Zoroastro y la Era de Asa
Rituales de Sangre y el Ahriman

9. La Diosa Alquimia y los Misterios Heliopolitanos 205

El Modelo de la Agenda de las Pléyades y el Tiempo Interactivo
Trayendo lo Divino a la Vida Diaria
El Despertar Colectivo
Regresión a la Vida Pasada, bajo Hipnosis
Bailando sobre la Espalda de la Tortuga
Quirón como un Sanador Herido
El Principio de Luz Líquida
La Realidad Alterna y las Posturas Estáticas del Cuerpo

Lista de Ilustraciones

Capítulo 8

Capítulo 9

Anexo B

Este libro está dedicado a
Matthew Clow
(noviembre 15,1968–junio 26, 1998)
y su generación.

Reconocimientos

Rindo un homenaje a mi abuelo de ascendencia celta/cheroquí, Gilbert Hand, por sus enseñanzas y sabiduría que han dado fruto cincuenta años después. Mi abuelo se dio cuenta, cuando yo tenía siete años, que me daba miedo que el cielo se fuera a caer. Ya que él era mi guía de medicina, me ordenó que todos los días, después de ir a la escuela, me sentara bajo un árbol en el jardín trasero de casa, para contemplar el cielo. Pronto me aburrí, puse la silla de montar de mi caballo en una rama del manzano y amarré un estribo en otra. Fantaseaba que montaba a mi caballo Lucky, sin quitar los ojos del cielo. Cuando me cansé totalmente de la vigilia, mi abuelo me ordenó estudiar *Chicken Little* (El Pequeño Pollito). Luego, por los siguientes doce años, me instruyó en la tradición oral de ancestrales civilizaciones, me guió a través de la arqueología y las más importantes fuentes. Su madre le transmitió los secretos cheroquís y después, él hizo lo mismo conmigo. Gracias abuela Hand por las canciones e historias de los Celtas. Espero haber hablado con la verdad sobre sus sutiles modos.

Gracias, J.T. Garrett y Michael Walkingstick Garrett, Hunbatz Men, Alberto Ruiz Buenfil, Don Alejandro Oxlac. José y Lloydine Argüelles, White Eagle Tree, Benjamín of Tana Toraga, Heyoka Merrifield, Abdel Hakim, Frank Aon, Sam Kaai, Nicki Scully, Felicitas Goodman, Michael Stearns, Meinrad Craighead, Chris Griscom, Gregory Paxson, y Gerry y Lis Clow, por conocer la medicina y gentilmente compartirla conmigo.

La alegría más grande al escribir este libro ha sido trabajar con el ilustrador y artista de portadas, Christopher Clow, mi tercer hijo. Agradezco a la Universidad de Hampshire en Amherst, Massachussets, por animar a Chris a realizar las ilustraciones para su proyecto de graduación, que resultó en una fantástica exhibición en mayo de 1999. En este caso, el margen de la alegría lo es también de la tristeza. El 26 de junio de 1998, mientras él y yo estábamos trabajando juntos, recibimos la noticia de que Matthew Clow, mi hijo y hermano mayor de Chris se había ahogado en el lago

Lower Red Rock cerca de Dillon, Montana. No hubiera sido capaz de terminar *Catastrofobia* yo sola y Chris me inspiró para continuar escribiendo, porque le gustaba mucho el material y quería graduarse en 1999. ¡Chris, las ilustraciones y la portada son maravillosas!

Matthew Clow fue un dedicado ambientalista, perdió la vida mientras hacía una investigación para salvar la trucha nativa de la enfermedad girante, para graduarse. Como un devoto joven científico, Matthew expresaba un profundo escepticismo sobre mi trabajo intuitivo. Compartíamos una intensidad similar: como yo he sufrido, debido a que nuestro rango emocional humano está tan retrasado por traumas no resueltos, Matthew sufría por las precarias condiciones de nuestro ecosistema. Seis semanas antes del final de su corta vida de veintinueve años, leyó mi más reciente y especulativo libro, *The Pleiadian Agenda: A New Cosmology for the Age of Light* (La Agenda de las Pléyades: Una Nueva Cosmología de la Era de Luz). Durante nuestra última conversación, comentó que este trabajo le había permitido recordar los alcances multidimensionales. Me acuerdo que entonces le dije que de hecho, algunos pensadores esotéricos, como Rudolf Steiner y Christopher Bird creían que espíritus que participan en la Naturaleza mantienen la vida; estos seres son la Naturaleza. Matthew me ayudó a escribir este libro a través de ella. Él impregnó mi realidad mientras lo estaba escribiendo y su participación espiritual es una voz en este libro. Estaba contento en la Universidad del Estado de Montana mientras estudiaba con su querido profesor, Dr. Kal Kaya y te agradezco a ti Kal, que fueras su mentor y reconocieras su capacidad. Gracias a la Universidad, por trabajar con nosotros en la Beca Matthew Clow que se estableció para honrarlo. Espero que mi trabajo inspirará a la generación de Matthew, para descubrir la participación espiritual en la Naturaleza en la venidera era de luz. Y gracias a Hillary Weinberg Clow, esposa de Matthew, por sus profundas comunicaciones y su vívido interés en el desarrollo del texto.

Agradezco a D.S. Allan y a J.B. Delair, por *Cataclysm! Compelling Evidence of a Cosmic Catastrophe in 9500 b.C.* (¡Cataclismo! Convincente Evidencia de una Catástrofe Cósmica en el 9500 a.C.) que es la base de este libro. Derek Allan murió a finales del 2000 y el mundo perdió un gran historiador científico, en especial en lo que se refiere a su investigación sobre recientes cambios geológicos. J.B. Delair pasó incontables horas revisando un manuscrito que por así decirlo, estaba en muy malas condiciones. Este libro no existiría sin su extraordinario apoyo, y me siento profundamente honrada por su prólogo. Gracias, Andrew Collins. Rand Flem-Ath, John Michell, Belinda Goodman y Chris Dunn, por revisar este manuscrito. Sus críticas y sugerencias lo han mejorado mucho, y les estoy agradecida por sus propios libros, que han construido bloques de soporte para éste. Muchas gracias al donador anónimo de las ilustraciones, que fue una maravillosa forma de agradecer a Bear & Company. Su generosidad dio la posibilidad a Chris de hacer más de lo que originalmente habíamos planeado. Doy las gracias a mi hermano Robert Hand, por su conocimiento geológico, que me hizo interesarme en el tema cuando yo era joven. Tu pasión sobre el destino de la Tierra y su proceso, han tenido mucha más influencia en mí de lo que piensas. Gracias Cindy Clark, por tu maravillosa mente que hace puentes entre las eras del Paleolítico y el Holoceno.

Gracias Gerry Clow, por todo tu trabajo editorial en este libro. En realidad me ayudaste a poner mis pensamientos en claro. Somos un equipo, igual que lo fuimos cuando escribimos juntos un libro para Little Brown hace veinticinco años. Todavía estoy escribiendo porque siempre me ayudas, y sí, estoy muy cansada de quemar el aceite de media noche. Nicholas Dalton fue un lector secundario y gran editor — gracias por quedarte hasta las 4:30 de la mañana la noche de las elecciones presidenciales del año 2000. El personal de Inner Traditions/Bear & Company fue consistentemente maravilloso, en especial Jon Graham, Jeanie Levitan, Kathleen Achor y Cindy Sutherland. Gracias a Ehud Sperling, por tomar a Bear & Company bajo su protección, para que yo tuviera tiempo de completar tanta investigación. Por último, este libro no existiría sin el constante apoyo de nuestra diosa de la limpieza, Tina Riley y de nuestra jardinera y Deva personal, Jane Tanner.

Prólogo

La década pasada más o menos ha visto una avalancha de libros sobre el tema de las catástrofes del mundo. De diversas calidades, estos libros han abarcado desde consideraciones del admitido traumático fin del reino de los dinosaurios, al final de los tiempos del Cretáceo, hace más o menos 65 millones de años, a aquel que evidentemente trajo la tan nombrada Era de Hielo del Pleistoceno a un abrupto cierre hace aproximadamente 11,500 años, cuando, en opinión de algunos, la legendaria isla de la Atlántida fue tragada de forma catastrófica por el océano.

De manera principal, estos estudios se han enfocado en la evidencia física de la antigua realidad de esos eventos, sobre los mecanismos que aparentemente causaron su irrupción y en algunos de los múltiples efectos secundarios prolongados que desencadenaron.

En el historial de la calamidad del Pleistoceno, es muy significativa la presencia de un impresionante y variado cúmulo de antiguas y globalmente diseminadas narraciones del suceso, por "testigos" humanos, (ahora preservado como tradiciones y leyendas), que completa la evidencia asociada de campo y es un factor entendiblemente ausente del expediente sobre la aún más lejana catástrofe del Cretáceo. Por supuesto, esas leyendas y tradiciones son en sí mismas, por mucho, una *parte* de "catastrofismo", en su sentido más amplio. De esa manera, el resultante "mosaico" del Pleistoceno es uno especialmente fértil para la exhaustiva investigación académica.

Por lo tanto, es de algún modo curioso que comparativamente pocos escritores se hayan ocupado, hasta cierto punto, por las heridas psicológicas, ahora profundamente grabadas, así como por las subsecuentes reacciones sociales (fobias) generadas por la temprana y *total* experiencia de la humanidad sobre el desastre de hace 11,500 años; es hasta ahora que este modelo ha sido destruido por la publicación de un extraordinario libro de Barbara Clow, acertadamente titulado *Catastrofobia*.

Para aquellos que estén familiarizados con las anteriores obras de esta autora, será superfluo enfatizar su amplitud de erudición o facilidad al expresar de forma concisa los otrora datos naturalmente complejos. Pero para quienes Clow sea un nuevo autor, *Catastrofobia* debería probar la más ilustrativa lectura, ofreciendo coherentes explicaciones de muchos controvertidos aspectos de las antiguas creencias y de los patrones sociales de comportamiento de la humanidad y cómo eso ha conducido, a su vez, al sofocante conservatismo y ortodoxia y es triste que todo esté todavía con nosotros de forma demasiado común.

Usando los últimos hallazgos de la ciencia de la tierra, de los investigadores de la prehistoria y de lo que ahora se puede llamar de mejor manera, la arqueología de la "nueva onda", *Catastrofobia* sigue la pista de la evolución de la sicología humana durante los últimos 15,000 años más o menos y se concentra en cómo eso se ha modificado, debido al horrendo evento que como un hito, hace cerca de 11,500 años acortó un antiguo régimen territorial benigno, desorganizó mucho del adyacente sistema solar y marcó el comienzo de uno más severo y más incómodo de los tiempos presentes (Holoceno).

Ahora las merodeadoras acciones cósmicas responsables de esa espantosa devastación, son identificables con razonable exactitud y todavía se recuerdan gráficamente como las hidras, grifos, dragones y Medusas, las serpientes circundantes del mundo y los inmensos "monstruos" de la mitología popular (las tradiciones y leyendas anteriormente mencionadas), de hecho, simbolizan fenómenos cósmicos. *Catastrofobia* relata este suceso cósmico como un cambio coincidental en el declive axial de la Tierra y el nacimiento de la precesión de calendario de los equinoccios —un elemento de gran importancia para el Hombre del Holoceno y uno vinculado al recientemente descubierto planeta Quirón, del cual Clow argumenta que puede, como los zodíacos, haber influido en el desarrollo de la astrología hace 10,000 años. La destrucción de un ancestral régimen mundial estable, la así llamada Era de Oro de los días anteriores al cataclismo, dio origen entre los sobrevivientes a la noción de que su pérdida era, junto con el contemporáneo Diluvio de Noachian o Diluvio Universal, un castigo del dios vengador para una pecadora humanidad pre-diluvial.

Durante el siguiente milenio, esa idea generó una grande y variada plataforma de prácticas penitenciarias y propiciatorias, que a menudo fueron expresamente atadas a las fechas equinocciales en el entonces nuevo ciclo procesional del Holoceno. De esa manera, la culpa, la penitencia y el sacrificio en sí mismos, se volvieron el sostén principal de prácticamente todas las muchas religiones y cultos que surgieron después de la iniciación de la época del Holoceno —asumiendo la "culpa" (para explicar la "necesidad" de una catástrofe punitiva), la "penitencia" voluntaria (para expiar el "pecado" imaginado) y el "sacrificio" fervoroso (para esperanzadamente evitar una repetición de la "purificación divina")— cada faceta de la "catastrofobia" en sí misma establecida por largo tiempo.

Clow examina estos y otros cambios humanos sicológicos, en relación con lo que ella llama la Mente Bicameral, su anterior degeneración y posterior despertar. Mencionando a varias destacadas autoridades sobre el tema, ella postula que en términos de un despertar general de la Naturaleza, el hombre precatastrófico poseyó un sentido más altamente desarrollado sobre eso que sus descendientes del Holoceno y que el terrible cataclismo que separó a la humanidad prediluvial de la postdiluvial, produjo una "estrechez perceptiva" de ese conocimiento. La ancestral consciencia original, que Clow sostiene, tan sólo ha empezado a emerger otra vez en los últimos tiempos, y entonces no universalmente.

Ella da énfasis al importante punto de que casi toda sociedad civilizada de la antigüedad, reconoció fechar no sólo las primeras apariciones en un sorprendentemente avanzado nivel tecnológico, con, además, conexiones a alguna próspera y globalmente activa cultura marítima, pero que esa técnica y sofisticación deben haber sido adquiridas en principio, antes del nacimiento de la era del Holoceno, esto es, anterior a la catástrofe del Pleistoceno. Clow se cuestiona si esta esencial fuente fue la Atlántida vuelta fábula en los escritos de Platón.

A ese respecto, ella reconoce apropiadamente el último trabajo pionero (1966) de Charles Hapgood sobre la serie de enigmáticos mapas antiguos, todavía existentes, que delinean las *pasadas* condiciones topográficas del norte y sur del presente ecuador; y, como Hapgood, Clow cree que estos mapas representan un legado de esta mismísima antigua carrera marítima. Luego continúa para considerar algunos de los logros técnicos de estos misteriosos marineros y el lugar original del continente perdido de Platón.

La propuesta recientemente desarrollada por los Flem-Ath en *When the Sky Fell* (Cuando el Cielo Cayó), de que la Atlántida ocupó parte de la Antártida, que en este momento está sofocada por el hielo, —una idea que se discutió hace muchos años en un manuscrito no publicado de Harold T. Wilkins sobre una prehistórica metrópolis antártica, ahora cubierta por el hielo, llamada "Ciudad Arco Iris"— se estudia de nuevo en relación con el verdadero retrato de una Antártida parcialmente libre de hielo, en varios de los antiguos mapas mencionados con anterioridad.

Reflejando las opiniones de antiguos escritores como Mainage (1921), Spence (1924), Merekhovsky (1933) y otros, Clow concluye que los habitantes de la Atlántida de Platón estuvieron culturalmente asociados con la dotada gente Magdaleniense y de Cro-Magnon de la época denominada Paleolítico Superior y con Settegast (1990) y Rudgley (1999), sugiere que las numerosas similitudes entre los escritos primitivos de la, un poco más joven, cultura Vinca y el linear Cretan A, la anterior al Valle Indus y los signos alfabéticos pre-helénicos están ligados en una larga cadena, uniendo la legendaria civilización prehistórica de la Atlántida, con los ejemplos indo-Mediterráneos preclásicos que se acaba de enlistar.

Sobre esta base, la antigua creencia de los griegos, romanos y diversas crónicas medievales en un perdido, pero antes habitado continente meridional, imaginablemente descansa en el cimiento de un hecho fragmentado, mientras que las muchas extrañas similitudes culturales entre las antiguas civilizaciones del Viejo y Nuevo Mundo —en especial aquellas de Sudamérica, de modo significativo el continente meridional *más cercano* geográficamente a la Antártida— es muy posible que se puedan explicar como las piezas del mismo antiguo acertijo y por razones similares.

La amplia variedad de evidencia de Clow incluye la cambiante historia climática del Valle del Nilo, de los pasados 12,000 años más o menos, los fluctuantes niveles de agua y el verdadero curso del Río Nilo durante este periodo y el detalle que el Valle de los Templos de la Esfinge y la Segunda Pirámide estuvieron una vez situados más cerca del Nilo de lo que están ahora. Factores como esos y la progresiva desertificación y empobrecimiento del Valle del Nilo, que al principio estaba más densamente cubierto de árboles desde cerca del 4000 a.C. en adelante, en realidad afectó la temprana cultura del Nilo y su desarrollo. Esta cultura, según se dice, derivó desde el legendario "Primer Tiempo" o Zep Tepi, cuando los semidivinos sabios, los Shemsu Hor, supuestamente rigieron a Egipto e instituyeron todos los elementos principales que comprenden la antigua civilización de la Dinastía Egipcia.

Se atrae la atención al reclamo de los egipcios cuyos registros se extienden hasta el año 36,525 a.C. y que en los tiempos de los griegos fueron los sacerdotes Egipcios quienes primero dijeron a Solón, el predecesor de Platón, sobre la anterior existencia de la Atlántida

Con respecto a eso y a la posibilidad de que el original sitio de la Atlántida fuera la Antártida, el hecho de que la masiva mampostería cortada de Osireion, un templo de desconocida pero excepcional antigüedad en Abydos, es notablemente parecido a algunos que se conocen desde hace mucho tiempo del Perú pre-Inca y Bolivia en la Andina América del Sur —el continente mismo más cercano a la Antártida— y que el Osireion, igual que la Esfinge, y que ahora se cree es una estructura mucho más antigua de la fecha general de 3300 a.C. comúnmente conferida al comienzo de la

Primera Dinastía Egipcia, evocan más los vínculos culturales comunes, acentuando todas estas enigmáticas maravillas del pasado.

De aquí en adelante, el hecho de que Clow aceptara la Gran Catástrofe como un evento de punto de referencia que hace 11,500 años más o menos separó a un mundo prediluviano de uno postdiluviano, debería servirle de mucho a la cronología prehistórica. Su revisión, dentro del nuevo marco cronológico resultante de tantos, previamente argumentativos aspectos de la prehistoria, permite la percepción de nuevas perspectivas existentes. De igual modo, sus análisis de los cruciales aspectos psicológicos que hasta ahora, en gran parte, han estrechado la realización de una imagen más verdadera del mundo son meritorios por igual. Incuestionablemente, los dos merecen un prolongado aplauso.

J. Bernard Delair
Oxford, diciembre 2000

Introducción

Catastrofobia explora la evolución humana durante los pasados 15,000 años, basándose en los más recientes descubrimientos en arqueología, mitología y las ciencias de la tierra. Una global convergencia científica de datos revela que hace 11,500 años ocurrió un gran cataclismo, al que la geología llama las "Extinciones del Pleistoceno Tardío" y los teólogos, el "Diluvio Universal" O "La Caída". A esto le siguieron miles de años de masivos ajustes de la corteza terrestre e inundaciones, mientras que las culturas humanas luchaban por sobrevivir. Conforme esta historia avanza, puedo ver que la mayoría de la humanidad cree que el final del mundo vendrá *pronto*, porque este terrible trauma no ha sido procesado. Muchos de nosotros sufrimos de *catastrofobia*, un intenso miedo a las catástrofes. Esto provoca que los individuos y las sociedades piensen en el futuro en términos de un venidero, potencial desastre, de tal modo que la mayoría de la gente no cuida la Tierra ni a sus habitantes, incluyendo a ellos mismos y a sus familias. Mutilados por el miedo colectivo debido a los pasados cambios de la tierra, —la memoria racial de este accidente geológico— nuestras superficiales mentes están llenas con flotantes imágenes de desastre, culpa y sufrimiento. Planeo sacar estos dolorosos pensamiento de nuestras mentes internas, las que crean un venidero Apocalipsis, como una profecía que acarrea su propio cumplimiento. Sin embargo, *¡ya ha sucedido*! Debido a que pocas personas saben esto, nuestra atención se paraliza cuando los predicadores y los profetas de la Nueva Era hacen predicciones, las que *parecen* verdaderas porque resuenan con estas desasociadas imágenes internas.

Este libro explora la posibilidad de que tenemos millones de años de evolución pacífica por venir y en este momento —entre estos ejemplos de acumulación mal colocada, que resultan de una espera obsesionada por el Fin de los Tiempos— hemos empezado un despertar espiritual e intelectual. Hoy, la ciencia está describiendo la verdadera historia del pasado de la Tierra. Con base en un conocimiento geológico, biológico, paleontológico y arqueológico de la datación mediante el método del carbono 14, la perforación de la base de hielo, los centros de sedimento del océano y en la tecnología de imágenes por computadora, sabemos que un gran cataclismo sucedió en el año 9500 a.C. También sabemos mucho de los siguientes cambios de la tierra, tales como la inundación del Mar Negro en el 5600 a.C. En esos terribles tiempos, el planeta estaba abatido por inundaciones, erupciones de volcanes, terremotos y masivas olas de muerte y nuestra especie se redujo a una escasa supervivencia. Ahora, como resultado de datos más precisos, de una global mitología multicultural y del establecimiento de modelos, repentinamente tienen más sentido. Los lugares arqueológicos están volviendo a la vida porque sabemos qué y cuándo sucedió y hasta cómo están conectados estos misteriosos sitios.

Ahora que la ciencia ha verificado la fecha y magnitud del cataclismo inicial, podemos ver que es un milagro que algo haya sobrevivido, incluyéndonos a nosotros mismos: en mi búsqueda por tiempos clave en el desarrollo de la Tierra, —y de nuestra especie— regresé miles de años antes del Cataclismo. Fui 20,000 años hacia atrás, porque muchos investigadores han descubierto remanentes de una avanzada cultura marítima global de hace más de 12,000 años, que desapareció casi sin dejar huella. Cualquier fragmento o rastro del mundo perdido son increíblemente significativos y yo seleccioné algunos para abrir su arcaica y racial memoria. La evidencia del mundo perdido nos invita a considerar que no hace mucho tiempo existió sobre la Tierra una brillante civilización, que pudo haber florecido por cientos de miles de años y probablemente nosotros no nos hemos acercado a estos niveles todavía. Creo que esta memoria perdida representa el 85 por ciento de nuestro cerebro o el 97 por ciento de nuestro ADN que los científicos dicen que no usamos.

Hasta hace muy poco los científicos investigaron las catástrofes que estaban cómodamente distantes a nosotros, tales como la extinción de los dinosaurios hace 65 millones de años. Recientemente, algunos de ellos han estado describiendo la magnitud del desastre más reciente y sus descubrimientos parecen haber llegado justo en una oleada de miedo milenario y la fascinación apocalíptica ha empezado a construirse en el mundo. Conforme nuestra especie empieza a despertar de la amnesia colectiva, la más exacta versión de la historia de la Tierra parece estar removiendo nuestros reprimidos recuerdos catastróficos, los que acechan nuestras mentes inconscientes. Los populares medios de comunicación tocan este tema con películas como *Asteroide*, mientras que también son fanáticos de la bomba de tiempo árabe/israelí. La gente se siente acorralada, como si no hubiera futuro. Científicamente hablando, a pesar de que hay asteroides e impactos periódicos de meteoros, glaciación, volcanes, terremotos y severos cambios de clima, un evento tan inmenso como el Cataclismo

2

del 9500 a.C. ocurre *cada 30 millones de años o más* en nuestro sistema solar. En este momento en que la astronomía está explorando la Galaxia de la Vía Láctea, se ha descubierto este largo ciclo y es posible que nada como eso haya *jamás* pasado antes. Desajustó todo el sistema solar, lo que podría haber sido un evento único. Por orden de magnitud, probablemente para el *sistema solar* este evento fue mayor que el impacto del asteroide en el Golfo de México, fuera del de Yucatán hace 65 millones de años, con lo que terminó el Periodo Cretáceo. El público escucha sobre todo, que existen recurrentes desastres cíclicos causados por campos de meteoros y ciclos en el sistema solar que influyen en el clima de la Tierra. Estas cosas pasan en realidad y pueden causar grandes problemas. Sin embargo, la ciencia parece estar contagiada con la *catastrofobia científica* —un gran desastre va a suceder pronto, que podría destruir el planeta por completo— y esto aterroriza al público. Por supuesto, lo que escucha está muy manipulado por los agentes del poder planetario a los que llamo la Elite Global. Mientras tanto, muchos políticos proponen que gastemos trillones de dólares para construir armas y disparar cosas al cielo, en un momento cuando nuestra especie está balanceada por un gran avance evolutivo y un despertar espiritual.

La convergencia de datos descrita en este libro está basada en cantidades casi incomprensibles de trabajo y exploración desde 1600 d.C., que nos aceleró exponencialmente hace 150 años y se convirtió hace 30 años en una reacción nuclear en cadena. El torrente de información es tan grande que me gustaría explicar cómo me introduje en este campo. Empecé mi visible carrera cuando tenía treinta y ocho años, sin embargo, fue durante mi niñez que mi abuelo de ascendencia cheroquí y celta, me instruyó en la *verdadera* historia de la Tierra. Cuando contaba con veinte años, me convertí en estudiante de catastrofismo, que postula que la Tierra experimentó largos periodos de evolución pacífica que son periódicamente importunados por cataclismos. Durante los años 60s y 70s del siglo pasado, muchos científicos comenzaron a cuestionar el pensamiento uniformitariano —que postula que los cambios de la tierra han sido lentos y graduales. Sin embargo, en la escuela, la teoría uniformitariana y el Darwinismo Social —que postula que siempre estamos evolucionando a un nivel más avanzado, al sobrevivir a uno más adecuado— eran los dogmas de moda. Todo esto contradecía totalmente el entrenamiento que me daba mi abuelo, el cual, con mucho cuidado, señalaba que era su legado que algún día yo iba a ofrecer al mundo. Repentinamente, a mediados de los 90s, mi papel como una exitosa autora y nueva editora arquetipo de Bear & Company hicieron posible que yo concibiera este libro. Justo la correcta mezcla de encuentros y oportunidades afortunados ocurrieron y, de hecho, el proceso ha sido mágico.

Durante 1982 y 1983 estudié con Matthew Fox, el hombre de letras dominicano, para una maestría en creación centrada en la teología, en la Universidad de Mundelein. Esta materia celebra nuestro genio creativo y cuestiona profundamente la culpa y obsesión con la salvación personal, que es el resultado de la Caída, como lo describe la doctrina judío-cristiana. Debido a que mi educación con mi abuelo fue un estudio de los antiguos Registros Cheroquís, que son creación centrada, yo estaba fascinada con lo que la creencia en La Caída había hecho a nuestra especie; estaba combinando el temprano entrenamiento de mi niñez con la teología. Me convertí en editora de adquisiciones de Bear & Company (al principio trabajando con Fox) de 1983 hasta 1998, y mis años en publicación están profundamente reflejados en este libro. Editamos muchos sanadores y nuevos autores arquetipo. El verdadero génesis de *Catastrofobia* llegó en 1996, cuando decidí publicar la versión americana de 1997 de D. S. Allan y J. B. Delair's *Cataclysm! Compelling Evidence of a Cosmic Catastrophe in 9500 B.C* (¡Cataclismo! Convincente Evidencia de una Catástrofe Cósmica en el 9500 a.C.). Mi abuelo había dicho que la verdadera historia de la Tierra sería dicha una vez que la ciencia la descubriera y de pronto encontré un libro científico con la línea de tiempo y escenario correctos. Esto me ha permitido investigar cómo nuestra consciencia ha sido alterada y moldeada por los cambios de la tierra, a lo que se le llama Medicina Tortuga en la tradición cheroquí.

Otros pensadores también se enfocan en la herida por los cambios de la tierra y la supervivencia, como el escritor inglés Andrew Collins y la antropóloga Felicitas Goodman, cuyo trabajo ha profundizado este libro. Debido a la rapidez e intensidad de la convergencia global de datos en la ciencia, la teología y la consciencia, la investigación para este libro ha sido intimidada. Es un análisis y síntesis de libros muy bien investigados basados en excelentes fuentes primarias. Aparte de Platón, la egiptología y la arqueología Egea, utilizo la investigación secundaria de otros escritores, lo que se ha convertido en una costumbre de los nuevos escritores modelos, en especial en Inglaterra. He verificado cuidadosamente sus fuentes; sin embargo, animo a los lectores a leer algunos de los libros a los que hago referencia en "Lecturas Sugeridas", porque apenas soy tocada por sus genios. Este método hizo posible resumir y citar argumentos y teorías muy recientes, que se hubieran llevado capítulos enteros de la escritura original. El nuevo movimiento arquetipo es un emocionante campo porque es como construir cosas con tabiques, sin haberlos hecho primero. En ese sentido, este libro es una selección de detalles bien cimentados, de cerca de trece escritores, además de mi propia investigación. Cuando el texto estaba casi terminado en 1998, mi segundo hijo murió en un trágico accidente y me perdí la lectura de *From the Ashes of Angels* (De las Cenizas de los Ángeles) y *The Gods of Eden* (Los Dioses del Edén) de Andrew Collins, un brillante escritor arquetipo cuyas obras pronto estarán disponibles en los Estados Unidos. Finalmente las leí unos pocos meses antes de que terminara este manuscrito y fue como si por años Collins y yo hubiéramos visitado la misma biblioteca. Él también sigue los cambios de la tierra para entender las culturas y consciencia, lo que ha intensificado y aclarado mis propios argumentos. Es tan gratificante encontrar otro investigador que obtuvo conclusiones similares sobre el tema que la ortodoxia ha definido de forma diferente. Muchos de los escritores arquetipo, a menudo sienten como si fuéramos a la par en una carrera de caballos.

Dos meses antes de mi fecha límite, me llegó una copia recientemente lanzada de *The Stargate Conspiracy* (La Conspiración de la Puerta de la Estrella) de Lynn Picknett y Clive Prince, que está creando una tormenta de debates en el ciberespacio porque investiga la manipulación de la Elite Global en el movimiento de la Nueva Era. Al haber sido editora por veinte años, estaba muy conciente de la infiltración de la Elite Global de la Nueva Era, y ya había escrito y leído sobre ella. Los autores de *Stargate* han escrito todo un libro sobre ella, que brillantemente expone cómo la Elite manipula a la gente con sus creencias y miedos. Yo he resumido algo de su investigación con mis propios pensamientos, lo que me invitó a evaluar mi libro anterior *The Pleiadian Agenda: A New Cosmology for the Age of Light* (La Agenda de las Pléyades: Una Nueva Cosmología de la Era de Luz). La tesis dimensional de este libro ofrece mucha comprensión para sanar y los autores de *Stargate* exponen cómo la Elite trabaja para corromper estas poderosas enseñanzas. Por último, he estado estudiando con la antropóloga Felicitas Goodman por siete años y en las últimas etapas de este libro, de repente vi de qué manera sus descubrimientos de la forma en que la gente común puede entrar a la realidad alternada por medio de las posturas de rituales sagrados, es de la mayor importancia para la salud en este tiempo.

Catastrofobia revierte todo lo que hemos estado enseñando hasta hace poco en las ciencias de la tierra y arqueología, y considerar esas nuevas ideas radicales, es en sí un gran reto que consiste en integrar este conocimiento a través de la profunda intención espiritual. Para lograrlo, lo sustento en la gran sabiduría espiritual del Occidente. No pude incluir la del Oriente debido a que no estoy instruida en ella. Sin embargo, me parece que el Occidente es el que necesita más de la iluminación espiritual. *Catastrofobia* es un llamado para un volver a las bases espirituales de la vida, porque el materialismo científico —la base teórica de la física, paleontología, geología, astronomía y biología modernas— jamás ha sido probado. Los reinos espirituales han sido denigrados por la premisa materialista que ha controlado la cultura por miles de años, como un credo de decadencia espiritual. Los primeros capítulos son una condensación de enormes bancos de datos que remontan el movimiento al espiritualismo por muchos grandes pensadores. Se pudieron haber gastado páginas y páginas en los debates sobre el Darwinismo Social, la antigua geología arquetipo y el materialismo científico, pero este libro desvía los argumentos y se basa en una premisa perfectamente creíble: *La Consciencia crea el mundo material.* Los últimos descubrimientos en cosmología, biología y sicología están sustentados en una perspectiva espiritual. Los siguientes pocos capítulos son una revisión de la historia antigua y a través de ellos, luego hay más capítulos que contienen profundos estudios de algunos bancos de datos verdaderamente creíbles que despiertan recuerdos muy reprimidos. Algunos de ellos vienen de hace más de 12,000 años. Sólo respire y absorba, porque las teorías fraguadas en la fase materialista de la ciencia durante los pasados 400 años, están siendo ampliadas por una perspectiva espiritual. La ciencia es el lenguaje de nuestros tiempos y cubro una nueva ciencia arquetipo para suavizar la endémica inclinación materialista de la ortodoxia científica que está minando la inteligencia humana.

En sus primeras etapas, este libro exploró cómo la precesión de los equinoccios ha influido en la consciencia humana en los pasados 40,000 años. Sin embargo, sin importar qué tanto buscara, *no pude encontrar alguna evidencia de precesión anterior a hace 12,000 años* y la evidencia de las Grandes Eras en las culturas humanas y el simbolismo empiezan hace cerca de 10,000 años. Para finalizar, he llegado a creer que la Tierra y el sistema solar fueron profundamente alterados hace 11,500 años, y J. B. Delair me convenció de que en ese periodo, el eje se debe de haber inclinado. Adoptar este punto de vista ha dado sentido a algún material realmente extraño en las poco entendidas fuentes egipcias, que evidencian una literal obsesión por la inclinación axial. Sin embargo, la verdadera razón por la que decidí usar la reciente inclinación axial como una hipótesis básica, es porque la consciencia de investigación que cubrí, apunta hacia tales profundos cambios en la humanidad de hace 11,500 años. Analizo estas misteriosas fuentes egipcias y la consciencia de los cambios. Parece que estamos integrando daño al sistema solar, así como cambios a la tierra, lo que es de interés para los astrólogos. He escrito dos libros sobre el recientemente descubierto planeta, Quirón, del que nosotros los astrólogos decimos que controla profundos e hirientes complejos personales y de la especie. La hipótesis de Allan y Delair es que Quirón adopta su actual órbita en el 9500 a.C. y la mía consiste en que la órbita de este planeta y la inclinación axial, han causado que nos volvamos más complejos en emociones, lo que desarrollo extensamente. Quirón como un sanador herido es un gran actor en este libro. Esto me tomó por sorpresa, pero siempre me ha admirado la potencia astrológica de este pequeño cuerpo en el espacio. Quirón fue el maestro de los astrólogos a lo largo de 10,000 años, así que nos ha unido en nuestro viaje a través de la historia del Tiempo.

1
Midiendo los Ciclos
de las Estrellas

Los Mayas entendieron que los ciclos de la civilización humana
van de un extremo a otro de la organización social. De este proceso
de polarización o mitosis espiritual, surge un nuevo y grandioso ser.
Cada vez que las células cósmicas se dividen, cada 26,000 años,
estamos un paso más cerca del nacimiento de ese ser mucho más
elevado, del cual sólo somos células.

—*John Major Jenkins[1]*

El Solsticio Galáctico de Invierno

Conforme hemos entrado al siglo XXI, la Tierra está siendo conmocionada por una extraordinaria serie de ciclos astronómicos que empezaron hace sólo 11,500 años. Como si la nueva luz invernal estuviera perforando el corazón de la Galaxia, la Tierra está despertando a un nuevo nivel de potencial evolutivo. Nuestro sistema solar se está saliendo del Brazo de Orión hacia la oscura región de la Galaxia de la Vía Láctea; la Tierra se está moviendo fuera de la Era de Piscis hacia la de Acuario, conforme el Polo Norte Celestial de la Tierra se mueve hacia la estrella Polaris y la intersección del plano de nuestro sistema solar y el de nuestra Galaxia están en conjunción con el Sol del solsticio de invierno. Durante el ciclo de precesión que dura 26,000 años, llamado por los griegos el Gran Año, esta línea de intersección, el Eje Galáctico, estará por 25 años estrechamente orientada por el Sol del solsticio de invierno, de 1987 hasta 2012 d.C. La alineación galáctica, el *Solsticio Galáctico de Invierno*, ocurre mientras la Tierra entra en la Era de Acuario durante los próximos pocos cientos de años. Este Solsticio es un nexo; anuncia el comienzo de la transfiguración de nuestra especie.

Este Solsticio Galáctico de Invierno se puede imaginar como una representación del misterio estelar. La cortina se levanta en la Convergencia Armónica —16 y 17 de agosto de 1987— una celebración de la Tierra, cuando por todo el mundo millones de personas meditaron en sitios sagrados. El acto final será el 21 de diciembre de

2012, la misteriosa fecha final del Calendario Maya. Conforme nos acercamos a dicho año, como si hubiera un *extraño atrayente de tiempo en el cielo*, instintivamente sentimos esta atracción. Como las orugas que experimentan la metamorfosis y con el tiempo se convierten en mariposas, de hecho, podemos estar codificados para que en determinado tiempo nos transformemos en nuevas formas. ¿En qué nos podríamos convertir? Muchos de nosotros hemos volteado a la sabiduría primordial para obtener respuestas, porque contiene muchas historias sobre otros tiempos, cuando críticos saltos evolutivos ocurrieron en la Tierra. Guiada por esta sabiduría primordial, he descubierto una malicia colectiva que yo creo que está insidiosamente limitando el potencial de nuestra especie, a lo que llamo *catastrofobia*. En medio de esta increíble explosión creativa, las creencias de que estamos llegando al final de la humanidad en la Tierra, simplemente son erróneas. La destrucción de nuestra especie no es el significado del final del largo y misterioso calendario de los Mayas.

Este libro es una profunda exploración de los pasados 15,000 años de la historia humana. Estoy buscando los tiempos más remotos, cuando la antigua sabiduría salió a la luz para guiarnos. El libro está inspirado por mi profunda contemplación de la egiptología, que se convirtió en el centro de mi viaje intelectual al introducirme mi abuelo en los relieves del templo egipcio cuando yo tenia cinco años de edad. Ahora la egiptología se ha convertido en el centro de los viajes intelectuales de muchos buscadores y es el enfoque de las nuevas comprensiones que vienen de la nueva investigación arquetipo en la arqueoastronomía, geología y arqueología. Después de mis muchos viajes a Egipto, he integrado el legado cheroquí/celta de mi abuelo —al que llamo la Medicina Tortuga— con la egiptología. Hasta hace poco, mucha de la información de este libro era un conocimiento estrechamente guardado sólo porque no podía entenderse todavía. Ahora que millones de personas alrededor del mundo han buscado y ganado la sabiduría primordial, las revelaciones de mi abuelo se pueden compartir. Muchos están buscando una nueva semblanza de la arcaica historia humana, porque la más reciente información sugiere que con anterioridad las culturas humanas eran desarrolladas y estaban de alguna manera conectadas globalmente. Nuestro planeta está lleno de viejos lugares que tienen extrañas huellas de tecnologías perdidas, como Tiahuanaco en Perú, Osireion en Abidos en Egipto y Baalbek en el Líbano. ¿Qué pasó con aquellas personas? Tenemos que atravesar una enorme barrera emocional, debido a que una larga fase de nuestro crecimiento fue literalmente destrozado en un gran cataclismo y nuestros previos logros se perdieron y olvidaron hasta ahora. Los últimos descubrimientos sugieren que una vez, la gente antigua creó una maravillosa civilización global.

Una cosa es obvia sobre nuestros ancestros: su consciencia estuvo profundamente involucrada con las estrellas. Creían que los ciclos en el cielo reflejaban los ciclos en la Tierra. ¿Qué estaban buscando en el cielo? De acuerdo a mi legado y muchas tradiciones indígenas, otra vez se coloca en el cielo el escenario para un gran cambio radical evolutivo. De hecho, esta misteriosa obra teatral ya ha comenzado e igual que los antiguos, cada uno de nosotros puede medir su potencial de creatividad y desempeñar nuestros propios papeles. Como en cualquier drama, lo mejor es que nos involucremos, nos pongamos nuestro vestuario y aprendamos nuestras líneas lo más pronto posible. En los mitos y las sagradas enseñanzas, la historia de este despertar estaba muy protegida ¿Cuál es esta historia? Siguiendo a mi legado y las enseñanzas de muchos sabios, la nueva energía que viene a la Tierra desde el Centro Galáctico nos está capacitando para ver que *somos una especie herida, afligida con el miedo global colectivo.* Conforme curamos nuestro temor, recordamos el cono cimiento cósmico según los ciclos galácticos activan nuestros cerebros.

La evolución ocurre por periodos cíclicos, no en lapsos de reloj, que se inventó hace 500 años más o menos. Existen más ciclos escondidos e influyentes, como la precesión de los equinoccios, que emocionalmente guían el proceso metamórfico humano. Mis discusiones sobre astronomía son geocéntricas mayormente —viendo el cosmos desde la tierra— así sólo permite a su ojo interno contemplar estas visiones. Por miles de años, los primeros humanos entendieron el cielo muy bien, sin las complejidades de la moderna astronomía científica. En aquellos días, las estrellas eran vivientes bancos de datos de historias arquetípicas —mitología astral— cuando la contemplación de patrones estelares y emanaciones de estrellas influía a los modelos culturales sobre la Tierra. En este momento estamos a la mitad de un profundo y maravilloso derecho cambiante, porque nos hemos conectado al crudo instinto que domina a la humanidad, cuando una gran era precede a la siguiente. Todo se mueve tan rápido y cambia tan completamente que nos vemos forzados a responder al instante. De acuerdo con la ciencia, el 97 por ciento de nuestro ADN no sirve, el llamado ADN basura[2], pero sospecho que las fuerzas cósmicas periódicamente lo estimulan. Creo que todos estamos estructurados para recibir información cósmica que activa la latente capacidad cerebral y se puede conectar con el ADN basura. Esto es debido a que los sabios estudiaron los ciclos por los patrones del cielo.

Precesión de los Equinoccios

La precesión ocurre porque nuestro eje está inclinado —no vertical— conforme viaja alrededor del Sol. Desde nuestro ventajoso punto sobre la Tierra, mientras orbitamos el Sol, éste "eclipsa" las estrellas detrás de él, esta es la razón por la cual al círculo que lo rodea se le llama la Eclíptica. La precesión sucede porque la Tierra viaja alrededor del Sol, se voltea sobre su eje, inclinándose 23 ½ grados más o menos de su verdadera vertical y tambaleándose un poco. Esto resulta en un movimiento de embudo que dura 26,000 años, que provoca que el eje de la Tierra trace un círculo imaginario en las estrellas que rodean los Polos Norte y Sur. Si el eje de la Tierra fuera vertical, las estrellas cercanas a los polos circundarían eternamente en los mismos lugares. En vez de eso, las estrellas polares se mueven como enormes serpientes antiguas y sobre el actual horizonte, los lugares de las estrellas se mueven 1 grado cada 72 años. En este libro, exploro la posibilidad de que de hecho, la precesión empezó hace 11,500 años, porque algunos libros antiguos sugieren que hace mucho tiempo, las estrellas se movieron a través de los cielos de la noche en círculos inalterables. Presento evidencia de que los humanos empezaron a seguir la huella del lento movimiento de la precesión en el horizonte en los equinoccios de hace 8,000 a 10,000 años, cuando hubo un profundo cambio en las culturas que fue traído por temporada. Por cierto, los equinoccios son el único momento de "equilibrio" en la Tierra cuando el Sol está directamente sobre el ecuador. Muchos otros han sugerido que la precesión puede ser un fenómeno de cataclismo *subsiguiente* y voy a seguir esta teoría como una hipótesis de trabajo.[3] (Ver anexo D para más datos científicos y antropológicos sobre la inclinación axial).

Generalmente la precesión se observa al seguir la salida del sol en una específica constelación zodiacal en el equinoccio de primavera, el Punto Primaveral en la Eclíptica. Por ejemplo, durante el equinoccio de primavera de hace 10,800 a 8,640 años, —la Era de Cáncer— el Punto Primaveral estaba en Cáncer, por lo tanto, el Sol "salió" en Cáncer. En el año 2000, el primer día de la primavera, el Sol surgió en las superpuestas orillas de las constelaciones de Piscis y Acuario y por lo

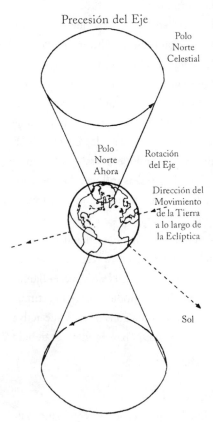

Precesión del Eje

Polo Norte Celestial

Polo Norte Ahora

Rotación del Eje

Dirección del Movimiento de la Tierra a lo largo de la Eclíptica

Sol

Fig. 1.1. La Precesión de los Equinoccios.

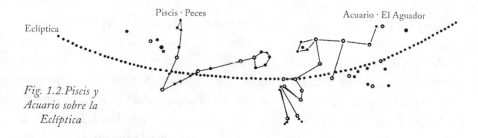

Piscis · Peces   Acuario · El Aguador

Eclíptica

*Fig. 1.2. Piscis y
Acuario sobre la
Eclíptica*

tanto, la gente habla del advenimiento de la Era de Acuario. Los astrólogos y astrónomos dan fechas del 2100 al 2800 d.C. para el final de la Era de Piscis y el principio de la de Acuario. La constelación de Piscis es una enorme extensión entre estrellas que parecen dos peces. Es arbitrario precisar el momento exacto de la transición de una era a la siguiente, porque es difícil decir cuándo una constelación termina y comienza la otra en la Eclíptica. En este momento el Punto Primaveral está cerca del final del segundo pez de Piscis, pero el agua que el aguador vierte, está casi fluyendo sobre el Punto Primaveral. Además, observando este Punto en las constelaciones, la influencia precesional está muy clara y simplemente descrita por el Gran Año Platónico, un concepto que fue bien definido por los primeros griegos y que existe en las escrituras Védicas. En el Gran Año, las constelaciones están divididas en doce Grandes Eras o meses que tienen una duración cada una de 2,160 años. Esto es una herramienta muy útil, porque la división de las constelaciones es por demás arbitraria si está hecha sobre una base visual. Las constelaciones que salen en el equinoccio de primavera, gradualmente ceden el paso a las siguientes, así que ¿dónde está el final o el principio? y ¿cuántas constelaciones están sobre o cerca de la Eclíptica? Hace miles de años, los astrónomos usaban más pocas constelaciones, mientras que los Mayas dividían el cielo en trece.

La historia ortodoxa dice que Hiparco descubrió la precesión hace cerca de 2,300 años. Sin embargo, no sólo el Gran Año de Platón y los Vedas —quienes describen eras de precesión— antecedieron a Hiparco, sino que numerosos modernos eruditos han llegado a la conclusión de que este astrónomo griego usó datos babilónicos mucho más anteriores, que estaban basados en la precesión.[4] De hecho, a ésta se le ha seguido la huella por muchos miles de años, fue de gran importancia para las primeras sociedades humanas y muchos eruditos han estado explorando su influencia. Mi enfoque primario, ya sea que el eje se haya inclinado hace 11,500 años o no, es que *éste fue un momento en el que ocurrió un cambio radical en las culturas humanas*. Por ejemplo en *Cataclysm! Compelling Evidence of a Cosmic Catastrophe in 9500 B.C.* (¡Cataclismo! Convincente Evidencia de una Catástrofe Cósmica en el 9500 a.C.) de D.S

Allan y J.B. Delair, el eje de la Tierra fue empujado a una inclinación por los fragmentos de una supernova en el sistema de la estrella Vela que explotó en nuestro sistema solar en el 9500 a.C.[5] De acuerdo con estos autores, antes de eso el eje de la Tierra era *vertical* y vivíamos en la Era de Oro. Muchos estudiosos han notado este peculiar cambio en las culturas de hace 11,500 años, cuando la época del Pleistoceno terminó y la del Holoceno empezó. Mi hipótesis de trabajo consiste en que la llegada de la precesión en el 9500 a.C. causó este cambio cultural, fundamentalmente por alterar nuestra experiencia del tiempo. De repente la humanidad adoptó la agricultura en respuesta a la nueva temporada. No obstante, es virtualmente cierto que hace 11,500 años un gran cataclismo cambió todo sobre la Tierra.

Arqueoastronomía

La arqueoastronomía, una relativamente nueva división de la antropología, fecha los antiguos sitios humanos por las posiciones de las estrellas, de acuerdo con un análisis de precesión. Los arqueoastrónomos han probado que varias construcciones de piedra en los lugares arcaicos, están alineadas con la localización de las estrellas en momentos específicos en el ciclo precesional; de esta manera tienen la posibilidad de fechar estas estructuras. A menudo estas fechas están muy verificadas cuando concuerdan con una historia conocida u otros sistemas de datación establecidos, tales como el de el radiocarbono. Ellos han establecido que los efectos celestiales de precesión que se pueden observar han sido usados por los antiguos astrónomos para situar templos; sin embargo, probablemente la *mecánica* actual no fue entendida por la gente de la antigüedad.[6] Esto indica que estas culturas eran más avanzadas de lo que se pensó con anterioridad, hecho que también está siendo establecido por otros. Por ejemplo, en 1991, el geólogo Robert Schoch que trabajaba con el egiptólogo John Anthony West estableció que la Esfinge es *por lo menos 7,000 años más antigua* y West piensa que es probable que lo sea mucho más.[7] En base al *simbolismo* precesional, que sabemos que los ancestros lo usaron, la Esfinge podría tener más de 11,000 de edad. Tiene un cuerpo con apariencia de león y éste es el símbolo de la Era de Leo —del 10,960 al 8800 a.C. sin importar qué nueva evidencia se les ofrezca, la mayoría de los arqueólogos insisten en que sólo tiene 5,000 años de antigüedad, por lo que están perdiendo su credibilidad ante el público.

Irónicamente, la Esfinge es un gran ejemplo de un artefacto que puede ser fechado por la geología y la arqueoastronomía, pero los arqueólogos sólo asumen que tiene la misma edad de las pirámides de Gizeh. Para colmo, el Valle del Templo bajo la Esfinge está construido de forma muy diferente a las pirámides u otros templos construi-

Fig. 1.3. La Gran Esfinge en el Llanura de Gizeh

dos durante las dinastías anteriores. La Esfinge y el Valle del Templo pueden ser venerados monumentos más antiguos, que determinaron los lugares de las pirámides posteriores, las que también pueden haber sido construidas sobre edificaciones muy antiguas. Debido a que la ciencia esotérica egipcia está basada en rituales masónicos y la Gran Pirámide está sobre el dólar americano, al negarse a integrar los recientes cambios científicos, se les está acusando a los egiptólogos de siniestros encubrimientos y juegos de poder. Esas posibilidades serán analizada más tarde en este libro. Por ahora, mi enfoque está cincelando una nueva historia del Tiempo, un término que capitalizaré cuando se refiera a los largos ciclos de Tiempo como un catalizador para la evolución humana.

La Esfinge es un enigma esencial. La mayoría de las personas que la ven agazaparse en el llanura de Gizeh intuyen que debe ser la clave hacia los registros ancestrales —¡como si los antiguos egipcios la crearan sólo para que nosotros continuáramos haciendo preguntas sobre nuestro pasado! Siguiendo el Cataclismo de hace 11,500 años, asumiendo que la precesión empezó, de repente la Constelación parecida a un león, Leo, surgió se súbito en el nuevo Punto Primaveral, como se ve en el llanura de Gizeh. ¡Esto debe de haber sido un signo muy asombroso para los astrónomos! La Esfinge es el símbolo ideal para el cataclismo de la Era de Leo. Recientemente J.B. Delair notó que cientos de esfinges aladas de los sumerios y egipcios, a través de los tiempos romanos, tienen cuerpos parecidos a leones y cabezas de mujeres, y que representaban a "uno de los letales y destructivos 'dragones del caos' acompañando a Factón/Marduk", la agencia del gran Cataclismo.[8] Subconscientemente, la Esfinge nos recuerda el desastre y el largo paso del Tiempo. El hecho de con tanta frecuencia las esfinges tengan cabezas femeninas es autoritario, porque la diosa-león egipcia Sekhmet, es la fuerza que trae caos a la tierra cuando los humanos no están en equilibrio.

Siguiendo con mi hipótesis del giro axial, si la precesión empezó hace 11,500 años y la Esfinge ya había sido esculpida hace cerca de 11,000 años, entonces los criterios de Robert Bauval y Adrian Gilbert en *The Orion Mystery* (El Misterio de Orión), que describen al altiplano de Gizeh como un reloj de estrellas, están muy cerca del mío, a pesar de que mi fecha difiere un poco.[9] La nueva datación geológica y las teorías de Bauval y Gilbert están creando un sólido caso para retroceder la fecha del original plano del lugar del altiplano de Gizeh. La Correlación de Orión de Bauval, que postula que las pirámides reflejan el sistema de la estrella de Orión es muy importante, porque correlaciona los Textos de la Pirámide con la tecnología del altiplano de Gizeh. Esta conexión ha profundizado mucho en mi propia contemplación de la egiptología y espero que mi conocimiento indígena agregará un poco de comprensión al existente Gran Trabajo que emerge de Gizeh. Este es una nueva alquimia, una colección de entendimientos que despiertan un nuevo potencial evolutivo.

Fig. 1.4. Sekhmet

Usar el *simbolismo* precesional en conjunción con el preciso alineamiento astronómico, ayuda a decodificar monumentos extremadamente antiguos. Esto es verdad porque los símbolos clave expresan las cualidades de cada Gran Era; por ejemplo, el toro de la Era de Tauro —del 4480 al 2320 a.C.— *fue*, de hecho, el símbolo esencial para las culturas templo/ciudad, tales como los minoicos, egipcios e hindúes durante esa era. Al conocer las fechas de las Grandes Eras y sus principales símbolos, que existieron en las antiguas culturas por todo el mundo, podemos ver cómo las simbólicas formas pensantes han dirigido las culturas. Existe mucha evidencia de que la gente ha sido sumamente influenciada por estos cambiante arquetipos expresados por el simbolismo, por 10,000 años por lo menos. *Nosotros somos los que hemos olvidado cómo el simbolismo influye a las culturas*, así Hapi vaciando agua de una jarra, el símbolo de la inundación anual del Nilo, es el de la Era de Acuario. "Hay una estación para todo", lo que podría ser la razón de que la fascinación con Egipto sea la construcción.

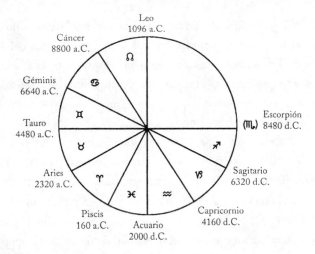

Fig 1.5. El Gran Año Platónico

El Gran Año Platónico

La división visual entre una constelación y la siguiente en la Eclíptica es de alguna manera arbitraria; de igual forma, para describir los largos ciclos precesionales, los griegos neoplatónicos proyectaron el Gran Año Platónico en doce meses y cuatro estaciones. Aún esto nos ayuda a captar las largas fases del Tiempo. Hasta hace 2,000 años, muchas personas pensaban de esta manera. En el Año Platónico, un "mes" tiene 2,160 años, y una "estación", 6,480. Por lo tanto el "año" totaliza 26,000 años. La pregunta clave es ¿*dónde* comienza el Gran Año de 26,000 años? Este libro postula que empezó sólo hace 11,500 años, pero que aún no se identifica el comienzo y el final de este ciclo, porque representa una orientación cambiante a la Via Láctea. Como usted verá, sólo ha sido posible contestar esta pregunta recientemente, al conocer la orientación de nuestro sistema solar en la Galaxia. Algunos investigadores —como John Mayor Jenkins, Michio Kushi, Dan Giamario y Nick Anthony Fiorenza— han llegado a la conclusión de que el actual alineamiento del Sol del solsticio de invierno en relación al Eje Galáctico, es el comienzo de todo el Gran Año y yo estoy de acuerdo con ellos.[10] Asumiendo que todo el ciclo empiece alrededor del 2000 d.C., entonces las cuatro estaciones del Gran Año empiezan con los signos fijos: Tauro, Leo, Escorpión y Acuario. Este modelo se sincroniza totalmente con la astrología, que postula que los signos fijos se encuentran donde la energía *culmina*.

Como estamos colocados para entrar a la Era de Acuario, podemos probar este modelo al observar lo que pasó durante el inicio de la *anterior estación*, la de Tauro, conforme el Punto Primaveral se mueve *hacia atrás* en la Eclíptica, como se ilustra. Si en realidad este modelo describe un proceso, esta "estación" habría sido una fase en la que florecieron los mayores patrones culturales. De hecho, cerca del 4,480 a.C., la constelación de Tauro rozó el equinoccio de primavera, empezando una total estación y aparecieron los primeros grupos, que después desarrollaron culturas teocráticas citadinas como los sumerios, egipcios e hindúes. Empezó un monumental cambio en la cultura humana. Luego, por el 3500 a.C., ¡florecieron civilizaciones sumamente avanzadas con el toro como el símbolo central! En esta "estación" fue cuando se desarrollaron las ciudades. De acuerdo con el Gran Año Platónico, una estación de 6,480 años es más fundacional que las dos subsecuentes eras de 2,160, cuando madura el tema central de las eras fijas. Por ejemplo, durante la Era de Aries —del 2320 al 160 a.C.— el tema principal entre las ciudades fue la guerra. Durante la Era de Piscis, que ahora se está completando, el tópico más importante ha sido cómo la gente maneja las implicaciones emocionales de las culturas de ciudad. Naturalmente, el principio de toda la rueda de 26,000 años —que experimentamos en el año 2000— es el *más* fundacional: empezamos un año, una estación y el Gran Año al mismo tiempo.

El Solsticio Galáctico de Invierno —2012— es el punto crucial de todo el Gran Año; el solsticio de invierno en los 0 grados de Capricornio señala directamente al Centro Galáctico en los 27 grados de Sagitario, lo que sugiere que esta energía es cósmica. El macrobiólogo Michio Kushi, que también cree que el eje de la Tierra cambió hace más o menos 12,000 años, dice sobre este fenómeno, "cuando el eje de la tierra apunta directamente a través de la Vía Láctea recibimos mucha más radiación de la que obtenemos cuando se dirige lejos de ella".[11] *El Gran Año describe cómo el Centro Galáctico influye en la Tierra.* Entonces, yo preguntaría: ¿dónde se encuentra el Sol dentro de la Galaxia? A nuestro sistema solar le toma de 200 a 250 millones de años orbitar el Centro Galáctico. De acuerdo a las tradiciones indígenas, para aquellos de nosotros en la Tierra, el Sol es nuestra fuente de radiación solar (nuestro combustible biológico) y el Centro Galáctico es nuestra fuente de radiación cósmica (nuestro combustible espiritual). Este despertar es espiritual porque el alineamiento del Eje Galáctico con el centro de la Galaxia, incrementa enormemente nuestra conexión con nuestro centro espiritual. Este despertar también es biológico porque los reptiles aparecieron en la Tierra hace 200 a 250 millones de años aproximadamente. Ahora, nuestro sistema solar está en el mismo lugar en su órbita alrededor del Centro Galáctico y algo de verdad trascendental está sucediendo. ¿Es la transfiguración del humano, la evolución final de nuestra inteligencia de reptil, posiblemente la serpiente en nuestra columna vertebral?

De acuerdo a la física galáctica, este cambio cíclico es un hecho astronómico; sin embargo, ¿qué significa? Mi libro anterior, *The Pleiadian Agenda: A New Cosmology for the Age of Light* (La Agenda de las Pléyades: Una Nueva Cosmología de la Era de Luz) contiene algunas de las respuestas. En 1994 mi cerebro estaba demasiado abierto por los seres no físicos del sistema de la estrella Pléyades y yo "canalicé" la información. Creo que este clásico gran adelanto místico debe haber sido disparado por el alineamiento galáctico constructor, del que no sabía nada en ese momento. Esta clase de recepción a menudo ha sido la fuerza de la sabiduría perpetua; sin embargo, los entendimientos puramente intuitivos se profundizan por la evaluación consciente. Mientras lucho por evaluar esta cosmología, he encontrado que es muy difícil entender la astronomía galáctica. Considerando a las Pléyades como una fuente de sabiduría perpetua, el arqueólogo y astrónomo F.C. Penrose ha mostrado que el Partenón en la Acrópolis de Atenas fue orientado hacia la salida de las Pléyades en el 1150 a.C.[*] A menudo en la ciencia antigua, a las Pléyades se les asociaba con la diosa de la sabiduría —Atenea de Grecia y Neith de Egipto— y el resurgimiento de lo femenino es esencial para este libro. Las Pléyades forman parte de nuestra Galaxia local y posiblemente el alineamiento del Solsticio Galáctico de Invierno facilite a la gente recibir la información de los reinos astrales en general. La influencia de Las Pléyades puede ser la última fuente para el Tiempo, porque inicialmente al Gran Año Platónico se le llamó el Gran Año de las Pléyades.[12]

Fig. 1.6. Observando el río de estrellas de la Vía Láctea.

Una forma directa de acceder a estas formas pensantes es visualizar la hermosa geometría astral en los cielos y seguir los círculos de las estrellas y planetas. En realidad, para este libro no es necesario entender astronomía racionalmente, porque la mecánica celestial es muy compleja. A fin de cuentas, vivimos en la Tierra y de cualquier modo, vemos todo desde nuestra perspectiva. Y por miles de años, la gente entendió los patrones en el cielo sin conocer la mecánica celestial. Al ver los patrones en el cielo, en relación a los monumentos o rasgos topográficos localizados en sus bioregiones personales, la

---

[*] Norman J. Lockyer, *The Dawn of Atronomy* [El Amanecer de la Astronomía] (Londres: Macmillan, 1894), 413-24. Los lectores astutos notarán que el Partenón se construyó 600 años *después* de esta orientación.

gente de la antigüedad estaba mucho más en contacto con la Tierra. Para captar la mecánica celestial, se debe aprender a visualizar los complejos patrones desde muchas perspectivas que no pueden ni siquiera dibujarse en escala o verse desde la Tierra. El Solsticio Galáctico de Invierno se puede sentir al contemplar el Río de Estrellas, que está en la orilla de la Vía Láctea y que a menudo tiene un efecto chamanístico. Mientras se observa la orilla de la Galaxia brillando en el cielo en una noche oscura, el plano galáctico y la Eclíptica cruzan en

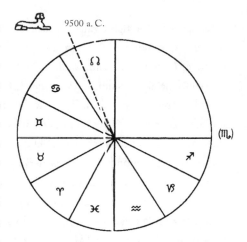

Fig. 1.7. El \Comienzo de las Grandes Era.s en 9500 a.C.

un ángulo de cerca de 60 grados, formando un sextil —la armonía perfecta. ¡Cuando usted está en concordancia con estos ciclos, se puede encontrar a sí mismo teniendo visiones místicas que lo llevan a otras dimensiones! La contemplación del Tiempo y los ciclos es una experiencia sicodélica sin ingerir ninguna droga. que es como yo me elevo. Experimentalmente, en este libro vamos a explorar la mente arcaica, porque así es cómo he sido capaz de entrar en mí misma. Es importante considerar que si las Grandes Eras empezaron hace sólo 11,500 años, entonces apenas nos estamos empezando a acostumbrar a este nuevo proceso. Mientras tanto, cuando se busca, se encuentra que la influencia de los Grandes Eras sobre la experiencia humana es muy aparente, por lo menos por 10,000 años.

Hay evidencia de que existió una civilización marítima global, antes del Cataclismo. Igual que hoy, en el mundo mucha gente a menudo prefería vivir cerca del mar. Por miles de años después del desastre, los mares surgieron y sufrimos una gran inestabilidad climática, geofísica y social. La civilización mundial sólo fue posible nuevamente durante la Era de Tauro. Después del Cataclismo, la Era de Leo fue una época parcial, pero durante ella *los humanos se transformaron por el Tiempo a través de las fases simbólicas.* Como se ha reportado ampliamente en la mitología, la gente que sobrevivió sobre el planeta fue ayudada por sabios que asumieron una gran autoridad y salvaron la civilización. Debido a las desesperadas condiciones de la Tierra, surgieron dioses y reyes, y su símbolo fue y aún lo es, el león. Entonces durante la Era de Cáncer —del 8800 al 6640 a.C.— la gente veneró a la Diosa, porque la supervivencia y el nacimiento era crítico en la lucha por volver a poblar la Tierra y la sexualidad era de suma importancia. La Diosa Madre es uno de los más importantes arquetipos en la psique humana, que parece retroceder hacia la oscuridad del tiempo y de hecho, lo está haciendo. La Luna es un símbolo para esta era, dispara recuerdos de nuestro renacimiento por medio de ciclos mensuales. Después de que esta época terminara y la Era de Géminis —del 6640 al 4480 a.C.— estaba en progreso, una gran inundación en la región del Mar Negro diezmó a mucha gente y los luchadores supervivientes emigraron a otras tierras.[13] La Era de Cáncer equilibró el poder de la mujer con la Era de Leo, reino de los dioses y reyes. Las esfinges aladas con cuerpos de león y cabezas de mujeres combinaron la simbología de estas dos eras y luego, cuando empezó la Era de Géminis, las culturas comenzaron a explorar el significado del Tiempo. Aparecieron fascinantes sabios como Zaratustra.

Personalización por las Fuerzas Celestiales Arquetípicas

Independientemente de cuándo empezó el Tiempo, ahora estamos listos para volvernos conscientes de cómo nos hemos estado individualizando a través de los ciclos y símbolos de las Grandes Eras. Nuestra orientación hacia la Vía Láctea y la Era de Acuario demanda más consciencia sobre cómo los arquetipos inspiran a las culturas. Estos, de los que hemos estado mayormente inconscientes hasta hace poco, existen en la *inconsciencia colectiva,* como lo describe C. G. Jung y dentro de la *memoria racial* como afirma Sigmund Freud, la cual contiene la memoria de toda la experiencia humana. Hemos llegado a un punto único: ahora mucha gente se está dando cuenta que es influenciada y manipulada por estos arquetipos, tales como la cruz del Cristianismo. Estamos *colectivamente preguntando cómo nosotros, como humanos, afectamos a la Tierra.* No creo que la mayoría de la gente considerara esto sino hasta recientemente. Entre más perspectiva tengamos sobre esto será mejor, porque la inconsciencia colectiva parece estar codificada por el tiempo para responder por ciclos. No hay ningún motivo por el cual no podamos entender este proceso por completo.

La historia de cómo perdimos nuestra consciencia es maravillosa. Durante la Era de Leo, separamos nuestras identidades en dioses y hombres. En la de Cáncer, descubrimos que las mujeres de la Tierra son las diosas del nacimiento eterno junto con sus consortes. En el transcurso de la Era de Géminis, identificamos el orden y el Tiempo. Durante la de Tauro, nos organizamos en ciudades. La de Aries trajo la lucha por esas ciudades y templos. Y en la de Piscis exploramos nuestras vidas por medio del dolor y la curación. A través de todas estas experiencias, la mayoría de nosotros adorábamos a los dioses mientras éramos controlados por sus representantes. Conforme pasábamos por estas fases, cada tema estaba cubierto por la agenda de la siguiente era, así que ahora nuestra inconsciencia colectiva es como un pastel de varias capas. Considerando esto: giramos en la Era de Tauro impregnados con nuestras profundas experiencias con reyes, la Diosa Madre y los grandes sabios de Géminis, y este rico estanque arquetípico fue depositado como una matriz en los grandes templos en los centros culturales de las ciudades comerciales. Una vez que estas crecieron, eran como maravillosos organismos alimentados por los campos que las rodeaban, en los cuales los agricultores trabajaban duramente. Entonces, durante la Era de Aries, las ciudades se hicieron la guerra unas a otras, mientras que la gente del campo se alejó del camino lo mejor que pudo. Finalmente, las personas sufrieron y crecieron juntas durante la Era de Piscis y empezaron a cuestionarse sobre sus emociones.

Igual que los reyes sagrados, las diosas y los sabios arquetípicos entraron en la Era de Tauro, ahora nosotros lo hacemos en la de Acuario, preguntándonos si usaremos la guerra, el sufrimiento y las obsesiones emocionales como la matriz para el ciberespacio. El destino de la Tierra nos obliga a cuestionarnos, debido a que las religiones claman que Dios nos asignó la mayordomía de la Tierra. Mientras tanto, conforme nos ocupamos de nuestras vidas diarias, asumiendo que todo seguirá como siempre lo ha sido, muy poca gente de hecho lo cree y nerviosamente marca el tiempo. *Durante los grandes cambios de temporada, una pasividad como esa es letal.* Para sobrevivir en un rápido y caótico cambio, para evolucionar en estos momento, debemos inventar nuevas formas de vida que mantendrán la nueva realidad que está emergiendo. Adicionalmente, debemos recuperar nuestra habilidad pre-catastrófica para armonizar con la Tierra, una habilidad que hemos estado perdiendo gradualmente desde el 9500 a.C. Michio Kushi dice que con la nueva orientación galáctica, nuestras imágenes mentales empezarán a sincronizar. "Pensamos en términos de todo el planeta unido en un tiempo de paz, creatividad y armonía, por la descendente energía (centrípeta) que formó la galaxia, el sistema solar y esta tierra".[14]

Por miles de años, todos vivimos más en la oscuridad. El cielo de la noche fue una fluida película —sabiduría de estrella— que reveló nuestros papeles individuales en la historia mística de la Tierra; era la biblioteca de nuestros pensamientos. *El eje inclinado nos ha estado obligando a que nos descubramos en un campo de grandes dualidades mitológicas que radicalmente han complicado nuestro sentido del yo.* Varios patrones espirales, tales como el dramático surgimiento y caída del sistema de la estrella Orión y la ondulante serpiente del Polo Norte, Draco —traída, a lo mejor, por el reciente fenómeno de la inclinación axial— inspiró grandes mitos sobre sabios, reyes, diosas madres y epopeyas familiares. Afortunadamente, los egipcios y otras culturas que entendieron la sagrada ciencia, salvaron las historias que guardaba la biblioteca astral. Las culturas antiguas *usaron la narrativa para comunicar las leyendas de los dioses y los grandes sabios* y porque estos recuerdos existen eternamente en las bibliotecas astrales, repentinamente el Solsticio Galáctico de Invierno está incitando a muchos para recordar sus conexiones con estos arquetipos de Tiempo. Por miles de años antes de la Era de la Razón, estos reinos no ordinarios se desarrollaron en un vasto drama que se interpretaba en los cielos. En sueños tenemos relaciones personales con estos mundos y dichos contactos están representados en los relieves de los templos y en el arte sagrado, y por todo el planeta descritos en la mitología. En el 221 d.C. esta relación entre la Tierra y el cielo se confundió, cuando el Punto Primaveral Sinódico se fijó a los 0 grados de Aries, porque las constelaciones se mueven por precesión desde la perspectiva de la Tierra. Esto necesita hacerse notar aquí, porque este arreglo distorsiona la perspectiva geocéntrica y los planetas no están localizados cerca de las estrellas.

Al perder conexión con las estrellas porque ya no hay un telón de fondo para las locaciones de los planetas, progresivamente la enajenación humana se ha profundizado. Debido a que los planetas controlan la sicología primaria y las influencias de los planetas se enfatizan más cuando las astrales se eliminan, esta alienación impulsó el desarrollo de la sicología, la que nos permite observar y reflejarnos en nuestro comportamiento. Al dominar la sicología, nos estamos dando cuenta de las influencias arquetípicas en nuestras vidas. Por ejemplo, por miles de años los humanos experimentaron los planetas como fuerzas arquetípicas que influyen en el comportamiento y ahora tenemos un resurgimiento en la astrología. De acuerdo con ésta, los planetas ejemplifican la naturaleza estructural de nuestros sentimientos internos. Por ejemplo, Marte refleja nuestra habilidad para usar el poder y Venus, nuestra destreza para expresar amor y devoción. Los planetas reflejan nuestro propio éxtasis y nos devuelven el dolor, lo que nos facilita el reconocer qué está pasando con nosotros internamente, en relación con los eventos exteriores. Ahora sabemos que no actuamos solos en este mundo. Los arquetipos planetarios nos motivan a evolucionar y entender los verdaderos propósitos en la vida, en medio de las pasiones colectivas de la humanidad. El hecho es que esta alienación temporal de las estrellas ha sacado a la luz una nueva faceta en el conocimiento humano: la consciencia auto-reflexiva.

Al final de la Era de Piscis, una aguda percepción de astrología podría ser la herramienta ideal que se use para llegar más lejos, al ser motivados por la guerra y el sufrimiento. Marte gobierna la guerra, pero también el dominio personal del poder; Neptuno manda sobre Piscis, provocando sufrimiento, así como el dominio personal de la compasión. Las leyes de la astrología están basadas en el concepto de que el reino más grande (macrocosmos) refleja nuestra experiencia interna (microcosmos).

Como ya se vio, el macrocosmos nos está recubriendo para transfigurarnos, a fin de que podamos volvernos iluminados en el microcosmos. Entender nuestras urgencias por medio de los arquetipos de los planetas, nos ayuda a objetivar los pantanos personales en los que vivimos. Esta separación estelar temporal nos ha permitido para ver cuánto hemos sido influenciados por los reinos arquetípicos, y estamos empezando a cuestionarnos si hay titiriteros que jalan nuestros hilos. Sí, existen. Debemos identificar los factores de control, para que no busquemos "extraterrestres" allá afuera, simplemente porque estamos alienados adentro. Sugiero "control" en lugar de "influencia", porque fui una astróloga consejera por veinticinco años; los ciclos de los planetas *efectivamente* controlan a aquellos que no se dan cuenta de su influencia. Los ciclos de precesión también motivan de gran manera los patrones culturales; por lo tanto, tienen grandes herramientas controladoras para los poderes que sean, la Elite Global. Desde 1988 he enseñado cómo los planetas influyen en la humanidad colectiva. Estoy segura de que los controladores de la Elite utilizan los ciclos de los planetas, cuya agenda es el Nuevo Orden Mundial para la Era de Acuario. Se les ha hecho fácil manipular a las personas que se encuentran involucradas en la guerra y el sufrimiento. Como se leerá más adelante, las culturas están manipuladas por medio del Tiempo, pero la astrología y el conocimiento precesional hace posible para *cualquier* individuo lograr la libertad. Vayamos hacia atrás en el tiempo para buscar una visión más amplia.

Teoría de Cataclismo

Desde luego, los científicos no pensarían en el Tiempo en términos del Gran Año Platónico, pero irónicamente, se está trabajando en una nueva descripción de los pasados 15,000 años en la Tierra que de hecho, sustenta la línea de tiempo de este libro. Regresando unos cuantos cientos de años, fuimos sacados de una simple vida pueblerina por la Revolución Industrial y la ciencia surgió para describir la historia humana. Con anterioridad, ésta había estado reservada para los teólogos, quienes ponderaron los cataclismos y el Diluvio en la Biblia. Al examinar la evolución del panorama — asumiendo que la Tierra tenga billones de años— las recién emergentes ciencias inventaron una teoría de la evolución de la Tierra llamada *uniformitarianismo*, que postula que el cambio geológico y biológico es muy lento y gradual. Más tarde, muchos científicos han cambiado a *catastrofismo*, que describe los instantáneos cambios periódicos geológicos y biológicos en medio de los largos periodos de lento cambio. Entonces, a mediados de los 1990, con los datos globales en su lugar, la ciencia *llegó al mismo punto*. Una encuesta global revela que la Tierra fue casi destruida hace tan sólo

11,500 años y han ocurrido varios reajustes muy dramáticos del planeta que siguió. Concurrentemente, los alineamientos galácticos parecen estar inundando nuestros recuerdos sobre anteriores culturas avanzadas y sus horribles destrucciones. Todo esto está pasando mientras la cultura teocrática citadina de los pasados 6,000 años está explotando hacia adentro. La ciencia de cataclismo, con su sistema de improvisada tribuna en medios de comunicación, está devolviendo el potente guisado de recuerdos traumáticos. Por ejemplo, la película *Deep Impact* (Impacto Profundo) describe un asteroide que golpea la Tierra y que convierte la corteza terrestre en gelatina. Esto disparó una gran incomodidad y los espectadores temieron que algo horrible llegaría pronto. Entonces estaban preparados para un crack de tecnología Y2K y Microsoft hizo miles de millones. Ahora los científicos de la Elite Global están preparando al público para un sistema de armas, que le disparará asteroides fuera del cielo.

Mucha gente se ha vuelto profundamente consciente del control de las fuerzas arquetípicas en sus vidas diarias, que operan a través de las escuelas, bancos, gobiernos y otras instituciones. Muchos sienten que la humanidad está siendo conducida por un camino por el que pocas personas quieren viajar y la gente lo está aceptando pasivamente, porque no se dan cuenta de que el *desastre es el pasado, no el futuro*. Debido a que estas calamidades no fueron descritas por la ciencia sino hasta hace muy poco, la mayoría se encuentra muy molesta por la ansiedad que flota libre en relación a la caída del cielo; literalmente siente que pronto vendrá un Apocalipsis. El cielo *sí* cayó dentro de un reciente recuerdo y luego el periodo de recuperación del 9000 al 1500 a.C., estuvo lleno de periódicas agitaciones. Estos temibles recuerdos acecharán en nuestras mentes subconscientes hasta que recordemos esta historia, lo que yo le ayudaré a hacer en este libro. *Somos una maravillosa especie al borde del descubrimiento y estamos listos para emprender el valiente viaje de regreso a nuestro anterior esplendor*. Hemos dejado de temer a los dioses que hemos creado por miedo y pronto seremos capaces de usar nuestro poder personal.

En 1994, veintidós fragmentos del cometa Shoemaker/Levy golpearon violentamente la viscosa superficie de Júpiter, mucha gente lo vio por televisión. Muchos recordarán subliminalmente cuando la Tierra fue golpeada por monstruos similares del cielo y entonces, otros cometas siguieron llegando. Bastantes personas reportaron haber sentido pavor, horror y tristeza por Júpiter cuando vieron los impactos. Como adultos que en la niñez hemos sufrido abusos y traumas que no recordamos, estamos profundamente temerosos, paranoicos y caemos con facilidad en el miedo colectivo. Es fácil que seamos incitados por los fanáticos religiosos que intuitivamente saben cómo provocar complejos miedos apocalípticos porque ellos mismos sufren de catastrofobia. De verdad, muchos creen que el mundo está a punto de terminar, así que para ellos es mejor terminarlo en este momento. *Esta enfermedad colectiva podría destruir la civilización humana.* El Cataclismo causado por las extinciones del Pleistoceno Tardío, cuando los mamuts lanudos, los tigres dientes de sable y muchas otras especies —así como muchos clanes de humanos— fueron diezmados[15]. Esta masiva ola de muerte yace profundamente sepultada en la psique de los humanos y las ciudades se han convertido en masivas máquinas económicas alimentadas con petróleo, por la gente que a cualquier costo desea la comodidad material. El miedo a la escasez nos conduce a usar la naturaleza al inventar la agricultura, pero con anterioridad nos *alineamos* con ella como cazadores-recolectores y horti-cultivadores. Lo que se ha logrado materialmente desde el 9500 a.C. es increíble. Hemos probado que podemos crear casi cualquier cosa, pero ¿por qué la gente está tan preocupada por el futuro? *Le tememos a una potencial escasez durante este momento de impresionante abundancia.* Los antropólogos han demostrado que las culturas que conservan las historias de sus orígenes no desean, necesitan, se preocupan, ni usan tantas cosas. En comparación a la moderna cultura occidental, la gente en culturas indígenas a menudo disfruta mucho tiempo en el cual no trabaja. En nuestro civilizado, tecnológico mundo de los nanosegundos*, todos estamos sofocados en artilugios y basura, estamos conectados y trabajamos constantemente. ¿Qué sigue? Creo que nos encontramos en el umbral de una masiva *desmaterialización* después de volvernos más densos y materiales por 11,500 años y yo creo que esto será el tema central de la Era de Acuario. Pero, ¿cómo podemos hacer esto?

Cambio Generacional y Desmaterialización

¿Cómo podemos aligerarnos y hacer las cosas de forma diferente? Buscando respuestas para esta pregunta, he estado conviviendo con gente joven, porque muestran emergentes características del nuevo mundo por venir. Ellos formarán sus familias en nuevos tiempos y el escuchar lo que están pensando, ofrece algunas claves sobre a dónde nos dirigimos entre los vertiginosos cambios. Mucha gente que nació a partir de 1965 está experimentando con formas para vivir en un mundo menos material. Saben que éste es el único siguiente paso posible, porque la Tierra no puede mantener el actual nivel de sobrecarga tecnológica. Mientras tanto, basados en las leyes de precesión, de todas maneras nos volveremos menos materialistas en el próximo ciclo, porque recordaremos cómo alinearnos con las fuerzas de la Tierra en lugar de *usarla* solamente. Los remanentes de culturas que han guardado simples formas de vida, de repente están

Fig. 1.8. El Osireion de Abidos

siendo descubiertas otra vez y valuadas como recursos críticos, tales como las culturas anteriores al cataclismo de los aborígenes australianos.

Estas culturas usaban una tecnología desconocida en la actualidad; nadie ha entendido cómo cortaron y movieron piedras enormes. Uno de los mejores ejemplos de esta tecnología es el Osireion en Egipto, que cortó y colocó con precisión piedras que pesan cientos de toneladas. Como una costumbre a éstas se les llama piedras ciclópeas, porque parecen haber sido forjadas por gigantes. Sus olvidados constructores deben haber sabido cómo trabajar en alineación con las fuerzas de la Tierra, de maneras que ahora se han estropeado, pero existen formas para redescubrir estas olvidadas habilidades. Por siete años he estado estudiando con la antropóloga Felicitas Goodman, quien descubrió cómo, por miles de años, en las culturas de chamanes la gente reunía información para resolver sus problemas. Para hacer esto, se ponían en trance mientras asumían muy específicas posturas que los ayudaban a pedir ayuda a los espíritus, en la realidad alternada[16], que es un mundo que coexiste con la realidad ordinaria. Estas posturas son una increíble herramienta para recuperar las tecnologías antiguas, así como las sanadoras. ¡A lo mejor los espíritus podían explicar cómo construir el Osireion o la Gran Pirámide! Junto con la Dra. Goodman daré una amplia información sobre mi trabajo por todo este libro.

La más dolorosa situación en esta última etapa de materialización es la salud y el bienestar. Mucha gente, hasta muchos jóvenes, están muy enfermos en medio del rápido cambio. Es una buena noticia que la Era de Acuario prometa rejuvenecer nuestros cuerpos. El planeta gobernante de Acuario es Uranio, que activa la *energía kundalini*, el poder que los acupunturistas y los sanadores estimulan y los maestros

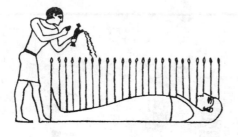

Fig. 1.9. Regando a Osiris de cuyo Cuerpo Crece Maíz del Templo de Isis en File.

espirituales despiertan. En notable contraste para aquellos que usan sólo salud alternativa, la gente que depende de la medicina materialista está mortificada por enfermedades crónicas; *están clavados en la cruz médica* conforme la agobiante Era de Piscis termina. La física newtoniana ha provocado que la gente piense que sus cuerpos son máquinas, sin embargo, no somos sólo artefactos que necesitan componerse. La salud de la gente en las ciudades del occidente moderno se ha deteriorado, su energía kundalini es débil y están perdiendo su fuerza de vida y su integridad genética. La química y la medicina nuclear envenena el ambiente y los cuerpos de la gente, y necesitan una remodelación vibratoria que venga con un fuerte flujo de esa energía. Los individuos con un kundalini despierto son muy síquicos y energizados, y como la influencia de Acuario construye, mucha gente está buscando métodos de curación que realcen el flujo de kundalini para reducir la ola de enfermedades crónicas. Por miles de años anteriores a la medicina occidental, esta enriquecida energía kundalini se usó para revitalizar a las personas y reparar nuestros genes. Estas medicinas son el legado incluso de *antes* del Cataclismo y la energía de Acuario las está redescubriendo.

Al crecer en Michigan, después de la Segunda Guerra Mundial, observé cómo se deterioraban los ecosistemas que rodeaban la casa donde pasé mi niñez y las culturas humanas decaían. Según lo que cuentan mis abuelos, estas peculiaridades destructivas tomaron el mando porque la gente había olvidado sus orígenes. La generación de mis padres —nacidos entre 1910 y 1930— no pensaba en términos de los orígenes significativos; habían perdido la esperanza en el futuro. Estaban agobiados por la Gran Depresión y dos guerras mundiales y convencidos de que sólo tenían una vida que vivir, lo que es uno de los más letales dogmas cristianos. ¡Qué vida! Esta era su *única* vida, en la cual estaban destrozados por globales y económicos traumas. La Tierra era su cámara de tortura y el término *Gran Depresión* se puso de moda porque describe la condición sicológica de esta generación. Mi abuelo decía que las horas más o menos oscuras de la Tierra de los pasados 10,000 años, ocurrieron durante la Segunda Guerra Mundial, pero también empezó el regreso hacia la iluminación espiritual. La generación de mis padres creía que su única vida era todo lo que tenían, así que frenéticamente persiguieron la seguridad, mientras sus hijos —nacidos entre 1940 y 1960— veían morir a la Tierra. Agrupados como ovejas en manadas en los "refugios" de concreto, durante las alertas nucleares y llevados con el doctor para ser vacunados por señales de enfermedad, los niños llegaron a la conclusión de que el plan era matarlos, conforme nubes como hongos radioactivos explotaban en la televisión. A la luz de un futuro tan tenue como éste, los "bebés de la guerra" se dedicaron a enfrentar y sanar sus propias heridas emocionales y tan solo evitar pasar la negatividad a sus hijos. Estos niños —nacidos durante los años 60s y 70s del siglo XX— están aceptando roles en el mundo y muchos de ellos poseen una gran fuerza emocional.

La Medicina Tortuga

En medio de la espantosa muerte de la vida y cultura después de la Segunda Guerra Mundial, mis abuelos me regalaron una inquebrantable visión del futuro, al mostrarme una perspectiva más amplia que el deprimente enfoque de mis padres. Aún en contacto con sus propios orígenes y maravillosamente educados en la egiptología y otras culturas antiguas, ellos sabían que el gran despertar vendría después de que ellos murieran, que mis padres no vivirían para ver que sucediera, así que me pasaron sus legados. Juntos estudiamos a Platón y otras fuentes clásicas, egiptología e historias cheroquís y celtas. Mi abuela celta me enseñó cómo ver los espíritus de la naturaleza en su jardín y a los espíritus en la casa, y mi abuelo cheroquí/celta me enseñó cómo oír los sonidos de las estrellas en los pantanos, a ver los espíritus (Gente Pequeña) en el bosque y a leer los mensajes de los animales e insectos. Compartieron su conocimiento de los largos ciclos de tiempo, y me instruyeron cómo trabajar con los Ancestros — maestros invisibles que son simbióticos con la Tierra, que se comunican con todos los humanos receptivos. En este libro, a los Ancestros se les llama también los Ancianos y los sabios son humanos que trabajan con los Ancestros y los Ancianos. Como resultado de estudiar con Felicitas Goodman, creo que los sabios son humanos que trabajan *conscientemente* con los Ancianos y los Ancestros que habitan en la realidad alternativa. En la casa de mis abuelos, de ningún modo se enseñó la cultura moderna como ilustrativa o superior. En lugar de eso, explicaban que somos descendientes de una cultura avanzada que desapareció en un día. Platón salvó el registro de aquellos días

Fig. 1.10.
Medicina Tortuga

antes del Diluvio y mi abuelo empezó a supervisar mi estudio de Platón cuando yo tenía ocho años de edad. Estos largos ciclos de Tiempo se encuentran en las leyendas celtas, que mi abuela aún recordaba. En 1998, decidí escribir su legado en este libro, al cual mi abuelo llamó la Medicina Tortuga.

La Medicina Tortuga se refiere a los cambios de la tierra. La superficie terrestre está formada por veinte grandes placas, como los contornos de veinte placas alrededor de las trece centrales sobre la concha de una Tortuga. Algunas veces estas placas se mueven cuando la tortuga camina, lo mismo hacen las de la Tierra mientras vivimos en la superficie, influenciadas por los cuerpos de los cielos. Las tres estrellas en el cinturón de Orión son la espina dorsal de la Tortuga y las cuatro estrellas exteriores —Saiph, Rigel, Betelgeuse y Bellatrix— son los pies de la Tortuga.[17] La fórmula para ser feliz aquí en la Tierra consiste en contemplar estas correspondencias, que abren senderos que nos conectan con nuestros vehículos espirituales, las estrellas. *Estas son la casa de nuestras almas.* Me enseñaron que la espalda de la Tortuga es la casa de mi cuerpo —Tierra— donde la Gente Pequeña Cheroquí me ayuda. Mi abuela me introdujo a los Faeries, que siempre están a nuestro alrededor para decirnos a dónde ir, si el mar irrumpiera y la tierra se sumergiera. Me enseñaron a confiar en la Tierra y sus delicados reinos. Estos soportan a todo lo que es material, pero son invisibles para nosotros si no creemos en ellos y confiamos en la Tierra. Mis abuelos eran simbióticos con estos otros mundos. Su casa estaba llena de aliados, muchos de los cuales aún viven conmigo hoy en día. La Medicina Tortuga significa que usted existe intencional y conscientemente en muchos mundos mientras que está vivo; entonces la vida nunca es aburrida y no hay ningún deseo de hacerla más de lo que es. El abuelo también era Masón que había obtenido un grado muy alto, posiblemente sea el motivo por el cual amaba la egiptología. Él me ayudó a desarrollar una relación viva con mi *ba*, mi cuerpo de consciencia que vive en las estrellas.

Todos nosotros necesitamos recuperar nuestra conexión con las estrellas, porque no podemos existir en la tierra si nos concebimos como criaturas no queridas, nacidas para sufrir a través de una vida y morir al capricho de dioses vengativos. Las enseñanzas Mayas son muy similares al conocimiento cheroquí, en especial en lo que refiere a la Medicina Tortuga. Y el legado Maya se puede encontrar en sus calendarios. Los Hombres de Hunbatz de Yucatán y Don Alejandro Oxlac de Guatemala, gentilmente abrieron estas enseñanzas para mí ya como adulto; ellos me ayudaron a ver qué tan interconectadas están todas las enseñanzas indígenas.* Los calendarios Mayas están

---

* Soy una Anciana Maya Internacional con el Consejo Maya de Chichén Itzá

entretejidos de trece días y veinte grifos o modalidades, porque las conchas de la tortuga están hechas de trece placas centrales que están rodeadas por veinte placas más pequeñas. A la ciencia de las veinte maravillosas placas que flotan en el estrato de la Tierra se le llama *placas tectónicas* y durante cada año solar, los trece ciclos de la Luna modulan los patrones emocionales humanos. La Medicina Tortuga expresa cómo estos ciclos de Tiempo crean cambio. Además de usar la astrología como una herramienta de maduración sicológica, también podemos equilibrar nuestros modelos emocionales, al armonizar con las veinte modalidades que maduran nuestras emociones, conforme expandimos nuestra consciencia y vivimos en armonía con el Tiempo de la Luna. Si desarrollamos estos veinte aspectos de nuestros sentimientos y estos trece lentes de tiempo, armonizaremos con la Tierra. Es muy importante que nos demos cuenta de que ser *indígena es un modo de pensar*, que es una vida intencional de no ser envueltos en las definiciones culturales o en tiempo de reloj. Entonces usted no esta limitado a la realidad ordinaria —puede acceder a las muchas dimensiones de la realidad alternativa.

Después del Cataclismo, que fue reportado con exactitud por la gente indígena por todo el mundo, escudriñamos en la bruma del destruido mundo y vemos las fases y cuerpos de los líderes que han asumido papeles de autoridad; creímos que ellos eran dioses. Los sacerdotes decían que nos castigarían porque no los habíamos adorado correctamente y debíamos hacer sacrificios para ellos. En nuestro estupor —desterrados del paraíso terrenal y entristecidos por la idea de una deidad vengativa— estuvimos atrapados en el Tiempo. Esta es *La Caída* y por la pérdida de la gracia, nos convertimos cada vez más en algo dimensional y gradualmente perdimos nuestra habilidad para sentir las vibraciones de la Naturaleza, las estrellas y ver los espíritus. Esto nos hizo profundamente solos, como si los cielos estuvieran cambiando. Temiendo a los dioses vengativos y al cielo, adoptamos la agricultura para lastimar a la Naturaleza. Miles de años pasarían antes de que pudiéramos despertar, mientras que la Tierra aguardaba su tiempo. Ella supo que una potente infusión cósmica de energía de las estrellas provocarían que empezáramos a vibrar con la Naturaleza de nuevo y lo estamos haciendo.

Cuando mis abuelos sintieron que me lamentaba muy profundamente mientras miraba morir a mis padres, a los anfibios, peces, plantas y mamíferos, me prometieron que mis hijos serían la primera generación en caminar en el paraíso terrenal otra vez. Recordaría que hace mucho tiempo, nuestro sistema solar experimentó un desastre cósmico y que la *humanidad no fue castigada por el dios vengador*. Es el momento de reírse de ese viejo, cansado y vil dios masculino que está todo engreído por nuestro terror interior. La nueva historia científica cuenta la verdadera historia de la Tierra y finalmente estamos oyendo algo que confirma nuestros sentimientos internos. Para los adultos de la posguerra, será difícil superar una vida entera de falsas creencias culturales; pero el nuevo mundo se puede ver en los ojos de los niños. Por lo tanto, por ahora muchas personas que nacieron después de 1940 son los guardianes del agonizante mundo material, en el cual el mundo oscilatorio está despertando. Mucha gente no confía en que un nuevo futuro esté por llegar y el actual índice de enfermedades crónicas, deterioro genético y muerte refleja esta falta de deseo de vivir. Nunca ha sido más importante alinearse con este flujo de energía cósmica.

Como sutiles zarcillos de luz de silicato, la nueva ola viene del profundo espacio como rayos gama, los que disparan masivos incrementos de fotones que incitan el caos y el cambio. *Durante esos intensos cambios, usted puede evitar la reducción dramática de energía al detectar las cualidades de la nueva ola y participar en ella.* Estas nuevas energías son muy intensas, pero muy sutiles y la única manera de detectarlas es jugar con ellas al notar qué lo estimula o aburre. Por ejemplo, encuentro que pensar en mi cuerpo como un campo oscilatorio que es dirigido por mi mente libre de incriminaciones, es más poderoso que pensar que mi cuerpo es un automóvil que un doctor debe afinar o reparar en un hospital —esto es, si estoy asegurada, soy una niña buena y asisto a mi cita a tiempo, puedo sentarme y esperar que me compongan. Cada gran era desarrolla perdurables cualidades que se convertirán en significantes cimientos en el siguiente. Durante los pasados 2,000 años hemos estado explorando nuestros sentimientos y ahora el coraje, la compasión y devoción pueden ser los fundamentos de la Era de Acuario. Con estos poderes, podemos activar oscilatoriamente nuestros cuerpos de energía y centrar esa fuerza en nuestros *corazones*. Podemos ser menos materiales y más emocionales —ya lo *somos*. Al incorporar estos exquisitos sentimientos en nuestros despiertos cuerpos oscilatorios, seremos auto-conscientes en la Tierra despierta. Finalmente, seremos capaces de vernos a nosotros mismos en el campo oscilatorio de la Naturaleza, porque por los pasados 2,000 años nos hemos vuelto auto-reflexivos y encontramos nuestros corazones.

2

El Gran Cataclismo
y la Caída

La precesión tomó un avasallador significado.
Se convirtió en el vasto impenetrable modelo de fatalidad en si
misma, con una era del mundo sucediendo a otra, como el invisible
indicador de los equinoccios que se desliza por los signos, cada era
trayendo consigo el amanecer y el ocaso de las configuraciones astrales
y poderes, con sus consecuencias terrenales.

—*Hertha Von Dechend y Giorgio de Santillana.*[1]

El Molino de Hamlet y la Precesión de los Equinoccios

Como se introdujo en el capítulo 1, la precesión de los equinoccios es un ciclo astronómico que describe el cronometraje y las cualidades de los modelos culturales por medio del simbolismo. Este capítulo investiga cómo esta sutil fuerza simbólica influye en las culturas humanas. Los símbolos son las guías claves, como cada Gran Era está representada por un símbolo que se deriva de una constelación localizada en la Eclíptica. Por ejemplo, el símbolo para la Era de Piscis, cuando se fundó la cristiandad, fue un pez y la constelación de Piscis está trazada como dos peces entretejidos. La antigüedad de estos símbolos va tan lejos como la prehistoria; por ejemplo, la constelación de Tauro se dibuja como un gran toro y la de Cáncer es un cangrejo. Este comparte el poder simbólico con la Luna, que es la regente de Cáncer. Los templos de los tiempos a menudo tienen símbolos apropiados para cada Gran Era y los textos sagrados de estas culturas describen ceremonias que se crearon para ensalzar el poder de tales símbolos; los rituales del Toro durante la Era de Tauro hace 6,000 años, ¡hoy se realizan como corridas de toros y a menudo a las mujeres se les compara con cangrejos!

¿Cómo este simbólico tejido puede todavía influir en nosotros e incluso dirigir nuestras vidas? Aun hoy en día, la gente indígena se identifica como miembros de clanes por sus tótems de animales y ¿no es misterioso que el zodiaco sea un círculo de animales más unas cuantas imágenes humanas, en el cielo? El zodiaco consiste en las constelaciones sobre la Eclíptica —doce de ochenta y ocho constelaciones— y se pensaba que todos los ochenta y ocho sistemas de estrellas eran influencias espirituales. ¿Son esos clanes totémicos vestigios del conocimiento precesional? ¿Son las corridas de toros persistentes vestigios de la Era de Tauro? Además del maravilloso potencial creativo de estas conexiones, ¿este sutil factor todavía dirige la inconsciencia colectiva? Si es así, ¿usó la gente antigua estos poderes intencionalmente y lo podemos hacer nosotros? Juzgando por la cantidad de trabajo que pusieron en construir y mantener sus templos, seríamos tontos si *no* consideráramos si el factor precesional en realidad nos afecta ahora. Por lo menos, podemos entender mejor el pasado, al comprender lo que estos símbolos significaron para la gente en aquel tiempo. Entonces podemos investigar cómo los ciclos precesionales influyen ahora en las culturas humanas, ya sea que alguien esté consciente del círculo en movimiento en el cielo o no. ¿Y si las sociedades secretas, tales como los masones, saben todo sobre estas influencias y las personas modernas no iniciadas las desconocen?

Se han encontrado huellas de influencia precesional en las escrituras sagradas y en la mitología, que han sido transmitidas en la tradición oral por miles de años, y luego con el tiempo fueron escritas. *Hamlet's Mill: An Essay on Myth and the Frame of Time* (El Molino de Hamlet: Un ensayo sobre Mitología y el Marco del Tiempo) de los famosos eruditos Hertha Von Dechend y Giorgio de Santillana es el penúltimo estudio sobre la mitología por precesión. Los autores determinan que la mitología antigua y el arte no pueden sondearse sin entender su fundamental compleja base celestial —la precesión de los equinoccios— y yo estoy de acuerdo. Al principio, *Hamlet's Mill* se etiquetó como un descabellado y radical tomo que poca gente podía entender. Fue ampliamente leído y discutido porque sus autores fueron dos otrora altamente estimados eruditos. Más tarde se ha convertido en *el* cimiento de los investigadores que están indagando sobre cómo las culturas arcaicas entendían la precesión. Explora cómo los mitos básicos contenían elementos de tiempos anteriores, que eran tapados por los tiempos posteriores, como una casa de antigüedades familiares mezcladas con mobiliario nuevo. Los fragmentos antiguos se confunden con las historias más recientes porque los trovadores las rescataron, aunque no sabían qué querían decir, sólo como una atesorada herencia familiar. Esto es lo que hicieron los sabios y guardianes de la tradición oral, mostrando que el *tiempo es el formato estructural esencial del mito*. Afortunadamente, los eruditos pueden decodificar estos factores, debido a que los mitos tienen variaciones lingüísticas y elementos arcaicos que reflejan las capas del Tiempo. La mitología es una auténtica matemática de consciencia. *Hamlet's Mill* examina las antiguas epopeyas, historias, épicas y dramas, y los descifra por medio de los ciclos precesionales y el simbolismo. A menudo, estas historias empiezan con frases como "Había una vez" o "Una vez hace mucho tiempo..." Los mitos básicos están llenos de historias de origen, que abarcan ciclos de Tiempo extremadamente largos en lugares específicos. A menudo sin ni siquiera darnos cuenta de ello, percibimos eventos por medio del Tiempo. Trate de contar una historia a alguna persona sin usar tiempo y lugar.

En la mitología hay un arcaico sistema codificado por el tiempo, que es un tesoro atrapado a través de miles de años hacia atrás en la prehistoria. La narración de cuentos muestra cómo la gente recordaba y sabía qué hacer con lo que les pasó en las Grandes Eras. De hecho, existen mitos muy similares al Diluvio en casi todas las culturas arcaicas. Es posible que hace cerca de 10,000 años, la inclinación del eje de la Tierra condujo a la creación de los narradores de cuentos y los sacerdotes-astrónomos, porque estaban obsesionados con los cambios en el cielo. Una alteración en el orden cósmico los había molestado. Probablemente ellos no entendían *por qué* empezó la precesión, pero idearon algunas exactas imágenes míticas, como Atlas cargando el cielo. Habrían notado inmediatamente el radical cambio de la ubicación de las estrellas en el horizonte, todos habrían notado las nuevas estaciones y con el tiempo el movimiento precesional se observó en el horizonte o alrededor de los polos. Naturalmente, también temían más desastres, y *ocurrieron* reiterados ajustes conforme la Tierra se acomodaba. La gente de la antigüedad ofrecía sacrificios a los dioses de los primeros tiempos, con la esperanza de que el cielo no se fuera a caer otra vez[2].

La posibilidad de que la precesión empezó hace sólo 11,500 años es una hipótesis radical, la que únicamente se puede *probar* por un análisis muy detallado y una síntesis de los registros geológicos y paleontológicos. Más de estos datos están disponibles en los anexos B, C y D. Los astrofísicos necesitarían estudiar las actuales órbitas de los cuerpos en el sistema solar, para ver si un nuevo patrón empezó hace 11,500 años. Este proceso ya ha sido iniciado por Allan y Delair en *Cataclysm!* Sin importar cuándo empezó la precesión exactamente, por los últimos 10,000 años, los humanos han estado obsesionados con el Tiempo. Debe de haber una razón, porque seguir la huella de la precesión requiere de una astronomía avanzada y mucho tiempo libre. Muchos excelentes libros técnicos prueban que los antiguos siguieron la huella de la precesión, como *The Dawn of Astronomy* (El Amanecer de la Astronomía) de J. Norman Lockyer, *The Secret of the Incas* (El Secreto de los Incas) de William Sullivan, *Stonehenge* de John North y *Maya Cosmogénesis 2012* (2012 Cosmogénesis Maya) de John Major Jenkins.[3] Más adelante, hablaré de la evidencia de Çatal Hüyük en Turquía, de que la gente de la antigüedad contempló la influencia precesional por más de *9,000 años* durante la Era de Géminis —del 6640 al 4480 a.C. Con un sentimiento de qué tan lejos se tiene que regresar sobre este camino para saber a dónde va la realidad, los mitos básicos y los sitios arqueológicos son túneles de Tiempo que nos abren los ojos para ver la brillante y exquisita creatividad de la culturas anteriores a la invención de la escritura. Es por esto que hechizan y fascinan a mucha gente.

Hamlet's Mill postula que necesitamos este sistema como guía, porque cuando las Grandes Eras cambian, las transiciones son extremadamente difíciles. Por ejemplo, el advenimiento de operaciones militares llegó cuando la Era de Aries empezó hace más de 4,000 años. Algunas veces el lado sombrío de una era parece tomar casi la totalidad de los 2,000 años de la Gran Era. La obsesión de la de Piscis ha sido el sufrimiento y la salvación cuando pudiera haber sido una era de gran iluminación espiritual. Con relación a *Hamlet's Mill*, el molino es de rueda, como para moler harina. Hamlet, el rey perdido, representa los aspectos trágicos de nuestras vidas durante las transiciones de la Gran Era, además hamlet significa pueblo pequeño. El molino simboliza la rueda del Tiempo, el advenimiento de la agricultura y la obsesión por el pan de todos los días. Estas son imágenes perfectas de la humanidad atrapada en la rueda del Tiempo, primero por la agricultura y luego por ser sacados de nuestros pueblos y atrapados en ciudades y fábricas. Hoy, mientras el ciberespacio elimina nuestras oportunidades para conocernos unos a otros en persona, a lo mejor podríamos querer preguntar antes que todos seamos absorbidos en el comercio electrónico: ¿la gente antigua *quiso* abandonar las reuniones, la horticultura y la vida pueblerina?

El Cataclismo ocurrió a la mitad de lo que se convirtió en la primera Gran Era — Leo— así que el cambio a Acuario es una entrada en el signo *opuesto*. De acuerdo a los principios astrológicos, una fase de oposición es como la Luna llena, que llevará a buen término todas las cosas que hemos creado desde la Era de Leo y el Cataclismo. Esto *está* pasando conforme los contenidos arcaicos de la psique disparan olas de armamento bárbaro y psicosis personal, como si alguien hubiera abierto la Caja de Pandora y dejándola abierta. Para integrar la energía de Acuario con nuestro verdadero pasado, debemos recordar el Cataclismo. ¿Quiénes éramos entonces? ¿Qué nos pasó?

Los Terribles Días de Diluvio, Viento y Fuego

Cataclysm! Compelling Evidence for a Cosmic Catastrophe in 9500 B.C. describe el reciente Cataclismo que alteró nuestro sistema solar e inclinó el eje de la Tierra. La teoría de Allan y Delair dice que fragmentos de una supernova localizada en el sistema de la estrella Vela, chocaron con nuestro sistema solar hace 11,500 años y luego se acercaron a la Tierra.* ¡Basados en *Cataclysm,* lo que sigue es una repetición del día en que la Tierra casi muere!, y a los lectores que preguntan o responden poderosamente a esta descripción se les aconsejaría leer este monumental trabajo. Mi intención aquí es despertar su propia memoria interna de este evento, porque existe en lo profundo dentro de las mentes subconscientes de toda la gente; es la fuente del moderno miedo colectivo.

Los fragmentos de la Supernova se aproximaron a la Tierra, nuestra atmósfera se supercargó eléctricamente y nuestras aguas y vientos empezaron a hervir. La Tierra se calentó y volvió fétida, y el terror se desplegó en todas las cosas vivas sobre la Tierra: aparecieron en el cielo fantásticos monstruos que continuamente cambiaban de forma y color, que algunas veces se veían como un gigantesco pájaro o una serpiente o un dragón retorciéndose. Fuera lo que fuera, era la cosa más horrible que nunca había aparecido en los cielos. Hasta parecía estar moviéndose contra el pasaje del Sol a través del cielo y la gente cayó de rodillas en terror. Por muchos días, el fuego destructivo se volvió cada vez más grande en el cielo y conforme se acercaba se veía como si fuera a pasar sobre el Polo Norte mientras se movía hacia la Luna. Entonces terribles vientos succionadores llegaron a la tierra conforme ésta empezó a voltear hacia el aspecto en el cielo.[*] Hubo una ensordecedora explosión en el bóveda del cielo y la Tierra se estremeció[†]. En pocas horas, bloques de hielo, granizo y gigantes masas de agua golpearon nuestro planeta[‡]. ¿Qué venía? ¿Qué podría ser? Preguntaron todos los que observaban el atemorizante cielo.

---

[*] D. S. Allan y J. B. Delair, *Cataclysm! Compelling Evidence of a Cosmic Catastrophe in 9500 b.C.* (¡Cataclismo! Convincente Evidencia de una Catástrofe Cósmica en el 9500 a.C.) (Santa Fe: Bear & Company, 1997) 207-11. Resumiendo las teorías de Allan y Delair sobre la causa, dicen en la página 209, "en este momento, aunque es imposible señalar positivamente la verdadera identidad de Faetón (supernova), sólo podemos decir que *no* existía". Luego, enlistan lo que tampoco existía: los meteoros, los asteroides y los cometas convencionales; los satélites, como las lunas; los planetas, las estrellas fugaces y los gigantes cometas interestelares. Al final, ofrecen detalles sobre la nube de Aluminum-26 en el espacio que rodea el sistema solar, lo que hace a una supernova el apropiado candidato. De acuerdo con la astronomía, por lo menos cinco supernovas han explotado cerca de nuestro sistema solar hace de 15,000 a 11,500 años, y una de ellas —la Supernova Vela— hizo erupción hace 14,300 años (D.K. Milne, "A New Catalogue of Galactic SNRs Corrected for distance from the Galactic Plane," 32:83-92) [D.K. Milne, "Un nuevo Catálogo de la Galáctica SNRs Corregida por la Distancia del Plano Galáctico", 32:83-92.] hace 11,000 años (G. R. Brackenridge, "Terrestrial Palaeoenvironmental Effects of a Late Quarternary-Age Supernova" [Efectos Terrestres Palaeoambiental de la Supernova de la Era Cuaternaria Tardía] *Icarus* 16:81-93). Naturalmente, ellos dicen "en este momento, es imposible señalar positivamente la verdadera identidad de Faetón".

[*] Allan y Delair, *Cataclysm!* 250-54. Los autores comentan en la página 250 que las leyendas persas reportan que este fenómeno siguió por muchos días, y las extrañas formas deben de haber sido causadas por la actividad electromagnética y las cambiantes posiciones dentro de los fragmentos y deshechos. En la página 252, dicen "ahora la gravitación Tierra/Luna empieza a afectar el curso de los intrusos, mientras que la Tierra, inclinada axialmente de la vertical, empieza a alinearse a sí misma hacia Faetón y Kingu".

[†] Allan y Delair, *Cataclysm!*, 254. Los autores especulan que Kingu (una luna de Tiamat que es un planeta destruido en el cinturón del asteroide) se desintegró en el Límite Roche de la Tierra, el área que rodea la Tierra que expulsará o destruirá objetos que se acercan al planeta.

[‡] Allan y Delair, *Cataclysm!*, 281-89. Juzgando por los enjambres de depresiones como cráteres en la Llanura Costera Atlántida, las bahías de Carolina las depresiones poco profundas como cráteres en el permafrost de Alaska cerca de

La atmósfera explotó hacia adentro y todas las cosas vivientes se horrorizaron por el ensordecedor sonido. Enormes tormentas electromagnéticas sobrecogieron los bioeléctricos campos de animales, humanos, plantas y hasta rocas. Ese día, el miedo quedó tan profundamente impreso en la consciencia humana, que desde entonces nuestras mentes han tratado de suprimir y negar este recuerdo. A continuación el caos reinó mientras los volcanes hicieron erupción, mientras los océanos y los lagos hervían, mientras la Tierra temblaba y crujía furiosamente.

El siguiente extracto contiene más detalles de esta historia de *Cataclysm!* Los autores usaron el Faetón de Ovidio para representar los fragmentos de la supernova y Kingu (una luna de Tiamat un destruido planeta, de la épica Akkadian, de *Enuma Elish*)

La combinada separación de Kingu de Faetón y el detenimiento o lento del giro axial de la Tierra causaron un terrible descontrol total en la Tierra. Las aguas de los ríos, lagos y océanos del mundo, se salieron de su cauce original y fueron empujadas gravitacionalmente al punto en la Tierra más cercano (opuesto) a Kingu y Faetón. Las tradiciones de todo el mundo recuerdan este aterrador efecto.

El retraso de la rotación de la Tierra también resultó en que los vientos del mundo soplaron con una ferocidad e intensidad nunca experimentada por la gente moderna —vientos que aplastaron todos los bosques, azotaron las olas del océano a descomunales alturas, movieron gigantescas rocas y removieron a grandes distancias incalculables volúmenes de materiales sueltos de la superficie. De hecho fue recordado como un verdadero diluvium venti.

Mientras tanto, las mareas de magma interno continuaron fluyendo debajo de la martirizada corteza terrestre. A través de la unida influencia gravitacional de Kingu y Faetón, ellos lentamente habrán sido empujados hacia ese aspecto de la Tierra que está más cerca de esos cuerpos celestiales. Esto inevitablemente resultó en una deformación geoide, enormes

---

Punto Barrow y otras formaciones como esa en Bolivia y en los Países Bajos, los autores construyeron un esquema y un mapa global de este derrumbe, por los deshechos que parece indicar que Faetón estaba pasando sobre el Polo Norte y contrario a la rotación de la Tierra. En la página 221, especulan que los fragmentos pudieron haber roto el Cinturón de Kuiper, formado de pequeños objetos de planetoide que orbitan alrededor del sistema solar u ocasionalmente dentro de la órbita de Plutón. Decayente Aluminum-26 rodea el sistema solar en esta región general. Si los fragmentos efectivamente hicieron pedazos el Cinturón de Kuiper, sobre la Tierra deberían de haber habido efectos visuales de una explosión, pero sin sonido. Mi impresión de que el sistema solar vibraría como una campana, viene de algunos de los hallazgos que la ciencia generó de la investigación sobre la Supernova 1987A. Por ejemplo, de acuerdo con el astrónomo Alfred K. Mann, "durante los 12 segundos, SN 1987A generó una cantidad de poder en la forma de neutrinos, que disminuyó toda la potencia de producción sobre la Tierra por 34 a la décima potencia" (*Shadow of a Star: The Neutrino Story of Supernova 1987A*) [Sombra de una Estrella: La Historia de Neutrino de Supernova 1987A] (Nueva York: W.H. Freeman and Company, 1997, 103).

porciones de litosfera pandeándose, fracturándose, restándose, colapsando o dominando una sobre la otra como si simultáneamente se levantaran numerosas cadenas de montañas. Ríos de lava derretida, lluvias de ceniza rojo candente y enormes nubes de polvo volcánico y gas se arremolinaban sobre vastas regiones. Por todos lados, incontrolados fuegos habrán consumido todas las cosas vivientes en su camino.

En algunos lugares volcánicos, nubes de gas —nues ardentes- transportaban grandes piedras a muchas millas, golpeaban la superficie de las rocas dejando estrías que se parecían mu-

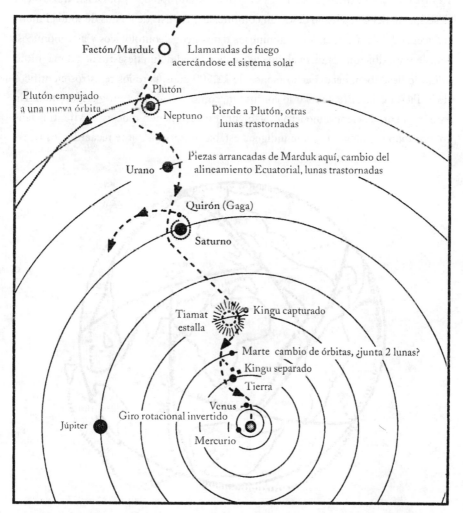

Fig. 2.1. El Gran Cataclismo en el 9500 a.C. Figura 4.13 de *Cataclysm! Compelling Evidence of a Cosmic Catastrophe in 9500 b.C.* (¡*Cataclismo! Convincente Evidencia de una Catástrofe Cósmica en el 9500 a.C.*)

cho a aquellas que a menudo se atribuyen en algún otro lado a la acción glacial y, en compañía de alta presión de vapor, pulieron y labraron la superficie de las rocas y excavaron valles enteros. Asociadamente, avalanchas de lodo hirviente salían de las vetas volcánicas y fisuras las vertían por las laderas y por los valles transportando más rocas grandes y produciendo más estriación en ellas.[4]

Modelos Cambiantes de la Corteza

El historiador científico D.S. Allan y el geólogo y antropólogo J.B. Delair trazaron su descripción del Cataclismo desde un comprensivo análisis de relatos de todo el mundo acerca del desastre, en los voluminosos datos geopaleontológicos y astronómicos. Parece imposible que pudiera alguna vez haber sucedido un desastre de tal magnitud como lo describen, hace mucho menos de 11,500 años, pero los registros científicos de la Tierra y del sistema solar lo confirman, como lo hacen las antiguas leyendas. En este momento la ciencia moderna solamente está reuniendo todo esto. Mientras tanto, por todo el mundo, la gente indígena estaba conservando este recuerdo; los regis-

Fig. 2.2. Tierra Icosaédrica, Figura 5.9 de Cataclysm! Compelling Evidence of a Cosmic Catastrophe in 9500 b.C. *(¡Cataclismo! Convincente Evidencia de una Catástrofe Cósmica en el 9500 a.C.)*

tros multiculturales que cuentan la misma historia verifican la moderna teoría cataclísmica.[5]

La magnitud del cataclismo invita a una seria consideración de nuevos mecanismos geológicos basados en la teoría, como el cambio de la corteza, que se discuten extensamente en este libro. Por ejemplo, los datos científicos indican que la *topografía de la Tierra fue reacomodada casi por completo.* "La anterior disposición de la tierra y el mar fue cambiada, surgió un nuevo sistema mundial de montañas, el número de volcanes activos aumentó enormemente se heredó, un legado de actividad sísmica, la cual está muy lejos de terminar, un nuevo patrón de desecación de tierra fue instituido, y se establecieron regímenes circulatorios oceánicos y atmosféricos, completamente diferentes".[6] El fondo de los océanos colapsó y globales valles agrietados y complejos fracturados formaron lo que sólo se puede explicar por las placas tectónicas —los movimientos de las placas de la corteza de la Tierra— que *desplazaron la litosfera de la Tierra vertical y horizontalmente.*[7]

Las más grandes placas tectónicas de la Tierra están divididas por grandes fallas, como la de San Andrés en California, donde, de hecho, la corteza de la Tierra se ha fracturado. La teoría popular para la presencia de estas fallas de gran actividad sísmica, ha sido la del flujo continental de Wegener.[8] Sin embargo, recientemente algunos investigadores han empezado a cuestionar dicho flujo, como el único factor en la formación de estas grandes placas tectónicas. Allan y Delair señalan que de hecho, hoy su *patrón* global es icosaédrico —un poliedro de veinte caras— sugiriendo que *la Tierra se expandió en sus hemisferios muy recientemente,* "agrietándose como el cascarón de un huevo sobrecalentado".[9] Los autores dan voluminosa evidencia de que este increíble desperfecto geométrico tenía que haber sido causado por una presión *externa* ejercida uniformemente, como la de Faetón y el patrón de la falla indica que esta presión bajó notablemente la velocidad de la rotación de la Tierra y provocó que los días fueran más largos.[10] "Por lo tanto, la repentina desaceleración de la rotación de la Tierra, inevitablemente causó la fractura de la corteza en todo el mundo. La continuada rotación del semiderretido magma por debajo de la detenida o desacelerada corteza terrestre, resultó en una inmensamente aumentada energía termal y, no poco improbable, en una temporal deformación geoide".[11] En una carta, J.B. Delair comentó que "las placas se formaron más o menos simultánea y repentinamente bajo violentas condiciones.˙

˙ J.B. Delair, carta al autor, 3 de agosto de 1999. También él notó que las placas *no* se habían movido como una sola unidad, como una vez defendió Charles Hapgood, quien se lo confesó a él durante sus conversaciones en Londres, unos cuantos años antes de su muerte.

Este mecanismo geológico puede ser la única posible explicación para lo que pasó tan recientemente a nuestro planeta. Después de tomar en consideración varios radicales mecanismos catastróficos geológicos, como la teoría de la alteración de la corteza, de Rand y Rose Flem-Ath en *When the Sky Fell* (Cuando el Cielo Cayó)y las de Charles Hapgood en *Path of the Pole* (Sendero del Polo), yo he adoptado el modelo de Allan y Delair.[12] Los lectores astutos se darán cuenta de qué tan difícil es su teoría, y en el Anexo B se encuentra más descripción de sus teorías sobre cataclismo. Debido a que estos autores han catalogado concienzudamente los datos del Pleistoceno Tardío a nivel mundial, consideraron las fuerzas que se necesitaron para una destrucción tan grande como esa y luego encontraron un lógico candidato para el mecanismo; su teoría requiere de una seria consideración. La notable integración de 200 años de evidencia física del reciente Cataclismo, equivale a sumir a la ciencia en una gran confusión, porque sus modelos teóricos no han servido por los pasados 20,000 años. Cansados de ser encasillados en campos específicos y negar una visión general, muchos científicos jóvenes están buscando nuevos mecanismos para el cambio catastrófico. Ahora las teorías existentes no tienen sentido a la luz de la magnitud del desastre obviamente reciente y hasta el Santo Grial de la geología, la Columna Geológica, se está reconsiderando.

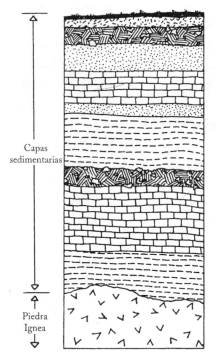

Capas sedimentarias

Piedra Ignea

Fig. 2.3. La Columna Geológica.

La Columna Geológica

El análisis científico de las capas de las rocas —estratigrafía— asume que estas capas se crearon por procesos graduales a través de millones de años. Allan y Delair también sugieren que el gigantesco y geológicamente muy rápido *reacomodo y reconstitución* de muchas rocas, ha ocurrido por el *cambio de la corteza*, un mecanismo que los geólogos ortodoxos ni siquiera han tomado en consideración, por lo menos oficialmente. Para un geólogo, discutir la teoría del cambio de la corteza es anatema, como lo es para un historiador discutir la Atlántida o para un arqueólogo volver a fechar la edad de la Esfinge. Naturalmente, es muy difícil imaginar a la corteza terrestre siendo prensada, enrollada, derretida, empujada de arriba abajo o hacia arriba lateralmente, en un instante y es difícil saber con los niveles del océano, si ellos cambian porque la tierra se eleva o baja. Es aún más difícil pensar en esto como un evento relativamente reciente. Sin embargo, a la luz de la investigación de Allan y Delair, *se deben reconsiderar todas las descripciones geológicas del panorama que se basan en modelos no catastróficos*, incluyendo la Columna Geológica, que se asocia y pone fecha a las rocas, a las capas de carbón y a los depósitos aluviales. Esta columna se usa para dar fecha a las rocas sedimentarias en todas las ciencias de la tierra y fue inventada por la ciencia uniformitaria. Supuestamente, estas capas secuenciales representan millones de años de depósitos geológicos, que se localizan por todo el planeta. Es la base para la *global línea de tiempo geológica*. Las capas más bajas son las más antiguas, las de niveles más altos son más recientes y el espesor de las capas representan un específico periodo de tiempo. Entonces es posible determinar la antigüedad de los fósiles encontrados en las sedimentarias, cada vez que se hallen en las capas que se pueden fechar de acuerdo con la Columna Geológica.

Otra teoría que seriamente cuestiona a la Columna Geológica es la del geólogo francés Guy Berthault. Richard Milton, reportero de la nueva ciencia arquetipo, examinó esta investigación. Él informa que en 1985, Berthault condujo un experimento que reta de manera seria la teoría de sedimentación y a la validez de la Columna Geológica. Desbarató muestras de rocas y las redujo a sus originales partículas componentes. Luego las clasificó y puso colores para identificarlas y las mezcló todas juntas y dejó correr en un tanque, primero en estado seco y más tarde en agua. Berthault halló que *cuando los sedimentos se quedaban en el fondo, recreaban la apariencia de las rocas originales de las cuales habían salido*. De acuerdo con Richard Milton, Berthault dijo para resumir, "estos experimentos contradicen la idea del lento aumento de una capa seguida por la otra. La escala de tiempo se reduce de cientos de millones de años a uno o más cataclismos produciendo casi instantáneas láminas (capas).[13] Exactamente eso es lo que sucede durante la alteración de la corteza y masivas inundaciones. ¿Qué pasa si la Columna Geológica es un registro de cómo el lodo se deposita usualmente, cuando sus partículas constitutivas se asientan por millones de años, pero también es un registro de cómo se acomodan al instante, después de que el agua las ha roto? Esto explicaría más acertadamente algunos rasgos del paisaje que se estableció después de la masiva inundación de hace 11,500 años.

No importa cómo trabaje esta agitación, hemos sido educados por —y aún lo estamos siendo— una defectuosa teoría geológica. Ellos dificulta tomar en consideración los nuevos mecanismos geológicos teóricos o reconsiderar la edad del paisaje. Mientras tanto, ya sea que el ortodoxismo ignore el desafío intensificador o no, hay una ascendente evidencia de que algo está mal con la Columna Geológica. Los experimentos de Berthault sugieren que el cambio de la corteza y los diluvios reconstituyen las capas de roca periódicamente. Considerando la magnitud de la devastación de hace 11,500 años, el cambio de la corteza y la global inundación es el mecanismo más creíble, a no ser que los geólogos puedan tener ideas que expliquen la naturaleza de los depósitos del Pleistoceno Tardío, que *contienen los vestigios de plantas y animales de una gama de hace 29 millones de años hasta el Cataclismo.*[14] Como se mencionó anteriormente, las capas estratificadas son fechadas por las edades de los fósiles depositados en ellas, así, este hecho también cuestiona seriamente a la Columna Geológica. ¡Lo que importa aquí es abrir la posibilidad de que *la mayoría de la actual topografía de la Tierra tiene tan sólo 11,500 años!* Por supuesto, las rocas de la Tierra tienen millones y billones de años de antigüedad, pero las *capas* de las rocas, especialmente aquellas en las áreas más devastadas del planeta pueden no ser ni siquiera un registro que se pueda fechar. La siguiente pregunta que surge a la luz sobre la impresionante magnitud de la destrucción: ¿Cómo era el mundo *antes* del Cataclismo?

El Panorama Prediluviano

A menudo, al mundo anterior al Cataclismo se le llama el *mundo prediluviano* —la Tierra antes del Diluvio bíblico o Cataclismo. Es muy difícil imaginar cómo era el mundo antes de que fuera casi destruido; sin embargo, Allan y Delair examinaron la fauna y

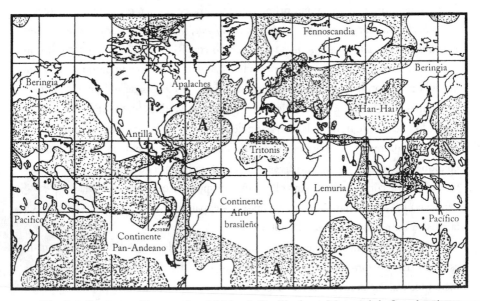

Fig. 2.4. Reconstrucción tentativa del Mundo Prediluviano. Mapa 2A de Cataclysm!

Tabla 1A: Los periodos Terciario y Cuaternario
*Las subdivisiones convencionales de los periodos **Terciario** y **Cuaternario**
con su duración estimada que se muestra entre paréntesis. No a escala*

Periodo	Época			Millones de años
Cuaternario	Holoceno			.011
	Pleistoceno	Superior	Eras de Hielo	2
		Medio		
		Inferior		
Terciario	Plioceno	(10,000,000 años)		12
	Mioceno	(17,000,000 años)		29
	Oligoceno	(12,000,000 años)		41
	Eoceno	(10,000,000 años)		51
	Paleoceno	(9,000,000 años)		60

Tabla 2C: *Cronología revisada para los periodos* Terciario y Cuaternario
a la luz del desastre de Faetón

Periodo	Época	Étapas	Condiciones generales	Fechas aprox. (en años BP)
Cuaternario	Holoceno (temprano)	Histórico	Como en el presente	2300 - hoy
		Sub-Atlántico	Seco-templado	2700-2300
		Atlántica	Húmedo-templado	3450-2700
	Holoceno (tardío)	Boreal	Inviernos secos y fríos Veranos calurosos	5500-4900
			Descongelamiento glaciares	
		Pre-Boreal	Frio seco	8000-7500
		Sub-Artica	Frío húmedo	11,400
		Pleistoceno	Desarrollo severo y rápido o glaciares	11,500
	DESASTRE FAETON			
Terciario	Plioceno		Estable	14,000,000
	Mioceno		Estable	29,000,000

(Era Cenozoica)

*Fig. 2.5. Cronología modificada de las subdivisiones Cuaternarias Euro-Americanas.
Tablas 1A y 2C de* Cataclysm!

flora global y los datos geológicos y han propuesto un tentativo mapa precatastrófico del mundo. También usando los raros fragmentos en los mitos que describen cómo era el mundo antes del Diluvio, estos autores hacen la hipótesis de que antes del Cataclismo: (1) la Tierra debe de haber sido un planeta estable por un largo periodo de tiempo geológico; (2) la disposición de la tierra y el mar debe de haber sido muy diferente; (3) había menos montañas y eran más bajas, los desiertos eran menos extensos y los océanos poco profundos; y (4) las cubiertas polares de hielo, si es que existían, habrían tenido un tamaño moderado. Ellos conjeturan que había más dióxido de carbono y oxígeno en la atmósfera; las tormentas eran poco frecuentes y modestas; en la mayoría de los casos la humedad era alta, con rocío en vez de lluvia, y la vegetación era exuberante.[15] En esos días, algunos escritores han supuesto que la Tierra estaba perpetuamente como en primavera, cuando estábamos "en el florecimiento de la vida, sin envejecimiento ni senectud".[16] Con base en su análisis de documentos japoneses muy viejos, Michio Kushi dice que el mundo prediluviano tenía un sistema de transportación global —barcos y aviones— y una agricultura natural que se basaba en la idea de que la Tierra produciría todo lo que se necesitaba si *no se le tocaba*. Él dice, "en el Paraíso la gente era libre sin el concepto de libertad, saludable sin ninguna idea de lo que la salud era, feliz sin la necesidad de hablar de felicidad".[17] Este era *el Jardín del Edén durante la Era de Oro*, una utopía que vive en la mente subconsciente de muchas personas, junto con el recuerdo del tiempo, cuando este primaveral paraíso terrenal fue abruptamente destruido.

Allan y Delair han catalogado las fuentes a nivel mundial, que indican el cambio del eje de la Tierra, de vertical, a una significativa inclinación —cerca de 23 ½ grados— desde el Cataclismo. Antes de la inclinación axial, durante la Era Dorada, había poca estacionalidad y a través del año las estrellas giraban en una manera *tholiform* —siempre en el mismo plano horizontal mientras la Tierra gira— Las estrellas se elevaron y se colocaron en el mismo sitio en el horizonte, haciendo un círculo perfecto alrededor de los verticales polos celestiales en un día.* Sin una inclinación axial, no habría habido equinoccios ni solsticios y esta alteración en el cielo explica la virtual obsesión de la humanidad con el cielo antes del 9500 a.C. Durante los primeros años después del Cataclismo, las estrellas —en especial el prominente sistema de la estrella Orión— se elevó y colocó estacionalmente en los cielos. Tales alteraciones en el cielo y la nueva estacionalidad afectaron nuestra consciencia de una manera que todavía influye en nosotros y que se explora por todo este libro.

---

* Allan y Delair, ¡Cataclismo!, 14. Delair me apuntó en una carta del 13 de agosto de 1999 que los grupos de estrellas antes del diluvio no eran los que ahora nos son familiares y que el zodiaco era lunar.

La Época del Holoceno:
La Tierra después del Cataclismo

El periodo posterior al Cataclismo es la época del Holoceno, de acuerdo con las subdivisiones cuaternarias Euro-Americanas, que vagamente dividen al Pleistoceno Superior y el Holoceno, en cerca de 9000 a.C.[18] Allan y Delair demandan una *Cronología Revisada* que dice que la época del Pleistoceno fue una corta fase de transición entre el final del Plioceno y el principio del Holoceno, para enfatizar *exactamente* el momento en que ocurrió el desastre y su magnitud. Esto enfatiza qué tan diferente era el mundo durante la caótica época temprana del Holoceno, cuando hubo una rápida glaciación y deshielo y un asentamiento de la corteza. Ellos demandan esta corrección porque *los desechos del cataclismo, encontrados por todo el planeta desde hace 11,500 años, contienen depósitos de las épocas del Mioceno, Plioceno y Pleistoceno.*[19] De esto concluyen que "la extraordinaria velocidad, enorme escala, gran violencia y acción indiscriminada son, por lo tanto, factores igualmente sobresalientes en *ambos* registros —geológicos y biológicos— del periodo bajo revisión".[20] Es fácil fechar a estos restos o *sedimentos* porque son orgánicos y muestran que el residuo depositado hace 11,500 años, contiene plantas y animales de todas estas tres épocas —Pleistoceno, Plioceno y Mioceno— por 29 millones de años. El hecho de que estas plantas y animales estuvieran vivos hace tantos años, sugiere un mundo tranquilo y apacible por aquel periodo de tiempo. Los lectores deben leer ¡*Cataclismo!*, para considerar la magnitud y la exactitud de estas asombrosas conclusiones. También pueden cuestionarse el motivo por el cual decidí escribir sobre esta investigación, dado que no soy una científica. He sido una estudiante de la teoría catastrófica, por cuarenta años, y la de Allan y Delair es la primera que he encontrado satisfactoria para explicar los depósitos sedimentarios del Pleistoceno Tardío. Ambas épocas, el Plioceno y el Mioceno fueron muy favorables para el desarrollo de formas de vida, las que prosperaron hasta el repentino final de hace 11,500 años y a esta era se le llama Cenozoica. Allan y Delair postulan que el Pleistoceno se emplea mejor como una *etapa* muy breve de cataclismo al principio del Holoceno Temprano, no como una verdadera época entre el Plioceno y el Holoceno.[21] Esta revisión da más sentido a los lugares arqueológicos del Holoceno Temprano y los depósitos sedimentarios del Pleistoceno. A continuación necesitamos ver la época del Holoceno en sí.

Al comienzo del Holoceno, surgieron supervivientes e intentaron comprender el destruido panorama y el cambiante cielo. Existe mucha evidencia de que fuimos *más* avanzados al final de la época Plioceno (usando la Cronología Revisada), y significativamente nos habíamos *retrasado* al principio del Holoceno. Desde luego, el dogma neo-Darwiniano postula que la humanidad ha estado progresivamente evolucionando de su calidad de mono, al moderno hombre de la computadora. Una importante fuente alternativa en los tiempos del Holoceno es el libro del cartógrafo Charles Hapgood de 1967, *Maps of the Ancient Sea Kings: Evidence of Advanced Civilization in the Ice Age* (Mapas de los Antiguos Reyes del Mar: Evidencia de una Avanzada Civilización en la Era de Hielo) [a menudo referida como *Mapas* porque es la fuente clave], que es un análisis de treinta mapas que tienen miles de años de antigüedad.[22] Hapgood demostró que los mapas que examinó eran las herramientas de una global civilización *científicamente avanzada que navegó los océanos hace más de 6,000 años.*[23] La academia le dio la espalda, pero él construyó un caso hermético, que ahora está recibiendo mucha atención. Sin importar quiénes hicieron los mapas, J.B. Delair sugirió que ellos fueron "héroes de la cultura sabelotodo que ayudaron a encontrar el principio otra vez".[*]

Hacer un mapa requiere pericia en las matemáticas y una valuación global. Los *mapas* tienen información esencial sobre la geografía de la Tierra durante el Holoceno Temprano, un periodo que es difícil de evaluar, porque la corteza terrestre se reajustaba constantemente y los océanos estaban surgiendo. Sin la investigación de Hapgood, todo lo que tenemos de hace 11,500 a aproximadamente 6,000 años son desperdigados sitios arqueológicos, fragmentos mitológicos y grandes vacíos en los registros, por todos lados. Desde luego, ¡cualquier sugerencia de que hubo cartógrafos que trazaron globalmente los mapas del planeta antes de hace 6,000 años, destruye absolutamente todos los modelos convencionales! Graham Hancock comenta sobre el surgimiento de los mares y la investigación de Hapgood: "el efecto combinado de los mapas de Piri Re'is, Oronteus Finaeus, Mercator y Bauche es la fuerte, aunque perturbadora impresión de que de forma continua, por un periodo de varios miles de años, se hubiera podido levantar un plano de la Antártida conforme la capa de hielo se extendía gradualmente hacia el exterior desde el interior (de la Antártida), aumentando su comprensión con cada milenio que pasaba, pero sin absorber todas las costas del continente meridional hasta cerca del 4000 a.C.".[24]

Hapgood concluye que *los diversos mapas "argumentan por ambos: la vasta antigüedad y por el desplazamiento de la corteza de la tierra".*[25] Sobre los cartógrafos mismos, él dice, "En geodesia, la ciencia náutica y cartografía, la global civilización marítima

---

[*] J.B. Delair, carta al autor, 3 de agosto de 1999. La investigación de los mapas de Hapgood está siendo revivida por Allan y Delair, Graham Hancock, Rand y Rose Flem-Ath y muchos otros nuevos eruditos arquetipo. Es interesante notar que el libro anterior de Hapgood, *Earth's Shifting Crust* (La Corteza cambiante de la Tierra), recientemente vuelto a poner en circulación como *Path of the Pole* (El Sendero del Polo), fue primero presentado por Albert Einstein.

fue más avanzada que cualquier cultura conocida antes del siglo XVIII de la era cristiana".[26] Junto con los lugares de monumentos ciclópeos, como Tiahuanaco en Bolivia y el del llanura de Gizeh en Egipto, estos mapas son la evidencia para una perdida cultura científicamente avanzada, ¡una cultura con una tecnología *que nosotros sólo estamos comenzando a descubrir*! Rand y Rose Flem-Arth en *When the Sky Fell* (Cuando el Cielo Cayó) hacen un muy buen caso sobre que la ciudad de la Atlántida descrita por Platón no ha sido encontrada, porque la corteza de la Tierra experimentó un monumental cambio hace aproximadamente 11,600 años, y luego el hielo creció sobre la Antártida. Ellos creen que la ciudad existe bajo este hielo.[27] Esta teoría puede resolver el más grande problema en la Atlantología: la grande y civilizada isla no ha sido encontrada. Más tarde se hablará de la Atlántida, porque obviamente existió en el mundo prediluviano y sus descendientes aún estaban presenten durante la época del Holoceno.

When the Sky Fell y *Cataclysm!* (Cuando el Cielo Cayó y ¡Cataclismo!) describen el mismo escenario que es la base de este trabajo: *La Tierra se resquebrajó, onduló y gimió cuando una intensa crisis terminó la Era de Oro*. El trauma se repitió durante la masiva inundación en la región del Mediterráneo y del Mar Negro. En las plataformas continentales alrededor del mundo, las comunidades fueron tragadas cuando la tierra se hundió y los océanos surgieron. En un recuerdo más reciente, el volcán en Santorini en el Mar Egeo hizo erupción, lo cual disparó un pequeño ajuste de la corteza cuando "a nivel mundial tuvo lugar una convulsión geológica y esto fue el final del reajuste de la capa exterior de la tierra a su nueva posición, después de su último desplazamiento".[28] Éste causó la subsistencia en el Mar Egeo y el Mediterráneo occidental, el Atlántico norte y ecuatorial y las Indias Orientales, mientras que Siberia, la India, el suroeste de los Estados Unidos, el Caribe, Perú y Bolivia se elevaron.[29] Con respecto a estos desastres reverberantes, es sabio diferenciar entre el gran Cataclismo y los desastres más grandes que ocurrieron después. El evento del 9500 a.C. terminó una total era geológica y condujo a una nueva, es el motivo por el cual Allan y Delair divisaron una nueva cronología.[30]

No importa cómo desaparecen todos los detalles, *nosotros somos una especie multitraumada*. Motivados y llevados por el miedo, la cultura de la gente en conjunto está profundamente desconectada del pasado. Mis abuelos me enseñaron que las masivas contiendas bélicas globales en el siglo XX fueron disparadas por estos irreconocibles miedos internos. Ahora, como estos catastróficos recuerdos hierven en la superficie, la gente hace cualquier cosa para evitar la oscuridad interior. Estacionan sus consciencias en los medios de comunicación y el ciberespacio, e ignoran la ecología y el daño emocional que la ciber-revolución está causando. El trauma interno sin resolver está proyectado de sus vacías mentes subconscientes, mientras que el mundo exterior se convierte en el teatro para los cataclismos causados por los humanos. Las guerras y las obscenas matanzas se descontrolan conforme *los eventos exteriores recrean imágenes que yacen profundo en la inconsciencia colectiva*. Nuestra situación actual tiene todos los elementos del final de una era, pero el nuevo paradigma está a punto de suplantar al antiguo y anuncia la posibilidad de que la paz regrese a la Tierra.

Un río profundamente conectivo del conocimiento interno fluye dentro de nosotros. Lo llamo el *cronómetro estelar interno*, una facultad de percepción que une a la humanidad con el fluyente río del Tiempo. Este cronómetro no puede funcionar apropiadamente sobre una base de datos incorrecta, la que mezcla nuestros cerebros como si fuéramos programas que no pueden acceder al disco duro de la computadora. La Cronología Revisada de Allan y Delair despierta la inteligencia arcaica porque de hecho, explica qué nos pasó en realidad durante un muy corto y reciente tiempo; esto activa el cronómetro estelar interno. Estamos codificados en el tiempo, por medio de la precesión, lo que creo que hasta altera nuestra anatomía. De esta manera, este cronómetro estelar interno, sería la fuente del Pulso Coroide, algo en forma de ola que pulsa el fluido cerebroespinal a través de nuestros cuerpos.* Este cronómetro repica con el tiempo correcto por los Pulsos Coroidales, el cual resuena con la Tierra. Irónicamente, la *tecnología de computación está despertando el cronómetro interno*, porque los bancos de datos de la computadora están codificados con el tiempo, por medio de cristales pulsantes de cuarzo. Nuestra consciencia resuena por los Pulsos Coroides y los cristales de la Tierra vibran por las frecuencias en el cristal de hierro en el centro de la Tierra, que resuena a las vibraciones estelares.† *Estas ondas nos permiten sentir si lo que nos han dicho sobre los tiempos pasados es correcto.*

Nuestro sentido interno del tiempo está mezclado por una incorrecta línea historial de tiempo. El viejo banco de datos arquetipo nos vuelve estúpidos, dado que la nueva cronología es emocionante. Los profesores y científicos han revisado mejor el paradigma científico, porque los niños ya no irán a la escuela y memorizan muchos más datos falsos. *Conforme el tiempo converge con el solsticio solar de invierno cruzando el Eje Galáctico, la verdadera línea del tiempo se está encargando de las mentes de muchas personas.* Los ciclos galácticos están haciendo posible imaginar la siguiente etapa de evo-

---

* John Beaulieu, de una presentación en el Entrenamiento de Remodelación Biosónica en el taller de Stone Ridge de Beaulieu (Nueva York), 11 de octubre de 1999.

† El cuarzo resuena a 4,068 hertz, así que entre más interactuemos con él, conseguiremos activarnos más por medio de frecuencias muy altas.

lución. La Cronología Revisada facilita estar en contacto con las pacíficas épocas del Plioceno y el Mioceno, pero el horror de la reciente destrucción global está en el camino. El siguiente capítulo explora la posibilidad de que realmente, el Cataclismo alteró la función de nuestros cerebros, porque existe evidencia de un estrechamiento craneal en la época del Holoceno.

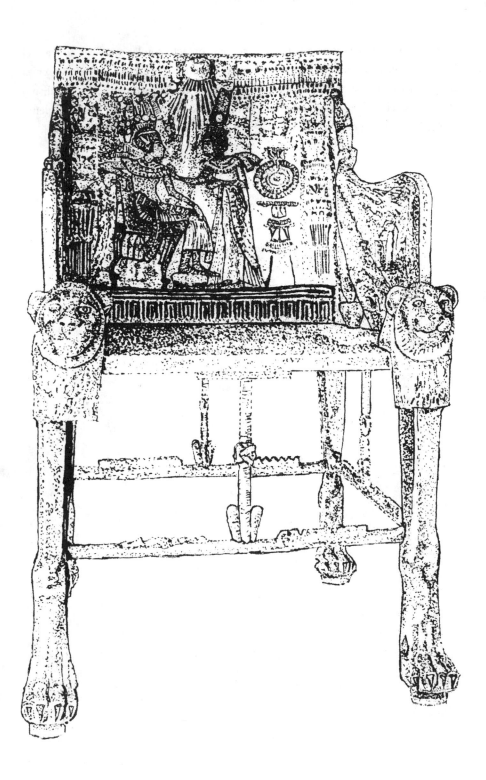

3

El Cerebro Bicameral
y la Esfinge

*Dicen algunos que él ordenó a sus ángeles apartar
los polos de la Tierra dos veces diez grados y más,
del Eje del Sol; con trabajo ellos pudieron poner
oblicuo el Globo Central...
... para cambiar las
estaciones a cada Clima: de esta suerte, tuvo la Eterna
Primavera sonriente en tierra con flores inmortales,
Días y Noches iguales, excepto en aquellos
Allende los círculos polares...*

—*John Milton*[1]

El Colapso del Cerebro Bicameral

En *The Origin of Consciousness in the Breakdown of the Bicameral Mind* (El Origen de la Consciencia en el Colapso del Cerebro Bicameral), el neurólogo Julian Jaynes expone la hipótesis de que la consciencia es una habilidad aprendida, que ha emergido de una arcaica mentalidad alucinante. Durante tanto tiempo atrás como 12,000 años, la consciencia humana ha sido radicalmente alterada por el trauma catastrófico y él explora en detalle las fuentes históricas y mitológicas de estos cambios que ocurrieron por más de 6,000 años. En la literatura antigua, los dioses hablaban dentro de nuestras cabezas, como si ellos *ocuparan nuestros cerebros* y se comunicaban desde un área relativamente inactiva en el lado derecho del cerebro, el área Wernicke.[2] En esos días éramos bicamerales o estábamos divididos en dos, con una parte "ejecutante" llamada dios y una "seguidora" llamada hombre.[3] Perdimos esta facultad conforme nuestros cerebros izquierdos se volvieron cada vez más dominantes, mientras nosotros tomábamos "consciencia". Yo prefiero el término *auto-reflexivo* a *consciente*, porque al usar *consciencia* se sugiere que la gente arcaica *no era consciente*. La gente arcaica parece haber sido muy consciente, si bien es cierto que más todavía de la Naturaleza, el espíritu y la comunidad, mientras se manifiestan menos *auto*-reflexivos o separados de la realidad alternada y muy parecidos a los raros vestigios de la imperturbable gente indígena que vive en la Tierra hoy en día.

Jaynes caracteriza como un avance evolutivo a este proceso de volverse consciente. Yo argumentaría que fue un *perpetuo estrechamiento* perceptual que empezó *durante* el Cataclismo y se aceleró durante las repetidas catástrofes que le siguieron. (Ver el anexo B para más detalles sobre estos cataclismos). Sin embargo, al mismo tiempo que desarrollamos la sicología, perdimos el acceso a las estrellas y *hemos* logrado la auto-reflexión durante los pasados 2,000 años. Armados con un nuevo sentido del "yo" separado, nuestros cerebros izquierdos han madurado. Pero en la mayoría de la gente moderna, el rango más completo de la inteligencia humana —el cerebro derecho— está extremadamente letárgico. Jaynes sigue la huella del colapso del cerebro bicameral en detalle, en especial desde el 1500 a.C., cuando la tierra cambia en el Mediterráneo traumatizando repetidamente a la humanidad. Este es un gran contrapunto de *Catastrofobia*, porque los dos estamos explorando el mismo banco de datos, desde diferentes puntos de vista. Para Jaynes, la consciencia se localiza en el cerebro izquierdo; pero en mi experiencia, ésta emerge del derecho, y luego el izquierdo organiza sus datos. Éste último es únicamente una herramienta, como una computadora, mientras que el cerebro derecho tiene acceso a la inteligencia desde muchas dimensiones. Es natural que la ortodoxia adoptara a Jaynes como su niño de oro, porque su libro se basa en la premisa de que estamos evolucionando de una mentalidad primitiva a una de más alto nivel. Nos hemos vuelto más racionales, pero ¿es eso un avance? En el libro de Jaynes, la gente con habilidades de cerebro bicameral —artistas, canales y profetas— sale como calaveras chifladas cargadas con dioses charlatanes.

Armado con habilidades neurológicas, Jaynes muestra cómo la mente humana ha sido transformada durante los pasados 12,000 años. Probando la mitología y la literatura antigua, él detecta las grandes alteraciones perceptuales en los humanos, que son evocadoras y provocadoras del pensamiento. Mientras lo estaba leyendo, me di cuenta de que, sin advertirlo, estaba reactivando mi propio cerebro bicameral durante las 100 sesiones hipnóticas que emprendí para la investigación de mi trilogía, *The Mind Chronicles* (Crónicas de la Mente).* Es posible que esto se deba a que estas regresiones de la vida pasada, bajo las sesiones de hipnosis son *experimentales*; los clientes mueven

---

* No es necesario suponer que las vidas pasadas son reales para esta terapia; sin embargo, la idea parece facilitar el proceso. Después de investigar este campo por veinte años, estoy segura de una cosa: es posible viajar a las mentes de la gente del pasado.

totalmente sus consciencias en los cuerpos de vida real de la gente del pasado, que está descrito con detalle en el capítulo 9. Mezclando estos individuos con todos mis poderes perceptuales encendidos, desperté la inteligencia antigua en mi yo actual. Naturalmente que vivo en un periodo donde no estoy obligada a obedecer las órdenes de los dioses que ocupan el área Wernicke de mi cerebro y mi experiencia de las voces internas fue mucho más diferente de lo que fue para alguna persona hace 4,000 años. No me quedé estancada en las mentalidades arcaicas, sino que me fue posible tener acceso a increíbles datos. Por ejemplo, ahora puedo entender el simbolismo y el arte muy antiguo, como si los arcaicos "mapas del cerebro" hubieran despertado a esos perceptuales sistemas latentes de acceso de los tiempos pasados.[4] El interno cronómetro estelar descrito en el capítulo anterior, es un *cronometrador* de estos mapas latentes del cerebro, que pueden provocar que una fase total en el pasado vuelva a la vida como en una vieja película.

Las habilidades bicamerales parecen estar reactivándose en mucha gente, pero permanecen auto-reflexivos, lo que sugiere que se está activando alguna forma de *super*consciencia. Esto nos puede permitir equilibrar nuestra especie con la ecología planetaria. Entrar a la gente de los tiempos Paleolíticos, quienes respetaron los poderes de apoyo de la Naturaleza, podría capacitarnos para *liberar a ésta del control humano*. Vestigios de la época Paleolítica, como la cueva de arte magdaleniense, sugiere que en esos días estábamos sumergidos, fundidos con, y totalmente vigorizados por la Naturaleza en el primordial Jardín del Edén. Cuando viajé hacia atrás en el Tiempo, encontré la confirmación de esto; la sobrenaturalidad o infusión de luz en la Naturaleza, era impresionante. Los antiguos humanos deben de haber experimentado una simbiosis con otras formas de vida, lo que puede ser esencial para equilibrar los sistemas de la Naturaleza. He llegado a sospechar que hace muchos tiempo, *fosforescentes en las aguas del Edén, nuestros cerebros eran lentes abiertos a toda la inteligencia de la Naturaleza*.

Volviendo a Despertar el Cerebro Bicameral

Como la ciencia lo entiende en la actualidad, el perceptual acceso humano yace dentro del Espectro Visible de Luz (EVL) del Especto Electromagnético. El acceso a más grandes campos vibratorios, como los vistos en luz infrarroja o ultravioleta, es lo que probablemente posibilita a la gente a ver y oír cosas de las que normalmente las personas no se dan cuenta, como oír las voces de los dioses y ver las auras. Considerando el análisis de Jaynes sobre las habilidades perceptuales de los humanos, por miles de años, mientras que nuestros cerebros izquierdos han madurado, nuestras habilidades síquicas se han atrofiado.

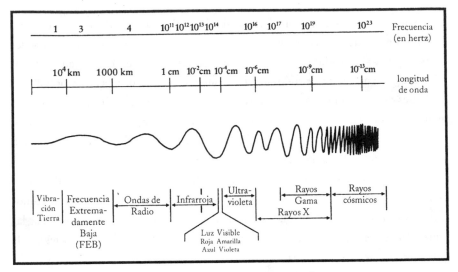

Fig. 3.1 El Espectro Electromagnético

El rango del acceso humano en el Espectro Electromagnético se ha estrechado. Los profetas, artistas, esquizofrénicos y canales son bicamerales, así que este proceso de volverse superconsciente puede ser el motivo de que los tiempos que estamos viviendo sean intensos y caóticos. En lugar de apoyar la gran activación perceptual, los doctores prescriben drogas alterantes, el carácter para calmar a las personas. Estas drogas imposibilitan los mecanismos que verifican la realidad y mucha gente vaga sin rumbo en mundos dementes, como si no se sintiera a gusto dentro de sus cuerpos. Ya que el Prozac se introdujo en los años 80s del siglo XX, aproximadamente el 85 por ciento de los asesinatos al azar se han cometido por gente que se encontraba bajo antidepresivos, siendo la masacre de Columbine en Colorado un ejemplo reciente.[*] Mientras tanto, sin importar cuánto se esfuerce una persona por detenerlo, el rango perceptual humano se está estrechando fuera del EVL. Las ondas están saturadas con un gran rango de frecuencias oscilatorias emitidas microondas, ondas de radio y televisión y torres celulares. La moderna tecnología de onda estimula el latente potencial craneal fuera del EVL. Se dice que la gente es bipolar, pero sería más correcto decir que es bicameral.

Cuando Platón escribió el *Timeo* y el *Critias* hace 2,500 años, los humanos estaban perdiendo los vastos vestigios del cerebro bicameral.[5] Él apreció la mente más expan-

---

[*] Ver Linda Mounts, "Brave New World of Antidepressant" (El Desafiante Nuevo Mundo de los Antidepresivos), en *After Dark Magazine*, julio (1999): 4-6, 15; Julian Whitaker "The Scourge of Prozac" (El Flagelo del Prozac) en *Health and Kealing Magazine*, septiembre (1999): 1-6. El Prozac puede alterar nuestro rango en el Espectro Electromagnético.

dida y salvó las fuentes que reflejan esta mentalidad. La investigadora arqueológica Mary Settegast examina las ricas fuentes de Platón, del periodo arcaico, en su monumental *Plato Prehistorian: 10,000 to 5000 B.C.—Myth, Religion, Archaeology* (Platón Prehistoriador: del 10,000 al 5000 a.C. —Mito, Religión, Arqueología).[6] La autora argumenta que las culturas de la Antigua Edad de Piedra (Paleolítico)— hace de 35,000 a 11,500 años —*eran más avanzadas que las culturas humanas de la temprana Era Neolítica* (Holoceno)—11,500 a 10,000 años.* Hemos *retrocedido.* Por ejemplo, cuando Platón escribió el *Timeo* y *Critias*, sus contemporáneos griegos ni siquiera sabían que los anteriores egeos habían escrito idiomas, Linear A y B. Sus recuerdos se pueden haber borrado por los cambios de la tierra, alrededor del 1500 a.C. Igual que la memoria personal se puede borrar durante una terapia de electrochoque, la amnesia cultural se puede causar por las masivas alteraciones de la tierra. Hace aproximadamente 100 años, con el descubrimiento de Troya y el palacio minoico, Cnosos, se estableció que los mitos griegos tienen a menudo, si no es que siempre, una base histórica. En tiempos recientes, muchas fuentes arcaicas que fueron etiquetadas como meros mitos han resultado ser una verdadera historia, como los mitos alrededor del mundo, que describen grandes diluvios y cataclismos. El modelo social Darwiniano —siempre estamos evolucionando a un más complejo nivel— es sencillamente erróneo.

De acuerdo al darwinismo social, la moderna cultura racional es la más evolucionada, pero el modelo chovinista encubre el escondido trauma. En los años 50s del siglo pasado, la gente era arrojada a instituciones mentales por escuchar voces dentro de en sus cabezas. Ahora los manicomios han cerrado en su mayoría y a la gente se le dan drogas. Sin embargo, el trauma sin resolver sobre los pasados cataclismos está al acecho en sus mentes subconscientes, listo para hacer erupción. Últimamente, la ciencia popular catastrófica ha estado haciendo que la gente se sienta nerviosa, lo que de hecho, puede ser algo bueno. Igual que la terapia para la primera etapa del abuso infantil, la verdadera historia del Tiempo que está llegando, estimula a la gente para que reconozca sus miedos internos. Entre más la gente se dé cuenta de que los arcaicos lograron habilidades que nosotros todavía no hemos alcanzado en los tiempos modernos, sospecharán más de una predominante ortodoxia histórica. Los medios de comunicación, como una gigante máquina para empeñar la memoria programada por los Picapiedra, repite y repite la falsa historia del Tiempo. Sin embargo, *estamos al*

---

* Mary Settegast. *Plato Prehistorian: 10,000 to 5000 B.C.—Myth, Religión, Archaeology* [Platón Prehistoriador: 10,000 a 5000 a.C. —Mito, Religión, Arqueología] (Hudson, N.Y.: Lindisfarne Press, 1990), introducción. Sus fechas para el principio del Neolítico son aproximadamente del 12,000 al 10,000 a.C., para mayor claridad, yo las alteré a hace de 11,500 a 10,000 años.

final de la progresiva estrechez de los perceptivos lentes humanos. El estudio de Jaynes sobre la función del cerebro humano a través de los últimos 12,000 años, explica el motivo por el cual más y más gente —no sólo los psíquicos y profetas —están viendo, oyendo o sintiendo frecuencias fuera del EVL. Las ondas aéreas están llenas de tales frecuencias, la realidad general es cada vez más caótica y los viejos patrones dejan de funcionar mientras la nueva visión del profundo pasado está cambiando los patrones de creencias.

Volver a fechar la Esfinge arroja una nueva luz sobre otros misterios. Çatal Hüyük en Turquía es un increíblemente sofisticado sitio arqueológico que data por lo menos de hace *9,000 años.* En los años 60s del siglo XX, sólo se había excavado una pequeña parte, —4 por ciento— y luego se acabaron los fondos de su descubridor, el estimado arqueólogo James Mellaart, ¡por lo que se volvió a enterrar! Las avanzadas culturas en Turquía de hace 9,000 años apoyan a la más grande antigüedad de Egipto, en especial la Esfinge. Mientras tanto, ¿qué pasó con la gente que construyó Çatal Hüyük y la Esfinge? Como usted verá, esa pregunta se *puede* contestar. Al final, Çatal Hüyük es un precursor de la cultura minoica, que era meramente un mito hasta hace cien años. *¡Sabemos más sobre el mundo antiguo de lo que la gente supo por miles de años!* Una completa historia nueva está despertando en nuestro mundo y es importante luchar por la correcta interpretación de estos sitios y artefactos. Esta emocionante herencia debe estar a disposición del público en su totalidad. Por miles de años nadie supo que estos lugares existían. Así que con base en datos limitados, no es de sorprenderse que hace unos cuantos cientos de años se inventó una línea de tiempo incorrecta. De pronto los relatos que por miles de años fueron únicamente mitos, son historia. La mitología es un túnel del tiempo en la mitad de esta vasta revelación: una luz brillante por este túnel ilumina artefactos, textos sagrados, mitología y sitios antiguos. Mundos perdidos surgen como las imágenes de lugares olvidados, sobre una película sin desarrollar. Es emocionante recordar quiénes fuimos en los días de hace mucho tiempo y las nuevas teorías sobre Egipto son excelentes ejemplos de cómo está trabajando este proceso.

La Correlación de Orión y el Misterio de la Esfinge

Volver a fechar la Esfinge debe ser el punto de inicio de todas las discusiones sobre el antiguo Egipto, porque las recientes opiniones geológicas contradicen el viejo paradigma de la egiptología. La gran antigüedad de la Esfinge apoya a aquellos egiptólogos que pensaron que los misteriosos Textos de la Pirámide ya eran muy viejos cuando se descubrieron. De acuerdo con el muy respetado egiptólogo Wallis Budge, estos textos fueron gravados sobre las paredes de granito de la Pirámide de Unas hace 4,300 años, escritos mucho *antes* del reinado de la I dinastía del Faraón Menes hace 5,300 años.[7] ¿Fueron los escritores de los Textos de la Pirámide, de la misma cultura que esculpió la Esfinge hace más de 7,000 años? ¿Qué les pasó a las personas que escribieron estos textos y construyeron este monumento?

La controversial decodificación astronómica que hacen Robert Bauval y Adrian Gilbert, de los Textos de la Pirámide en *The Orion Mystery* (El Misterio de Orión), correlaciona los textos con el complejo del Altiplano de Gizeh, que creen que fue desarrollado de forma similar hace más de 12,500 años.[8] Estos textos, así como otros —como los Papiros de Turín del 1400 a.C. —describen el "Primer Tiempo" o Zep Tepi, del cual se deriva la Dinastía Egipcia. Los líderes de Zep Tepi, los Shemsu Hor, eran sabios semidivinos que gobernaron Egipto hace miles de años, antes de los tiempos dinásticos. Por toda la historia dinástica, los egipcios decían que *todos* sus rituales y formas de reinado provenían del Shensu Hor.´ Se dice que Manetho, quien fue un iniciado sacerdote egipcio y escriba 300 años antes de Platón, había registrado 36,525 años —¡dando fechas de hasta 39,000 u. C.!— para la duración de la civilización egipcia.[9] (Ver el anexo A para la línea de tiempo egipcia). La historia de Manetho no sobrevivió, pero otros la citaron mucho y fue una fuente común en el mundo antiguo. Sus fechas tienen la misma magnitud que los Papiros de Turín, que señalan que el periodo anterior a Menes iba hacia atrás en el tiempo, por lo menos 36,620 años.[10] Todas las citas y los resúmenes de otros eruditos relacionados con la historia de Manetho estaban verificadas entre sí, señalando que esas fechas venían de él.[11] No hay motivo para dudar de la veracidad de Manetho, porque su cronología histórica ha sido constantemente verificada por la arqueología. ¡Pero los egiptólogos ignoran los grandes intervalos de Manetho de los primeros tiempos mientras utilizan este registro dinástico! Sobre este desatino, Graham Hancock dice, "¿Cuál es la lógica de aceptar sus treinta dinastías 'históricas' y rechazar todo lo que él tiene que decir sobre las épocas anteriores?".[12] El hecho es que Manetho describió un Primer Tiempo de hace más de *40,000 años*, en el momento en que los gobernantes semidivinos dirigían Egipto. Cuando Solón visitó los templos y las bibliotecas egipcios hace 2,500 años, los sacerdotes todavía conservaban los registros de Zep Tepi. Solón transmitió esta informa-

---

´ Robert Bauval y Adrian Gilbert, *The Orion Mystery: Unlocking the Secrets of the Pyramids* [El Misterio de Orión: Abriendo los Secretos de las Pirámides] (Nueva York: Crown Publishers, 1994), 179-93; Robert Bauval y Graham Hancock, *Keeper of Genesis: A Quest for the Hidden Legacy of Mankind* [El Guardián del Génesis: Una Búsqueda del Escondido Legado de la Humanidad](Londres: Heinemann, 1996), 13, 193-94. Todos estos escritores se basan en R. T. Rundle Clark, *Myth and Symbol in Ancient Egypt* [Mito y Símbolo en el Egipto Antiguo] (Londres: Thames and Hudson, 1991), 246-63.

ción a Platón, quien la conservó para sí.[13] El Altiplano de Gizeh es el lugar para buscar la morada de Shemsu Hor de Zep Tepi, ahora que la edad de la Esfinge ha sido empujada por lo menos 4,000 años atrás, antes de la I Dinastía de Menes.

Nosotros buscaremos a los antiguos egipcios del Primer Tiempo basados en la egiptología ortodoxa y en los nuevos investigadores arquetipo. También, por los pasados 50 años el Altiplano de Gizeh ha sido el enfoque de extrañas teorías de conspiración, lo que discutiré en el capítulo 8. No perderé el tiempo aquí describiendo las exploraciones y mediciones de la Gran Pirámide, porque esto ya se ha hecho demasiadas veces, ni discutiré la teoría de las pirámides como tumbas, porque esto es sólo un dogma que nunca se ha probado. Los lectores pueden consultar *Secrets of the Great Pyramid* (Los Secretos de la Gran Pirámide) de Peter Tompkins o *The Riddle of the Pyramid* (El Enigma de la Pirámide) de Kurt Mendelssohn en relación con estos conceptos.[14] Es obvio que el uso como tumbas no era el único ni el principal propósito de las pirámides, en modo alguno. Pero esta argumentación repetidamente se les ha arrojado a los lectores, quienes terminan aburridos y exhaustos, con poca energía para pensar sobre la verdadera función de las pirámides. Existen cosas mucho más importantes qué investigar, tales como el misterioso Espacio Vacío.

Ciclópeos Monumentos de Piedra, Sin Incisiones

Con base en las extensas excavaciones arqueológicas cerca del Nilo, no existen sitios de complejo faraónico de hace 12,500 años a aproximadamente 6,000 años, un periodo conocido como el Espacio Vacío.[15] La historia oficial consiste en que la Unificación del Alto y Bajo Egipto ocurrió bajo el gobierno de Menes hace 5,300 años, cuando la I Dinastía entró a la historia como una totalmente compleja cultura teocrática con jeroglíficos, un panteón, faraones, complejos entierros y exquisito arte. Los egiptólogos dicen que este *modelo de florecimiento instantáneo* sólo surgió de la nada, ¡como si creyeran en la magia! Hace poco, ecologistas y arqueólogos descubrieron muchas razones para el Espacio Vacío. ¿Quién tiene más la razón? De acuerdo con el modelo de florecimiento instantáneo, las Pirámides de

Fig. 3.2. El Valle del Templo de Gizeh.

Gizeh, el Valle de los Templos, la Esfinge y el Osireion de Abidos no tienen más de 5,300 años de antigüedad. Ellos datan estos monumentos por medio de las construcciones dinásticas cercanas, que son fechadas por los cartuchos en los sitios. Los ciclópeos monumentos de piedra sin incisiones, como el Valle del Templo, se construyeron con métodos similares a los monumentos gigantescos por todo el mundo, que se sabe son mucho más antiguos.* El hecho es que *las más viejas estructuras sin incisiones localizadas en los grandes sitios en el Nilo nunca se han fechado.* Por ejemplo, el templo de Abidos se construyó durante el reinado de Seti I hace como 3,300 años, y entonces se le asignó la misma fecha al vecino Osireion, que está *15 metros más bajo.*[†] Está construido de enormes piedras ciclópeas sin incisiones, excepto por el cartucho de Seti I, que marca su restauración. John Anthony West discute que el Osireion y el Valle del Templo que están bajo la Esfinge, fueron significativamente erosionados por las fuertes lluvias que ocurrieron hace más de 10,500 años.[16]

*Fig. 3.3. Sacsayhuaman
Templo en Perú*

Una revisión de estos templos con la ecología del Nilo en mente, indica que fueron bastante erosionados por la lluvia durante el Neolítico Subpluvial, un periodo de fuertes lluvias de hace 9,000 a 6,000 años. Estos templos tienen por lo menos 6,000 años de antigüedad y por lo menos algunos de ellos pueden ser de hace más de 11,500 años. Para evitar tales contradicciones al ortodoxismo, los egiptólogos sólo ignoran los monumentos que son radicalmente diferentes a los templos con incisiones, que han sido fechados por los cartuchos faraónicos. Mientras tanto, al visitar el Osireion o el Valle del Templo, cualquiera que haya estudiado la ecología del Nilo y haya visto otros enormes templos —como Sacsayhuaman en Perú, que se edificó con una construcción similar de gigantescas piedras interbloqueadas— concluye que los templos sin incisión son mucho más antiguos. Parecería lo más lógico que Seti I haya construido el templo de Abidos para venerar al ya antiquísimo Osireion, un sagrado templo del Primer Tiempo. Los cuartos del templo que contie-

---

* Graham Hancock, *Fingerprints of the Gods* [Las Huellas Digitales de los Dioses] (Nueva York: Crown, 1995), 62-92. Los ejemplos son los ciclópeos monumentos en Bolivia y Perú.
† Hancock, *Fingerprints of the Gods* (Las Huellas Digitales de los Dioses), 400-407. Hancock hace un muy buen trabajo, al criticar la excavación del Osireion por el arqueólogo Henri Frankfort de 1925 a 1930.

nen la Lista del Rey y relieves que describen el nacimiento de Horus, Isis y Osiris, conducen justo hacia el Osireion. Igual que otros ciclópeos lugares, esta edificación es uno de los misterios más grandes de la Tierra.

Si los arqueólogos no pueden encontrar los motivos por los cuales el Osireion está 150 metros por debajo de la más sagrada esquina del templo de Seti I y tiene una

Fig. 3.4.
The Osireion de Abidos

construcción tan radicalmente diferente, el modelo de florecimiento instantáneo se desploma. La verdad es que los lugares egipcios se usaron selectivamente para apoyar un escenario fraguado durante el siglo XIX por arqueólogos británicos, franceses, alemanes y norteamericanos quienes estuvieron agradecidos con sus patrocinadores: los museos y los mecenas. Valiosos vestigios se han perdido o mal interpretado, porque no fueron identificados ni valuados correctamente. Por ejemplo, el Osireion está lleno de agua y naufragando por infiltraciones causadas por la Presa de Assuán. El sedimento que bajó por el río durante la Inundación, delineó el lecho del Nilo y evitó que el agua de la presa se filtrara por debajo de las capas de la piedra caliza. El sedimento ya no llega con la Inundación, así que el agua corre entre estas capas y amenaza al Osireion. Ahora que muchos antiguos lugares como ese están en peligro, es el momento para los egiptólogos nativos de criticar a los arqueólogos extranjeros que destruyeron la evidencia más antigua en los lugares más importantes, mientras ellos saqueaban los restos dinásticos y surtían sus museos con artefactos seleccionados para apoyar su deficiente paradigma.

El pasado es historia. Es el momento de reconsiderar los lugares clave, basados en los últimos hallazgos de la ecoarqueología y geoarqueología del Nilo. Se necesita hacer comparaciones de los estilos de construcción de las estructuras arcaicas por todo el mundo, así como de las últimas correlaciones entre los textos sagrados y la historia. La ciencia dura se ofrece como una oportunidad de oro: Egipto tiene demasiados vestigios de textos y relieves de pared de su época Dinástica, de la que los egipcios de esa época decían que reflejan tiempos mucho más tempranos. Hasta este reclamo se reportó a los primeros visitantes como Solón, que llevó esta información a Grecia según Platón, quien por sí mismo tenía un vínculo directo con los maestros de templos egipcios. Él dice en el *Timeo* que en su momento (hace 2,500 años) los *registros completos* de las instituciones egipcias iban *8,000 años* hacia atrás en el tiempo, lo que naturalmente es inmediatamente después del Cataclismo.˙ Usando *toda* la historia de Manetho, el Papiro de Turín y los reportes de Platón, los gigantescos monumentos sin fechar deben haber sido construidos miles de años antes, por el Shemsu Hor durante el Zep Tepi. Esto es, *en Egipto los templos ciclópeos son del Primer Tiempo*. El Osireion debe haber sido enterrado por el Diluvio o por las lluvias Subpluviales Neolíticas o ambos. Para venerarlo apropiadamente, Seti I lo levantó, restauró y puso los cuartos con la Lista del Rey de Abidos en el pasillo que lo conduce. Es probablemente por lo menos 10,000 años más antiguo que el templo de Seti, que se conocía como "La Casa de un Millón de Años" —este nombre se debe referir al Osireion.[17] Es posible que retroceda 40,000 años. Una cosa es cierta: esta edificación es mucho más arcaica que el templo de Seti I, igual que la Esfinge es más antigua que la I Dinastía.

Asumiendo que hubiera habido una civilización en extremo avanzada sobre el Nilo hace más de 12,000 años, aún así, eso no explica el Espacio Vacío, que se coloca justo en el camino para trazar una nueva línea de tiempo. El hecho es que, fuera de las obvias implicaciones de los ciclópeos vestigios de piedra y los reportes antiguos que se acaban de discutir, aún queda un importante vacío de evidencia arqueológica de la civilización desde hace 12,500 a aproximadamente 6,000 años, en comparación con los lugares dinásticos. En relación con este vacío, el arqueólogo Michael Hoffman dice, "el Vacío Epipaleolítico-Predinástico, permanece como uno de los menos conocidos y el más importante de los problemas de investigación que enfrentan los prehistoriadores y arqueólogos que trabajan en el noreste de África".[18] He llegado a darme cuenta de que el Espacio Vacío es el motivo por el cual la mayoría de los egiptólogos *genuinamente* creen que Egipto fue un estado primitivo hasta hace 6,000 años y que luego la civilización floreció de repente. Hasta que los ecologistas recientemente examinaron al Nilo como un complejo sistema aluvial de río, no se pudo resolver este problema. ¿A dónde están todas las ciudades, pueblos, complejos de templos y tumbas de esta anterior civilización, en la escala de los vestigios de la protodinástica y de la temprana Dinastía de hace 5,000 a 6,000 años? Aunque en el Nilo haya habido una civilización de gran altura *antes* del Cataclismo, considerando el Espacio Vacío, ¿cómo podría el Egipto Dinástico sencillamente aparecer hace más de 5,000 años? Bueno, con base en los recientes hallazgos de los ecologistas del Nilo,

---

˙ Platón, *Timeo y Critias*, trans. Desmond Lee (Londres: Penguin, 1965). Esta afirmación verifica además mi argumento de que la precesión empezó en el 9500 a.C. Las fuentes egipcias mencionadas por Platón son los registros del templo, una vez que la precesión o el Tiempo empezó. El periodo anterior a ese es el Primer Tiempo, del cual los egipcios hasta tienen algunos registros.

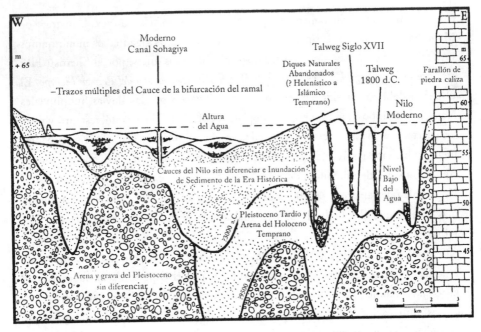

Fig. 3.5. Sección Cruzada del Valle del Nilo cerca de Tahta, adaptado de la figura 1 de *Early Hydraulic Civilization in Egipt (Temprana Civilización Hidráulica en Egipto).*

sobre este río hubo una cultura precursora que retrocedió su actual lecho, después de que ellos abandonaron el lugar, cuando las fuertes lluvias cesaron.

La Misteriosa Fase de Espacio Vacío y la Ecología del Nilo

Durante el Subpluvial Neolítico (hace de 9,000 a 6,000 años), la cuenca del Nilo era muy lluviosa. Debido a tantas inundaciones, los precursores sitios del Egipto protodinástico están enterrados, ya sea en la profundidad del sedimento o escondidos en terrazas, muy lejos del caudal del río o los egipcios los abandonaron por miles de años y luego regresaron. El Nilo cambió su curso después del Cataclismo y de la fase de lluvias. El Nilo fluye del Lago Tana y el Lago Victoria en África Central hacia el mar y el volumen de lluvia en África afecta grandemente a Egipto. El ecoarqueólogo Karl Butzer dice, "sin recurrir a una perspectiva ecológica, los grandes segmentos de la historia antigua egipcia pueden ser ininteligibles."[19] Igual que en el Egipto de hoy, los templos de piedra, los pueblos de lodo y ladrillos, y las tumbas se localizaban cerca del Nilo, lejos de la feroz aridez y calor del desierto. Si el volumen del río decrece o el nivel del Mediterráneo cae, entonces el agua disminuye a través de su antiguo nivel de sedimento, que *deja las anteriores orillas altas y secas como terrazas sobre su nuevo curso*. Por lo tanto, generalmente las terrazas más altas son las más viejas y las más bajas las más recientes.[20] Más o menos hace 13,000 años, el Nilo estaba muy lleno y amplio y luego, después de 11,500 años, disminuyó más y se hizo más angosto.˙ Es extremadamente dudoso que ahora el curso del Nilo se encuentre en el mismo lugar, como se puede ver en la figura 3.5 y los sitios precursores deben estar enterrados en terrazas, lejos en el desierto oriental o en el sedimento. Sobre la época de las primeras Dinastías, Karl Butzer dice, "el eje del Nilo corría bastante lejos hacia el oeste de su actual curso, entre Akhmim (al norte del templo de Denderah) y el Cairo."[21] Una cosa es cierta: cuando el nivel y localización del Nilo cambia, la gente se muda a nuevas costas.

Se puede entender más sobre el movimiento y cambio de los sitios, al estudiar los registros de cómo este proceso trabajó durante las épocas protodinásticas y las primeras Dinastías, las que Butzer cubre en detalle. La región de Abidos es rica en capas de sitios muy anteriores, porque es un enorme valle aluvial entre las montañas, donde el río puede cambiar o se pueden formar lagos. Por ejemplo, en la actualidad Abidos está localizado muy lejos de una gran curva del Nilo, pero durante tiempos más lluviosos, el Osireion estaba más cerca del río. Otro intervalo lluvioso terminó cerca del 2900 a.C., que causó el abandono de los lugares nómadas del desierto como Abidos y Hierakonpolis.[22] Parece ser que el Osireion se diseñó para que flotara en el agua durante la Inundación, porque contenía albercas interiores. Los antiguos egipcios construyeron sofisticados sistemas para canalizar la Inundación hacia los campos, lagos y templos, como el Osireion.[23] Las leyendas describen la fábula del Montículo de la Creación, donde Osiris nació cuando esta edificación salió del agua después del Diluvio. El nacimiento de Horus se describe en las paredes del Templo de Abidos y como su nombre lo indica, es un templo de Osiris. Por consiguiente, el Osireion puede ser muy bien el templo sagrado del Montículo. Éste podría haber reaparecido en esta edificación cuando el Nilo retrocedió después de la Inundación y es probable que se colocara una estatua de Osiris fuera en la punta. Fue un importante ritual anual; una vez que el canal del río cambió, las primeras dinastías egipcias abrieron un canal desde el Nilo y el agua continuó fluyendo a él. Este templo fue literalmente el centro del renacimiento para Osiris. Por miles de años, construyeron otros templos y tumbas cerca de él, porque era muy sagrado y sin embargo abandonaron el lugar, más proba-

---

˙ Michael Hoffman, *Egypt before the Pharoahs: The Prehistoric Foundations of Egyptian Civilization* [Egipto antes de los Faraones: Las Fundaciones Prehistóricas de la Civilización Egipcia] (Nueva York: Dorset Press, 1979), 83-90. A esta fase se le llama la Agradación de Sahaba-Darau, del 13,009 a 10,000 a.C. La fase posterior fue un momento de masivas inundaciones.

blemente cerca del 2900 a.C. Luego Seti I revivió otra vez la región. Butzer muestra en gran detalle cómo los tiempos de abundancia y escasez descritos en la historia, están directamente correlacionados con la variedad del volumen de las Inundaciones.

Aún ahora, esta continua reconstrucción causada por cambios en el lecho del Nilo, se pueden ver por todo el río. Alguna vez, el Valle de los Templos de la Esfinge y la segunda Pirámide estuvieron más cerca del Nilo; más tarde, probablemente este río bajó de nivel después del intervalo húmedo, cerca del 2900 a.C.[24] Los grandes terraplenes de piedra caliza que aún existen se construyeron para crear un nuevo acceso al Nilo. Con respecto a estos tipos de construcciones, Butzer encontró que los revestimientos de piedra, los grandes desembarcaderos y las extensas quebradas artificiales —*instalaciones de puertos*— en la orilla del desierto cerca de Abusir y de Abu Garob son muy interesantes y también me lo pareció a mí cuando los visité.* *Es increíble pensar en lo que debe seguir enterrado bajo las cambiantes arenas de Egipto*. Saqqara, que ahora está muy arriba y lejos del Nilo, ha sido extensamente excavado y restaurado. Es posible caminar por los terraplenes de piedra caliza que una vez llegaron hasta el Nilo, que tiene misteriosos pozos cerca de ellos y que una vez contuvieron grandes botes de cedro. En 1991 se descubrieron doce grandes barcos de madera de 5,000 años de antigüedad, que estaban enterrados en pozos de ladrillo cerca de un recinto funerario de una primera dinastía de Faraones, Djer en Abidos, a 19 kilómetros del Nilo.[25] Este descubrimiento soporta la posibilidad de que este río bajó de nivel después del intervalo húmedo del 2900 a.C., ¡como si sus botes hubieran sido dejados en alto y secos!

En *Egypt before the Pharaohs* (Egipto Antes de los Faraones), Michael Hoffman explora el acercamiento ecológico de Karl Butzer y otros, y advierte que la convencional opinión arqueológica se está moviendo gradualmente otra vez en dirección de localizar el Antiguo Nilo.[26] *La ecoarqueología está avergonzando a la egiptología, pero es raro que sus hallazgos salgan a la luz pública*. Tengo mis dudas sobre cubrir demasiado de este material en detalle; sin embargo, *los ecologistas del Nilo están manejando fechas, mucho más hacia atrás*. Al estudiar el contexto general de los sitios, la atención cambia hacia toda la cuenca del Nilo y lejos de los lugares conocidos en el río actual. Mientras analizamos el Cataclismo de hace 11,500 años y buscamos una mejor línea de tiempo, notamos que el curso del Nilo habría cambiado radicalmente durante el desplaza-

---

* Karl W. Butzer, *Early Hydraulic Civilization In Egypt: A Study in Cultural Ecology* [La Temprana Civilización Hidráulica en Egipto: Un Estudio sobre la Ecología Cultural] (Chicago, University of Chicago Press, 1976), 45. Abdel Hakim y yo visitamos esta área en marzo de 1996, y la única posible conclusión es que estas masivas construcciones son un puerto.

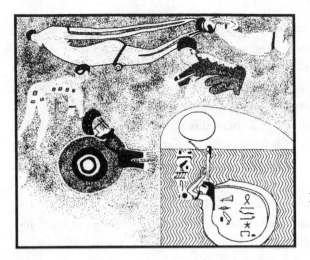

Fig. 3.6. Arte de Cabeza Redonda de Tassili n'Ajjer con inserto de Osiris y Nut en las Aguas Prístinas. El arte de cabezas redondas se adaptó de la figura 59 de *Platón Prehistorian (Platón Prehistoriador)*, y Osiris y Nut es de la Tumba de la XX Dinastía de Ramsés VI.

miento de la corteza terrestre y el diluvio. Más tarde, la gente vivió lejos, en el desierto, por mucho tiempo después de que el Subpluvial Neolítico terminara hace más o menos 6,000 años. Entonces se cambiaron otra vez mucho más cerca del río y los egipcios que se habían ido a otros lugares podrían haber regresado. Después del 2900 a.C., la gente migró al norte, lejos de Abidos y los faraones se volvieron más organizados. La ecología del Nilo explica la ausencia de complejos sitios antes de hace 6,000 años, que es superior por mucho, al modelo del florecimiento instantáneo. ¿Continuarán los egiptólogos usando el Espacio Vacío como un martillo para clavar sus teorías favoritas, aunque los ecologistas del Nilo les prueben que están equivocados? Como las ciencias duras llegan con mucho mejores ideas, a lo mejor los egiptólogos esperan que el público no tendrá la paciencia para análisis científicos detallados.

El lecho del Nilo fue cortado hacia abajo y alterado dramáticamente hace 11,500 años y continuó de este modo hasta que las lluvias decrecieron hace 6,000 años. Aparentemente la civilización predinástica arribó de la nada, pero de hecho una cultura en su totalidad reubicó sus templos y pueblos, casa por casa, más cerca del Nilo. *Muchos sitios de hace de 15,000 a 6,000 años deben de estar allá afuera en el desierto occidental* ¿Qué tan lejos al occidente? Settegast examina las influencias egipcias en el arte Tassili n'Ajjer desde el 10,500 hasta el 6000 a.C. que se encontró en el Sahara central. En relación con el Espacio Vacío, ella comenta, "uno de los muchos acertijos presentados por la colección Tassili consiste en cómo, en un tiempo cuando el Valle del Nilo parece casi desierto, muchas de las composiciones Cabeza Redonda podrían mostrar lo que parece ser una influencia 'egipcia'".[27] El Sahara Central estuvo más húmedo durante el Subpluvial Neolítico y es probable que ahí se encuentren los vestigios de

Shemsu Hor. En aquel momento, el Nilo debe de haber estado totalmente cubierto por agua e ¡imagine el volumen de sedimento y despojos que bajó del África Central después del diluvio! Butzer dice, "el Altiplano inundado y la desembocadura del Nilo no cuentan con drenaje; por estaciones, las superficies aluviales se inundan, lo que desde los tiempos Paleolíticos ha marcado el centro del asentamiento humano."* No hay razón para *no* aceptar el informe de Manetho, de que Egipto fue gobernado por el Shemsu Hor por lo menos 25,000 años antes del Cataclismo. No hay ningún motivo por el cual *no* considerar la posibilidad de que la Esfinge, Osireion y el Valle del Templo tengan más de 12,000 años y sean reliquias del Primer Tiempo. Deben de haber muchos sitios enterrados en el desierto que sean diferentes de los dinásticos, porque los supervivientes habrían estado reconstruyendo sus modelos culturales. Justo cuando se terminó este libro, un equipo británico de arqueólogos dieron la noticias de un tesoro de 6,000 años de antigüedad, descubierto por sofisticadas excavaciones en el desierto al este del Nilo. El egiptólogo Toby Wilkinson lo llama "la Capilla Sixtina del Egipto Predinástico", debido a que las descripciones de barcos y las representaciones de dioses, tienen todos los elementos del arte egipcio tardío y de la cultura faraónica.[28] Quizá la cultura del Primer Tiempo pudiera regenerarse en todo su esplendor sólo en el río sagrado, el Nilo.

En un comentario mucho más especulativo, me gustaría ofrecer dos valoraciones de algunas nuevas teorías arquetipo y descubrimientos, que podrían ayudar al proceso de investigar las verdaderamente grandiosas ideas que surgen estos días. Quitemos todas las posibilidades de que los extraterrestres hayan tenido alguna vez algo que ver con la civilización egipcia. No creo que los sirianos hayan venido a la Tierra y dieran al Dogon en el Sahara central su sistema ritual. No encontré nada en las culturas de Dogon, Egipto o Sumeria, que no pudiera haber sido hecho por medio de un viaje chamanístico en el cielo y en los tiempos de ensueño. Los egipcios arcaicos fueron maestros en visitar otros mundos cuando lo desearan. El sistema de la estrella Sirio es un de esos mundos, pero en este momento, cualquiera puede ir allá con su consciencia. Naturalmente, los sirianos u otros extraterrestres *podrían* venir a la Tierra. Yo sólo pienso que hay abundancia de mejores candidatos para el Shemsu Hor; ellos fueron

---

* Butzer, *Early Hydraulic Civilization In Egypt* (La Temprana Civilización Hidráulica en Egipto), 106. Algunos eruditos sugieren que las primeras dinastías egipcias aparecieron en un total florecimiento, porque estaban influenciadas por los Sumerios. Sin embargo, estas dos culturas difieren radicalmente y cualquier influencia que haya, viene del periodo cuando la gente de la medialuna fértil periódicamente habitaba en Egipto. Especulaciones como esas a menudo vienen de aquellos que asumen que los egipcios nativoss no podrían haber evolucionado por ellos mismos. Ver Hoffman, *Egypt before the Pharaohs* (Egipto Antes de los Faraones), 298-344.

un florecimiento nativo en el Nilo y cuando las condiciones estelares y ambientales fueron las correctas, su cultura se reformuló. Puede ser que hayan dejado el Nilo cerca del 10,000 a.C. y regresado alrededor del 4000 a.C., esto se discute en el capítulo 7. La idea de que la sabiduría que Egipto *tuvo* que haber sido entregada por hombres del espacio, denigra a sus obviamente extraordinarias habilidades innatas. Segundo, otra teoría que nubla las mentes de los de otra manera hombres racionales, es la búsqueda de la cámaras secretas y del "Pasillo de los Registros", creencias que vienen del "Profeta Durmiente", Edgar Cayce. A pesar de que admiro sus habilidades como un sanador intuitivo y médico experto en diagnósticos, nunca he visto que sus canalizaciones sobre Egipto sean exactas o muy interesantes. Yo misma he experimentado muchas de estas sesiones y reinvestigado sus contenidos. He encontrado que información como esa es mejor evaluada por constantes verificaciones de la realidad. Ahora que la mayoría de las profecías de Cayce han fracasado, es el momento para dejar de buscar cuartos escondidos en Egipto, como la fuente de la iluminación. Con estas revelaciones claramente establecidas, ahora exploremos algunas de las *creíbles* teorías de los nuevos egiptólogos.

El Altiplano de Gizeh como un Reloj Cósmico

El Altiplano de Gizeh es el centro geográfico de las masas de tierra de este Planeta. Es posible que sea más estable durante los cataclismos geológicos, que sea exactamente lo que los sacerdotes del templo le dijeron a Solón. Butzer dice que el Nilo creó rápidamente barreras de sedimento entre el 7000 y el 4000 a.C., para compensar la elevación de los mares y la incursión marina del Mediterráneo.[29] Estos son los motivos por los cuales los monumentos en el Altiplano pudieran ser más antiguos. Robert Bauval formula la teoría de que el trazo del emplazamiento de las pirámides fue colocado en el 10,450 a.C., pero su evidencia para esa fecha exacta no es convincente. De forma extraña, es igual a la fecha de Edgar Cayce para la supuesta civilización de la Atlántida Alta en Egipto, la cual aun Bauval nota.[30] Por lo que respecta a mi propia opinión sobre esta fechación, creo que el plan del emplazamiento de Gizeh fue diseñado justo *después* del Cataclismo como uno de los más *antiguos relojes precesionales*. Tomando en serio los viejos registros egipcios, el Altiplano de Gizeh y el Delta habrían sido los más grandes lugares de habitación durante el Paleolítico, hace tanto como 20,000 años antes del Cataclismo. Una vez que el eje de la Tierra se inclinó y los sobrevivientes se recuperaron lo suficiente como para voltear la vista al cielo, *la constelación de Leo debió de haber estado surgiendo en el nuevo Punto Primaveral en el Altiplano de Gizeh*. El plano del emplazamiento puede marcar el *advenimiento del Tiempo*. Al lado de Stonehenge se han descubierto postes de madera que datan del 8000 a.C., que son una temprana evidencia del sistema de solsticio y de equinoccio que evolucionó en Stonehenge.˙ Estos podrían ser antiguos vestigios de artículos inventados para investigar el alterado cielo y el nuevo viaje del sol en el horizonte. Estoy de acuerdo con Robert Bauval en que el reinado divino *empezó* durante la Era de Leo. Los leones dobles que soportan el trono del faraón en las épocas dinásticas sugieren esto y un símbolo del león doble muy antiguo, Aker, puede representar al Eclíptica.

Fig. 3.7. Trono de Tutankamón y el Aker, en los brazos del trono, adaptado de una fotografía del trono.

Creo que el Altiplano de Gizeh es un observatorio para la nueva astronomía. Bauval y su coautor Adrian Gilbert, han construido un caso muy sólido de que las principales pirámides cercanas al Nilo reflejaron la constelación de Orión, por la Galaxia de la Vía Láctea del 9000 al 10,000 a.C. Factorizando en los registros egipcios, el Osireion y la ecoarqueología, el plan del emplazamiento y la Esfinge probablemente forman parte de un lugar cubierto por decenas de miles de años de colonización. Es posible que el plano del lugar se haya construido como un sistema de montículos que reflejan el sistema estelar de Orión, en su punto ascendente más bajo, aproximadamente hace 11,000 años.[†] La fecha del 9500 a.C. para el Cataclismo es muy sólida, así que creo que el plano del emplazamiento fue construido muy poco después porque (1) la constelación de Orión no cambia mucho su ángulo vertical cuando está alcanzando su punto ascendente más bajo en el cielo; (2) los montículos fueron cubiertos por las pirámides posteriores, haciendo difícil señalar su exacta localización original; (3) si no hubo precesión antes del 9500 a.C. no habría habido ningún motivo para el plano del sitio, el que pone de relieve a la Esfinge, como un hacedor de nuevos puntos estacionales; y (4) los primeros postes de Stonehenge se colocaron inmediatamente después del Cataclismo y

---

˙ Christopher Knight y Robert Lomas, *Uriel's Machine: The Prehistoric Technology that Survived the Flood* [La Máquina de Uriel: La Tecnología Prehistórica que Sobrevivió al Diluvio] (Boston: Element, 1999), 149-82. Se les aconseja a los lectores que lean este libro, para conocer una alocada y fascinante teoría sobre Stonehenge y otros sitios megalíticos en las Islas Británicas. Su teoría es demasiado reciente y avanzada para que yo la integre antes de la publicación.

† Bauval y Gilbert, *The Orion Mistery*, (El Misterio de Orión), 192. La declinación de Orión habría sido de cerca de 48 grados, 53 minutos y su altitud en el meridiano alrededor de 11 grados, 8 minutos en el 10,450 a.C. En el 9500 a.C. habría sido de cerca de 48 grados, 20 minutos y su altitud en el meridiano de cerca de 11 grados, 40 minutos. *Giza: The Truth* [Gizeh: La Verdad] (Ian Lawton y Chris Ogilvie-Herald [Londres; Virgin Publishing, 2000]) notas en 350-52 acerca de que la colocación vertical del sistema de Orión cerca del 12,000 al 9000 a.C. no cambia mucho.

luego se construyó la versión en piedra en etapas posteriores, como los montículos y las pirámides. El Shemsu Hor seleccionó el espectacular sistema de Orión para marcar los efectos de los nuevos ciclos, porque está justo abajo del ecuador, y en Gizeh los puntos ascendentes altos y bajos son extremos durante el ciclo de 26,000 años. Igual que con el Osireion, si la Esfinge *precede* al Cataclismo, debería de haber sido restaurada después, cuando se erosionó el sedimento que la enterró. Cerca del centro geodésico de la Tierra, la Esfinge habría sido el perfecto símbolo mitológico para el Cataclismo durante la Era de Leo; mi intuición me dice que fue construida después del Terremoto y luego la gente se fue. La habrían construido para encontrar su camino de regreso.

Bauval y Gilbert argumentan que las pirámides que existen hoy en día fueron construidas sobre el plano del lugar de montículos en el 2550 a.C., cuando los orificios en la Cámara del Rey de la Gran Pirámide se alinearon para adecuarse con la posición de las estrellas, el egiptólogo Dr. Alexander Badawy fue el primero en postular esta idea.[31] Los autores de *Giza: The Truth* (Gizeh: La Verdad), Ian Lawton y Chris Ogilvie-Herald, descartan la teoría de la alineación de los orificios debido a la curva de éstas, como se vio arriba.[32] Esto es, la luz de las estrellas no se ve a través de ellas, lo que Norman Lockyer demostró como una parte clave de la tecnología estelar egipcia.[33] Dejo esto para que lo discutan otras personas, pero es importante porque la teoría del alineamiento de los orificios apoya la tradicional fecha de construcción para las pirámides, alrededor del 2500 a.C. Sin importar la exactitud de cuándo el plan del emplazamiento fue construido cerca del Nilo o cuándo las pirámides fueron de hecho edificadas, la Llanura de Gizeh podría reflejar el sistema estelar de Orión por la Galaxia de la Vía Láctea, aproximadamente hace 11,000 años. Si esto es verdad, habría sido el sistema ideal para señalar cuando empezó la precesión y se notó. La Esfinge marca las constelaciones que ascienden sobre el equinoccio de primavera,

Fig. 3.8. El Sistema Estelar de Orión en la Galaxia de la Vía Láctea.

los cuatro lados de la Gran Pirámide enfatizan, de manera dramática, los cuatro puntos cardinales y el ascendente alto y bajo de Orión marca enfáticamente la nueva alineación galáctica de la Tierra.

Robert Bauval y Graham Hancock se mueven en esta dirección, en lo que concierne a la precesión de los equinoccios y de que las eras astrológicas se creía que "habían empezado a desarrollarse después de una clase de 'Gran Explosión' espiritual y cultural, conocida como Zep Tepi —el 'Primer Tiempo' de los Dioses".[34] Si el complejo de el Altiplano de Gizeh es un sofisticado reloj precesional, ¿cuándo fue la Gran Explosión?

En los Textos de la Pirámide, los escritos sagrados más antiguos del mundo, el Faraón es guiado en un viaje por el cielo al sistema estelar de Orión; esto es, *¡él fue a un viaje por las estrellas!*[35] Realmente me impactó esta idea, porque en las tradiciones maya y cheroquí, la sintonización con Orión es una esencial salida para la consciencia cósmica. Las placas sobre la espina de la Espalda de la Tortuga, son las tres estrellas centrales de Orión que corresponden a las tres pirámides de Gizeh y las cuatro exteriores son los pies de la Tortuga.[*] Asumiendo que de hecho el Faraón haya viajado a las estrellas, entonces ¿por qué un sacerdote de alta jerarquía desearía llevar al Faraón a través del sistema estelar de Orión? ¿Por qué no la Eclíptica? La respuesta es de la *astronomía*: nuestro sistema solar está localizado entre el sistema de Orión y el Centro Galáctico. Si usted estuviera en este Centro y se asomara a este sistema solar, vería el sistema estelar de Orión muy lejos de nuestro sistema solar en el Brazo Galáctico de esa estrella. Esto es, desde la perspectiva de la Tierra, sin importar la precesión, el centro de la Galaxia siempre está en una dirección y la constelación de Orión está exactamente en la opuesta. Entonces, una vez que el eje de la Tierra se inclinó, desde el Altiplano de Gizeh, durante el año solar, esta "puerta estelar" exhibió un salvaje movimiento serpentino sobre el horizonte, cambiando su posición en el cielo del verano al invierno, como todavía lo hace hoy.

De acuerdo a la ciencia moderna, el sistema estelar de Orión se encuentra donde han nacido el mayor número de las nuevas estrellas: es la guardería de la inteligencia estelar.[36] Bauval y Gilbert han mostrado que los Textos de la Pirámide describen cómo se convierte el Faraón en una estrella al ascender a Orión, lo que hace que su

---

[*] Graham Hancock y Santha Faiia, *Heaven's Mirror: Quest for the Lost Civilization* [Espejo del Cielo: Búsqueda de la Civilización Perdida] (Nueva York: Crown, 1998), 35-37; John Major Jenkins, *Maya Cosmogenesis 2012* [2012 Cosmogénesis Maya] (Santa Fe; Bear & Company, 1998), 116. Durante la iniciática maya en 1995 en Uxmal, Yucatán, Alberto Ruz Buenfil y yo confirmamos este asunto en El Templo de Tortuga. Mi abuelo, Gilbert Hand, dijo lo mismo sobre Orión como la constelación tortuga.

inteligencia esté eternamente a la disposición de Egipto como un banco cósmico de datos. Los antiguos egipcios encontraron *otra dimensión o realidad alternativa poblada por sus ancestros.* Mientras que el Faraón pudiera ir hasta allá por orientación sobre cómo mantener una equilibrada y pacífica cultura en el Nilo —Maat—, la puerta estelar permanecía abierta. Pienso que la compleja tecnología estelar de los Textos de la Pirámide explica este sistema y en el capítulo 9 se describe una forma de visitar este mundo en nuestra época, lo que asimismo sugiere que el Faraón también hizo este viaje durante su vida. ¿Es posible que el advenimiento de la precesión dificultara el acceso a otra realidad? Como se verá después, eso es verdad. Sin importar las pocas diferencias que tengo con Robert Bauval y Adrian Gilbert sobre las fechas, ellos han demostrado que los textos de la Pirámide hablan de la ascensión del Faraón a Orión. Otros investigadores altamente respetados, como la egiptóloga Jane Sellers, han llegado a la misma conclusión.[37] De la misma manera, la ascensión a Orión unió a la dinastía de los Faraones con el Zep Tepi. Es posible que inicialmente la puerta estelar de los Soberanos se destruyera, debido a la inclinación axial y se perdiera el acceso al Zep Tepi. Luego, en cuanto el río sagrado fue habitable de nuevo, la dinastía egipcia reconstruyó esta entrada a la utopía, al volver a instalar los rituales de Zep Tepi. Otra vez se edificaron templos para el Shemsu Hor, igual que hoy en día los nativos que viven en las culturas sagradas los construyen.

Sobrenaturalidad y Genio Estelar

Norman Lockyer cataloga a los complejos alineamientos estelares de los templos egipcios del *6400 a.C. al 700 a.C.* que se construyeron para capturar la luz de las estrellas clave. Pero debido a que estas se movían como resultado de la precesión, tales edificaciones se tenían que volver a reconstruir constantemente.[38] Este debe de haber sido un sistema para visitar las otras realidades, desde hace tanto tiempo como el 6400 a.C. Por todo el planeta existen otros sistemas de captura de luz estelar, lunar y solar, como si estos antiguos astrónomos creyeran que la recepción de la luz de las estrellas fuera crucial para los humanos, posiblemente para mantener lazos directos con los otros mundos. ¿Quizá encontraron una manera de "leer" las frecuencias estelares y desarrollaron alguna forma de telepatía cósmica? Esto no es una locura, porque por miles de años, estos sistemas existieron por todo el mundo. Me doy cuenta de que las fechas de Lockyer contradicen el Espacio Vacío, en especial sus hallazgos en Karnak.

Los registros egipcios dicen que hubo una *cualidad* de tiempo radicalmente diferente durante el Zep Tepi, que fue diferente al Egipto dinástico y el predinástico. Se

Fig. 3.9.
Seti I levantando
la columna Djed,
del Templo de
Abidos en el Pasillo
de Osiris.

dice que el Zep Tepi fue una eternidad sin forma, que estaba gobernada por los dioses y no por mortales, cuando los egipcios eran muy felices. Más tarde los faraones mantuvieron constantemente un *pacto monárquico* por sus palabras y hechos, y Osiris y Horus conectaron a la dinastía de los faraones al Shemsu Hor.[39] *Hamlet's Mill* (El Molino de Hamlet) describe los antiguos mitos, como un lenguaje en clave que se basa en un conocimiento astronómico altamente tecnológico, como ya se discutió. Con base en sesenta años de investigación como egiptóloga, Jane Sellers ofrece una impresionante evidencia de que los egipcios siguieron los pasos de los cambios precesionales *tan lejos en el tiempo como 7300 a.C.* durante la Era de Cáncer.[*] Debido a que ella retrocede tanto, Sellers es una significativa fuente para la Teoría de la Inclinación Axial. En relación a la Unificación del Alto y el Bajo Egipto bajo el régimen de Horus, ella concluye, "fue una narración construida para explicar el cielo alterado y resolver los consecuentes problemas que las alteraciones plantearon".[†] Esto sugiere que el renacimiento de un orden del Primer Tiempo por la Unificación, fue diseñado para tratar con los cambios causados por la inclinación, que se exploró profundamen-

[*] Jane B. Sellers, *The Death of the Gods of Ancient Egypt* [La Muerte de los Dioses del Antiguo Egipto] (Londres: Penguin Books, 1992), 93. Bauval y Hancock, *Keeper of Genesis* [El Guardián del Génesis], 222 y 336, dice que Sellers retrocede tanto con la precesión, porque localiza la Edad Dorada entre el 73000 al 6700 a.C., el principio y final de la ascensión de Orión en el equinoccio de primavera. Yo sugeriría que este periodo representa la primera vez que pudieron medir esto antes del Cataclismo, y creo que estaban midiendo a Orión en el horizonte oriental. Hertha Von Dechend y Giorgio de Santillana en *Hamlet's Mill: An Essay on Myth and the Frame of Time* [El Molino de Hamlet: Un Ensayo sobre el Mito y el Marco de Tiempo] (Boston: David R. Godine, 1977), página 63, dice que los hombres y los dioses podían encontrarse durante la Edad Dorada en el Tiempo Zero alrededor del 5000 a.C.

[†] Sellers, *The Death of the Gods* [La Muerte de los Dioses], 94. Note que en este caso, la Unificación es *antes* de Menes, la que fue una unión predinástica, como lo evidencia la Paleta Narmer de Nekhen.

te en el capítulo 5. La declaración de Sellers sugiere que el Zep Tepi fue un tiempo anterior a la inclinación del eje y ella contrasta los periodos anteriores y posteriores, al notar que en el Primer Tiempo, "los cielos tenían un espléndido equilibrio" y durante el último periodo histórico, se crearon los mitos "para abordar las inquietantes alteraciones en el cielo".[40]

Los Textos de la Pirámide cuentan la historia de Sekhmet, la diosa león que desata el Diluvio en una Tierra furiosa y casi aniquilada, durante la Era de Leo.[41] Luego las dinastías egipcias hasta crearon una ceremonia que involucraba el volver a equilibrar los cielos, el levantamiento de la Columna Djed.

Maat y la Columna Djed

La línea egipcia de descendencia fue materna, así que resultó impresionante cuando una diosa, Sekhmet, creó las catástrofes sobre la Tierra. Se había perdido la demanda de orden sobre la Tierra, Maat, lo que provocó una profunda destrucción. El sagrado equilibrio y el acceso a la puerta estelar tuvieron que encontrarse otra vez, así que las dinastías se establecieron para conservar el orden en contra del caos, cerca del Nilo. Un ritual fundamental dinástico fue la Ceremonia Djed, que involucraba el levantamiento de una columna para conectar la Tierra con el cielo. Esto mantenía el poder del Faraón *porque le daba acceso al cielo*. En los relieves del Templo de Abidos, el Faraón o algunas veces un neter (mensajero de los principios divinos) se muestra sosteniendo una columna inclinada que está coronada por las cuatro secciones, lo que significa que la columna Djed es un clásico eje vertical cósmico. Inicialmente se dibuja inclinada de 20 a 25 grados fuera de la vertical, *¡igual al ángulo de inclinación axial de la Tierra!* Luego se levanta a una posición vertical como si hiciera a la Tierra perpendicular a su plano orbital alrededor del Sol. La Ceremonia Djed puede ser un recuerdo del eje vertical durante el Zep Tepi y muestra que las dinastías se fundaron para volver a levantar la columna hacia el cielo, para reequilibrar la cultura egipcia y reestablecer el Maat. Debido a su localización geodésica central, la tierra de Egipto —Khemet— es divina para el mundo; es un puente hacia las estrellas, que mantiene las dimensiones en su lugar. Se tuvo que reestablecer el Maat después de la inclinación del eje, porque el balance es esencial para la felicidad humana. Nótese que las cuatro secciones encima de la Columna Djed son los símbolos ideales para los equinoccios y los solsticios. Estos cuatro cuartos del año solar nos obligan a todos a aprender a vivir con la Tierra de una manera nueva, porque la agricultura se inventó para habérselas con la estacionalidad. La Ceremonia Djed de Abidos muestra al Nuevo Reino del Faraón, Seti I, reestableciendo el Maat, igual que Platón, en su tiempo, protegió la antigua sabiduría. A la luz de esta ceremonia, como una forma de acceder al mundo divino, el complejo del Altiplano de Gizeh como una tecnología para la ascensión faraónica a través de la puerta estelar de Orión, no es tan lejano de traerse como podría parecer. Es posible que inusuales infusiones cósmicas llegaran a la Tierra cuando Orión estaba en su ciclo bajo de ascensión, hace aproximadamente 11,500 años.

Las dinastías egipcias podrían haber completado el antiguo plano del sitio, para tener acceso a las vibraciones de las estrellas claves hace más de 11,000 años y entonces llegó el momento de construir la Gran Pirámide, alrededor del 4000 al 3500 a.C., como un *artefacto tecnológico multidimensional*. El ingeniero Chris Dunn escribió un muy desafiante libro, *The Giza Power Plant* (La Poderosa Planta de Gizeh), en el cual discute que la Gran Pirámide y algunas otras, *fueron plantas sónicas de poder que recogieron las ondas de potencia de la Tierra.*[42] Después de establecer un fuerte argumento sobre que en Egipto se utilizaron poderosas y avanzadas herramientas hace por lo menos 5,000 años, Dunn preguntó, ¿dónde está la fuente de poder? ¿Podría él estar en lo correcto? Si es así, ¿cómo podría su teoría coexistir con la Correlación de Orión, de Robert Bauval y Adrian Gilbert? ¿Cómo podría la Gran Pirámide ser al mismo tiempo una planta de poder y un artefacto que es iniciático, así como un lugar que ensalza la inteligencia humana?

De acuerdo a *The Pleiadian Agenda* (La Agenda de las Pléyades), las nueve dimensiones de la consciencia están disponibles para los humanos, mientras ellos estén en cuerpos físicos. También, la Escuela Heliopolitana del Misterio, una de las tres antiguas escuelas teológicas egipcias, enseñó que los humanos pueden obtener estos nueve niveles multidimensionales.[43] Como hemos visto, durante los pasados 3,000 años nuestro rango perceptivo se ha limitado tanto, que percibimos sólo esta dimensión —el espacio linear y el tiempo. Esto nos ha hecho estar tan dominados por el cerebro izquierdo, que la gente piensa que la sagrada ciencia egipcia es una tontería antigua. Existen muchas otras dimensiones basadas en la resonancia vibratoria, ya sea que la gente se sincronice con ellas o no, como se describe por las matemáticas avanzadas. *The Pleiadian Agenda* (La Agenda de las Pléyades) explica cómo humanos modernos detectan estas vibraciones, igual que las Escuelas Heliopolitanas del Misterio describieron cómo los antiguos egipcios ascendieron a muchas dimensiones. En mi sistema, las dimensiones más altas —de la quinta a la novena— todas vibran a frecuencias estelares: las más bajas —la primera y la segunda— son la vibración de la Tierra, y las intermedias —la tercera y cuarta— vibran por rangos de frecuencia que la mayoría de la gente detecta. La tercera dimensión es espacio linear y tiempo, y la cuarta es el agregado de las emociones humanas, que fundamentalmente está fuera de balance, debido quizá a la inclinación axial o al dominio del cerebro izquierdo. Más tarde hablaré de Chris Dunn, pero por ahora, la base de la Pirámide es un número entero armónico de la Tierra que toca ligeramente a la energía de la misma. Esto es igual a tocar la segunda dimensión en mi sistema, lo que mucha gente puede sentir como profundas vibraciones de la Tierra.[44] El Espectro Electromagnético delinea el campo de frecuencias vibratorias, desde las más bajas que trazan todo al camino hacia arriba, hasta las frecuencias estelares, que son todas las que los humanos pueden detectar con la ayuda de la tecnología. Ahora que estamos inventando las tecnologías vibratorias como el ultrasonido y los hornos de microondas, podemos ver que los antiguos egipcios podían haber logrado también tales experiencias tecnológicas.[*] De hecho Chris Dunn está demostrando que la *ciencia sagrada es tanto tecnológica como multidimensional.* Una dimensión no can-

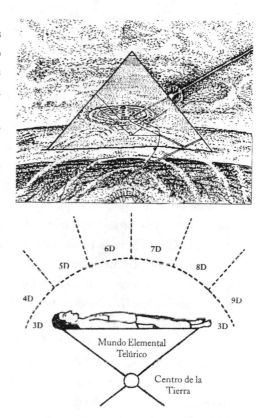

Fig. 3.10. La Pirámide como una Planta de Poder y el Modelo de Energía de la Agenda de las Pléyades. La pirámide como una planta de poder se adapta de La Planta de Poder de Gizeh *y el modelo de energía es de la figura 10 de* The Pleiadian Agenda (La Agenda de las Pléyades).

cela a otra —todas ellas pueden coexistir en estructuras y cuerpos. ¡Expanda su mente! *La Pirámide es un artefacto que une las frecuencias oscilantes bajas y altas al golpear las vibraciones de la Tierra, que transmiten las frecuencias estelares.* Por eso se construyó sobre el centro geodésico de nuestro planeta.

Conforme más y más intensas partículas galácticas penetran la Tierra, como los rayos gama, más gente se está dando cuenta que todo es vibracional. Un rango específico de frecuencia causa condición física, como las pirámides de piedra o su cuerpo,

---

[*] Algunos nuevos investigadores arquetipo han estado citando la investigación de Chris Dunn sobre la maquinaria egipcia, pero ellos no desean seguirlo hasta la pregunta clave: Si ellos estaban usando maquinaria, ¿a dónde está el poder que la hacía funcionar?

pero todas las otras frecuencias también existen en lo físico. *Nosotros somos al mismo tiempo materiales y vibratorios.* Como un faraón, podemos viajar en el espacio y también establecer el otro mundo sobre la tierra, que es lo que nuestra tecnología sería si estuviera basada en la resonancia armónica. Pocas personas modernas pueden imaginar un artefacto (mucho menos sus propios cuerpos) que pueda existir en muchas dimensiones simultáneamente y al mismo tiempo ser una tecnología material, pero eso es alquimia. La severa falta de imaginación en la ciencia moderna, provoca que los científicos formulen la teoría de que el alma es un fantasma en la máquina. Pero, *el alma manifiesta el cuerpo físico.* Chris Dunn ha planteado una gran teoría para el uso material de la Gran Pirámide, lo que amerita serias consideraciones, junto con las teorías de Bauval y Gilbert sobre el más alto viaje dimensional estelar del Faraón. En mi mente, la Gran Pirámide puede ser una planta de poder y un reloj estelar del Altiplano de Gizeh. Será mejor que consideremos cómo viajó el Faraón hacia Orión, porque las estrellas nuevas —universos termonucleares— están naciendo ahí mismo en este momento. En *The Pleaidian Agenda* (La Agenda de las Pléyades), la octava dimensión es el sistema estelar de Orión. Es la morada de los Ancianos y los Ancestros y los sabios pueden tocar su sabiduría. El Faraón desearía ir para allá después de la muerte, para tener la posibilidad de aconsejar continuamente a los egipcios vivientes. Estamos atrapados en nuestros cuerpos físicos sobre la Tierra, a no ser que desarrollemos poderes multidimensionales de acceso. Como la Pirámide, mientras vivimos nuestras vidas diarias, tenemos una forma física que vibra con la Tierra y tiene acceso a frecuencias más elevadas. Hemos olvidado que existimos en el divino mundo: nuestros cuerpos humanos.

4
La Historia del Mundo Prediluviano

El recuerdo racial de una especie es un hecho:
Le dice a una criatura salvaje cómo construir su nido, cómo conseguir
alimento, encontrar pareja para procrear, cómo sobrevivir en espacios
abiertos o en un largo invierno; pero las experiencias más
devastadoras son también las que están más profundamente enterra-
das y su despertar es acompañado por una sensación de terror.

-*Immanuel Velikovsky*[1]

La Ciencia Trae de Regreso un Mundo Perdido

En reciente recuerdo, el gran Cataclismo destruyó una civilización altamente desarrollada en un paroxismo de masiva alteración de la corteza terrestre y una inundación global. Nuestros ancestros lucharon por reconstruir sus culturas, conforme los continentes y los océanos continuaban cambiando en medio de más desastres. Por miles de años, la Tierra fue un mar de cambios. Estos recuerdos están al acecho en los más profundos recovecos del cerebro humano y la ciencia los está resucitando. El sicoanalista Immanuel Velikovsky, quien fue uno de los primeros analistas que estudiaron con Freud, se convirtió en un muy conocido cosmólogo y estudioso de la historia antigua. Revivió la teoría catastrófica en los años 50s del siglo XX, con su libro de gran éxito de ventas *Worlds in Collision* (Mundos en Colisión) y se impresionó por las intensas reacciones a sus teorías. La clase dirigente científica se enfadó y atacó a su editor, Macmillan, debido a que el *uniformitarianismo* —todo pasa por un lento cambio— fue el paradigma oficial. Despidieron a su director editor, quien había aceptado el manuscrito, así como al director del Hayden Planetarium, quien había propuesto una exhibición de la teoría cataclísmica de Velikovsky. Muchos científicos se negaron a ser entrevistados por los representantes de Macmillan para sus siguientes libros.[2]

Al final de su vida, después de publicar muchos otros libros que vendieron millones de copias, Velikovsky intentó comprender la extraña respuesta a su trabajo al escribir *Mankind in Amnesia* (Humanidad con Amnesia). Esta vez, usando sus habilidades analíticas, evaluó el origen de la irracionalidad humana, tanto en la mente de sus detractores como en la de sus lectores. De esta práctica, llegó a la conclusión de que todos hemos heredado una memoria inconsciente, o *memoria racial*, lo que significa que en realidad estuvimos presentes en las horribles escenas catastróficas en medio de los elementos desencadenados. Tocante a esta memoria, "todas las ascendencias regresan a la misma generación que fue expuesta al trauma".[3] Esto es, conforme va regresando el recuerdo del Cataclismo, estamos participando en la recuperación de un terror colectivo y las descripciones gráficas de los elementos desencadenados de Velikovsky causaron una gran reacción. Enteramente por mi cuenta y mientras estaba bajo hipnosis, experimenté el mismo miedo intuitivo y me sentí profundamente verificada por los hallazgos de este sicoanalista, que cree que necesitamos recobrar los recuerdos originales para deshacernos del miedo, como yo lo hago. De acuerdo con la gente indígena por todo el mundo, precisamos conocer nuestras historias para valorar la vida. Nuestras vidas se convierten en viajes compartidos con la Tierra y la supervivencia colectiva se valora por las agendas individuales. Nos enfocamos en compartir, en lugar de adquirir y acumular, en la creatividad en vez de la violencia y respondemos a la vida con valentía y no con miedo.

La mitología tiene narraciones de vida en la civilización marítima global, pero fueron difíciles de entender hasta que la geología y la arqueología derramaron más luz sobre ellas. Recientes descubrimientos de arcaicos sitios sagrados que datan de hace 9,000 años, como el Çatal Hüyük en Turquía, revelan que algunas culturas extremadamente antiguas fueron muy avanzadas. Platón guardó algunas narraciones históricas de las culturas marítimas globales, como la Atlántida, Egipto, Grecia y las magdalenienses y *Maps of the Ancient Sea Kings* (Mapas de los Antiguos Reyes del Mar), de Charles Hapgood, proporciona una cartografía del mundo perdido. En la época de Platón, hace 2,500 años, sólo piedras esparcidas y fragmentos de recuerdos del mundo perdido existían aún y Aristóteles y Platón fueron las últimas personas en el mundo antiguo que de verdad entendieron la mitología. Platón escribió cuidadosamente esos registros, como si hubiera sabido que algún día estos fragmentos serían muy importantes, aunque muchos de sus contemporáneos pudieron no creer que fueran verdad.*

---

* Ralph Ellis, *Thoth: Architect of the Universe* [Thoth: Arquitecto del Universo] (Dorset, Inglaterra: Edfu Books, 1997), 205. El filósofo Crantor, que fue contemporáneo de Aristóteles y escribió los primeros comentarios sobre los diálogos de Platón, fue a Egipto para confirmar sus informes y de hecho vio la columna de jeroglíficos que está descrita en el resumen.

Durante la Edad Dorada de Grecia hace 2,500 años, la Biblioteca de Alejandría en Egipto fue la depositaria por al menos 10,000 años, de registros de las mentes dirigentes del mundo antiguo. Muchos de ellos creyeron que la Atlántida existió. Julio César quemó parcialmente la biblioteca en el 48 a.C., después los cristianos fanáticos hicieron lo mismo y luego cerró, cuando los árabes destruyeron Alejandría en el 642 d.C. El imperio romano fue saqueado por los vándalos en el 455 d.C., murió la cultura grecoromana y el recuerdo del mundo antiguo sucumbió en la penumbra de las Edades de las Tinieblas. Si los relatos de Platón no hubieran sobrevivido, el mundo occidental habría olvidado por completo el mundo prediluviano. Por miles de años, a nivel mundial, la gente indígena también conservó el recuerdo en el Hemisferio Occidental, pero ellos fueron conquistados y las historias de sus orígenes casi destruidos durante la "Edad de la Razón". Debido a que la mitología de estos nativos fue sorprendentemente similar a las historias con origen en la Biblia, esa mitología tuvo que eliminarse para poder caracterizarlos sólo como salvajes y matarlos. Ahora el escenario catastrófico está surgiendo como resultado del nuevo paradigma científico causado por 200 años de colección de datos. Increíblemente, en este momento los registros globales multiculturales de los indígenas están siendo verificados por la ciencia.* *Estamos equilibrados para recordar a la Tierra como una civilización global marítima de más de 12,000 años.*

Este descubrimiento de la raíz histórica principal nos emociona, pero existimos dentro de un campo cultural llamado Darwinismo Social, —una elite intelectual que dice que los antiguos fueron primitivos no verbales y la humanidad siempre ha estado avanzando desde el pasado. ¿Cómo puede uno apreciar a los pintores de la cueva de Lascaux, si se piensa en ellos como gruñones idiotas peludos con garrotes, que arrastraban de los cabellos a sus mujeres revestidas con pieles? ¿Cómo puede uno relacionarse con los habitantes indígenas de las Américas, cuando se les describe como salvajes hordas de cazadores viciosos, armados con afilados puntos de Clovis, que rugían desde Beringia hasta Tierra de Fuego hace 11,500 años? Al ser educados en ideas medio cocinadas como esas, la humanidad casi ha perdido su habilidad para reconstruir el pasado correctamente. Conforme los nuevos investigadores arquetipo encuentran la evidencia de arcaicas culturas altamente avanzadas, más y más personas se preguntan por qué la cultura moderna es tan corrupta, si siempre hemos estado avanzado. Lanzando a un lado este condicionamiento infantil, muchos están yendo en

---

* Gregory Benford, *Deep Time: How Humanity Communicates Across Millennia* [Tiempo Profundo: Cómo se Comunica la Humanidad A Través del Milenio] (N.Y.; HarperCollins, 2000), 8. La memoria folclórica vive por largo tiempo. Por ejemplo, los aborígenes de Australia han descrito los lugares de escondidas señales de 8,000 años con tal precisión, que modernos buzos los han encontrado.

apasionadas búsquedas de tesoros para encontrar partes de nuestra estirpe. Aunque los nuevos investigadores arquetipos parecen como románticos excesivos en busca de Arturo y el Grial, ellos están reiniciando el disco duro que se rompió dentro de nuestros esqueletos. Usted puede enojarse cuando se da cuenta de que hemos estado siendo guiados por tontos con complejos de superioridad, que aspiran a gobernar al mundo controlando el acceso al pasado, pero es la verdad.

Después de 300 años de investigación científica, estamos viendo a la Tierra con renovados ojos. Aún está perdido mucho del registro del pasado profundo. Globalmente, hacer mapas del mundo anterior es como trabajar en un rompecabezas de 1,000 piezas con sólo 50 de ellas y sin el dibujo de la figura terminada en la cubierta. Debemos fechar, identificar y establecer con exactitud los lugares de todos los fragmentos del mundo prediluvial como una base. Platón reporta que la Atlántida fue sólo una entre muchas de las culturas dirigentes en la civilización marítima. Probablemente ellos pasaron por el Cataclismo, en mejores condiciones que los habitantes de muchas otras culturas, porque ellos eran una cultura marítima que ya habían estado emigrando cuando ocurrieron los intensos cambios en la tierra. Es posible que fueran muy influyentes durante la temprana época del Holoceno, cuando las ampliamente separadas leyendas sobrevivientes reportaron que los atlantes ayudaron a la gente a subsistir y a empezar de nuevo. Sobre este periodo Rand y Rose Flem-Ath dicen, "Ahora los Atlantes gobiernan las ruinas de un mundo humillado por la temerosa y muy esparcida desolación de la tierra".[4] Otra tarea para los nuevos investigadores arquetipo es buscar casos en los cuales, de hecho, los antiguos arqueólogos y antropólogos arquetipo escondieron datos. Por ejemplo, queriendo controlar la historia de la población de las Américas, en 1911 el Smithsonian* tomó el control de todas las anteriores argumentaciones sobre que los seres humanos habían estado en las Américas durante la época del Pleistoceno —hace de 2.4 millones de años a 11,500 años, por cronología convencional.[5] La Cronología Revisada de Allan y Delair (figura 2.5) reduce el Pleistoceno a un breve periodo entre el final de la época del Plioceno y el principio del Holoceno, lo que sugeriría que la mayoría de la gente original en las Américas perece y muchas otras nuevas vienen después del 9000 a.C.

Rand y Rose Flem-Ath argumentan que el lenguaje aymara de Perú, que todavía lo hablan 2.5 millones de descendientes, debe haber sobrevivido de la Atlántida. El matemático boliviano Iván Guzmán Rojas usó este lenguaje como la base de interpretación básica para un programa de computación, que traduce simultáneamente del inglés a otros idiomas. "El aymara es riguroso y simple —lo que significa que sus reglas sintácticas siempre aplican, y se pueden escribir concisamente en el tipo de taquigrafía algebraica que las computadoras entienden. Ciertamente, su pureza es tal que algunos historiadores piensan que no sólo se desarrolló como otros idiomas, sino que de hecho se construyó desde cero".[6] Los Flem-Aths se preguntan, "¿Podrían haber sido los supervivientes del paraíso de la isla perdida quienes le dieron al Aymara un lenguaje tan preciso, tan gramaticalmente puro, que se convertiría en una herramienta para la mayoría de las avanzadas tecnologías de nuestro propio siglo?"[7] Perú y Bolivia son dos de los lugares más probables para tal supervivencia, porque todavía existen en el Altiplano increíbles monumentos ciclópeos a *3,900 metros sobre el nivel del mar*, que drásticamente se edificaron sólo hace 11,500 años.[8] Como hemos descubierto hace sólo muy poco tiempo que el Aymara trabaja como un lenguaje de computadora, el valor de entender los niveles de nuestros logros anteriores, se explica por sí solo. Si los peruanos provienen de la Atlántida, ¿cómo habrá sido la isla original? Observemos con más detalle la historia de Platón.

La Descripción de Platón de la Atlántida, en el *Critias* y en el *Timeo*

Mary Settegast dice que la narración de Platón es "nuestra guía más confiable sobre el Mundo Epi-Paleolítico".[9] Existe en el *Critias* y forma parte del *Timeo*, su historia es la fuente para casi todas las especulaciones sobre la Atlántida —*atlantología*. Lo que sigue es mi propia sinopsis de la descripción de Platón de la Atlántida en el *Critias*, un relato que éste último le contó, quien afirmó que mientras visitaba Sais, Egipto, la había obtenido de Solón, un estadista griego, a principios de siglo VI a.C.

La ciudad de Atlántida donde Poseidón fecundó a Cleito, se construyó de grandes círculos concéntricos alrededor de una isla central. Habían dos grandes círculos de tierra que rodeaban la isla, y tres enormes círculos de agua rodeando la tierra. La isla central tenía dos manantiales —uno de agua caliente y el otro de fría— de donde brotaba agua pura a borbotones que se canalizaban por toda la isla, para cultivar abundantes productos. Los diez hijos de Poseidón y Cleito vivían en distritos que rodeaban los templos en este complejo central. La isla tenía sus propios abundantes recursos minerales y recibía muchos artículos de importación como pago de impuestos. Había exuberantes árboles, animales domesticados y salvajes y todas las

Fig. 4.1. El Sello de la Atlántida creado con base en la descripción de Platón en el Critias.

cosechas, raíces, hierbas y bebidas eran producidas por la isla en el sol, en rica abundancia. Era su natural dotación.

Los atlantes edificaron templos, palacios, puertos y muelles y construyeron puentes que pasaban por arriba de los grandes círculos de agua concéntricos que hizo Poseidón, al cavar un canal de 91.4 m de ancho por 30.5 de profundidad, desde el mar hasta el anillo exterior. Hicieron canales a través de los anillos de tierra cerca de los puentes, que techaron. El que daba a la isla central conducía a un exquisito palacio y cada uno de los siguientes reyes agregaron algo a su belleza, porque era el hogar de los Ancestros originales. El centro del palacio era un lugar sagrado para Poseidón y Cleito, rodeado de paredes de oro y estaba prohibida la entrada. Aquí había un templo de Poseidón, que estaba cubierto de plata; y las fachadas adornadas con figuras de oro, que contenían una estatua de Poseidón en un carruaje tirado por seis caballos alados. Adentro había otros altares, manantiales de agua caliente y fría fluían a través de fuentes en palanganas y baños y también las fuentes llegaban hasta el bosquecito de altos árboles de Poseidón. Luego, el agua se canalizaba a las islas de anillos exteriores, por medio de acueductos sobre los puentes. La isla intermedia tenía una ruta especial para carreras de caballos y barracas para los guardaespaldas del rey. La ciudad estaba densamente construida alrededor de una pared circular que rodeaba el anillo exterior del palacio y más allá, había numerosos pueblos con una próspera población, salpicados entre ríos, lagos, praderas y arboledas.

Cada uno de los reyes de la Atlántida tenían el poder en sus propias regiones. Los diez se reunían en el Templo de Poseidón cada cinco o seis años, para intercambiar mutuos compromisos y tratos de intereses comunes. Los toros vagaban por todos lados en el palacio central y cada uno de los reyes entraba solo con garrotes y lazos corredizos para atrapar un toro. Cuando agarraba uno, le cortaba la garganta bajo la columna principal, la que estaba esculpida con las leyes y maldiciones sobre aquellos que desobedecieran la ley; la sangre salpicaba estas inscripciones. Los reyes dejaban caer un coágulo de sangre de cada toro que mataban, en un tazón con vino y lo mezclaban. Después de limpiar la columna y quemar el resto de la sangre, derramaban el vino del tazón en copas de oro, vertían una libación sobre el fuego, hacían juramentos a sus leyes y a ellos mismos y bebían de su copa. Después de esto, se ponían sus túnicas azul profundo y permanecían junto al fuego hasta que se extinguía y daban y se sometían a los juicios. Prometían nunca hacer la guerra entre ellos pero acudir a la ayuda de cada uno, en el caso de que alguno de ellos perdiera su poder real. Se consultaban unos a otros sobre negocios y la casa de Atlas era el líder, sin embargo el rey de esa casa no podía matar a ninguno de sus mutuos amigos, sin el consentimiento de la mayoría de los diez.[*]

---

[*] Platón, *Timaeus* y *Critias* (Timeo y Critias), trans. Desmond Lee (Londres: Pinguin, 1965) 136-44. De hecho el *Critias* empieza en el Timeo, que es un diálogo sobre los orígenes de los humanos, desde los reinos cósmicos. Una vez

Fig. 4.2. El Sacrificio del Toro en el Templo de Poseidon creado con base en la descripción de Platón en el Critias.

Culturas Prediluvianas

Esta historia de la Atlántida es la descripción *histórica* más antigua de una civilización precatastrófica. Repetidamente Platón insistió en su total veracidad y debido a su estatura como un erudito, no hay ninguna razón para suponer que lo inventó. Igual que con los registros egipcios, necesitamos *seriamente* considerar todas las partes de estas antiguas fuentes y dejar de elegir las partes que se ajustan a nociones preconcebidas. Sin embargo, a cualquier profesional que toma esta historia con seriedad se le llama tonto irracional. Aún, muchos han continuado con una investigación de los actuales vestigios de civilizaciones avanzadas de hace más de 12,000 años. Esta es una desalentadora búsqueda, porque la elevación de los mares, de hace 17,000 a 10,00 años debe de haber eliminado de raíz los sitios de los puertos marítimos globales y a ciudades como la Atlántida. Rand y Rose Flem-Ath construyeron una fuerte teoría que dice que los rastros de la Isla de Poseidón se encuentran bajo el hielo de la Antártida

---

que los humanos emergieron en la Tierra, Platón cuenta la historia de la Atlántida. La forma en que él une estos asuntos, es muy similar a cómo los egipcios unieron el Zep Tepi al Shemsu Hor. Esto sugiere que ambos conceptos representan el mismo periodo de tiempo de hace más de 11,500 años. Por analogía, la descripción de Platón del tiempo cósmico puede ser el correcto, debido a los registros del templo, egipcio.

Menor, lo que podría ser verdad, basados en la investigación de Hapgood de un mapa que muestra secciones libres de hielo de este lugar.[10] La búsqueda de la civilización prediluvial ha tendido a enfocarse en encontrar la Atlántida, sin embargo, Platón dijo que ésta fue una civilización entre muchas de hace 11,500 años. *Maps of the Ancient Sea Kings* (Mapas de los Antiguos Reyes del Mar) de Hapgood, amplía mucho el punto de vista sobre una civilización marítima global, y se hablará de otros eruditos que han ampliado el enfoque. Aún se están descubriendo vestigios prediluvianos; por ejemplo, se ha levantado un plano de un gran monumento ciclópeo a 45.7 metros bajo el nivel del mar, cerca de la Isla Yonaguni al este de Taiwán. Libros sobre este lugar saldrán probablemente a la venta en el momento de la publicación de este texto, lo cual ampliará la búsqueda sobre la plataforma continental alrededor del mundo, de las civilizaciones marítimas de hace más de 12,000 años.

Maps proporciona una amplia evidencia de una civilización marítima global que comerció por todo el mundo hace de 17,000 a 6,000 años. Esto muestra que la *Atlántida es sólo una avanzada cultura entre muchas que existieron hace más de 6,000 años.* La tierra hospedó a una civilización marítima global de ciudades costeras, que en su mayor parte están bajo el agua, por tal motivo sus barcos de madera se deben de haber podrido. Sobre tierra, cazadores-recolectores y horticultores usaron cavernas para sus rituales, como la Cueva Lascaux, e hicieron de piedra sus herramientas y monumentos. Cuando se empieza a buscar, por todos lados surgen signos de arcaicas culturas marítimas. Por ejemplo, algunos de los más increíbles artefactos dejados por las primeras dinastías egipcias son los barcos de "un avanzado diseño, capaces de sobrellevar las más poderosas ondas y los peores temporales de los mares abiertos" que estaban enterrados en Saqqara y en el Altiplano de Gizeh.[11] Las paredes pintadas de Akrotiri, una ciudad enterrada en la Isla de Santorini, describen sorprendentes flotillas de grandes barcos que son muy similares a los botes egipcios globales. Estos murales se remontan a las civilizaciones marítimas y los más antiguos estratos de los sitios Minoicos tienen por lo menos 7,000 años. Los antiguos barcos egipcios son realmente desconcertantes porque en el Altiplano de Gizeh se les encontraron descansando en sus propias tumbas especiales de piedras, junto a los lados de las pirámides, como si fueran reliquias veneradas de la cultura marítima o réplicas construidas durante las primeras dinastías. Aún hoy, sobre el planeta existen culturas primitivas con avanzadas sociedades. Después de los cataclismos se encuentra más evidencia de culturas primitivas debido a que usaban implementos de piedra, mientras que los vestigios de culturas más avanzadas a menudo están totalmente destruidas.

Platón describe una guerra entre los atlantes, los griegos y los egipcios, todos ellos navegaban en el Mediterráneo y el Atlántico hace 11,000 años. La guerra de Platón atrae menos interés que su descripción de la Atlántida, pero derrama luz sobre las *políticas* de los navegantes. Después, Egipto y Grecia entraron a la historia, pero la Atlántida no, aunque muchos nativos, como los mayas, dicen ser descendientes de sus pobladores. De acuerdo con Platón, la Atlántida controló a la región magdaleniense (suroeste de Europa). *Plato Prehistorian* (Platón Prehistoriador), de Mary Settegast explora en detalle esta fascinante clave y es un puente para las culturas que florecieron hace de *30,000 a 11,500 años,* que han dejado huellas de ellas mismas.* Los famosos artistas de la cueva magdaleniense del suroeste de Europa trazan los elementos principales de la descripción de la Atlántida de Platón: los animales atlantes clave (toro, caballo y león). Muchos se han preguntado el motivo por el cual los artistas magdaleniense simplemente desaparecieron de la faz de la Tierra como si nunca hubieran existido, ¡como la caída de la Atlántida! ¿Dónde estaban los magdalenienses durante la guerra? *Plato Prehistorian* (Platón Prehistoriador) analiza el *Timeo,* basándose en la suposición de que es una descripción exacta de las políticas mediterráneas de hace más de 11,000 años, lo que crea un puente hacia los misteriosos pintores de la cueva.

La Atlántida como la Raíz Primordial de la Cultura Magdaleniense

Hace de 20,000 a 12,000 años, el suroeste de Europa estaba dominado por la cultura magdaleniense. Se han encontrado vestigios en cuevas sobre o cerca de ríos que desembocan en el Atlántico actualmente en España y Francia, como la Cueva de Lascaux. En lo profundo de estas cuevas se encuentran las exquisitas y mundialmente famosas pinturas de toros y caballos —animales del Poseidón— y muchos han comentado sobre su artística sofisticación y misteriosa belleza. En la mitología popular griega, Poseidón fue el primero en domar el caballo.

Existe evidencia de que los magdalenienses domaron caballos —por ejemplo, se pueden encontrar en cuevas dibujos de caballos con bridas, de 15,000 años de anti-

---

* Mary Settegast, *Plato Prehistorian: 10,000 to 5000 B.C.—Myth, Religion, Archaeology* [Platón Prehistoriador: 10,000 a 5000 a.C.—Mito, Religión, Arqueología] (Hudson, N.Y.: Lindisfarne Press, 1990), 21-34. Platón dice en el *Timeo,* párrafo 25, que los atlantes controlaban las poblaciones dentro del Mediterráneo "De Libia hasta las fronteras de Egipto y de Europa tan lejos como Tirenia (Italia)". Las culturas en el área magdaleniana tienen otras etiquetas, como el Solutrean, pero para simplificar uso magdaleniense.

 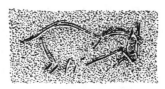 

Fig. 4.3. Caballos paleolíticos con brida, adaptado de la figura 9a de Plato Prehistorian
(Platón Prehistoriador)

güedad.* Los atlantes deben de haber tenido un lenguaje escrito, porque Platón dijo que la columna central estaba grabada con las leyes y maldiciones. Las conexiones entre los magdalenienses y los atlantes en lenguaje, arte y simbolismo son importantes. El antropólogo Richard Rudgley encuentra muchas similitudes entre la escritura de la antigua Europa y la cultura Vinca (probablemente derivado de los magdalenienses) y de la Linear A de los cretenses.[12] En relación a la columna de Poseidón, Settegast compara conocidos signos paleolíticos con el antiguo Valle Indo, Grecia y los signos rúnicos y concluye que todos ellos se derivan de los signos del Paleolítico Superior. Puede ser que la Atlántida sea la inspiración para el arte magdaleniense, ya que había una asombrosa uniformidad regional en el arte en cuevas, sumamente separadas por un largo periodo de tiempo. Esta uniformidad siempre ha intrigado a los estudiosos. Settegast sospecha "que la fuente y conservador original del canon magdaleniense yacen por todos lados".† En la cueva existen otros elementos de la Atlántida, que son aún más espectaculares que el entrenar caballos, las raíces lingüísticas y las derivaciones simbólicas; ella cree que de hecho ha descubierto la fuente del ritual primitivo/productor de la Atlántida, en la famosa pintura del hombre con cabeza de ave de la Cueva Lascaux. En este libro se presenta su sorprendente interpretación del ritual de esta cueva, como una raíz de la temprana mitología indoeuropea, porque es también un asunto central para la curación de nuestro mundo moderno.

---

* Settegast, *Plato Prehistorian* (Platón Prehistoriador), 27. Ver su texto para información sobre varios arqueólogos que han concluido que los caballos pintados en las cuevas de San Michel d'Arudy, Grotte de Marsoulas y La Marche aparecen usando arneses y bridas.
† Settegast. *Plato Prehistorian* (Platón Prehistoriador),28-29. Ella nota que el arte de las cuevas magdalenienses no muestra "virtualmente ninguna diferencia regional" y en el suroeste de Europa "se reconoce un estilo uniforme en el arte y cuando éste cambia, lo hace por todos lados".

"El Primer Hombre y el Toro Fundamental"
Resumen de *Platón Prehistoriador*

El túnel de 4.8 m de profundidad en la Cueva Lascaux conduce a una pequeña cámara en el fondo, donde hay un panel pintado de 1.8 m que representa a un hombre con cabeza de pájaro o itifálico enmascarado suspendido en un ángulo. El ave se posa en un palo debajo del hombre, un bisonte herido ronda por debajo del hombre suspendido y detrás de éste, se encuentra un rinoceronte que se aleja. Juzgando por el mal estado del túnel, así como por los depósitos de puntas de hueso y pequeñas lámparas de piedra, esta era la principal cueva de rituales de Lascaux.[13] Muchos estudiosos creen que esta pintura corresponde a la muerte del divino gemelo cuando se creó el mundo y Settegast construye sus ideas porque el reinado del gemelo es un arquetipo chamanístico central en el mundo de la mitología. Esta zona mitológica es muy rica y se

Fig. 4.4. Primer Hombre y el Toro Fundamental de la cueva Lascaux.

necesita hacer primero una revisión de los pensamientos de Settegast sobre el arquetipo. Ella cree que las gentes indo-europeas recordaron la Edad de Oro cuando los gemelos nacieron. Se dio cuenta de que los principales reyes héroes/gemelos de esta cultura, —Yima para la historia persa, Yama en el *Rig Veda* e Ymir de la leyenda escandinava— todos se derivan de la misma raíz indo-europea, *yemo* o "gemelo".[14] Cuando Yima perdió su poder y gloria real, salió de él en forma de pájaro, el hombre itifálico es uno con cabeza de pájaro y parece haber dejado caer su báculo con la punta de pájaro. También hay historias sobre Yima perdiendo su poder, que se involucran con el sacrificio del toro, el ritual principal en las reuniones de los reyes atlantes.[15] Una primera revisión del mito es la historia de Gayomart y el Toro Fundamental, que Settegast examina como la inspiración de la pintura de Lascaux.[*]

---

[*] Settegast, *Plato Prehistorian* (Platón Prehistoriador), 109. Este mito es del Bundahishn persa.

A la antropóloga Felicitas Goodman le intrigó el ángulo del Primer Hombre así como la extraña posición de sus brazos y pensó que podría ser una postura ritual. Lo compara con una similar descripción dinástica de Osiris que tiene el mismo ángulo y posición de los brazos y lo muestra elevándose hacia los cielos, más probablemente hacia Orión. Ella también relaciona esta pintura con la mitología gemelar y al vincular la pintura de Lascaux con la dinastía egipcia, a través del análisis de la postura, abarca *12,000 años y une el mundo prediluviano con el dinástico de Egipto.* El hermano gemelo de Osiris, Seth, lo desmembró e Isis lo volvió a unir para que pudiera procrear y ascender, y su hijo, Horus, tiene cabeza de pájaro. Para probar esta hipótesis, Goodman construyó tablas para mantener a los estudiantes en el mismo ángulo (37½ grados). Los hizo que asumieran la misma posición de brazos, los hizo vibrar y entrar en trance, así ¡ellos ascendieron al mundo de los cielos!* El investigador Dr. Stephen Oppenheimer también apoya esta unión entre la dinastía egipcia y la cultura magdaleniense. Él es un médico que ha seguido la huella de los patrones migratorios de los asiáticos del sureste, por defectos de hemoglobina, lo que describe en *Eden in the East: The Drowned Continent of Southeast Asia.* (El Paraíso en el Este: El Sumergido Continente del Sureste de Asia). Él establece una relación entre las historias universales de la monarquía del gemelo asiático del sureste y el relato de Osiris y Seth en los Textos de la Pirámide, lo que coloca los mitos de gemelos de las culturas marítimas del sureste de Asia en hace más de 5,000 años.[16]

La mayoría de los investigadores creen que los indo-europeos perdieron su unidad y poder hace aproximadamente 11,000 años, lo que corresponde más o menos a la fecha que Platón da a la caída de la Atlántida. En relación con las condiciones globales otra vez, los mares se elevaron, (y la tierra se hundió en varios lugares) aproximadamente 90 metros durante el florecimiento de la cultura magdaleniense y más o menos 45 metros en el Holoceno Temprano. La gente marítima del mundo podría haber construido sus ciudades sobre las costas y ríos, igual que como nos gusta ahora; pero actualmente estas áreas están cubiertas a ciento de metros bajo el mar. En 1991 se enfatizó mucho la forma en que el mar afectó a estas culturas, cuando una imperturbable cueva de hace 27,000 a 18,500 años, la Cueva Cosquer, fue descubierta cerca de Marsella por unos buzos, a 41 metros por debajo de la superficie marítima. Esta

---

* Felicitas D. Goodman, *Where Spirits Ride the Wind: Trance Journeys and Other Ecstatic Experiences* [Donde los Espíritus Cabalgan el Viento: Viajes en Trance y Otras Extáticas Experiencias] (Bloomington, Ind.: Indiana University Press, 1990) 20-23, 58-60; y ver Belinda Gore, *Ecstatic Body Postures: An Alternative Reality Workbook* [Posturas Extáticas del Cuerpo: Un Libro de Trabajo de la Realidad Alternativa] (Santa Fe: Bear & Company, 1995). El primer experimento se llevó a cabo en la Universidad de Denison en 1977.

San Francisco Public Library

MISSION BRANCH

Customer ID: **********5834

Title: Catastrofobia : la verdad detrs de los
cambios de la tierra en el arribo de la era de luz /
Barbara
ID: 31223096052510
Due: 03-24-12

Total items: 1
3/3/2012 3:53 PM

Please return materials by the due date.
You can renew your materials by going to our
Website: sfpl.org
or by calling the renewal telephone line at
557-4511

Mission Branch Library 355-2800
Thanks for visiting the library!

San Francisco Public Library

Fig. 4.5. Ciudad Marítima Global Prediluviana. Una imaginaria ciudad que podría haber existido hace más de 12,000 años cerca de la Cueva Cosquer, la que ahora está a 90 metros bajo el nivel del mar en la costa francesa del Mediterráneo.

distancia refleja la elevación del Holoceno y la anterior elevación de 90 metros habría colocado a la cueva muy lejos de la orilla.[17] Algunos, ya fueran navegantes o la gente que vivía sobre la tierra, usaron cuevas sagradas para hacer rituales. Los pintores de cuevas magdalenienses dejaron registros de ellos mismos en esos lugares, aunque las más avanzadas ruinas de los navegantes se encuentran sumergidas más profundamente en las plataformas continentales. Para ayudar a los lectores a imaginar las ciudades costeras de hace más de 12,000 años, el ilustrador tomó al lugar de la Cueva de Cosquer, basado en la rendición de su extendida plataforma continental de hace 27,000 años y dibujó una imaginaria ciudad marítima global sobre la costa y bajo la cueva sagrada (figura 4.5). Revelando poco sobre cómo la gente vivía en esos tiempos, estas cuevas sí ofrecen claves sobre su mitología y rituales. La Cueva de Cosquer contiene pinturas de hace 17,500 a 27,000 años y la Cronología Revisada de Allan y Delair en la figura 2.5 da más sentido a la luz de tan vasto periodo de tiempo, como si estos pintores hubieran vivido durante las últimas etapas de 29 millones de años de evolución relativamente pacífica.

Regresando a la discusión sobre la Cueva de Lascaux, Settegast piensa que las pinturas rituales de este lugar demuestran las raíces místicas o ancestrales del grupo original de Lascaux y que también es un retrato de uno de los místicos gemelos de la Atlántida.[18] Ella dice, "la escena retratada aquí podría encontrar su más cercana contraparte sobreviviente en la cosmogonía Indo-europea. La composición en el túnel de Lascaux lleva una semejanza provocativa de la muerte creadora del mundo de Gayomart (el Primer Hombre iraní) y el Toro Fundamental ...Gayomart y el toro vivieron en un estado de dicha divina hasta que el príncipe malévolo llegó al mundo causando la muerte a ambos. Cuando el toro murió, su médula fluyó para crear todas las plantas nutrientes y sanadoras; su semen fue llevado a la luna para su purificación y por consiguiente a la creación de las especies de todos los animales. Del cuerpo de Gayomart salieron los metales, de su propia semilla, purificada en el sol, surgieron las diez especies del género humano".[*] Estas figuras tienen sus contrapartes en las mitologías escandinava y védica y la versión iraní (que se piensa es la original) es una de las más leales al Túnel de Lascaux. Naturalmente, esto indica que la influencia de la Atlántida alcanza toda la ruta hacia Escandinava y el análisis de Hapgood del mapa Zeno apoya esta posibilidad.[19] La similitud de la postura de la Cueva de Lascaux con la de Osiris comparada por Goodman, enfatiza la naturaleza global de la edad del mito. Oppenheimer sigue la huella del movimiento de la historia de los gemelos, Kulabob y Manub, desde la central Asia del Sureste hasta Sudamérica, hace más de 5,000 años. Él cree que esta historia es la fuente de la narración de Caín y Abel y que la marca de Caín es un común tatuaje de reptil que se encuentra en el Sureste de Asia.[20]

Estas conexiones entre la descripción de Platón del ritual del toro de la Atlántida, las pinturas de Lascaux, la ascensión de Osiris, la historia iraní del origen de la creación y la mitología del sureste de Asia confunden nuestros sentidos, pero aún hay más, de acuerdo con Settegast. Los rinocerontes representan al príncipe maléfico de la mitología euroafricana. Esta tiene los elementos de la mitología persa de Gayomart

---

[*] Settegast, *Plato Prehistorian* (Platón Prehistoriador), 109. Settegast da crédito a A. Laming-Emperaire, *Lascaux* (Harmondsworth: Pelican, 1959) para más de este discernimiento.

en el *Bundahishn*, en el cual "el toro vive en beatitud divina hasta que el príncipe malévolo irrumpe en el mundo, causando la muerte a los dos".[21] De acuerdo al mitologista Brian Clark, "la tecnología de ultrasonido ha revelado que muchos embarazos de gemelos resultaron en un nacimiento individual y que uno de los gemelos es absorbido por el cuerpo del otro o expulsado, sin que la madre lo notara...el *síndrome del gemelo desaparecido*."[22] Estos mitos centrales de gemelos pueden hasta ser *biológicos*. El falo erecto del hombre puede representar la semilla que generó las diez especies del género humano y los grandes testículos del toro, el fluir de su semen que creó las plantas y los animales.˙ Settegast comenta, "El asesinato del Primer Hombre y el Toro Fundamental —el acto cosmogónico en sí— habría sido un eminentemente apropiado objeto para el dibujo en las profundidades del santuario de Lascaux".[23] Los temas hombre-bisonte se han encontrado en otros tres lugares magdalenienses fechados de hace 19,000 a 14,000 años y la Cueva Cosquer tiene una descripción similar de un hombre-pájaro siendo asesinado.

Imagine a los ancestros de los Indo-europeos hace miles de años, deslizando una cuerda que lleva antorchas, en las profundidades de la Cueva de Lascaux, para hacer un rito del asesinato del Primer Hombre y del Toro Fundamental. Una vez que Goodman descubrió que las posturas llevaban a la gente a experiencias específicas, mientras estaban en trance, ella experimentó con tal gente en 1977 y la postura de la Cueva Lascaux provocó que el grupo se embarcara en un viaje espiritual. Ella se dio cuenta que estaban redescubriendo "un sistema de señales al sistema nervioso, una compleja estrategia capaz de configurar el trance amorfo en una experiencia religiosa". Ellos habían "dado el paso del cambio físico del trance a la experiencia del éxtasis, habían pasado de lo secular a lo sagrado".[24] Posiblemente hace 17,000 años, los iniciados eran llevados a ver la descripción del hombre pájaro y es probable que los condujeran a la gran área de la cueva y luego, asumida la postura, un cascabel o un tamborilero los pusiera en trance y llevara a un viaje espiritual. ¿Perdimos esta habilidad debido a los cambios de la tierra? Julian Jaynes sugiere que la consciencia emergió de un cataclismo hace más de 10,000 años.

No obstante, estas misteriosas cuevas nos llevan hacia atrás en el tiempo, al momento en que la vida simplemente surgió del semen del Primer Hombre y las entrañas del Toro Fundamental. Debido a que la Cueva Cosquer exhibe secuencias de

---

˙ Settegast, *Plato Prehistorian* (Platón Prehistoriador), 109. En *Where The Spirits Ride the Wind* (Donde Los Espíritus Cabalgan el Viento), Goodman dice en la página 23, que el falo erecto del Hombre-Pájaro de Lascaux, es la prueba de que se está representando una postura ritual porque provoca que la gente moderna se excite y la energía converja en los genitales. Los grandes genitales de los toros pueden ser entrañas.

tiempo tan largas como esa, parece que *hemos sido profundamente separados del contacto directo con los reinos espirituales, debido a la grieta del cataclismo.* Goodman ha encontrado un camino para que la gente moderna se conecte con la consciencia arcaica, al asumir las posturas mientras se está en trance, porque éstas se usaron en culturas chamanísticas por miles de años. Existe mucha evidencia de que estas culturas experimentaron una gran libertad y eternidad durante sus vidas. Velikovsky dice que heredamos la memoria racial y el instinto. Los animales heredaron formas instintivas de vida en sus hábitats y si estos se destruyen, ellos no pueden funcionar. Como nosotros somos pensantes, *qué pasa si el hábitat humano fuera campos de energía a los que culturas sagradas y mágicas pueden entrar y desarrollarse?* Los hombres-pájaro pueden haber sido representados por todo el mundo por muchos miles de años, para que la gente pudiera recordar cómo ascender a los espíritus o a las estrellas, igual que Osiris ascendió a Orión. Trabajando con Goodman, he encontrado que en los tiempos modernos, los viajes espirituales sólo están disponibles al usar las posturas. Regresaremos a la guerra de Platón para buscar un mayor entendimiento sobre nuestra pérdida de la memoria primordial.

Un Escenario en Tres Partes de la "Caída de la Atlántida"

Según Platón, los atlantes atacaron a los atenienses, que eran aliados de los egipcios, justo antes del Cataclismo.ˑ El desplazamiento del polo y el surgimiento de los mares pueden ser el motivo por el cual los atlantes estaban teniendo problemas políticos muy severos. De acuerdo con Hapgood, hace de 17,000 a aproximadamente 12,000 años, *el Polo Norte Magnético se trasladó de la mitad de la Bahía de Hudson en Canadá a su actual localización* y la Antártida se volvió a situar sobre el Polo Sur.ˑ Este movimiento

---

ˑ Settegast, *Plato Prehistorian* (Platón Prehistoriador), 15-74 y 55-68. Ella data esta guerra cerca del 8500 a.C., basada en la extensiva prueba del carbono de los vestigios de la batalla. El Cataclismo debe de haber exterminado la mayoría de la evidencia de la guerra que Platón describe. El Cataclismo ocurrió 1,000 años antes del 8500 a.C., así que los vestigios de esta batalla son muy probablemente evidencia de invasiones marítimas y tensión entre la gente errante en el Mediterráneo (1,000 años del caos de una nueva colonización). Platón dice que la guerra ocurrió antes del 9600 a.C., y yo pienso que el cataclismo que describe Platón es el mismo que se relata en *Cataclysm! Compelling Evidence of a Cosmic Catastrophe in 9500 b.C.* (¡Cataclismo! Convincente Evidencia de una Catástrofe Cósmica en el 9500 a.C.). El antiguo arte en Tassili n'Ajjer y Acacus en el Sahara central puede reflejar la guerra *antes* del Cataclismo. Ver *Plato Prehistorian* (Platón Prehistoriador), 97-103.

ˑ Hapgood, *Maps of the Ancient Sea Kings: Evidence of Advanced Civilization in the Ice Age* (Mapas de los Antiguos Reyes del Mar: Evidencia de una Avanzada Civilización en la Era de Hielo)(Londres: Turnstone Books, 1966). Hapgood dice en la misma página, "según mi interpretación de mucho radiocarbono y otra evidencia, hace cerca de 17,000 años empezó un gran desplazamiento de la corteza terrestre. Naturalmente fue un movimiento lento, que es posible requiriera tanto como 5,000 años para su terminación. Norteamérica se movió hacia el sur y con ella todo el hemisferio

del polo magnético habría provocado dramáticos cambios de temperatura en y cerca de los polos.[†] Entonces, si agregamos la teoría de Rand y Rose Flem-Ath —la isla Poseidón es la Antártida— luego se pueden revivir muchas controversias sobre la Atlántida. Desmond Lee, que tradujo el *Timeo* y el *Critias*, comentó, "la idea de un mundo o un continente perdido es una invitación para dejar volar la imaginación".[25] La Atlántida ha enloquecido a miles de estudiosos, pero ahora contamos con los suficientes datos científicos y arqueológicos para empezar a esclarecer la verdadera historia. Los puntos importantes son: (1) si la isla de Platón se hundió, ¿dónde está ahora? (2) ¿La fecha de 9500 a.C. de Platón es correcta? y (3) Si la Atlántida es la cultura que originó muchas de las culturas del mundo, ¿cómo pasó su conocimiento? Estos son tres importantes asuntos porque la ortodoxia descarga la ya probada existencia de la civilización marítima global, al poner en evidencia a la Atlántida. Lo que sigue es mi propio escenario especulativo de la historia de las culturas durante los tiempos de esta isla. Incorporó la teoría de los Flem-Ath sobre la Antártida porque su argumento es excelente. Este es un concepto de trabajo, porque nuevos datos están surgiendo tan rápido, que pocos pueden mantenerse al día con ello.

De acuerdo con la ciencia convencional, la Antártida y el norte de Europa se fueron enfriando y congelando hace 17,000 a 11,500 años y Norteamérica se calentó conforme el hielo polar se derritió.[˙] El geólogo de Cambridge, Tjeerd H. Van Andel dice que el final del glacial máximo hace de 18,000 a 12,000 años fue totalmente atípico a anteriores fases glaciales y que los centros del hielo indican una aguda fase fría hace 10,500

---

occidental, mientras que el oriental se trasladó al norte. El efecto causó la fusión de una gran capa de hielo en Norteamérica, mientras que el norte de Siberia caía en un profundo congelamiento". Los lectores astutos notarán que Hapgood sugiere un cambio gradual de la corteza, mientras que Allan y Delais *(Cataclysm!)* propone un cambio instantáneo en el 9500 a.C. J.B. Delair me ayudó a clarificar este asunto, al anotar en una carta de fecha 3 de agosto de 1999 que, durante una conversación que tuvo con Hapgood sobre este tema en Londres, unos años antes de que falleciera, él admitió que la corteza no se habría deslizado como una sola unidad como se describió anteriormente.

[†] Hapgood, *Maps of the Ancient Sea Kings* (Mapas de los Antiguos Reyes del Mar),177. Rand y Rose Flem-Ath concuerdan con Hapgood en que ocurrió un desplazamiento de la corteza, pero ellos sienten que fue más repentino y provocado por los ciclos astronómicos. En relación con el traslado de la corteza y la teoría astronómica, los Flem-Ath dicen en *When the Sky Fell: In Search of Atlantis* [Cuando el Cielo Cayó: En Busca de la Atlántida] (Nueva York: St. Martin's Press) en la página 46, "sugerimos que si la forma de la órbita de la tierra se deriva de un círculo perfecto por más del 1 por ciento, la influencia gravitacional del sol aumenta, porque su camino se estrecha en algunos puntos. El sol ejerce más atracción sobre el planeta y sus masivas capas de hielo. Sus voluminosos pesos jalan y empujan alternativamente contra la corteza terrestre y esta inmensa presión, combinada con el gran declive en la inclinación de la tierra y la incrementada atracción gravitacional del sol, fuerzan a la corteza a desplazarse".

[˙] Por ejemplo, antiguos mapas del norte muestran glaciales más al sur de Suiza y el nivel del Mediterráneo era mucho más bajo que el que tiene hoy. De acuerdo con Hapgood en *Maps of the Ancient Sea Kings* (Mapas de los Antiguos Reyes del Mar) en las páginas 124-50, en realidad ese *fue* el caso hace 15,000 años, pero nadie lo sabía hace 500 años. J.B. Delair me comentó en una carta del 3 de agosto de 1999 que la actividad sísmica era rara o inexistente antes del 9500 a.C. El movimiento polar pudo haber causado que el clima cambiara hace de 17,000 a 11,500 años.

años (Dryas más Joven) que causó muy rápidos cambios climáticos.[26] Casi todos los lugares habitacionales fueron destruidos hace 11,500 años; por lo tanto, sólo puedo especular sobre lo que estaba haciendo la gente en este ambiente. Pero ofreceré algunas imágenes de trabajo. Debido a los cambios climáticos y el surgimiento de los mares, aproximadamente hace 15,000 años, la gente empezó a moverse de un lugar a otro. Por el levantamiento del agua y la intensificación del frío, hace de 14,000 a 12,000 años los reyes atlantes en la ciudad de Poseidón en la Antártida se habrían visto forzados a moverse. Varias fuentes antiguas dicen que ellos llegaron a las islas en la Atlántida que eran accesibles a los estrechos de Gibraltar. Por ejemplo, Platón dice que por miles de años estas islas fueron colonias o socios comerciales de la Atlántida. La localización secundaria en el Atlántico es probablemente la isla (o islas) de Platón, que se hundieron bajo el lodo.[†] Los atlantes podrían haber necesitado un fácil acceso comercial a las colonias mediterráneas, como las magdalenienses. La localización secundaria podría haber sido la masa de tierra que abarca todo Cabo Verde, las Canarias, Madeira o las Islas Azores, así como la misteriosa isla ecuatorial ("93") que aún se puede ver en el mapa de Piri Re'is, que según Hapgood tiene por lo menos 8,000 años de antigüedad.[·] Podrían haber estado en el Caribe, la región Bimini, América Central o mucho de toda la región. Andrew Collins propone que los archipiélagos de las Bahamas y del Caribe y Cuba eran las masas de tierra que se sumergieron por el "impacto de un cometa en la Cuenca del Atlántico Occidental al final de la época del Pleistoceno".[†]

El sitio de Monte Verde en Chile y la mayoría de los recientes hallazgos arqueológicos de Brasil están diezmando el antiguo paradigma de la teoría de "poblamiento de las Américas", que formula la teoría de que los mongoles vagaba a través de Beringia —la tierra puente entre Rusia y Alaska— hace cerca de 11,500 años y luego migraron a las Américas en sólo 400 años. Recientemente, el sitio Monte Verde del arqueólogo Thomas Dillehay al sur de Chile, ha suministrado incontrovertible evidencia de habitación humana de hace 12,500 años. Así que ¿quiénes eran ellos? El antropólogo Walter Neves ha presentado el cráneo de una joven mujer, "Luzia", quien deambuló

[†] Platón, *Timeo y Critias*, 131-32. los paréntesis son míos.

[·] Hapgood, *Maps of the Ancient Sea Kings* (Mapas de los Antiguos Reyes del Mar), 4-68, y 177-81. Él discute que el periodo pluvial, hace aproximadamente de 10,000 a 6,000 años, fue muy lluvioso y luego señala que el mapa Piri Re'is lo refleja y hasta un momento anterior.

[†] Andrew Collins, *Gateway to Atlantic. The Search for the Source of the Lost Civilizacion* [Entrada al Atlántico. La Búsqueda de la Fuente de la Civilización Pérdida] (Londres: Headline, 2000), 288-89. Ivar Zapp y George Erikson en *Atlantis in America: Navigators of the Ancient World* [Atlántida en América: Navegantes del Mundo Antiguo], (Stele, III: Adventures Unilimited Press, 1998) explora los vestigios de los atlantes en Costa Rica y en las Américas. De hecho su teoría, así como las de otros lugares para la Atlántida, se ha resuelto cuando la civilización marítima global se reconoció como una cultura global de antes de hace 11,500 años.

por la sabana sur-central del Brasil hace 11,500 años y tenía rasgos más negroides que mongólicos. De acuerdo con Neves, "Luzia perteneció a un grupo nómada que empezó a llegar al Nuevo Mundo tan temprano como hace 15,000 años."[28] Los descubrimientos en Brasil son la base de un documental de 1999 de la BBC llamado *Ancient Voices* (Voces Antiguas). Éste postula que los primeros colonos en el Nuevo Mundo fueron de Australia, porque se piensa que los esqueletos de Brasil que tienen 12,000 años de antigüedad concuerdan con los de los australianos que vivieron *hace cerca de 60,000 años.* Artefactos del noreste del Brasil indican habitación humana hace tanto como 50,000 años. Neves también ha medido cientos de esqueletos que tienen entre 7,000 y 9,000 años y estos van exclusivamente desde el australiano hasta el mongoloide.[29] Sudamérica ya debe de haber estado poblada antes de hace 11,500 años y luego, después de la devastación, fue repoblada por gente que emigraba de América Central y del Norte. La elevación de los mares fue inundando la plataforma continental de Asia y los marinos del Lejano Oriente viajaron al este hacia América del Sur, al oeste a la India y hasta a la Fértil Medialuna. Debido a que la Antártida está tan cerca de Australia, el sur de Chile y el este de Asia, el sitio Monte Verde puede ser parte de las masivas migraciones de hace miles de años.[30] La teoría de que la Atlántida una vez estuvo localizada en la Antártida Menor, ayuda a explicar la gran edad de la cultura aborigen de Australia y la probabilidad de una situación similar en Brasil.

Sin las extensas investigaciones arqueológicas sobre la Antártida Menor, es imposible probar que era donde se localizaba la isla Poseidón. Hapgood reporta que los centros del Mar Ross en la Antártida muestran que era hielo suelto hace de 15,000 a 6,000 años.[31] No obstante, el informe de Platón sobre la isla que se hundió, debe ser de lugares secundarios que se sumergieron hace 11,500 años. La temprana caída de la Atlántida ocurrió en dos fases principales: (1) migraciones fuera de la Antártida de hace 14,000 a 12,500 años, y (2) el hundimiento de los sitios secundarios hace 11,500 años durante el Cataclismo. Las culturas alrededor del mundo habrían estado extremadamente desafiadas por la dispersión de los atlantes hacia las islas más cálidas del Atlántico, antes del gran cambio de la corteza terrestre. Existe mucha evidencia de que culturas secundarias que pudieran haber sido colonias de la Atlántida se hundieron, motivo por el que se piensa que los otros sitios, como la región del Caribe, son partes hundidas de la Atlántida. Una cosa es muy probable: en regiones como el Caribe, Sundaland en el Lejano Oriente, el Mediterráneo, Egipto (enterrado debido al desplazamiento del Nilo), y el Lago Tritonis en África, los navegantes estuvieron muy activos en los últimos días antes del Cataclismo y durante el Holoceno Temprano. (Ver los anexos B y C para más detalles sobre estos cambios globales).

La tercera fase es el Holoceno Temprano, cuando los atlantes proporcionaron ayuda en medio del levantamiento de los mares y los continuos y grandes ajustes de la corteza terrestre. Algunas regiones experimentaron más cataclismos, que se volvieron confusos en los mitos con el desastre del 9500 a.C. Por ejemplo, las regiones del Lejano Oriente, Norteamérica y el Mar Negro experimentaron un levantamiento o represión de la corteza, inundación de las plataformas continentales y problemas similares en lagos. Observar la desaparición de la Atlántida en medio de otras culturas marítimas globales ofrece un mejor escenario. Por ejemplo, la guerra de Platón sugiere que los atlantes presionaron a otras culturas supervivientes: ellos atacaron a los atenienses porque deseaban ocupar el Mediterráneo. Viéndolo desde el punto de vista de los egipcios y atenienses, *de repente los atlantes sólo se mostraron listos para la guerra*, exactamente como dijo Platón. Si usamos nuestra experiencia moderna, esto tiene mucho sentido: las guerras suceden cuando las culturas están presionadas por cambios climáticos, actividad sísmica y migraciones. La guerra de Platón ocurrió justo *antes* del cambio de la corteza terrestre, lo que es probable que terminara el conflicto. Resumiendo, esta campaña es una triste historia de la búsqueda de los atlantes por nuevo territorio y con el tiempo, la pérdida de la batalla. Yo creo que esta conflagración y su prolongada mitología es el génesis de tales asuntos globales, igual que la guerra moderna, las tendencias económicas excesivas y de control político, la gente deambulando y la obsesión por la escasez. La ruptura de la civilización marítima global puede ser el por qué el Nuevo Orden Mundial está surgiendo en estos días, como un regreso subconsciente a un antiguo arquetipo. Con los persistentes rumores por parte de la Elite Global de bases secretas de poder en la Antártida, ¿es posible que el original Nuevo Orden Mundial ya haya encontrado la isla Poseidón?

En realidad la Cronología Revisada de Allan y Delair resuelve la emergencia histórica de las culturas humanas después del Cataclismo; una vez que el mundo prediluviano terminó, existe un literal punto del antes y después. Esto explica las últimas excavaciones arqueológicas en Brasil y puede ayudar en la nueva valoración de los vestigios culturales, como la hipótesis de Oppenheimer sobre Sundaland. Al usar el 9500 a.C. como un punto central, empezamos a dar sentido a los patrones de dispersión, nueva colonización y reconstrucción de las culturas. Una avanzada civilización global acabó abruptamente hace 11,500 años y luego la gente empezó otra vez en el Holoceno temprano, en medio de un campo de caóticos cambios de la tierra, que no se tranquilizó hasta hace 6,000 años. La deficiente secuencia desordena nuestros cerebros porque el *tiempo relaciona los eventos*. Usando la cronología de Allan y Delair, el Pleistoceno, como una división catastrófica entre la época del Holoceno y las del Plioceno y el Mioceno, explica el motivo por el cual parece que los antiguos humanos tuvieron culturas de piedra —pocos más sobrevivieron la destrucción. Juzgando por las líneas de tiempo brasileña, australiana y asiática, la civilización marítima global puede haber logrado *50,000 años* de evolución humana cuando ocurrió el Cataclismo, lo que verifican los registros del templo egipcio. El evento de la supernova Vela que causó el Cataclismo, fue un extraño evento en la historia de la tierra, cuyos cambios normalmente no son tan horrendos.

Las Diosas Neith y Atenea

Regresando a la descripción de Platón de la Atlántida, el reinado masculino, el control y el sacrificio de toros fueron la base de las políticas, sociedad y rituales, y estos elementos todavía existen hoy en día. Platón dijo que los atenientes originales fueron gente sabia y juiciosa, que eran grandes navegantes y veneraban a la Diosa. Los egipcios del tiempo de Platón decían que compartían sus antiguos registros con los griegos porque ambos veneraban a la misma diosa de la sabiduría —Neith en Egipto y Atenea en Atenas.[32] De acuerdo a la descripción de la Atlántida, al principio de este capítulo, los atlantes fueron los descendientes del dios del mar, Poseidón y Cleito, la mujer nacida de la Tierra, quien le dio cinco pares de gemelos. Como la abeja reina, a Cleito le mantenía en el centro del complejo de la Atlántida y todo el poder se emitió desde ahí. Cleito fue capturada y violada por Poseidón, por lo que los atlantes discutieron la falta de diosa de la sabiduría.[33] Los panteones egipcios y griegos tienen

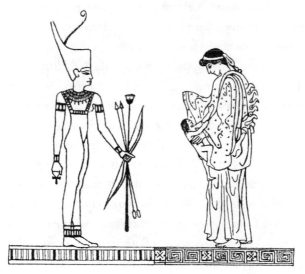

Fig. 4.6. Neith y Atenea

equilibradas proporciones de deidades femeninas y masculinas. El arqueólogo Marija Gimbutas señala que mientras las culturas antiguas adoraron a la diosa, vivieron en paz por miles de años.[34] Los egipcios decían que compartían su conocimiento con los griegos en el 600 a.C. porque estos últimos perdieron sus registros durante las recurrentes catástrofes; ellos los necesitaban para que pudieran recuperar sus recuerdos.[35] En el *Dawn of Astronomy* (El Amanecer de la Astronomía), J. Norman Lockyer identifica a Neith o Nit, y a Atenea como diosas de las Pléyades y en ambas culturas, se les dedicaron importantes templos, como el Partenón en Grecia.[36] Estas diosas se igualaron en sabiduría y buena memoria, y después veremos que son muy antiguos y retroceden en el tiempo hasta antes de la inclinación axial. En Norteamérica, Siberia y Australia, los nativos conocían a las Pléyades como las Siete Hermanas y esta herencia común significa que ellas fueron descritas hace más de 40,000 años.[37] De acuerdo con los indígenas, nosotros debemos recordar nuestros registros, razón por la cual se debe de venerar a la diosa: *ella es la protectora de la sabiduría y la memoria.*

Por contraste, la cultura de la Atlántida veneraba a Poseidón, quien usó a una mujer nacida de la Tierra como una máquina de descendientes, para tener los cinco pares de reyes gemelos. Entonces los hijos reclamaron el derecho de tomar lo que ellos querían y eliminaron a todos los que se interponían en su camino: ellos empezaron la guerra con sus vecinos. Los griegos y egipcios ganaron esa batalla. Después del Cataclismo, los griegos, egipcios y atlantes volvieron a crear sus civilizaciones durante la Era de Cáncer —del 8800 al 6640 a.C.— de lo cual tengo la teoría que fue *la primera edad precesional completa*, el tiempo de la diosa, porque Cáncer está regido por la Luna. Entonces el tiempo lunar es una fuente clave para la sabiduría. Los griegos y egipcios valuaron altamente las artes de la diosa —sabiduría, cosmología, curación y adivinación— a las que, como se verá en el Capítulo 7, el Cristianismo llama las artes *olvidadas*.[38] Los atlantes inventaron el comercio, la cartografía, los pesos y medidas, la autocracia, el ritual de lazos de poder y el nacimiento de hijos varones para colonizar el planeta. Ambos acercamientos son esenciales formas culturales y cuando el planeta está equilibrado, los dioses y diosas influyen en la humanidad. Debemos aprender a vivir otra vez por las mágicas e iniciáticas artes de la Diosa, o el Nuevo Orden Mundial controlará totalmente al mundo. Cada uno de nosotros que nacimos en la Tierra, tiene la habilidad de usar estos poderes al trabajar con la Naturaleza. ¿Cómo? Existe una antigua ciencia llamada geomancia —adivinación Terrenal— que se está recuperando ahora que la energía cósmica está floreciendo en nuestro sistema solar. En el siguiente capítulo, exploraremos formas de trabajar con estos poderes, para alcanzar de nuevo la armonía con la Tierra.

5

La Geomancia y la Memoria Primordial

En todas sus manifestaciones, la Diosa fue un símbolo de la unidad
de toda la vida en la Naturaleza. Su poder estaba en el agua y la
piedra, en el sepulcro y la cueva, en los animales y los pájaros, en las
serpientes y los peces, montañas, árboles y flores. Por ello, la holística
y las percepciones mito-poéticas de las sacerdotisas y el misterio de
todo lo que hay está en la Tierra.

—Marija Gimbutas[1]

La Geomancia y Los Sitios Sagrados

La geomancia es el estudio de la energía de la Tierra y de cómo los humanos han interactuado con sus sutiles pero mensurables fuerzas; es una ciencia de viva armonía con la Tierra. En sitios megalíticos, por todo el mundo se pueden encontrar vestigios de esta ciencia, porque hace tiempo, los arcaicos usaron la geomancia para detectar la energía de la Tierra y para localizar lugares sagrados donde el contacto con el divino está especialmente disponible. El investigador inglés de lugares sagrados, John Michell dice que no podemos penetrar al mundo megalítico hasta que veamos que sus monumentos de piedra son "los instrumentos de su ciencia".[2] Las piedras megalíticas erguidas, antiguos manantiales y templos de agua, montículos, dólmenes, senderos rectos y gigantescas formas geométricas son caudal de antiguos mapas hacia otros tiempos o dimensiones. Cuando adoptamos una de las Posturas Sagradas, nuestro cuerpo se mueve hacia una forma que puede tener acceso a ciertas figuras energéticas. Los sitios y templos sagrados crean un contorno que da entrada a específicas energías a ese lugar. Durante los últimos 200 años, por todo el mundo, la gente ha empezado a estudiar estas marcas y monumentos, que muestran patrones análogos. Fueron planeados y medidos por sistemas similares y a menudo, las leyendas locales cuentan que fueron gigantes los que los construyeron.[3] La geomancia ha establecido que las estructuras megalíticas y ciclópeas, muy seguido marcan *vórtices* o lugares donde las

poderosas fuerzas telúricas o internas de la Tierra circulan y responden a ciclos cósmicos, pero en realidad nadie sabe por qué hicieron esto.

En los tiempos modernos, con frecuencia los geománticos utilizan *detectores,* como
herramienta para localizar donde hay energías en los lugares sagrados, porque descu-
bren fuerzas electromagnéticas que conducen a los vórtices.[4] Sosteniendo dos varas
de metal que responden a la conexión entre la energía de sus cuerpos y el agua o los
minerales dentro de la tierra, los detectores siguen las fuerzas electromagnéticas al
tomar la dirección hacia donde apuntan las varas. En los lugares sagrados, las corrientes de agua y de minerales siempre son fuertes fuerzas y utilizar las varas detectoras es
uno de los métodos más populares para descubrir una inusual energía terrestre. Ya
existen muchos libros que detallan la *construcción* de lugares sagrados. Me concentraré
en las *fuerzas* disponibles en estos sitios, porque a menudo la geomancia añade iluminación a los datos astronómicos, arqueológicos y mitológicos de tales lugares. Cuando
estudio estas características en un sitio sagrado, por lo general consigo discernimien-
tos más profundos si ya he estado ahí y si primero me he sincronizado con la geomancia.
A menudo los lugares tienen inusuales fuerzas telúricas, así como alineamientos con
las estrellas y estaciones; además la arquitectura sagrada se usaban para realzar estas
fuerzas. Algunos investigadores hasta han descubierto vínculos entre los sitios y los
mitos que se originaron por la gente que habitó la tierra donde se localizan. Por
alguna misteriosa razón, para nuestros antecesores fue muy importante tener acceso a
las fuerzas telúricas y estelares, y a menudo los puntos sagrados fueron tecnológica-
mente avanzados en este sentido. Ellos creaban cosas que nosotros apenas podemos
imaginar que se construyeran hoy, y en este momento nos encontramos en las primeras etapas para comprender lo que en realidad nuestros antepasados estaban haciendo
en estos lugares.[5] Igual que los datos de convergencia en las ciencias de la tierra, la
investigación de los sitios sagrados también ha madurado. Los geománticos han descubierto una red global de sitios sagrados, y ahora muchos escritores están buscando
lo que la gente podría exactamente haber estado haciendo ahí. También, los lugares
sagrados pueden muy seguido usarse para seguir la huella de los vagabundeos de grupos culturales, debido a que cada cultura tiene leyes específicas que sobreponen en sus
nuevos templos.

La mayoría de los arqueólogos e historiadores no están abiertos a la idea de que
estos lugares fueron construidos por avanzadas habilidades científicas. Sin embargo,
los hallazgos de los arqueoastrónomos están haciendo difícil el negar que la gente
antigua estuviera involucrada en un monumental trabajo global de arte. Yo creo que
con el tiempo esta oposición se resolverá, cuando la gente vea que la ciencia megalítica

Fig. 5.1. Círculo de Piedra de Callanish en la Isla de Lewis, Escocia.

fue avanzada, pero *radicalmente* diferente a la ciencia moderna, y la gigantesca tecnología anterior al cataclismo difería por completo de la megalítica. A menudo cuando la ciencia moderna "descubre" una nueva tecnología, repentinamente se puede ver que los antiguos ya la habían estado usando. Por ejemplo, es posible que la tecnología acústica se haya utilizado para levitar enormes piedras, como se discutirá más tarde. Mientras tanto, el público siente mucha curiosidad sobre los sitios sagrados y las inusuales energías de la Tierra; los medios populares de comunicación están explotando este interés, al ofrecer programas sobre los *misterios antiguos*. Millones de personas han oído que los arcaicos sitios sagrados están astronómicamente alineados y localizados en lugares conocidos, para acceder a potentes fuerzas terrestres. La gente que visita estos lugares encuentra que con facilidad pueden sentir la diferencia energética entre lo sagrado y lo profano como la *sobrenaturalidad*, ese mágico momento cuando estamos llenos de luz. Frecuentemente, al visitar estos lugares también se activan muy profundas y oscuras emociones, y a mucha gente le molestan estas fuerzas cuando tienen conflictos emocionales sin resolver, como la catastrofobia. Las fuerzas de la oscuridad y la luz se cruzan en lugares donde la energía geomántica es fuerte y la mayoría de la gente reporta un amplio rango de respuestas emocionales a esto.

De acuerdo a la geomancia, las líneas de energía —*leys*— corren por todos lados bajo la superficie de la Tierra, y los lugares sagrados se construyeron y reconstruyeron en el lugar de su intersección. Estos cruzamientos crean canales y conductos de energía que atraen el agua, motivo por el cual los detectores la pueden localizar. John Michell escribe que los geománticos están de acuerdo en que "todos los lugares megalíticos, cada piedra, montículo y trabajos de tierra se localizan sobre o al lado de un manantial enterrado, un pozo o una bifurcación de una corriente subterránea".[6] Construidos sobre estas corrientes de energía, los sitios fueron diseñados para realzarlas, generando fuertes campos electromagnéticos que podemos sentir, en especial porque nosotros mismos somos, en su mayoría agua. Los lugares sagrados se localizan por todo el mundo como una red global modelo de campos electromagnéticos.[7] Durante los equinoccios, los solsticios y en la luna llena y nueva (en especial durante los eclipses) la energía electromagnética fluye con más fuerza dentro de esta misteriosa red, y pruebas científicas han detectado campos electromagnéticos realzados durante esos periodos. Pero con frecuencia, hay poca energía en los días normales.[8]

Este mapeo del *sistema circulatorio de la Tierra* existe por todo el planeta, y la gente arcaica se esforzó mucho en construirlo. Ya sea que los arqueólogos o los científicos escojan probar o ignorar este sistema, los geománticos, los arqueoastrónomos y los nuevos investigadores arquetipo lo están estudiando. Y hasta puede ser peligroso ignorar sus implicaciones. Los indígenas siempre han creído que los campos electromagnéticos realzados son la base de una potente fuerza de vida, que seguramente era la misma para las personas, hace miles de años. Como aquellos que en la actualidad van al sauna, la gente acudía a los templos sagrados durante importantes momentos del año, para mejorar su salud y bienestar. La actual alternativa o la medicina complementaria se basan en intensificar los campos bioeléctricos de nuestros cuerpos, lo que refleja muy de cerca las antiguas creencias; los humanos necesitan experimentar vórtices y leys. Este especial fluido de energía atrajo a la gente a los lugares sagrados, para hacer rituales y festividades durante momentos especiales, y esto creó la comunidad.[9] *Vivir en armonía con la Tierra era su religión; la vida vital, su oración.* Utilizo la palabra *oración* porque nunca olvidaré el momento cuando caminaba entre las gigantescas piedras megalíticas levantadas dentro del Círculo Avebury murmurando "¿Por qué las construyeron?" Mi esposo contestó, "Es su catedral". Abrí este capítulo con una cita sobre la Diosa, porque siempre he sentido que este Círculo y el Silbury Hill son templos dedicados a la Diosa de la Tierra. Michael Dames dice esto en *The Silbury Treasure: The Great Goddess Rediscovered* (El Tesoro de Silbury: El Redescubrimiento de la Gran Diosa).[10] Los conceptos más recientes sobre Avebury llegaron del nuevo escritor arquetipo Ralph Ellis, quien con mucho éxito argumenta que *¡este Círculo, visto por encima, es una representación de la Tierra flotando en el espacio!*[11]

Sitios Sagrados, el Éter y las Discontinuidades del Tiempo

Culturas sucesivas construyeron sus sitios sagrados sobre antiguos vestigios; de este modo, como los mitos, los lugares sagrados son capas de Tiempo. Por ejemplo, cuando la Iglesia Católica Romana dominó Europa durante la Edad de la Oscuridad, después de la caída de Roma, colocaban sus iglesias justo encima de los poderosos lugares megalíticos, muchos de los cuales estaban sobre sitios Paleolíticos.˙ En relación con las intenciones de estos antiguos constructores de iglesias, John Michell dice, "Los primeros misioneros fundaron sus iglesias en aquellos lugares donde las fuerzas celestiales expresaban su más fuerte y benéfica influencia, para de ese modo, proporcionar a la población local su conocimiento de estas fuerzas y su habilidad para mantener la fertilidad y prosperidad de la comarca por su invocación".[12] Una vez que la iglesia tomó el control de estos venerados sitios, gradualmente se les impidió a los pobladores crear sus propias ceremonias ahí, y con el tiempo se les denigró al llamarles paganos y brujas si las hacían. Una vez que empezó la Edad de la Ciencia, la Iglesia Católica Romana terminó con las ceremonias basadas en los ciclos naturales. La gente ya no podía sentir la energía rejuvenecedora, perdieron la conexión con los ancestros que veneraban en estos lugares y la Iglesia decretó la necesidad de un sacerdote como un intermediario. Cruelmente desalojados de sus lugares sagrados, los indígenas han sido poco a poco desconectados de la Tierra, mientras que grandes sistemas de control, como el Vaticano, usaban la energía disponible de estos sitios, como plantas de poder para sus propios programas. Como ya se describió, la cultura aymará en el altiplano de Perú y Bolivia, puede haber conservado el conocimiento prediluvial y su último linaje cayó durante los tiempos históricos. Después de que los conquistadores españoles terminaron con ellos, mandaron a los jesuitas con su manual de entrenamiento, *The Extirpation of Idolatry* (La Extirpación de la Idolatría). Al entrar en un pueblo, los jesuitas tomaban al linaje *waka*, lo destruían y aniquilaban, además desfiguraban el *pacarina*. *(El waka es el poseedor del conocimiento ancestral y el pacarina es su lugar de surgimiento).*[13] En el capítulo 7 se habla más ampliamente sobre este periodo en Perú. No importa lo que se haga, en estos lugares aún existe el poder de la energía de la Tierra; así y todo, se intensifica cuando la gente va ahí y medita.

Los científicos victorianos llamaron *éter* a esta especial energía Terrenal y John Michell dice que es "una manifestación de la relación entre el espacio y el tiempo".[14] Estamos evolucionando por un *nuevo factor de Tiempo desde el 9500 a.C.* y los lugares sagrados son zonas de refugio, igual como lo fueron en el pasado, en especial durante tiempos de rápido cambio. En general, los antiguos calendarios sagrados, como el Maya, están basados en ciclo planetario y estelares, los que a menudo son los mismos a los que los sitios sagrados están alineados. Los calendarios se estudiaron y guardaron dentro de estos lugares, igual que la Tora se estudia y se guarda en los templos.

˙ En una carta de fecha 601 d.C., el Papa Gregorio I instó a San Agustín a buscar templos paganos, purificarlos y convertirlos en iglesias católicas.

Los ciclos planetarios y estelares documentados en los calendarios indican *cuándo* estos sitios se "activan" o tienen más éter, como durante los equinoccios y los solsticios. Les he enseñado a los estudiantes cómo sincronizarse con el éter en lugares sagrados en Egipto, Grecia, Inglaterra, Indonesia, México y las Américas. Juntos, durante momentos seleccionados cuidadosamente, hemos sentido emerger el pasado, el presente y el futuro cuando el éter ha llegado durante ceremonias en estos sitios. Con frecuencia, estamos aprisionados por el espontáneo llamado de los eventos pasados y futuros, conforme nuestros ancestros vienen a nosotros. Una vez en Malia, Creta, la realidad alternada que interactúa con ella, de repente se superpuso en el sitio, y tuve la oportunidad de ver a los maestros originales enseñando a los niños en el templo. Es interesante, tocante este libro, que los ancianos usaran una forma de psicoanálisis para expulsar el miedo de los cambios de la tierra, de las mentes de los niños muy pequeños. Los primeros constructores de estos sitios los edificaron para que los visitantes siempre experimentaran estas conexiones durante los ciclos activos.* Una vez que una persona llega ahí en un peregrinaje, se convierte en una parte viviente del templo para el resto de su vida. *Los sitios sagrados son bibliotecas del Tiempo y lugares de grandes avances dimensionales.*

Existimos en un espacio y tiempo lineal, parece como si no hubiera otra cosa, hasta que nos encontramos en una experiencia de realidad simultánea. Esto es el *eje vertical* de consciencia, donde existen muchas dimensiones, algunas sólidas y otras no. Esto no es tan esotérico como suena. Por ejemplo, las matemáticas avanzadas están basadas en las pruebas de muchas otras dimensiones y zonas de tiempo. Las personas consiguen doctorados y premios por estas demostraciones, pero ¿cómo nos puede afectar la existencia de estas otras dimensiones?[15] Los chamanes viajan al mundo bajo y superior, al peregrinar de abajo a arriba por el árbol sagrado, que es un *eje vertical*. La antropología describe estos tipos de viajes de la gente indígena y de acuerdo a la investigación consciente, cualquier persona puede *experimentar* estas dimensiones si desarrolla las habilidades paranormales para *acceder* a estas otras realidades. De hecho cualquiera de nosotros se puede sensibilizar al éter donde existe la intersección con el espacio y tiempo. En mi caso, me divierto viajando por estos reinos y luego dedico mi tiempo de investigación a localizar fuentes creíbles para lo que ya he encontrado. Escribo sobre estas posibilidades porque la sociedad occidental está en peligro de perder el contacto con el eje vertical, el Árbol de la Vida, el acceso a otros mundos — lo que hace aburrida la realidad ordinaria. Yo prefiero la vida indígena, porque en

---

* Experimenté esta visión en Malia, Creta en marzo de 1996 mientras enseñaba para "Power Places Tours".

nuestro mundo expandido, vivimos en un espacio y tiempo normal mientras estamos en contacto con otros reinos todo el tiempo. Juzgando por cómo los indígenas y sus sitios sagrados han sido tratados por los últimos 2,000 años, la aburrida mente occidental planeó acabar con esta oportunidad y luego Felicitas Goodman descubrió el ritual de las posturas. Los matemáticos y físicos discurren fórmulas y conducen experimentos para *probar* la existencia de otras dimensiones y frecuentemente, cuando hallan el eje vertical, se vuelven místicos. La mayoría de nosotros no podemos entender sus ecuaciones científicas, pero podemos encontrar este eje con facilidad, al ir a lugares sagrados y sólo sentirlo. El punto es que el sincronizarse con la "multidimensionalidad" es divertido, muy informativo y necesario para la vida,. ¿Por qué *no* sólo asumir que estos mundos no físicos y no lineales son reales y luego contactarlos?

Los Sitios Sagrados como Zonas Energéticas de Seguridad

Muchas personas regresan a los grandes sitios sagrados en los equinoccios y solsticios, y conforme nos acercamos al Solsticio Galáctico de Invierno del 2012, la energía se está cimentando en dichos lugares. Los antiguos crearon estos sitios con formas de arte de liberación de Tiempo que se avivan por la interacción humana durante momentos especiales. Los sitios sagrados y las áreas cercanas a ellos son *zonas de seguridad energética* durante la mayoría de las intensas fases de las alineaciones galácticas. Los arqueólogos han reconstruido muchas zonas sagradas derrumbadas en los últimos cien años, y mucha gente que las visita tienen la experiencia de espíritus, discontinuidades del tiempo, visiones, recuerdos espontáneos de vidas pasadas y sentimientos de conexión con los primeros constructores. ¿Qué está pasando? Personalmente, lo que yo puedo reportar es que entre más las personas visiten estos lugares, los misterios se profundizan más en ellas, a no ser que viajen como simples turistas. Los cuestionamientos de sitios sagrados están creando una nueva mitología global, porque en estos lugares *otro mundo abre lo que está cubierto, justo a la mitad de la mundana existencia*. Desde el punto de vista indígena, la Tierra es el planeta divino porque demasiadas realidades se unen en ella, y se mueven a través de la Galaxia de la Vía Láctea, para conectarse con las estrellas. Sin los sitios sagrados que concentren estas sutiles fuerzas, estaríamos atorados en un espacio y tiempo lineal, como mariposas prendidas con alfileres en estuches de vidrio, mientras que la Galaxia brilla con las luces de miles de millones de estrellas. Los que primero construyeron los templos sabían o sentían cómo trabajaba la energía de la Tierra, de acuerdo a leyes específicas.

Más tarde, basados en lo que los ancianos ya habían descubierto, los constructores de iglesias —masones— edificaron campanarios, naves, techos altos, símbolos, ventanas y altares para realzar estas fuerzas. Como los modernos arqueólogos, ellos participaban en mantener el sistema geomántico, pero el propósito de sus directores era controlar el mundo, al atraer a las iglesias a gentes hambrientas de energía. Cuando yo era muy pequeña, acostumbraba entrar a hurtadillas en la catedral católica que estaba junto a mi casa, porque había mucha energía en el santuario. Ya como adulta, descubrí que fue construida justo encima de un gran sitio sagrado nativo norteamericano, lo que me volvió extremadamente sensible a la energía de la Tierra.

Según la geomancia, los vórtices forman una red global para campos electromagnéticos realzados, y frecuentemente los principales complejos de piedra marcan esta zonas. Las culturas prediluvianas dan realce a estos lugares, pero su trabajo ha sido destruido en su mayoría. Las piedras megalíticas erguidas, a menudo marcan los sitios sagrados de civilizaciones perdidas. Por ejemplo, los caminos romanos se construyeron sobre superficies de carreteras megalíticas que podrían haber cubierto caminos paleolíticos. John Michell dice, "los romanos no se sorprendieron particularmente al encontrar tantos tramos de caminos rectos en Gran Bretaña, porque se cruzaban con ellas en cada país que habían invadido".[16] ¿Qué sabían estos constructores originales? Lo más importante, ¿qué pasa si otra vez *necesitamos* realzar este sistema global para nuestra salud, bienestar y viabilidad planetaria? Como ya se ha discutido, las leyendas de varias culturas están conectadas con sus sitios sagrados. Muchos de los nuevos investigadores arquetipo están construyendo conexiones entre los sitios y la literatura afín, que universalmente habla de pasadas catástrofes y de las últimas reemergencias de la gente. Es aterrador visitar los lugares sagrados de culturas míticas, que fueron destruidas por "monstruos en el cielo" que trajeron inundaciones, huracanes, volcanes y terremotos. Los mitos similares del *Enuma Elish* (Sumeria), el *Popol Vuh* (Maya), *Mahabharata* (India) y la historia del Diluvio en el Génesis, son las leyendas de estos tiempos. Como resultado de la convergencia de datos catastróficos, ahora sabemos que estos grandes registros describen eventos reales, así como el momento en que ocurrieron. Esto hace intensamente *reales* a los grandes desastres. Por ejemplo, el *Mahabharata en efecto* describe la destrucción de Harappa y otros lugares en el altiplano de Saraswati en la India, hace cerca de 4,000 años.[17] *Esta emergiendo un nuevo mito global y, como siempre, lo sagrado será la inspiración.*

Todo lo que ha sucedido en la Tierra está a nuestra disposición. Todos nosotros podemos abrir nuestros recuerdos por grandes intervalos de tiempo, con sólo seguir nuestra emoción. Al ir tras la huella de sus mitos personales, usted entra en la búsqueda. Cuando volvemos a despertar la memoria arcaica, activamos partes del cerebro que están dormidas y nos fascinamos ante el desbordamiento de ideas que nos llegan directamente de nuestros ancestros. En este capítulo iremos directo a la biblioteca iniciática egipcia, porque muchas personas que han encontrado reinos sagrados al estudiar los misterios egipcios. Nuestro sentido del yo sale de nuestras concepciones de aquellos que caminaron antes que nosotros: piense en usted como un ser que evolucionó de los monos y corriendo alocadamente hacia el hombre-computadora; luego imagine a sus antecesores como miembros de una civilización global marítima, que usaba misteriosas tecnologías que estaban en resonancia con la Tierra y luego pregúntese ¿cuál concepto nos es más útil ahora que nos estamos globalizando y las más nuevas tecnologías están basadas en ondas de frecuencia? Hemos llegado a un momento verdaderamente increíble: los templos sagrados, se pueden visitar, los textos sagrados previamente escondidos, se pueden leer y estamos oyendo las historias verdaderas de nuestros ancestros.

Conforme los arqueólogos cavan y reconstruyen pueblos y templos que fueron descritos en la mitología hace miles de años, los eruditos están haciendo una nueva línea de tiempo. Debido a este esfuerzo colectivo, nos estamos redefiniendo como una especie. Quienes están bloqueados por el trauma sin resolver, del recuerdo catastrófico, encuentran engañoso al pasado; su curiosidad se entorpece. Sin embargo, los calendarios y signos en el cielo dicen que este es el momento para crear un futuro totalmente nuevo, basado en una correcta reevaluación del pasado. Los eventos de la época del Pleistoceno son distorsionados por los grandes bloqueos emocionales, por lo tanto, los científicos tienden a empujar la fecha del último horror tan atrás en el tiempo como sea posible. La popular teoría del cataclismo se enfoca en la extinción de los dinosaurios hace 65 millones de años, porque la ciencia ha hecho hincapié en la historia del asteroide que chocó en el Golfo de México. La película *Parque Jurásico* asustó muchísimo a los niños, y fue comercializada hacia ellos por McDonald's. El astrónomo Tom Van Flandern basó su "teoría de la explosión del planeta" en los orígenes de los cometas, hace 3.2 millones de años.[18] Sin embargo, estos dos eventos están muy lejanos para ser el Cataclismo que está registrado en la mitología global.

La Teoría de la Inclinación Axial

El cambio más significativo en las culturas humanas, en el comienzo del Holoceno, fue la adopción de la agricultura, que creo que fue introducida a la fuerza en las culturas, por las nuevas estaciones y la destrucción del paisaje. Antes del Cataclismo, la gente era mucho más libre como cazadores y forrajeadores. Repentinamente todos

Fig. 5.2. La Juncia y la Abeja, adaptada de la Tumba 261, Tebas.

tuvieron que trabajar todo el tiempo y es poco probable que hubieran escogido esto sin necesitarlo.[19] Para estos primeros granjeros las semillas eran sagradas y siempre las llevarían consigo. Considere el más antiguo cartucho faraónico, la Juncia y la Abeja, que nunca ha sido descifrado; para mí representa la semilla y la polinización, como la base del poder faraónico. El Egipto de este periodo, por la inundación anual del Nilo, es un modelo de un sistema teocrático creado alrededor de la agricultura. El Cataclismo del 9500 a.C. explica muchos de los elementos verdaderamente extravagantes, en las descabelladas historias de la creación en la mitología, que son consistentes por todo el mundo. La obras teatrales de mitología y el misterio egipcio, tienen muchos signos de una reciente inclinación axial y discontinuidad relacionada en el cielo. Por ejemplo, la historia de la desmembración de Osiris a manos de su hermano, Seth; la búsqueda de las partes de su cuerpo por Isis y la batalla entre Horus y Seth, en la cual el primero pierde su ojo y el segundo los testículos, todo leído como una anatomía del Cataclismo.

En los registros egipcios existe mucha evidencia de los cambios de la tierra, porque los mitos son muy astronómicos. Estas investigaciones han sobrevivido por el favorable clima y una poderosa y longeva tradición de templo, y el intuitivo acceso a ellos siempre ha sido notablemente poderoso. Por todo el Nilo hay culturas humanas de múltiples capas, a lo largo de los últimos 15,000 años, y el Primer Tiempo representa un periodo *anterior* al Cataclismo. El Egipto dinástico basaba *totalmente* su tecnología de los templos en el mítico Primer Tiempo y preservaron ese registro en piedra. Las antiguas enseñanzas anteriores al Cataclismo son la unificadora fuente inicial del reglamento faraónico; por lo tanto, *los registros Dinásticos nos mueven en retroceso justo a antes del desastre*. El poder Dinástico, el reinado divino, fue derivado de los ancianos o de los profetas, el Shemsu Hor, pero también hubo cambios significativos, porque *el universo en sí había cambiado*. Los egipcios dinásticos eran inflexibles en que el Zep Tepi era eterno, intemporal y harmonioso, ¡pero los sistemas que adoptaron están obsesionados con la dualidad, tiempo y estaciones! La concepción misma de los dos reinos, el Egipto Alto y Bajo, es profundamente dualística. En realidad algo ha cambiado y yo creo que fue la división de la Tierra (Geb) y el cielo (Nut) que causó la inclinación axial. Esto es, la inclinación separó a la mujer del hombre, porque la Tierra descubrió una nueva relación con el Sol.

El egiptólogo Jeremy Naydler dice, "Egipto es una imagen del cielo, o por así decirlo más exactamente, es donde las operaciones de los poderes que rigen y están activos en el cielo han sido transferidos a un lugar más bajo. Aún más que eso, si se dijera toda la verdad, nuestra tierra es el templo del cosmos entero".[20] Las ceremonias dinásticas fundacionales se dedicaban a reconciliar la inclinación axial, para que la tierra cerca del Nilo reflejara todo el cosmos. En realidad encontraron una nueva forma para traer el cielo a la Tierra. Naturalmente, las ceremonias y los textos sagrados siempre están dedicados a reconciliar lo sagrado con lo profano y a conectar la Tierra con el cielo. Sin embargo, el Cataclismo causó una escisión; introdujo un nivel de desorden más radical, que amenazó con cerrar el acceso a lo divino. Esta es una crisis actual y la sagrada ciencia egipcia ofrece un profundo significado a la vida moderna. La añoranza del Paraíso Terrenal *todavía* persiste hoy en día, pero ese orden eterno ya no existe. Como he mostrado, la geología de la Tierra, así como su clima, fueron radicalmente alterados. Los egipcios dinásticos *tomaron medidas para reestablecer el orden divino en el mundo*, mantuvieron este Maat por miles de años y registraron exactamente cómo lo habían hecho. De ahora en adelante, usaremos el término *Maat* para su mundo, en el cual el orden terrestre se creaba continuamente por manifestación divina. Lo sagrado se reconoció y observó en la realidad ordinaria, al participar en multidimensionales obras teatrales de misterio, como al marcar las direcciones cardinales el alterado cielo estaba constantemente anclado en lo mundano.

En estos tiempos modernos nos es muy difícil entrar en la mente egipcia, porque vivimos en un completo desorden sin cosmología. La Teoría de la Inclinación Axial arroja luz sobre cómo los egipcios mantuvieron el Maat por medio del reino divino y siempre incluyeron los elementos caóticos, para mantener el equilibrio de las cosas. Adoptaron a la diosa del caos nacida en el cataclismo —Sekhmet— y al dios del caos —Seth— como representativos de los principios del orden cósmico. Al hacer esto, ayudaron a su gente a vivir en armonía con la Tierra, porque los desastres son parte de la experiencia humana. Creían que esa personal transmutación alquímica provocaba que el cielo viviera en la tierra y precipitaban lo divino en la vida diaria sobre el Nilo, por medio de ceremonias anuales. Los registros egipcios describen con exactitud cómo lo hicieron año con año. Sabiendo que el Cataclismo causó la falta de armonía inicial, trabajaban con estos dioses o neters, para volver a tejer las dimensiones. Sus registros son las más completas y exactas fuentes antiguas, sobre cómo las estaciones alteraron la vida de todas las sociedades humanas hace 11,500 años. El Faraón o Rey es simplemente el modelo del principio cósmico; de hecho, todos los egipcios eran estimulados para aspirar a la misma transmutación personal y si muchos individuos lograban la consciencia espiritual, todo el campo de Egipto se transfiguraba. El Faraón es el arquetipo, simplemente porque las sociedades se deterioran cuando son regidas por líderes inmorales y corruptos.

Permítame especular un poco, lo que es difícil de evitar en tan amplia y nueva valoración del pasado. Sólo un grupo de trabajo de astrofísicos podría *probar* la Teoría de la Inclinación Axial. En lo que se refiere a la base de datos, en la que me sumergiré a continuación, la actual egiptología es un compendio de conjeturas de los eruditos, que son los primeros en admitir que no pueden entender de qué hablaban los antiguos egipcios. Han tenido que construir una edificación de muchas conclusiones iniciales erróneas, de arqueólogos de hace más de 100 años, quienes a menudo eran un poco mejores que los piratas, instruidos sólo para llenar museos con sus saqueos. Tan pronto como se descifraron los jeroglíficos y los egiptólogos pudieron leer los libros antiguos y las inscripciones de las paredes de las tumbas y templos, sus prejuicios monoteístas casi les impidieron entender correctamente lo que leían. Además interpretaron los sitios por medio de una falsa línea de tiempo. Estos inconvenientes se están corrigiendo finalmente y recién se han traducido suficientes libros con más exactitud, para tener la posibilidad de empezar a entrar en la antigua mente egipcia. Los primeros egipcios dinásticos insistían en que su cultura estaba derivada, en su totalidad, de un Primer Tiempo mucho más antiguo y no hay ninguna razón por la cual no creerles. Ellos conservaron sus registros por medio de obras teatrales de rituales y de misterio, y nosotros las usaremos para explorar las ceremonias claves porque contamos con muy detallados relieves y documentos que explican estas ceremonias.

Las Obras teatrales de Misterio en los Templos

En los dramas en los templos, los actores representaban en muchas dimensiones sus relaciones con el cosmos. El Faraón siempre está ahí en el centro uniendo el cielo con la Tierra, en correspondencia con la *cosmogénesis dinástica*: la Unificación del Egipto Alto y Bano por el reinado divino del Faraón o el Rey Horus. Uno u otro era el mediador entre el mundo de las personas y los dioses que vivían en el Tiempo, en los templos. El Zep Tepi estaba vivo en los santuarios y los eventos que sucedían en la Tierra también ocurrían en el mundo espiritual. Esto es igual a lo que John Michell argumenta de que el del éter que es una manifestación de espacio y tiempo: esto es, esta precipitación del Tiempo en el templo es totalmente multidimensional.[21] Los sacerdotes y sacerdotisas cuidaban los hogares de los dioses, pero el Rey y la familia real eran los mediadores. La gente común nunca vio los interiores de los templos, donde las obras teatrales de misterio se interpretaban en un arte sagrado y por eso es increíble que nosotros podamos ver lo que sucedía. Todos los egipcios creían que lo que acontecía en el templo creaba su mundo en el Nilo y en ocasiones observaban algunas de las ceremonias. Por ejemplo, en ciertos momentos del año, los dioses saldrían de los templos y serían llevados en procesiones. *Para los antiguos egipcios, el mundo físico emergía fuera del paisaje espiritual y el panorama divino se pintaba continuamente durante las ceremonias del templo y los festivales públicos.* Si durante los ritos *no se* pintaban estas escenas, ¿cómo sabrían los dioses cómo los humanos escogían vivir? En otras palabras, quienes servían en el templo, hablaban con los dioses para expresar sus intenciones de una buena vida. Aunque la gente nunca entraba a los santuarios interiores de los templos, pasaban la vida diaria sabiendo que el dios vivía en el *naos*, o corazón central del templo.

Todos los días, los sacerdotes hacían ofrendas a los dioses cuyos dramas y vidas diarias eran representadas en las paredes, que mostraban a los dioses siendo bendecidos por el Faraón. Estas escenas eran eternas y activas en otras dimensiones donde, en efecto los dioses vivían. Si el Rey bendecía a un dios o a un neter —la divina forma de energía— éste tenía que hacer un trabajo para el Rey, como asegurarse que la gente se alimentara de la bendición del Sol y llamar a la lluvia. En la nueva realeza dinástica, el Sol estaba haciendo un nuevo viaje en el horizonte, que era absolutamente fascinante y aterrador. ¿Qué pasaría si un día el Sol no se detuviera en el Trópico de Cáncer o de Capricornio y seguía hacia el norte o al sur? Para manejar ese problema, localizaron uno de los templos más antiguos, el de Khnum, en Aswan. Ahí el Nilo surge del corazón del África a través de la Primera Catarata justo sobre el Trópico de Cáncer, donde el Sol se detenía y volteaba en el solsticio de verano, y la medida de la Inundación empezó.[22] El Sol necesitaba de barcas solares llamadas barcos-del-cielo para que lo llevaran y algunas veces los humanos tenían que persuadir al Sol para que continuara su viaje, por medio de sacrificios y acuerdos.[23] La gente requería convertirse en el Sol para conocerlo y así proliferarían las plantas.

Los templos se construían de piedra y los relieves se grababan en paredes de granito para hacerlos eternos, igual que los mundos no físicos y los dioses. También, la piedra resuena con el sonido y la vibración, y a menudo se escogía la que tenía un alto contenido de cuarzo. Mientras, toda la gente, incluyendo a la familia real, vivían en casas de ladrillos de barro, porque originalmente los dioses las habían hecho del lodo del Nilo, igual que en el Génesis el hombre fue hecho de arcilla. Podemos ver por sus interpretaciones pictóricas que los egipcios estaban profundamente cimentados en la tierra en la mundana vida cerca del Nilo. Recuerde, mientras piensa en este delicado relieve, que ellos creían que la vida continuaría de esta forma, si ellos la describían artísticamente. Debido a que la gente vivía en la tierra de los dioses llamada Khemet, pintaban diminutas escenas de su vida diaria en piedra sobre las paredes y templos, aunque no dejaban algo para sus casas y villas. La vida cerca del Nilo continuaría mientras se siguiera dibujando en las paredes. Si alguna vez usted va a Egipto, sabrá que esto es verdad, a pesar de la presa Aswan, que detuvo el fluir de la inundación anual.

Los relieves teológicos son ilustrativos y altamente simbólicos y están titulados por fragmentos, en los mitos de los textos sagrados. Se usaron y volvieron a usar

Fig. 5.3. Vida Cotidiana en el Nilo, adaptada de la Tumba 261, Tebas.

escritos similares para diferentes escenas, y los textos invocan la energía de otras dimensiones, trayendo lo sagrado a esta dimensión. Ahora que se han traducido muchos de estos textos sagrados, todas las escenas vuelven a la vida; la mente intuitiva comprende los símbolos y las escenas mitológicas. Como una pintura siendo pintada, una vista del mundo en su totalidad se vuelve visible y posiblemente aún esto cambia el mundo moderno. Asumiendo que en realidad los dioses sí existieran en otra realidad, ¿qué pasa con una persona que va a Egipto ahora y contempla estas escenas sagradas? Yo he estado mirando estas paredes, meditando con ellas en los libros, desde que tenía cinco años de edad, y muchas veces he enseñado en los templos con mi gran maestro Abdel Hakim. Como un antiguo rostro que yace en el fondo de una corriente lodosa, que sale a la superficie cuando se aclara el sedimento, las nuevas traducciones que están surgiendo me están dando luz. Pero todavía la mayoría de mi entendimiento es intuitivo. ¿Quiénes fueron estas personas en el Nilo, que creyeron que el divino vivía en su mundo porque mantenían una relación viviente con él?

La Aparición del Montículo Primitivo y la Vaca Divina

Cuando el Nilo retrocedió al final del Neolítico subfluvial, un tiempo de abundante lluvia hace aproximadamente 6,000 años, y trazó un nuevo cauce, grandes lagos se secaron y se formaron nuevas líneas de la costa. Mucho antes de este periodo, el creador Atum salió del Montículo Primitivo y engendró a Shu (aire) y a Tefnut (agua), quienes procrearon a Geb y Nut. Geb yace sobre la tierra y se convierte en el dios la Tierra y Nut transforma su cuerpo en una cortina de estrellas sobre Geb y se convierte en el cielo. Cuando los montículos y las riberas emergen de nuevo, Geb y Nut engendraron a Osiris, Isis, Seth y Nepthtys. Antes del nacimiento de los cuatro hijos, quienes

Fig. 5.4. Geb y Nut, adaptado del Papiro de Tameniu.

simbolizan, entre muchas cosas, las cuatro direcciones, los antiguos padres divinos rigieron la Tierra durante el Primer Tiempo. Después del Cataclismo, Osiris y Seth llevaron a cabo una guerra en contra de su hermana Isis. A Osiris lo desmembró su hermano, su hijo Horus lo vengó al luchar con Seth, entonces Osiris se transfiguró en un dios verde de resurrección anual. Como se mencionó anteriormente, este mito refleja el Cataclismo, y debido a que Osiris se levantó otra vez, cuando las semillas germinan, la vida siempre regresa con el Sol.

Antes de que se construyera la presa Aswan, el Nilo formaba capa tras capa de sedimento cada año. Cuando las aguas retrocedían, la gente aparecía sobre el Montículo de la Creación y las pugnas de los dioses los ayudaron a entender sus propias vidas. En Egipto, la gente mayor todavía recuerda la crecida del Nilo antes de la presa. Algunas veces había grandes inundaciones que los obligaban a mover sus casas de barro y en momentos el Nilo cambiaba de lugar. Ellos saben que los registros de sus ancestros yacen en algún lugar, enterrados profundamente en el lodo o afuera en el rojo desierto, la casa del elemento fuego. Los ademanes faraónicos clave, ceremonias, festivales, obras teatrales de misterio y los textos sagrados vuelven a la vida en el Maat, la tierra donde el Montículo Primitivo sale de las aguas e Isis busca a Osiris para poder dar a luz a Horus. El Sol o Ra, como se veía desde el río que fluye de norte al sur, misteriosamente se movía de norte al sur en los horizontes del este y del oeste. Pero durante el Zep Tepi, el Sol sale y se pone en el mismo lugar sobre el horizonte todo el año, conforme las estrellas surgen y se meten cada noche en el mismo lugar. Una vez que la cultura egipcia empezó de nuevo, cerca del 4,000 a.C., una potente nueva cosmología tomó forma mientras Khemet volvía a entrar en el universo y enviaba ondas de intenciones a los cielos. Los templos sagrados se construyeron para que los dioses vivieran en ellos, pero se necesitaba un nuevo holograma porque la relación con los dioses había cambiado. Los cuatro hijos de Geb y Nut, como las cuatro direcciones cardinales, crearon un nuevo espacio sagrado.

Una vez que las aguas retrocedieron, casi todos los templos del Primer Tiempo fueron enterrados en lo profundo del lodo y de la arena. Los elementos arcaicos utilizados en las ceremonias dinásticas, indican que los profetas poseían los registros del Zep Tepi y que veneraron los pocos templos que milagrosamente sobrevivieron al Cataclismo, como el Osireion y el Valle del Templo de la Esfinge. Seti I alineó las naos para Ammon con las del Osireion, además diseñó su templo con los registros del Primer Tiempo, como se verá en *The Standard of Abydos* (El Estandarte de Abidos).[24] Igual que ahora veneramos los sitios antiguos, cuando construimos algo nuevo, Seti I descubrió y restauró el Osireion del Primer Tiempo. Los relieves y geometría del

Templo de Abidos muestran que era una recreación del Zep Tepi, que es uno de los lugares geománticos más poderosos de la Tierra. Este templo es fascinante, porque a Seti I le pusieron el nombre de Seth, que desmembró a Osiris. La vida en Khemet resolvió dualidades en el mundo pasado y el presente, y los egipcios dinásticos reanimaron a sus Mayores cuando fue el Momento. Los Profetas aparecen cuando se conservaban las casas de los dioses, porque ellos pueden comunicarse con los Mayores en los lugares sagrados. Como sembrar un campo con granos, todo lo que tenían que hacer era unir el cielo con la Tierra con sus mentes y corazones, y manifestar sus intenciones a los dioses, y lo sagrado se precipitaba en el mundo hace 6,000 años.

Sin duda, los egipcios dinásticos recordaban el Cataclismo, lo que es obvio por el desmembramiento de Osiris. Un mito menos conocido y muy antiguo, "El Libro de la Vaca del Cielo", está grabado en cinco templos del Nuevo Reinado.[25] Este mito era muy importante para ellos más o menos por el 1500 a C., cuando la erupción del Thera devastó el Mediterráneo y causó estragos en Egipto, en especial en el Delta. Esta historia se usaba como instrucción, para ayudar a la gente a entender por qué sucedían otros desastres, y explora si el comportamiento humano causa los cambios de la tierra. Antes del Nuevo Reinado, existen pocos signos de preocupación con la culpa humana, lo que sugiere una significativa falla del cerebro bicameral, que se puede ver en la historia misma. *Hace mucho tiempo cuando los dioses vivían en la Tierra... Ra,* el dios Sol llamó a los dioses para pedirles consejo. La raza humana estaba tramando en contra suya y escapando hacia el desierto. Los dioses le dijeron que la destruyera mandándole "el Ojo de Ra", como si él pudiera separar un aspecto de su ser para usarse como un arma. En lugar de eso, Ra envió el Ojo como Hathor, la vaca divina, para quitarle la vida a la gente en el desierto. Normalmente, Hathor es la diosa de la belleza que amamanta al Faraón, así que en esta acción Sekhmet, la diosa que monta en cólera contra los humanos, cada vez que necesitan una lección, revivió con un aspecto de Hathor para llevar a cabo la acción. Estaba lista para destruir el mundo otra vez (se repitió el cataclismo), pero Ra se aplacó y la emborrachó para detener su rabia y la paz se restauró, pero Sekhmet permaneció como la diosa que habría destruido a las personas, si éstas no hubieran respetado al dios Sol. En la última parte del mito, Ra se cansó de gobernar a la sociedad, así que se retiró al cielo e responsabilizó a los otros dioses el reglamento del cielo y de la Tierra. Ra creó el tiempo cíclico antes de ascender al cielo y es posible que su renuncia fuera cuando el sendero del Sol fue alterado en el cielo.[26] Con certeza el surgimiento de Sekhmet llegó durante un momento muy turbulento en Egipto, el que dramáticamente se describe en el *Papiro de Ipuwer*, un lamento sobre la destrucción catastrófica, que suena muy parecido a las plagas de Egipto descritas en la Biblia.˙ Naturalmente, el problema fue la desestabilización causada por la erupción en Santorini y los relacionados cambios de la tierra, lo que profundamente creo que cerró el bicameralismo.

La Batalla de Horus y Seth

Cómo entendérselas con el caos es una parte activa de la teología egipcia. La vida en la Tierra es una lucha constante entre las fuerzas del caos y el orden. Menes instituyó el reinado divino alrededor del 3200 a.C., a partir de entonces el faraón fue el divino hijo encarnado, Horus, quien conservó a Egipto en el Maat. No obstante, cada vez que el Rey moría, la posibilidad de caos regresaba. Por lo tanto, en las ceremonias de sucesión, el Faraón muerto se convertía en Osiris, exactamente cuando el sucesor tomaba el lugar del Rey Horus. Este era un pasaje del poder del Rey muerto en el nuevo Faraón, quien a su vez lo ayudaba a convertirse en Osiris. Estos dos vitales pasajes requerían una gran cantidad de energía, así que las ceremonias se basaban en el más fundacional mito de Egipto: la gran batalla entre Horus y Seth. La formación del orden político llegó con Menes, el primer Rey Dinástico, nombrado en honor al itifálico dios Min, que representa los poderes sexuales del Faraón. El soberano asume la forma de Horus, como alguien que lucha en contra del caos y establece el reinado divino, que es la reintroducción del plano divino en la vida cotidiana egipcia. Antes de que podamos ver cómo estos aspectos del reinado por el Faraón fueron representados en varias obras teatrales de misterio, se debe comprender la política y la teología de Menes.

Una vez que la nueva unidad del Egipto Alto y Bajo se completó, en ese elocuente momento, la dualidad, el caos y el desorden se desvanecieron. *El orden se mantuvo en su lugar al repetir continuamente la fórmula original*: la institución de la *monarquía dual de Osiris y Horus*. En *Kingship and the Gods* (El Reinado y los Dioses), el egiptólogo Henri Frankfort describe como las creencias teológicas fueron el cimiento de las políticas que se representaban en las obras de misterio.[27] Este autor describe al reinado como una *fuerza viviente* que no existía antes de Menes, quien organizó una institución que adquirió "trascendental significado para los egipcios...Él le impartió una forma que armonizó tan perfectamente con la mentalidad egipcia, como para que pareciera inevitable y perpetua... Esta extraordinaria concepción expresada en política, forma la profundamente enraizada tendencia egipcia para entender el mundo en términos duales, como una serie de pares de contrastes balanceados en un equilibrio inaltera-

---

˙ Miriam Lichtheim, *Ancient Egyptian Literature* [La Antigua Literatura Egipcia], Vol. 1 (Berkeley, Calif.: University of California Press, 1980), 149-61. Cientos de estatuas de Sekhmet fueron colocadas por todo Egipto en ese momento y muchas de ellas terminaron en el Museo del Vaticano y en el del Louvre.

ble".[28] Este sentido dual del mundo, se pensó como Horus y Seth, como el norte y el sur, o como los bancos del Nilo del este y del oeste. Los egipcios creían que cualquier totalidad estaba compuesta de opuestos, una idea que creo que en este momento es mejor expresada como *polaridad*, una condición que reconoce que las cosas operan en un espectro de la oscuridad a la luz, negativo a positivo o de negro a blanco. Creo que de hecho, los egipcios pensaban más en términos de polaridad; sin embargo, debido a que la teología judío-cristiana es profundamente dual, la mayoría de los escritores caracterizan a Horus y Seth como primariamente dualísticos. Esto se debe a que dicha teología suprime el lado oscuro, las fuerzas de Seth, mientras que los ancianos egipcios siempre equilibraban la oscuridad y la luz.

En relación con la I Dinastía de Menes, Frankfort dice, "Un estado concebido de forma dual, a los egipcios les debe de haber parecido como la manifestación del orden de la creación en la sociedad humana", y escribe que "la monarquía dual no tuvo cimientos históricos" y era una "totalidad como un equilibrio de opuestos".[29] Esto les permitía crear un nuevo orden político, en un mundo constantemente destrozado por la catástrofe, y el equilibrio de opuestos trajo las fuerzas divinas. Esto se llevó a cabo porque ellos creían que el orden correcto y la conexión divina evitaban el caos; Sekhmet no se enfurecería otra vez. Evaluando el significado espiritual del logro de Menes, Frankfort dice, "una innovación histórica de tal importancia, podría ser sólo el despliegue de un orden preordenado, la manifestación de lo que siempre había estado potencialmente presente".[30] Por más de 3,000 años, los egipcios dinásticos siguieron con exactitud las prácticas ceremoniales creadas por Menes. (Ver anexo A). Por lo tanto, éstas contienen muchos elementos de la prehistoria arcaica, y las obras teatrales de misterio son un registro del ajuste humano a las estaciones y a la agricultura. En ellas, podemos buscar actividades que sugieran la inclinación del eje, como en la Obra de Misterio de la Sucesión y la Ceremonia Heb Sed. No señalaré constantemente los signos obvios de ajuste al mundo inclinado, porque el mismo ritual lo expresa.

La Obra de Misterio de la Sucesión

Esta obra se llevaba a cabo para que el nuevo Faraón pudiera convertirse en el Rey Horus, en el justo momento en que su predecesor se volviera en Osiris en el Inframundo. El funeral del antiguo Faraón y la preliminar coronación del nuevo, ya había ocurrido y la sucesión se realizaba durante un momento que tuviera un significado cósmico. Se representaba de arriba a abajo del Nilo para vincular a la gente con su nuevo Rey y para asegurarles la vida eterna del anterior. Durante esta ceremonia, el Faraón asumía el poder sobre la inundación anual del Nilo y la cosecha, al admitir la potencia de la semilla de Osiris, y al convertirse en el nuevo Horus restauraba la armonía entre el cosmos y la sociedad. Cada acción en esta obra no podía ser alterada sin tener terribles consecuencias, porque era una fórmula para la simultánea asunción del poder y la transfiguración del Rey momificado.

Después de las primeras escenas de apertura, el Rey se convertía en Horus al tomar su Ojo, que abre el nivel mitológico. En el mito, Horus crece y recupera su Ojo después de vengar la muerte de su padre, Osiris. El Ojo de Horus tiene el poder de volverlo a la vida, así que el nuevo Rey ayuda a su predecesor a convertirse en Osiris.[31] La siguiente escena es la trilla del grano, porque la agricultura es la base del poder del Rey; a continuación se erige la Columna Djed. Usted recordará del capítulo 3, que la columna inclinada representa el momento en que el eje se inclinó y la tierra cayó en el caos. Cada vez que es levantada a su posición perpendicular, el desequilibro cósmico se corrige por las acciones humanas. Al erigir la columna durante su ceremonia de sucesión, el Rey demuestra que mantendrá la tierra en armonía y que se ha reinstalado el eje vertical hacia el cielo. Entonces se inclina la Columna Djed y se simula una batalla en la cual Geb, el dios de la Tierra, resuelve la discordancia en los cielos.[32] Por lo tanto, la esencia del Reinado se revela: *Éste mantiene el caos en reserva mientras el orden en el reino político trae a Maat.* Los productos de Egipto —muebles, alimento, joyería y ropas— se traen y se nombra "al Ojo de Horus", entonces ocurre el clímax. Portadores de estandartes entran llevando poderosos fetiches del Shemsu Hor y misteriosos buscadores del espíritu los rodean, y convierten al Rey en *ambos*, Horus y Seth.[33] El Rey personificará al caos dentro del orden, y como Frankfort explica, "La dualidad del reinado representa poderes conflictivos en equilibrio".[34] Traen la corona de oro, se realizan sacrificios de las dos regiones, luego se le pone al Rey la corona en la cabeza y su primer acto es distribuir dádivas entre la gente, mostrando que él será caritativo. Esta ceremonia demuestra que el Rey ha asumido el poder sobre las fuerzas del caos.

Finalmente es el momento de la transfiguración del Rey anterior, ahora que Egipto está a salvo del caos. El momento oportuno es muy interesante. Muestra que la gente cree que su orden político podría impedir futuros caos, porque Osiris es una poderosa figura del Cataclismo en sí. Cosmológicamente, es probable que esta deidad represente al planeta que orbita entre Marte y Júpiter, Tiamat en el *Enuma Elish* y el griego Faetón, que ahora es un cinturón asteroide. En nuestra cultura, conservamos este recuerdo como Humpty Dumpty, que se cayó de la pared y no podía ponerse en pie otra vez. Piense en qué tan seguido se ha repetido esa pequeña rima. Ni siquiera los hombres del rey podían ponerlo en pie, pero los antiguos egipcios tienen más sagacidad: transfiguran a Osiris porque él murió en el Cataclismo, pero nosotros sobrevivimos. *Esta ceremonia significa que la dual monarquía que Menes creó resuelve la catastrofobia.* Ahora el anterior Rey es Osiris, pero en la obra es el siguiente, ¡Horus lo abraza como si el nuevo Rey también pudiera viajar en el Inframundo! Esto se realiza por medio de una arcaica pechera de junquillo que el Rey usa al frente y atrás, el Qeni, que se impregna de la inmortal esencia de Osiris.[35] En este momento, el poder divino del reinado se transfiere al nuevo Rey, mientras el anterior es ayudado en su transición al más allá por la fuerza vital de su hijo. La transferencia faraónica se completa otra vez y Frankfort anota que el Qeni presta atención a los tiempos de más antiguos lugares sagrados en Egipto, cuando el Valle del Nilo era tierra pantanosa antes del final del subfluvial.[36]

Esta transferencia de poder es extremadamente arcaica y se impregna con el recuerdo del cataclismo: Osiris representa a aquellos que murieron en el Nilo miles de años antes de Menes. Lo nuevo que él trajo fue la total y duradera integración de todos los lugares sagrados del Nilo, en un sistema unificado de agricultura controlada. El Rey es el responsable de la agricultura y del manejo del agua porque era necesario plantar y almacenar, debido al repentino arribo de las estaciones. El surgimiento del Montículo Primitivo requirió la administración de la Inundación por medio de canales y el desbordamiento de lagos, con el sistema de diques manejado por "nilómetros" que medían el flujo del agua. Imagine cómo cambió la vida entonces y reflexione en cómo la presa Aswan traumatizó a Egipto. A continuación veremos la ceremonia que *renueva* los poderes del Rey.

La Ceremonia de Heb Sed

En la Ceremonia del Heb Sed existe una literal obsesión por los ciclos solares de las estaciones. El Faraón la llevaba a cabo cada vez que estaba perdiendo sus poderes. Cuando los poseía, el Nilo no se desbordaba excesivamente ni se secaba de forma catastrófica, y el grano alimentaba a la gente y a muchos refugiados que llegaban por alimento. Sin importar qué, esta ceremonia, el Jubileo, se realizaba después de los primeros veintinueve a treinta años del Faraón, que es ciclo exacto de Saturno alrededor del Sol y luego cada tres años, de ahí en adelante.[37] Él lo solicitaba cuando sentía que su poder personal o político decrecía y eso renovaba la fe de la gente en su líder, aunque fuera muy agobiante. Los ciclos más antiguos que se observan en las ceremonias fueron lunares, que siempre eran una parte crucial del sentido del tiempo egipcio. Los ciclos solares, como el de Saturno alrededor del Sol, se obsesionaban con el viaje del Sol que sale por el este y se pone al oeste y con su viaje sobre el horizonte. En el solsticio de verano, el Sol alcanza la posición del cenit sobre Aswan, donde se

Fig. 5.5. La Ceremonia Heb Sed; adaptada de los relieves en Abu Garoh.

construyó el Templo de Isis, en un montículo sobre las cataratas. Ella es la madre diosa que genera toda la vida y su energía viene del cenit Solar encima del lugar donde el Nilo desembocaba. Antes de la inclinación, el Sol siempre estaba sobre el ecuador, y Khemet permanecía en una eterna cálida primavera, el Primer Tiempo.

Más específicamente, este festival se refiere al sistema faraónico que controla las estaciones, mientras que la Sucesión es más sobre la *transferencia* de poder. El Heb Sed revela cómo *el Rey mantiene el poder dentro de las cuatro direcciones cardinales, como el nuevo campo cósmico.* Mientras lo analizamos, recuerde que la mayoría, si no es que todas las culturas indígenas sobre la Tierra, se ubican por las cuatro direcciones como fuerzas de poder centrales. Todo cambió cuando el Sol empezó a salir y a ocultarse en diferentes lugares. La estáticamente libre, en extremo física y cósmica sencilla vida de los forrajeadores del Nilo, tuvo que abandonarse por la agricultura.* Un lugar muy bien documentado en el Altiplano de Anatolia ofrece información sobre este momento. Los colonos de Abu Hureya en el Río Éufrates, adaptaron la agricultura alrededor del 8000 a.C., después de ser forrajeadores. Repentinamente sus antes bien formados esqueletos "mostraron claros signos de malformación, como resultado de las largas horas pasadas de rodillas moliendo los granos".[38] Los egipcios dinásticos

---

* Felicitas Goodman ha dicho muchas veces en clase en el Cuyamungue Institute, que visitar la realidad alternativa en los tiempos anteriores a la agricultura, a menudo revela que la gente era más chamán y libre, antes de que adoptaran el cultivo y se establecieran.

tenían que sembrar, lo que necesitaba de un poder central, el Faraón (y a Saturno que rige los principios de necesidad). Esta renovación por un ciclo de Saturno causa que el Faraón se *convierta* en este planeta, o en el Padre Tiempo.

El Heb Sed empezó con la construcción de un salón especial para el festival con un trono, una corte y un palacio hecho de carrizos, para simbolizar los tiempos arcaicos. Una vez completado, las estructuras se purificaban mientras que barcazas con estatuas de dioses llegaban del Nilo. El Rey se reuniría con sus oficiales, significando la recepción del plano divino. También estaban presentes "los Grandes del Alto y Bajo Egipto", que habían estado en la Sucesión del Rey. Todos los poderes divinos y regionales participaban, incluyendo a los representantes de la gente de todos los niveles sociales, de todas las secciones de Egipto. Esto conectaba a todo el país. El festival se abría con una procesión de todos los dioses y la gente, precedidos por Sekhat-Hor, otra forma de la diosa vaca que amamantó al Rey. Luego seguían días de bendiciones, visitas a lugares sagrados y más procesiones y se bendecían todos los fetiches de poder de los tiempos modernos y antiguos. El detallado texto de Frankfort cataloga muchos maravillosos elementos arcaicos que prueban que esta ceremonia es muy antigua.[*]

Finalmente llegaba el momento para que el Faraón hiciera la "dedicación del campo", una sección del patio dividida en una dirección cuádruple colocada hacia las direcciones cardinales, que representaban a Egipto como un todo. Esta ceremonia le concedía autorización como el único que *controla las direcciones*. Él cruzaba las direcciones con un rápido y gran paso como si fuera a volar, primero como gobernante del Bajo Egipto con la Corona Roja, luego del Alto Egipto con la Corona Blanca y cargando el cayado y el mayal de un pastor. El mayal sostenido por el Rey volador llamó mi atención porque el ángulo es *exactamente* de 23 ½ grados, como ya vimos con la inclinación de la Columna Djed. Él deja sus instrumentos en el palacio y recoge un documento de la casa llamado "testamento", el "Secreto de los Dos Socios" —o sea, Horus y Seth, reconciliándolos otra vez. Los textos Edfú dicen sobre el Rey: "él corre cruzando el océano y los cuatro lados del Cielo, yendo tan lejos como los rayos del disco solar, pasando sobre la tierra, dándole el campo a su amante".[39] Esta acción es cósmica y está obsesionada con las cuatro direcciones. Como Rey del Bajo Egipto, es llevado por "los Grandes del Alto y Bajo Egipto" en una litera parecida a una caja, mientras que dos oficiales de las ciudades antiguas se paran en ambos lados del Rey y

---

[*] Henri Frankfort, *Kingship and the Gods: A Study of Ancient Near Eastern Religion and the Integration of Society and Nature* [El Reinado y los Dioses: Un Estudio de la Antigua Religión del Cercano Oeste y la Integración de la Sociedad y la Naturaleza] (Londres: University of Chicago Press, 1948). En especial ver las páginas 83-85; esta total descripción se encuentra de la página 79 a la 87.

cantan un himno antifonal. Luego se cambian de lugar y cantan enfrente y atrás del Rey, de manera que cada uno haya hablado a las direcciones. Esto se repite hasta que cada uno de ellos lo hayan hecho, y luego le sigue el momento de hacer lo mismo, pero ahora por el Bajo Egipto. Por último, el Rey es llevado en una canasta a la capilla de Horus de Edfú. Ahí, un sacerdote le da un arco y flechas, que dispara a las cuatro direcciones, después de lo cual va a la capilla de Seth de Kom Ombo y de nuevo dispara cuatro veces. Claramente esta ceremonia todavía alcanza el Zep Tepi, antes de las estaciones, ¡cuando el más grande poder del Rey era como cazador! Al final, él es elevado al trono cuatro veces, una vez a cada una de las direcciones, en un trono adornado con doce cabezas de león (las constelaciones en la Eclíptica), y él rinde homenaje a los reales Ancestros, el Shemsu Hor.

El Estandarte de Abidos

Regresemos al templo de Seti I en Abidos para poner en contexto a dos grandes obras teatrales de misterio. El Estandarte de Abidos es ilustrativo, porque es un importante modelo de las cuatro direcciones cardinales y del eje vertical. Se llevaba a cabo en la Procesión de Osiris, que era un festival anual en Abidos, una favorita de toda la gente de Khemet. Osiris era el dios más popular porque emergió de las primitivas aguas cuando el tiempo empezó, pero fue desmembrado por su hermano Seth, y fue el padre de Horus; el Rey Osiris es un poderoso símbolo de potencia sexual, muerte, continuidad después de la muerte, renacimiento y desmembramiento. Por lo tanto, mantiene con vida los corazones de la gente viva y cuando enfrentaban su inevitable fallecimiento, creían que él los conduciría más allá de la muerte hacia el cielo.[40] El Estandarte de Abidos es un *modelo ideal para el eje vertical de la consciencia* y muestra que este lugar era el centro de funeral y ascensión de Khemet. Con Abidos como el centro de ascensión del eje vertical sobre el Nilo, entonces es más fácil ver que las pirámides principales son científicas, en especial en Gizeh, mientras que Abidos es teológico. Ahora que en las obras de misterio hemos visto de qué forma el Faraón tomaba y mantenía su poder, debemos entender más sobre este lugar, el lugar central del viaje hacia el cielo. Consideremos este misterioso Estandarte, que se describe en la Cámara de Culto de Osiris, en el Templo de Abidos.

El nombre original de Abidos es Ta Wer, significa "Montículo de la Creación", sobre el cual emergió Osiris después del Cataclismo. Este fetiche representa el renacimiento del dios, porque en la punta se encuentra un objeto redondo, dividido en cuatro niveles (como la Columna de Djed), que representa la cabeza de Osiris, que está enterrada en Abidos.[41] El largo poste simboliza el eje axial que conecta la Tierra

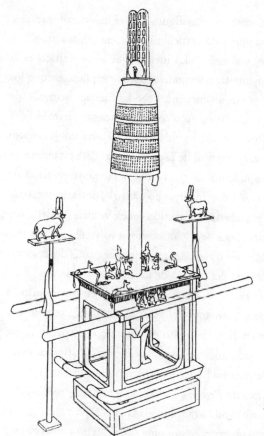

Fig. 5.6 El Estandarte de Abidos, del Templo de Abidos en la Capilla de Culto de Osiris.

con el cielo y emerge a través de una plataforma a medio nivel (Tierra), que tiene figuras alineadas a las cuatro direcciones con dos Anubis y dos cobras en el cruce de las direcciones. Todo el artefacto está encerrado en su lugar por estandartes soportados por Ankhs (vida), que en plataformas más altas sostiene leones que llevan cofias del dios invisible, Amun. Estos son los leones dobles de la Eclíptica, Aker. El poste en sí mismo parece estar activamente pariendo la cabeza de Osiris, fuera de la dimensión de la Tierra, lo que corresponde a la plataforma con las figuras soportada por las direcciones. El investigador Alan Alford dice sobre la Declaración 356 de los Textos de la Pirámide, "Este pasaje explícitamente establece que Seth fue enterrado *debajo* de Osiris en Abidos". Alford sugiere que Seth es la columna en sí.˙ Notando que algunos textos

---

˙ Alan F. Alford, *The Phoenix Solution: Secrets of a Lost Civilization* [La Solución del Ave Fénix: Secretos de una Civilización Perdida](Londres: Hodder and Stoughton, 1998), 326-27. Ver R. O. Faulkner, *The Ancient Egyptian Pyramid Texts* [Los Textos de la Antigua Pirámide de Egipto] (Oxford: Oxford University Press, 1969), 113-114, para "la

dicen que Osiris pasó por Abidos durante su transfiguración, el investigador ve este pasaje como del interior de la Tierra, que pasa verticalmente hacia arriba a través de Abidos (probablemente el Osireion) y al cielo.[42] La idea de que el eje vertical es la propia fuerza de Seth es profundamente transformativa, porque explica por qué los buscadores espirituales usualmente tienen un encuentro con las fuerzas oscuras, cada vez que se profundiza en la búsqueda iniciática. Año con año, este estandarte se lleva por Abidos entre la gente; los ayudó a entender su vida sobre la Tierra por las cuatro direcciones y después su ascenso en el eje vertical de la consciencia. Este estandarte es una exquisita interpretación del nacimiento, la mortalidad y la transfiguración de cada ser humano. Esto explica por qué nadie, incluyendo a Osiris, desearía encarnar. Jeremy Naydler dice sobre la actual pérdida de este sentido del eje vertical, "el deterioro de este modo de experimentar el mundo, que lleva a los objetos a volverse cada vez más opacos e incapaces de transmitir cualquier trascendente valor, yace detrás del desarrollo del laico y materialista punto de vista del mundo de los tiempos modernos".[43]

Por ahora dejemos la misteriosa tierra de Khemet, porque es el momento para explorar algunas de las culturas que se formaron del 9000 al 4000 a.C., cuando hay una ausencia de sitios disponibles en Egipto —esto es, durante el Espacio Vacío. Naturalmente, estaremos buscando cualquier signo de los errantes marineros egipcios alrededor del mundo, ya que la premisa básica de este capítulo consiste en *que el renacer dinástico está basado en la cultura del Primer Tiempo, que existió antes del Cataclismo*, lo que debía haber sido extremadamente avanzado, dada la complejidad del modelo dinástico. Como podemos ver al observar en dos obras de misterio y en el Estandarte de Abidos, una vez que se concibió el Egipto dinástico, éste se obsesionó con los ciclos del Sol por las cuatro direcciones y con la agricultura. Osiris la trajo a Egipto, como un dios verde que fecundó a Khemet desde el Inframundo. Cada Faraón se convertía en Osiris después de la muerte, pero mientras estaba vivo, era el Rey Horus. Era el dios más popular de la gente común. Abidos contiene los más ricos sitios antiguos predinásticos, así como el Osireion precatacísmico. No es un accidente que a Seti I le pusieran por nombre Seth —él tuvo la artística y teológica brillantez para restaurar el Osireion y construir un templo que representara las obras de misterio, y varios artefactos que describen el eje vertical. El Templo de Abidos es uno de los lugares más multidimensionales sobre la Tierra y Ta Wer es una poderosa forma de simbolizar el eje vertical de la consciencia.

Declaración 356". Esto describe un aspecto de Seth —su *iru* que se manifiesta fuera de su *kheperu*— su forma divina, como se discute en *Daily Life of the Egyptian Gods* [La Vida Diaria de los Dioses Egipcios] de Dimitri Meeks y Christine Favard-Meeks (Ithaca, N.Y.: Cornell University Press, 1993), 56-63.

6
Çatal Hüyük y el Diluvio de Noé

...¿Cualquier otra mano que no la mía dio
a estos jóvenes Dioses plenitud en todos sus regalos?
...Como formas
De sueños fantasmales, a lo largo de toda su vida
confunden todo al azar, no conocían casas de ladrillo que recibieran
el calor de la luz del sol,
ni tampoco los trabajos de carpintería. Vivían
en agujeros huecos, como enjambres de pequeñas hormigas.
En las profundidades de las cavernas sin sol, y
Ellos no cuentan con ciertos signos de invierno, ni de primavera
cargada de flores, ni de verano con sus frutas...
Hasta que mostré la elevación de las estrellas y los difíciles escenarios
de reconocer. Y yo
Les encontré el número, el principal recurso de todos.
Agrupé las letras. La memoria se vale de eso,
Y la madre de las Musas. Y yo primero amarré en el yugo de los
corceles salvajes, hechos dócil, al collar o a las extremidades de los
hombres que así
Ellos podrían en el lugar del hombre resistir su trabajo más duro.
—Aeschylus (460 a.C.)[1]

Los Errantes después del Cataclismo

Para descubrir a dónde fueron las avanzadas culturas de la Tierra después del Cataclismo, necesitamos identificar sus características básicas. Los supervivientes fueron grandes navegantes y astrónomos, y viajaron lejos para encontrar nuevos hogares. Eran grandes constructores de templos y también magos —lo que se requería para edificar los monumentos ciclópeos. Ellos creían en varias formas de realeza divina, órdenes sacerdotales y adoración a la Diosa, basados en lo que los egipcios dinásticos les dijeron de ellos, y una vez que encontraron un hogar, habrían intentado, a toda costa, volver a crear sus civilizaciones. Lógicamente, de forma inusual las ciudades y pueblos avanzados del 9000 al 6000 a.C. son los nuevos hogares de los sobrevivientes, que llegaron en barcos, o de la gente que salió de las cuevas gateando. Esto pasó por todo el planeta. El Anexo C muestra cómo los cambios de la tierra se correlacionan con el surgimiento de las culturas del Holoceno. Por ejemplo, la dispersión en el Medio Oeste está cuidadosamente descrita en *The Gods of Eden* (Los Dioses del Edén) de Andrew Collins, y el Altiplano en Bolivia tiene estructuras ciclópeas precataclísmicas que son tan convincentes como el Valle del Templo en el Altiplano de Gizeh. Me concentraré en la región del Mediterráneo, porque es la ubicación del mayor número de avanzados sitios arqueológicos. Esto hace posible buscar en ese lugar una serie progresiva de culturas del 9400 al 3000 a.C., porque se conoce mucho sobre el clima y los cambios de la tierra durante ese tiempo. Esta región tiene una gran memoria de resonancia de la civilización occidental, porque su mitología y textos sagrados salieron de este periodo.

Después del Cataclismo, la cultura floreció otra vez en el Medio Oriente durante el Holoceno Temprano —9500 a 4000 a.C.— en un momento en que en muchas partes del planeta, la elevación de los mares y el movimiento de la corteza terrestre borró por completo las actividades de incontables primeras gentes, Platón catalogó los principales prototipos culturales en la región del Mediterráneo —los atlantes, magdalenienses, atenienses y egipcios— y nosotros empezaremos a investigar qué fue lo que pasó con ellos. En los primeros registros de muchas civilizaciones del mundo se mencionan a los atlantes, pero ellos no establecieron otra patria que descendiera a través de la historia.˙ Esencialmente son precataclísmicos y la huella de su cultura es poderosa en muchos lugares. Innumerables mitos se refieren a ellos y el lenguaje Aymara puede haber sido el suyo y, en este sentido, uno puede decir que Perú y Bolivia son su patria. Los magdalenienses y otras artísticas culturas de cuevas desaparecieron como culturas distintas, pero es probable que fueran los precursores de las culturas Azilian y Vinca.[2] Recordando la cueva ritual de Lascaux, la mitología magdaleniense parece haber llevado consigo la mitología Indo-europea, lo que ayuda a seguir el rastro de la

---

˙ Los Atlantes pueden haber tenido colonias en las Américas, porque los Mayas dicen ser sus descendientes. También pueden haber ido a lo que ahora se conoce como Tíbet, India antigua, hasta a China, pero esto está más allá del alcance de este libro. Ver el anexo C para información multicultural en la dispersión del Holoceno.

gente errante. Los atenienses fueron los precursores de los cretenses, que eran los ancestros de los Griegos. Los egipcios volvieron a surgir en el Nilo, primero como las culturas Gerzean y Nagada, que por los tiempos predinásticos mostraron signos de descender del Shemsu Hor. Tanto los cretenses como los primeros egipcios establecieron civilizaciones después del 9500 a.C. y ambos fueron antiguos navegantes, así que buscaremos sus ancestros originales justo después del Cataclismo. La Medialuna Fértil de las Tierras Fértiles, Anatolia e Irán deben de haber sido muy hospitalarios, porque en ese lugar se encuentran muchos sitios avanzados de cerca del 9000 a.C.

En las paredes de la Pirámide de Unas, de la V Dinastía en Saqqara, Egipto se encuentra evidencia de una relación cercana entre los minoicos y los egipcios. Los diseños geométricos cretenses y el doble eje (labrys), están grabados y pintados con ocre rojo y lapislázuli azul en las paredes, en la parte trasera del sarcófago en la cámara donde los Textos de la Pirámide se inscribieron cerca del 2500 a.C. Uno puede asumir que eso significa que Unas se casó con la reina cretense, pero todo sobre las paredes de la Pirámide de Unas, es un arcaico registro de un momento que Unas quería conmemorar. Como se verá después, el doble eje es un símbolo de la Era de Géminis, —6640 a 4480 a.C.- lo que puede significar que Unas estaba indicando que los Textos de la Pirámide del Primer Tiempo se catalogaron en la Era de Géminis, pero contienen muchos elementos precataclísmicos. Muchos investigadores piensan que Çatal Hüyük es precursor de los cretenses, lo que lo hace un lugar ideal para buscar una conexión minoica/egipcia. Es evidente la relación egipcia en las tumbas predinásticas de 6,000 años de antigüedad en Saqqara. Por ejemplo, la Tumba de Uadji ha elevado relieves de toros que son *exactamente* del mismo estilo de las cabezas de toros de Çatal Hüyük, como se muestra en la figura 6.1.[3] Las embarcaciones enterradas cerca de las pirámides de Abidos y Gizeh son muy parecidos a la gran flotilla cretense que se muestra en las paredes de Akrotiri en Thera, que fue bien preservada por las cenizas volcánicas durante la erupción de Thera. Akrotiri es una cápsula de tiempo, del mundo de los navegantes mediterráneos que llegaron de la civilización global marítima del Holoceno. Además, durante la V y VI Dinastías en Egipto, la cultura cretense estaba en su apogeo. Las pirámides que se construyeron en el Peloponeso, y recientemente se han fechado en este tiempo, cuando había una gran construcción de pirámides en Egipto.[4] *Los cretenses y los egipcios dinásticos eran descendientes directos de las culturas marítimas del Holoceno, que provenían de los sobrevivientes errantes del Cataclismo.* Recuerde, Platón decía que los atenienses condujeron a los egipcios a la guerra en contra de los atlantes. Sin embargo, más tarde la historia revela que los egipcios fueron capaces de mantener su hegemonía cultural con más éxito que los

Fig. 6.1. Cabezas de Toros de la Tumba de Uadji en Saqqara

atenienses/griegos, quienes constantemente estaban desafiados por grandes cambios terrestres. A menudo los egipcios los auxiliaban en sus congojas.

Andrew Collins, en su brillante análisis de los Textos del Edificio Edfú, ha argumentado con éxito que, después de dejar Egipto cerca del 9500 a.C., el resto de la Antigua Cultura Egipcia navegó al Levante y construyó el Nevali Çori, al sureste de Turquía, como un templo astronómico durante la Era de Cáncer.* Collins pone a los primeros sitios anatolianos en el contexto con Çatal Hüyük, y se puede ver que había muchas culturas avanzadas en esta región. Puede ser que sus lugares no se encuentren nunca, debido a las inundaciones y las migraciones, pero Çatal Hüyük establece un modelo para los niveles de muchas otras personas que deben haber existido en esta región. Debe haber alguna razón para un temprano desarrollo avanzado como ese en este sitio, el que describiré en detalle más adelante en este capítulo. Çatal Hüyük también es la base para la profunda unión entre los egipcios y los cretenses. Los constructores de Nevali Çori probablemente fueron a Çatal Hüyük y otros sitios como el Çanyönü. Collins señala que en los textos Edfú, los mismos antepasados egipcios cuentan que navegaron y vivieron en el exilio por miles de años. Esta Cultura Antepasada, usando el excelente término de Collins, es el punto de unión en el génesis, del mundo neolítico. Él también argumenta que ellos deben de haber sido los que

---

* Andrew Collins, *Gods of Eden: Egypt's Lost Legacy and the Genesis of Civilization* [Dioses del Edén: El Legado Perdido de Egipto y el Génesis de la Civilización] (Londres: Headline, 1998),327-66. Collins escribe que el sitio ha sido fechado con la prueba del carbono en el 8000 a.C.; su fecha de 9000 a.C. es por la alineación estelar con Cetus y Eridanus.

inspiraron al posterior panteón de Mesopotamia.[5] Estamos sugiriendo que la Cultura Antepasada se estableció en muchos lugares en Anatolia y el Levante después del Cataclismo y una vez que el Nilo fue habitable otra vez, regresaron a Khemet. Ellos conservaron sus registros sobre el tiempo de oscuridad y caos antes de que sus ancestros cruzaran el mar para volver a poblar el Nilo en *"el principio del tiempo"*.[6] Como se discutió e ilustró en el capítulo 3, existen muchos elementos egipcios en antiguas culturas al oeste del Nilo en el desierto de Libia, como la Tassili n'Ajjer después del 9000 a.C., que sugiere que otros egipcios huyeron al desierto.[7] Es posible que la gente que se dispersó en el desierto esté representada por la Corona Roja faraónica y los navegantes por la Corona Blanca, y la Unificación los reunió como la Corona Doble.

Antes de seguir, permítame resumir la dispersión cataclísmica en más detalle. Unos cuantos de miles de años antes del Cataclismo, los atlantes salieron de la Antártida y se reubicaron en una gran isla fuera del Estrecho de Gibraltar; de ahí ellos ejercieron presión sobre las culturas del Mediterráneo. Cerca del 9600 a.C. los atlantes atacaron a los atenienses, estos involucraron a otras culturas para luchar contra ellos, incluyendo a los egipcios, los atenienses ganaron y el mundo global marítimo fue devorado en el gran desastre. Viniendo de las montañas, fuera de las cuevas y barcos de emigrantes, las semillas de las antepasadas culturas ciclópeas dieron inicio a nuevas culturas cerca del 9000 a.C., justo antes de que la Era de Cáncer empezara. Debido a que este fue

Fig. 6.2. Patio de Nevali Çori, ilustrado de la fotografía en *Gods of Eden*
(*Los Dioses del Edén*)

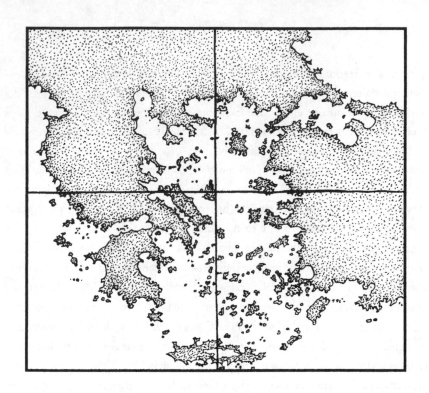

Fig. 6.3 El Mapa Ibn ben Zara (arriba), y El Moderno Mapa Egeo (abajo).

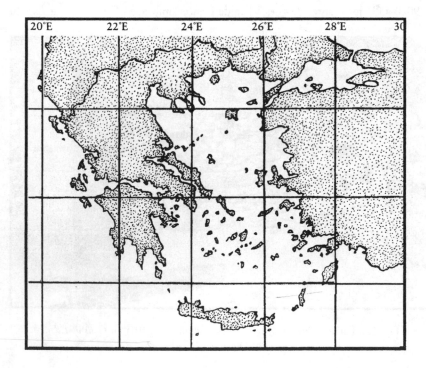

un tiempo de constante agitación climática global, cualquier lugar que sobrevivió en el más estable Mediterráneo es el que tienen mayor información.

Arcaicos Sitios Arqueológicos del Mediterráneo

Los climatólogos han perfilado el clima global durante los pasados 20,000 años, lo que está modificando totalmente la prehistoria. Los arqueólogos están incorporando la *arqueología de asentamiento* —el estudio de regiones enteras— que pone los sitios en contexto.[8] Los ecologistas y los geólogos están trabajando junto con los arqueólogos y antropólogos, e inventando nuevos campos, como la geoarqueología.[9] El clima y los cambios de la tierra en una región dada, indican que deben de haber sitios arcaicos que están bajo el agua o enterrados en ceniza o lodo. Estos serían *los sitios de las culturas precursoras de las grandes civilizaciones que "simplemente aparecieron"*. El Mar Egeo se elevó 91 m del 16,000 al 7000 a.C. (o la tierra se hundió) y las líneas costeras se inundaron, así que aquellas ciudades a la orilla de los mares, que existieron, están en la profundidad bajo el agua. *Cualquier* vestigio en la región, anterior a hace 12,000 años probaría que la gente una vez vivió ahí, pero que se tuvo que ir. El descubrimiento en los 60s del siglo XX, de una cueva habitada—la Cueva Franchthi en el Peloponeso— proporciona la primera evidencia de navegantes en el Egeo antes del Cataclismo.[10] Hasta que este sitio se encontró, se suponía que *nadie nunca había vivido en toda esta región antes del 6000 a.C.*[11] Justo como las cuevas magdalenienses, el sitio de la Franchthi ofrece poca información sobre el verdadero nivel de logros de los griegos, hace 12,000 años. Es un sitio periférico marginal y no refleja el verdadero nivel de la cultura griega del Paleolítico Tardío. Entonces, no hay sitios del 9000 al 6000 a.C., algo muy parecido al Espacio Vacío en Egipto, que establece la magnitud de los cambios de la tierra.[12] Confirmando la larga relación entre los cretenses y los egipcios, en los días de Platón estos últimos dijeron a los griegos, "a ustedes los dejaron como con pequeñas islas, con algo parecido al esqueleto de un cuerpo consumido por la enfermedad; el rico y suave lodo había ido dejando la tierra sin más que piel y huesos."[13] Al comparar el mapa de Ibn ben Zara del Egeo, que según Hapgood tiene miles de años, con el mapa moderno de ese mar, se hace obvio el por qué los sitios avanzados están unos cuantos cientos de metros bajo el agua.

Cerca de Palestina, Siria y Anatolia, *existen* avanzados sitios del 11,000 al 7000 a.C. Reflejan el movimiento y asentamiento de las culturas y aquí es donde se encuentran las similitudes y conexiones de las culturas prediluviales. La riqueza de estos sitios indica que esta área no sucumbió al crecimiento de los mares y probablemente son la representación de lo que está bajo el agua en el Egeo. La cultura Natufian se extendía por todo el final occidental del Mediterráneo, donde había una "virtual explosión de arte, manualidades y tecnologías".[14] Repentinamente hubo una avanzada adoración a los ancestros y al arte maravilloso, así como a los elementos que son muy de la Atlántida, como la veneración al toro.[15] En relación con estos sitios, los arqueólogos han dicho, "el impulso Natufian ya era viejo en el momento de su aparición en esta tierra, que con anterioridad no conocía el arte ni por lo menos uno imperecedero, de ningún tipo".* Estas "ya antiguas" culturas suenan como grupos de refugiados, de ciudades destruidas que empezaron de nuevo. Los navegantes globales marítimos *deben* de haber ido ahí después del cambio de la corteza terrestre y se mezclaron con la gente indígena y hasta Mary Settegast sugiere que Çanyönü, un sitio primitivo en Anatolia Oriental, probablemente fue fundado por los refugiados del *Timeo*.[16] La historia de la Inundación del Mar Negro es un ejemplo gráfico de la dispersión del cataclismo cultural que pone los sitios en toda la región dentro de contexto. Lo siguiente es mi resumen del poderoso caso de los científicos decanos William Ryan y Walter Pitman, en *Noah's Flood* (El Diluvio de Noé), sobre que el Mar Egeo inundó el Mar Negro hace 7,600 años.[17]

El Diluvio de Noé y la Elevación de los Mares

La historia empieza hace 20,000 años, cuando los mares estaban a 122 metros por debajo de lo que están ahora. Europa del Norte se estaba descongelando y el agua corrió a toda prisa al Mar Negro, que era un lago de hielo. Los glaciares se derritieron, mientras que la tierra surgía una vez que su considerable peso se elevó. El lago floreciente encontró una salida a través del Mar de Mármara, por la Falla de Anatolia del Norte y hacia el Mar Mediterráneo. El frío regresó hace 12,500 años durante el "Dryas más Joven" y los glaciares surgieron del agua en el Mar Negro, que se convirtió en un lago aislado. La antigua salida, el Canal de Sakarya se llenó de desechos y formó una enorme presa de tierra. Nuevos valles de río fueron cortados a la orilla del retraído lago y la gente llegó ahí en un periodo de decadencia, debido a la desecación de sus propias regiones. Empezaron una temprana agricultura en las ricas desembocaduras de fecundo sedimento. Por 1,000 años el Mar Negro fue un oasis en un mundo deshidratado. Por toda la región existe mucha evidencia de la lucha y de la casi inanición. Entonces hace 11,400 años, la gente que se quedó, se mudó lejos y se estableció en otro lugar para labrar la tierra.

---

* Mary Settegast, *Plato Prehistorian: 10,000 to 5000 b.C. —Myth, Religion, Archaeology* [Platón Prehistoriador: 10,000 al 5000 a.C. —Mito, Religión, Arqueología] (Hudson, N.Y.: Lindisfarne Press, 1990), 51. Esta es la notación de Settegast de los arqueólogos.

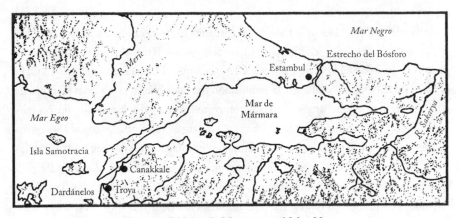

Fig. 6.4. El Mar de Mármara y el Mar Negro

Hace de 11,400 a 8,200 años, la gente vivió en pueblos y cultivó la tierra por todos lados del Cercano Este, como los sitios de Çatal Hüyük, Çanyönü y Natufian. El Mediterráneo se elevó unos pocos metros, pero el Mar Negro fue cortado por la presa en el Canal de Sakarya. En el 6200 a.C., el frío y la aridez regresaron otra vez y la gente abandonó sus pueblos, incluyendo Çatal Hüyük. Algunos regresaron a las costas del Mar Negro para cultivar en los valles y desembocaduras de los ríos. El clima se calentó otra vez en el 5800 a.C. y muchos de los abandonados pueblos sobre el Altiplano de Anatolia se volvieron a poblar. Por el 5600 a.C., el Mar Egeo se había elevado tan alto, que estaba listo para poner en peligro la presa que impedía que los navegantes entraran al Mar Negro. Los vientos y mareas causaron incursiones periódicas, hasta que finalmente el agua empezó a cortar el río a través de la ladera y por el viejo canal hacia el lago. En pocos días, el pequeño río se convirtió en un torrente que llevaba toneladas de escombros y lodo. Cortó en el lecho de roca, abrió un paso estrecho de 144 metros de profundidad y se precipitó 200 veces la cantidad de agua que fluye sobre las cataratas del Niágara. Las crecidas aguas tragaron las costas y la inundación continuó mucho después de que la gente había huido. Después de dos años el Mar Negro había subido 100 metros. El lago de agua fresca se convirtió en un mar salado. El agua densamente salada del Egeo aún fluye a través del fondo del Bósforo hacia el Mar Negro, mientras que el agua fresca fluye por encima en dirección opuesta.

Ryan y Pitman argumentan que los granjeros Vinca de las costas del Mar Negro llevaron su cultura con ellos y sembraron muchas culturas: al oeste de los Balcanes y por todo el camino hasta París; al norte al Río Dnieper en Rusia; por agua en el Egeo y los Mares Ionian; al este al Mar Caspio y al sur al Medialuna Fértil de las Tierras Fértiles, donde sembraron la cultura 'Ubaid, los precursores de los sumerios.[18] Las leyendas de este pueblo son la base de las historias sobre el Diluvio y el Arca de Noé en las tradiciones judeo-cristianas, motivo por el cual Ryan y Pitman titularon su libro *Noah's Flood* (El Diluvio de Noé). Claro está que el Cataclismo del 9500 a.C. es el Diluvio de Noé. Sin embargo, la inundación del Mar Negro es un gran ejemplo de cómo posteriores cataclismos se mezclaron con el principal y luego dispararon más miedo colectivo. Están surgiendo muchas nuevas teorías relacionadas con los ancestros de los sumerios, los 'Ubaids, que naturalmente levantaron nuevas preguntas sobre las leyendas de la Inundación en la Biblia. Stephen Oppenheimer en *Eden in the East* (Edén en el Este) postula que los navegantes de Sundaland sembraron la cultura 'Ubaid, mientras que en *Gods of Eden* (Los Dioses del Edén) Collins presenta evidencia que los 'Ubaids son de un pueblo neolítico de Jarmo en el Kurdistan iraquí.[19] Hay excelentes ejemplos de las importantes revisiones que están surgiendo en la historia antigua, lo que yo analizo más a fondo en los siguientes capítulos. Aquí necesitamos más información sobre el clima y los cambios de la tierra en esta región.

El Cambio de la Corteza Terrestre en la Cuna de la Civilización

Çatal Hüyük, actualmente Turquía, es un sitio precursor de los lugares de los cretenses, que se destruyeron durante el periodo del cambio de la corteza terrestre en la India y por toda la región del Mediterráneo hace menos de 4,000 años, como Cnosos y Akrotiri.[20] El terror por estos cataclismos en el Egeo está profundamente escondido

Fig. 6.5. Palacio Cnosos en Creta durante los tiempos Minoicos

en la psique occidental, porque las catástrofes ocurrieron dentro de los tiempos históricos en la "Cuna de la Civilización". El atrio de Cnosos fue exquisitamente decorado con cientos de cuernos de toros erguidos y había un baile de toros, en el ritual central que se llevaba a cabo. La vida de palacio y las obras de misterio, como el baile de toros, continuó hasta que el Thera hizo erupción. Los marineros cretenses se vieron en medio del ajuste de la corteza terrestre y luego se sintieron abrumados por los belicosos micénicos, quienes oprimían a la cultura de la Diosa cretense. Para ellos, este colapso fue una repetición de dos cataclismos anteriores: el del 9500 a.C. y la Inundación del Mar Negro.*

Los cambios de la tierra en el Mediterráneo, de hace aproximadamente 3,600 años causaron la final anomalía del cerebro bicameral, motivo por el que yo destaco lo que hemos perdido en estos cataclismos. Los cretenses amaban el arte, el teatro, la Naturaleza, la hermosura humana y la arquitectura. Debido a que estos palacios y ciudades fueron enterrados por ceniza volcánica, sabemos mucho sobre ellos y fueron una de las últimas intactas culturas de la Diosa. El problema fue que *la Diosa era la responsable de la pacificación de la Tierra.* Como ésta temblaba y emitía gases, ella perdió

Fig. 6.6. Tres Damas del Palacio Cnosos

---

* A menudo, cuando la gente experimenta una regresión, los recuerdos de la erupción del Thera surgen y si el terapeuta va más profundo, el cliente enfrenta un bloqueo de hoyo negro de miedo. Ver *Eye of the Centaur* [El Ojo del Centauro] de Barbara Hand Clow, (St. Paul, Minn.: Llewellyn, 1986) y *Heart of the Christos* [El Corazón de los Cristos] (Santa Fe: Bear & Company, 1989). El terapeuta de vida pasada, Gregory Paxson me dijo que a menudo la gente recupera los recuerdos de épocas de vida cuando ellos murieron durante la erupción del Thera. Frecuentemente se piensa que esto y la destrucción de Santorini son los mismos eventos del hundimiento de la Atlántida. Yo creo que esto se debe a la resonancia de la memoria.

el poder y una cultura de gran arte y belleza fue destruida. En Egipto, Sekhmet, como una enfurecida diosa de cambios de la tierra, prevaleció sobre Hathor, la diosa de la belleza y el amor, y por primera vez, los egipcios se volvieron belicosos. Antes de eso, eran primordialmente un país defensivo. Hapgood dice, "alrededor del 1400 a.C. tuvo lugar una conmoción geológica en el ámbito mundial y hubo un reajuste *final* de la capa exterior de la Tierra a su nuevo posición, después de su último desplazamiento".·

La cuenca Egea decreció cuando el Thera hizo erupción: Creta fue devastada y los palacios minoicos quedaron enterrados por la ceniza. En Egipto hubo masivos terremotos, cuando muchos de los templos, incluyendo el Karnak, fueron severamente dañados. En el oeste del Mediterráneo todas las islas se hundieron y el Mar Caspio, donde desde entonces los rusos han encontrado una ciudad hundida, descendió cerca de la India, la región del Río Saraswati se elevó, destruyendo la cultura Védica, lo que se describe en el *Mahabharata*.[21]

De acuerdo con el sismólogo A.G. Galanopoulos, el centro volcánico de Santorini colapsó y formó una profunda caldera, que succionó miles de millones de galones de agua de mar y generó un tsunami· de *91 a 182 metros de alto*. La gran ola salió de Thera en el Egeo hasta las distantes costas de Mediterráneo, donde chocó contra las Islas Cicladas y Creta. El ingeniero oceanógrafo James Mavor dice, "la erupción y colapso del Thera (Santorini) es la más grande catástrofe natural que haya ocurrido en los tiempos históricos".[23] La región egea y el cercano oriente en su totalidad, fueron echados hacia atrás, en una regresión conforme el dios de la guerra de la Era de Aries asolaba la tierra y la gente. Ocho siglos después, la civilización del occidente surgió en Atenas con poco recuerdo de la reciente actividad catastrófica. Igual que la gente en el último Imperio Romano no sabía nada sobre Pompeya, los primeros griegos desconocían todo sobre los palacios cretenses o las ciudades de Thera. Hasta hace cien años, la gente creía que el griego era el primer idioma de la región. La cultura cretense se había devastado tanto, que sus escritos sólo se han descifrado parcialmente.·

Los griegos clásicos "sólo aparecieron" en Atenas hace 2,800 años. Con el tiempo, Alejandro el Grande esparció el ideal griego por toda la Cuna de la Civilización, se convirtió en el credo del Imperio Romano y el ideal greco-romano es todavía la base de la educación occidental. Sin embargo, nuestro verdadero pasado es mucho más

---

· Charles Hapgood, *Maps of the Ancient Sea Kings* Evidence of Advanced Civilization in the Ice Age [Mapas de los Antiguos Reyes del Mar. Evidencia de Avanzada Civilización en la Era del Hielo] (Londres: Turnstone Books, 1960), 187. Ahora muchos eruditos datan la erupción de Santorini en el 1626 a.C.

· Sir Arthur Evans descubrió Cnosos y las lenguas escritas de los cretenses, lineal A y B. También ver Stephen Roger Fischer, *Glyph-Breaker* [Descifrador de Jeroglíficos] (Nueva York: Copernicus, 1997).

antiguo, rico, evocativo y femenino. Nuestro recuerdo de miles de años de vida, arte y rituales en culturas felices fueron enterradas bajo ceniza volcánica hasta hace muy poco. El día que el Thera explotó, nuestros antepasados que navegaban el Egeo del 9000 al 1600 a.C. fueron olvidados. Como los egipcios dijeron a los griegos. "todos ustedes son jóvenes de mente, no tienen una creencia enraizada en la antigua tradición, ni en el conocimiento encanecido con la edad…la escritura y las otras necesidades de la civilización, sólo han sido desarrolladas cuando el periódico azote de inundaciones desciende y no perdona a nadie, únicamente a los ignorantes e incultos, así que tienen que empezar de nuevo como niños".[24]

J.B. Delair dice que *la mayoría de las alteraciones terrestres del Holoceno fueron las consecuencias de las conmociones generadas hace 11,500 años.*[25] El Anexo B cubre en detalle este aspecto del trabajo de Delair. Aunque parezca difícil imaginar a la Diosa en medio del siglo XX, devastado por la guerra, *los cambios de la tierra han estado disminuyendo firmemente y en este momento debemos sanar los patrones de respuesta emocional causados por ellos, como las constantes operaciones militares.* La Era de Aries fue la época de guerra y agresión y todavía ahora estamos lidiando con esto. Por el momento, nos profundizaremos en la cultura perdida de la Diosa, porque ello despierta nuestra latente actividad, lo que puede terminar con la violencia y el armamento.

Çatal Hüyük y la Precesión de los Equinoccios

Mary Settegast dice, "el alcance y belleza de estos colonos neolíticos no será apreciado por completo, hasta que lleguemos al bien preservado sitio del Çatal Hüyük en el final del séptimo milenio".[†] Su descubridor, James Mellaart del Instituto de Arqueología de la Universidad de Londres, se maravilló de su similitud con los sitios cretenses, igual que la mayoría de la gente que los compara.[26] Su descubrimiento impactó a la arqueología porque se creía que las primeras comunidades urbanas surgieron cerca del 3500 a.C. Çatal Hüyük era una avanzada cultura agrícola urbana, que existió *miles de años antes de lo que se pensaba que fuera posible*; esto diezmó la línea de tiempo en vigor, de la arqueología del Mediterráneo y del Cercano Este. Mellaart solamente pudo excavar el 4 por ciento de Çatal Hüyük, antes de que se acabaran sus fondos y sólo recientemente se han reanudado las excavaciones. Çatal Hüyük está repleta de complejos santuarios de argamasa, de cabezas de toro y esculturas de

---

[†] Settegast, *Plato Prehistorian* (Platón Prehistoriador), 128. Esto debería de ser el octavo milenio, pero Settegast no calibra todas sus fechas por medio de los anillos arbóreos. Ver la página 9 para cómo manejar las fechas. Yo si calibro de esta manera las fechas que parecen estar descalibrads en su texto y las verifico con otras fuentes.

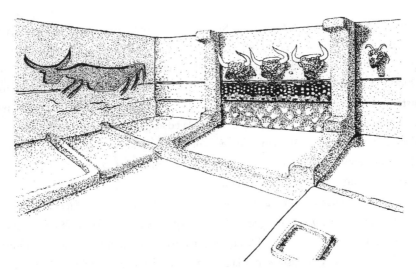

Fig. 6.7. Santuario del Toro de Çatal Hüyük VI.8, adaptado de la figura 35 de Çatal Hüyük.

leopardos, paredes pintadas, molduras de hierro y cobre, sellos de arcilla, hachas de gemas verdes, lanzas de puntas de obsidiana, esculturas de mármol blanco (que semeja la escultura cicládica de la Edad de Bronce), además de extraordinarios murales que parecen ser calendarios, así como murales que muestran escenas de batallas, figuras y paisajes.[27] En este libro se muestran muchas ilustraciones para enfatizar la sofisticación de este lugar, que tiene más de 9,000 años de antigüedad. Más abajo todavía existen niveles sin excavar.

Mellaart dice que Çatal Hüyük desciende de una cultura del Paleolítico Superior,

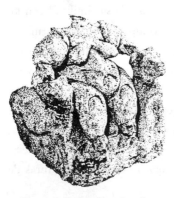

Fig. 6.8. Diosa Dando a Luz sobre el Trono de Doble Leopardo, figurilla encontrada en el Nivel II.

probablemente de Anatolia, de la que poco se conoce".[28] El principal montículo retrocede en el tiempo miles de años antes de la cultura de su capa superior, la que fue abandonada misteriosamente en el 6200 a.C. Luego existe un vacío del 6200 al 5800 a.C., cuando la gente debe de haber regresado a las costas del Mar Negro, porque hubo un severo periodo de frío durante ese tiempo.[29] Las capas superiores son cápsulas de tiempo del 6200 a.C., las primeras etapas que corresponden a la Era de Géminis. El culto al toro era muy importante, sugiriendo la influencia atlante y también es muy evidente la veneración de la Diosa pariendo, lo cual sugiere que la gente guardaba símbolos de la Era de Cáncer. En un recipiente de granos, se encontró una exquisita figurilla de arcilla de una madre dando a luz, mientras está sentada en un *trono de doblo leopardo*, como si ella estuviera ahí para realzar la cosecha. Esto puede sugerir el final de la Era de Leo entrando a la de Cáncer. Hasta que se alcancen los niveles más bajos, no hay razón para dudar que este sitio retrocede hasta el 9000 a.C. Çatal Hüyük fue un centro ritual clave durante la Era de Cáncer —8800 a 6640 a.C.— cuando la agricultura empezó. Collins argumenta que ellos practicaban el *chamanismo de buitre*. Esto resuena con la Era de Cáncer, que estuvo profundamente involucrada con el Inframundo.[30] Los cuartos estaban llenos de numerosos rituales de reliquias familiares, mujeres pariendo y parejas abrazadas, y hasta una diosa dando a luz a un carnero, arriba de tres cabezas de toro. Las capas más bajas de Çatal Hüyük nos llevan completamente a la Era de Cáncer, el profundo centro que nos reúne con la Diosa.

Algunos murales exhiben simbolismos geométricos muy primitivos, delicadas pinturas metamórficas, además de arte de animales, humanos y paisajes. Existen unos extraños murales con modelos de apariencia de red, que son astronómicos. Dos de los murales de los que se habla aquí, describen tiempo y ciclos, igual que otros investigadores también lo han sugerido. En la figura 6.10, note la doble hacha a la izquierda del mural, que más tarde fue un símbolo de Cnosos. Hertha Von Dechend "propone que de hecho, la doble hacha estaba asociada con la Precesión de los Equinoccios".[33] *Esta es la más antigua representación conocida de la doble hacha, sobre la Tierra.* Junto con los gemelos sagrados, esta doble hacha es un símbolo clave para la Era de Géminis,

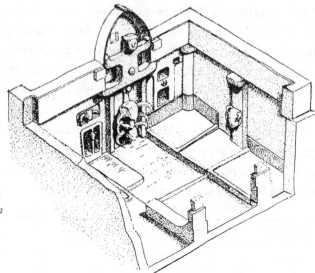

Fig. 6.9. Diosa Dando a Luz a un Carnero, arriba del Santuario de Tres Cabezas de Toro VI.10, adaptada de la figura 38 de Çatal Hüyük.

Fig. 6.10 Mural de Cruz de Ruedas del Santuario VI.A.66, adaptado de la figura 112 de Plato Prehistorian *(Platón Prehistórico).*

porque expresa dualidad. El hecho de que este mural fuera pintado durante el principio de Géminis, sugiere que seguir la huella a la precesión puede haberse convertido en una actividad importante durante esta era, en especial porque Géminis está regido por Mercurio, el planeta que influye en la comprensión mental. Una vez que se notó la precesión, marcar los cambios entre las eras se debió de haber convertido en un gran problema, y tiene sentido que un centro ritual clave como Çatal Hüyük hubiera memorizado este gran cambio en el cielo. Yo estoy proponiendo que *Çatal Hüyük de hecho tenía información precesional de la Era de Géminis.* Esto es en extremo importante, porque sugiere que este sitio estaba activo cuando se fundó la nueva religión de este periodo, —Zervanismo o Magismo— un culto obsesionado con los cósmicos ciclos de tiempo.[32]

En el mural, la doble hacha en los signos de la izquierda señala que la Era de Géminis ha llegado. Nótese en el centro del mural, la distintiva "cruz de rueda", que es una rueda de Tiempo dando vueltas como una cruz de cuatro dimensiones, con brazos casi iguales que terminan como el tridente de Poseidón.* Este fue el legendario fundador de la Atlántida y ¡los brazos de la rueda con su tridente en la punta indican que él controla el Tiempo! Como con el molino de Hamlet, aquí esta cruz de ruedas —del que Marija Gimbutas dice que la cerámica greco-balcánica tardía es un "simbolismo del perpetuo renacimiento del ciclo cósmico"— aquí es la imagen central del Tiempo. Parece como si el tridente de Poseidón estuviera "introduciendo" el Tiempo en su lugar dentro de la siguiente rueda, que está dividida en ocho secciones por la cruz central, un retrato muy simple y gráfico del tiempo cícli-

---

* Settegast. *Plato Prehistorian* (Platón Prehistoriador), 189. J.B. Delair comentó en su nota sobre esta parte del manuscrito en enero del 2000, que el tridente fue "hecho especialmente por Ea para Marduk (para Indra por Vishnu/Tavashtri), que no era otro que el Fenicio/Sidon Griego/Poseidón (Neptuno romano). El tridente fue una terrible arma que involucraba electricidad y batallas con bombas, y se usaba para desmantelar/distraer a Faetón o Marduk".

co. También entre la cruz modificada hay cuatro cuñas divididas, que representan las dos eras, haciendo un total de doce Grandes Eras. *La segunda rueda es el círculo de las doce Grandes Eras, que muestra a la de Géminis entrando.* Enseguida, a la derecha, hay una cabeza de toro con líneas onduladas, lo que sugiere flujo de energía o a lo mejor, agua de la desaparición de la Atlántida. Es posible que ellos desearan señalar que la Era de Tauro seguía a la de Géminis y estará muy energizada, debido a que es una Era estable.

Los símbolos en este mural son muy específicos, y grita, "¡aquí es donde estamos ahora!". El elemento más intrigante está justo arriba del lugar donde la cruz de rueda de Poseidón está entrando a la Era de Géminis, debido a la cuña que representa tanto a Géminis como a Cáncer. Nótese *las pequeñas figuras humanas que flotan en la rueda, como si estuvieran dibujando a los ancestros de Çatal Hüyük llegando en el Tiempo o regresando de las costas del Mar Negro.* Es posible que éstas sean posturas rituales. Estas ideas pueden parecer ilógicas, pero la gente arcaica fue muy intencionada en su arte: sólo incluían elementos que tuvieran algún significado para ellos. Un simbolismo erróneo no representaría bien al cosmos y a los dioses, podría traer el mal o el caos al mundo. Este mural tiene mucha intención. Además, los antropólogos ya han sugerido lo que significan algunos de los elementos básicos. Esta cruz de ruedas del tridente de Poseidón es uno de los más antiguos que existen y es un símbolo muy poderoso para un dios y el Tiempo.

El siguiente mural es mucho más difícil de interpretar que el de la cruz de rueda, así que necesitamos más antecedentes de estos murales. Antes que nada, fueron pintados y luego rápidamente borrados con una capa de pintura blanca después de ser usados.[33] Hoy, los monjes tibetanos y los Déné (navajos) hacen muy complejas pinturas de arena que muestran patrones de armonía cósmica. Ellos rezan con ella, creada en el momento y luego destruyen el diseño, al volver a mezclar todos los granos. Estos son rituales muy sagrados porque crean realidades intencionales. Una vez que los diseños se traen al mundo, sería destructivo arreglarlos con el tiempo, porque ellos entran en un efímero eje vertical, uniendo la Tierra con el cielo, para influir en los eventos sobre la Tierra.

> *"Todo bienestar y adversidad que llega al hombre*
> *y a las otras criaturas, vienen a través de los Siete y los Doce...*
> *por los doce signos del Zodíaco y los siete planetas que rigen*
> *el destino del mundo y lo dirigen".*
> —Bundahishn

Fig. 6.11. Doce Manos Arriba y Siete Abajo del Santuario VII.8, adaptado de la figura 119 de Plato Prehistorian (Platón Prehistoriador), *que especula sobre si la cita anterior está relacionada con este mural.*

Probablemente esta era la misma tecnología sagrada de los murales de Çatal Hüyük —los pintaban y luego volvían a pintar sobre ellos, hasta que fuera el momento de crear otro. Debido a que los cosmogramas tibetanos y Déné describen ciclos cósmicos, entonces es probable que estos murales sólo representen los ciclos cósmicos del Tiempo. El antropólogo Brian Fagan dice, "claramente, estas pinturas de pared tenían una profunda significación transitoria, posiblemente como un elemento en la realización de un poderoso ritual, que llevaran a cabo en el lugar sagrado".[34] Nunca fue imaginado que, en nuestro tiempo, los arqueólogos removerían la pintura y los revelarían. En mi opinión, *hay rituales que se concentran en la mente humana para un viaje en el tiempo.*

El segundo mural también es precesional y lo que puede representar es increíble. La primera impresión es que este mural es *muy* deliberado. Settegast dice que sugiere que en Çatal Hüyük se practicaba el Zervanismo.[35] Esta es la religión de los Magi, la que concibe el Tiempo como infinito, como eternidad. A la luz de *Noah's Flood* (El Diluvio de Noé) de Ryan y Pitman, cuando factorizamos en el contexto más amplio para la región, los Magi pueden haber sido los astronautas-sacerdotes de la ciencia cosmológica, para toda la región en este tiempo. Igual que la gente que vivió en las costas del Mar Negro antes del 9500 a.C., pueden haber desarrollado la agricultura, también experimentado un gran adelanto cosmológico. Von Dechend y de Santillana postulan en *Hamlet's Mill* (El Molino de Hamlet) que la Era de Géminis fue el "Tiempo Cero" porque fue cuando las constelaciones de Géminis y Sagitario surgieron durante los equinoccios.[36] Debido a la edad y a la naturaleza de las religiones en esta área, el profeta indio-iraní Zaratustra (también conocido como Zoroastro) fue un *reformador* del Zervanismo. Esto hace su tiempo más anterior y él ya había regresado miles de años —Aristóteles dice que el tiempo de Zaratustra fue el 6350 a.C. Zaratustra *abolió* la adoración al tiempo o al destino, que es la base del Zervanismo, así que éste es mucho más antiguo. Çatal Hüyük puede ser un sitio de Magi o Zervanian.[37] Para los Magi, el tiempo se "concebía zodiacalmente", y Settegast cree que el texto pintado sobre la figura 6.11 representa el punto de vista del Zervanite o Magite Iraní, sobre la influencia celestial de los eventos terrenales.[38] Este mural tiene aproximadamente *8,700 años de antigüedad*. El texto sobre el mural fue escrito hace 1,000 años y fechado en ese tiempo, pero si este texto se expresa sobre el mural, el *Bundahishn* del cual viene, tiene elementos de 8,700 años o más de antigüedad. Mientras consideramos la fecha exacta del mural, a la luz de este texto (asumiendo que el tiempo se concibiera zodiacalmente), las doce manos superiores son los doce signos y las siete inferiores son los siete planetas, que están conectados por patrones parecidos a una red. "El modelo parecido a una red, entre estas filas de siete y doce manos en Çatal Hüyük, es en sí mismo un símbolo tradicional de las conexiones entre los cuerpos celestes".[39] Estos murales fuertemente unidos sugieren que Çatal Hüyük fue un importante centro astronómico durante la Era de Géminis, que se dedicó al estudio planetario y a los ciclos estelares precesionales.

Creo que este mural sigue la huella de las influencias planetarias durante las Grandes Eras. Probablemente, las líneas parecidas a una red representan las órbitas planetarias. Como lo interpretamos, van de derecha a izquierda —como las Grandes Eras se mueven en un orden inverso— la Era de Géminis es la mano negra de arriba y parece que el muralista puso algunos anticipados movimientos planetarios que ocurrirían, conforme está época avanzara. El siguiente es Cáncer, donde se indican nuevos patrones, y el diseño circular puede representar un simple hogar o una primitiva casa circular, donde las primeras personas se establecieron. A continuación, regresando a Leo con un tornillo luminoso zigzagueante, una extraña cabaña o una cueva parecida a una vivienda; luego, justo en medio de Leo, una enorme dicotomía que puede representar una discontinuidad en el 9500 a.C., con aislados garabatos entre las dos manos superiores. Conforme retrocedemos más en el tiempo, el mural muestra eras más tempranas —como Virgo, Libra y Escorpión— porque la gente en este tiempo habría pensado que las eras zodiacales retrocedían por siempre en el tiempo. Sin embargo, el retrato de estas eras antes de la dicotomía es radicalmente diferente a las de Leo hasta Géminis, además los patrones están significativamente más ordenados, lo que puede reflejar el tiempo del Paraíso. Retrocediendo a la Era de Géminis, vemos que hay mucha actividad y existe una interpretación del muslo de un toro, que representaba las estrellas alrededor del Polo Norte, en las antiguas culturas, como Egipto. Retrocediendo más en el tiempo, la red es más geométrica y ordenada, posiblemente *retratando un tiempo anterior a la inclinación del eje*.

Los muralistas pueden haber guardado registros de los patrones en el cielo, antes de que empezaran las estaciones, y su orden y claridad antes de la dicotomía, pueden describir la Edad de Oro. Estoy sugiriendo que este mural intenta mostrar 26,000 años de Tiempo, basado en el actual conocimiento de las grandes eras de los muralistas y muestra radicales diferencias astronómicas en las órbitas planetarias antes y después de la inclinación del eje. *El cambio en el cielo nocturno habría sido su historia principal*, y ellos habrían pintado los murales para representar estos patrones. Somos muy afortunados en poder analizar estas ideas, aunque es difícil entender la mente arcaica. Entre más nos demos cuenta cómo las Grandes Eras han literalmente estado mutilando el cerebro humano, será más lógico que la gente haya creado pinturas como ésta para retratar los largos ciclos de tiempo. Somos *nosotros* quienes hasta hace muy poco habíamos olvidado qué tan importante es esta información. Este mural puede hacer un mapa de los patrones planetarios y de las Grandes Eras, en una forma en que los astrónomos de Çatal Hüyük los entendieron. Si ellos estaban observando la precesión y ajustando las estaciones, entonces *habrían* tratado de hacer símbolos y pintado diagramas como estos. A *nosotros* se nos dificulta imaginar esto porque nuestra cultura ha vivido poco, en comparación.*

La única forma de entrar a los bancos de memoria arcaica es liberar nuestras imaginaciones. Nadie podrá probar con seguridad lo que significan la cueva ritual de Lascaux o los murales en Çatal Hüyük; sin embargo, podemos esperar que seremos capaces de leer cada vez más cosas de estos antiguos registros, mientras sigamos aprendiendo sobre la gente que vivió ahí. Conforme tengamos mejor información sobre sitios específicos, entonces es posible conectar, una a otra, a las antiguas culturas y entender sus patrones progresivos. He usado a Platón como una guía de lo que era el mundo hace 11,000 años y completaré este capítulo al explorar otro misterio que nos llega de Platón. El *Timeo* comienza con el mito de la Atlántida, como una sociedad que existió en los días de la antigua Atenas y esta sección sólo se extiende por seis párrafos. Luego continúa con otros sesenta, que describen la manifestación del mundo físico posterior al tiempo mítico. Esto es, *el cuerpo principal del* Timeo *se puede igualar al Egipto dinástico, y la parte de la Atlántida se puede equiparar con el antiguo Primer Tiempo*. Pocas personas han puesto atención a la extraña y arcaica descripción de Platón, de la manifestación del mundo material; sin embargo, debido a que sigue su retrato de la Atlántida (la que se completa más tarde con el *Critias*), yo creo que vale

---

* J.B. Delair, carta personal, 22 de noviembre del 2000. La Cuna Indígena Panameña antes de la inundación, recuerda a sabios que "impartieron detalles del entonces *nuevo calendario*. Cualquiera de estos habría *tenido* que haber incorporado el *factor* precesional (entonces muy nuevo) para que el calendario hubiera tenido un valor duradero. El factor se *permite* en el zodiaco y eso también fue tradicionalmente inventado por la antigua gente de la post-inundación. Por lo tanto, si se puede dar algún crédito a estas antiguas creencias y afirmaciones, el factor precesional se discutió *muy* pronto después de la inundación". (itálicas, de Delair)

la pena considerarlo. Como veremos, de hecho esto habla mucho de la consciencia humana, durante la Era de Cáncer —8800 a 6640 a.C.

Los más Antiguos Escritos y los Sólidos Platónicos

La parte más peculiar de la educación de mi abuelo fue su insistencia en que yo estudiara el *Timeo* y que después se lo explicara según lo había entendido. Yo estaba fascinada con la historia de la Atlántida, pero los escritos de Platón sobre el mundo físico, llegados del mundo de formas, francamente me dieron dolor de cabeza a los ocho años. Para mí, las ideas de Platón tenían un sentido geométrico, en especial que el mundo físico sale de la geometría. Mientras escribía este libro, finalmente empecé a darme cuenta que algo más sucedía, cuando leí que un grupo de investigadores químicos acababan de tener éxito al crear moléculas basadas en los sólidos platónicos. Los químicos han hecho nuevas moléculas —como el octanitrocubano o ONC, que puede terminar siendo la base de la cura del cáncer— que es el más poderoso explosivo no molecular que se haya encontrado, y están expandiendo los horizontes de la química orgánica. En relación con los sólidos platónicos, Platón dijo que los cuatro componentes elementales son la tierra (cubo), aire (octaedro), fuego (tetraedro) y agua (icosaedro) y el dodecaedro simboliza el universo.[40] *¡Los químicos descubrieron una nueva química al estudiar a Platón y siguiendo sus formas!*

La siguiente conexión se hace por medio de los símbolos de arcilla del Cercano Oriente que se encuentran casi en todos los sitios en Irak, Irán, Siria, Turquía e Israel del 8000 al 6000 a.C. Estos son los primeros objetos de arcilla endurecidos al fuego y son miniaturas bien hechas de conos, esferas, discos, tetraedros, cilindros y otras formas geométricas —algunos de los sólidos platónicos.[41] Eran un sistema de conteo y temprana escritura, que permitía a la gente tener un puente entre diferentes idiomas y al ser tan manejables, son universales y estaban bien desarrollados por el año 8000

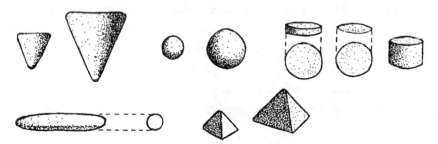

Fig. 6.12. Símbolos de Arcilla del Cercano Oriente, adaptado de la figura 11 de The Lost Civilizations of the Stone Age *(Las Civilizaciones Perdidas de la Edad de Piedra), que se deriva de la investigación de Denise Schmandt-Besserat.*

a.C. Si hubieran existido antes del Cataclismo, creo que se habrían encontrado en las cuevas y otros sitios, donde se hallaron huesos prediluvianos con anotaciones. Ya he escrito en el capítulo 4, que existe mucha evidencia de sistemas de escritura anteriores al Cataclismo y creo que estos símbolos son la evidencia de un nivel de pensamiento abstracto totalmente nuevo.

La doctrina esencial de Platón —el reino material se precipita fuera de las formas abstractas— retrocede aún más en el tiempo. El antropólogo Richard Rudgely tiene un fantástico capítulo titulado "Paleo-Science" (Paleo-Ciencia) en *The Lost Civilizations of the Stone Age* (Las Civilizaciones Perdidas de la Edad de Piedra).[42] Entre muchos maravillosos hallazgos, hace más de un millón de años nuestros ancestros Acheulianos en Europa, Asia y África mostraron un notable grado de uniformidad, al fabricar sus hachas de mano. ¡Siempre es posible reconocerlas porque los cortes son tan iguales, que un artesano podría haberlas hecho a todas! Naturalmente que esto es imposible y la conclusión es que esta uniformidad no se puede deber a la casualidad. Tiene que haber sido una forma de conocimiento social —deben de haber tenido la *imagen de la herramienta* en sus mentes. Rudgely dice que "los orígenes de los aspectos del conocimiento matemático, se pueden rastrear retrocediendo hasta el tiempo de las hachas de mano".[43] Él cree que no podemos entender la historia humana, sin tomar en cuenta las innovaciones y desarrollos que ocurrieron en la Edad de Piedra. Ver al arqueólogo Alexander Marschak en el anexo D, quien también descubrió mucho sobre la innovación de la Edad de Piedra.

Yo concuerdo con Richard Rudgely, pero desde una perspectiva diferente. Junto con Allan y Delair, creo que el Cataclismo terminó con 29 millones de años de desarrollo humano. Todos los vestigios son de piedra, debido a la destrucción. En el siguiente capítulo presentaré evidencias que apoyan esta larga evolución. En relación a los misteriosos símbolos neolíticos, creo que son una herramienta del cerebro, que mantuvieron vivo el más crítico conocimiento humano —*la materia se precipita fuera de las formas abstractas*— que es lo que obviamente importaba a Platón. De todas las cosas en las que mi abuelo puso énfasis, decía que esto es lo más importante y ahora veo por qué. Una vez que comprendemos que *nuestros pensamientos crean nuestras herramientas*, igual que los fabricantes de hachas Acheulian y los artífices neolíticos de los sólidos platónicos, entenderemos cómo nuestros ancestros pudieron crear la Gran Pirámide.

7

Los Ángeles Caídos
y las Piedras de Ica

...ahí existe una poco conocida sociedad de
devotos del zodiaco. Entre ellos se reconocen con la contraseña,
"veintitrés y medio", el número de grados del ángulo
del eje de la tierra; es la inclinación
del zodiaco sobre el ecuador

—Elémire Zolla[1]

Draco y la Osa Mayor

Las constelaciones que viajan alrededor del Eje Celeste del Norte, —*las constelaciones circumpolares*— son un gran reloj, del que las antiguas tradiciones dicen que lee el tiempo del surgimiento y la caída de la humanidad. El macrobiólogo Michio Kushi dice, "el círculo de las estrellas circumpolares, como un todo, cuenta una historia, el viaje de las civilizaciones humanas a través de las etapas del ciclo de 26,000 años. Los antiguos usaban los patrones de las estrellas en el cielo nocturno, igual que nosotros usamos libros impresos, películas y la televisión —como un medio de preservar y transmitir información".[2] De acuerdo con Kushi, estamos terminando una época de guerra y lucha, y empezando el tiempo del paraíso. Él describe el periodo en el que hemos estado desde el Cataclismo, como un momento de confusión que llega a la Tierra, cuando estamos sumamente influenciados por la constelación de Draco, el Dragón o Serpiente de la tradición bíblica, cuando fuimos expulsados del Paraíso Terrenal.[3] Durante este tiempo hemos estados devorados por vibraciones negativas y casi hemos perdido nuestro camino, conforme nuestro pensamiento se ha vuelto más y más engañoso. Ahora, mientras llegamos al final de este tiempo, vemos los frutos de nuestra destrucción. La orientación sobre el círculo circumpolar está cambiando a la influencia de la constelación de la Osa Mayor, el anunciado principio del tiempo del paraíso, cuando encontraremos nuestro camino de regreso al Jardín del Edén.

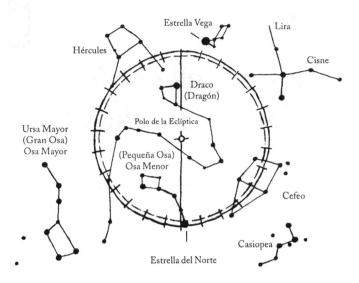

Fig. 7.1. Draco y la Osa Mayor.

Durante este tiempo de oscuridad, consolidamos nuestros esfuerzos a través de instituciones, sólo para sobrevivir y nos volvimos muy sólidos y materiales. Ahora debemos romper ese patrón para volvernos menos densos, lo que nos permitiría a *usar los completos poderes vibracionales del pensamiento en el mundo material*.

El capítulo anterior termina con un concepto básico: la materia se precipita de la forma abstracta por medio de nuestros pensamientos —o, para ponerlo más fácil, nuestras ideas crean las cosas que emergen en nuestro mundo material. Naturalmente, hay muchas otras órdenes de creación, como los minerales, las plantas y los animales. Como hemos visto por las teorías de Julian Jaynes e Immanuel Velikovsky, los cambios de la tierra han alterado funcionalmente el cerebro humano y las culturas. Nos estamos convirtiendo en criaturas que entre ellas se envían correos electrónicos, e interactúan cada vez menos en persona —pero ¿quién quiere esto? ¿Son aquellos que manifiestan un sistema como ese, los devotos del zodiaco con la contraseña "veintitrés y medio"?. Como muchas religiones buscan una solución final, el tiempo se acelera y las antiguas formas de vida sólo desaparecen. Entre esta alta velocidad emocional, las profundas fuerzas arquetipo se activan dentro de los individuos, lo que podría formar un torbellino que se alimenta con formas de pensamiento negativas. Esto se puede evitar si las personas procesan sus propias sombras o lados oscuros y evitan ser los rehenes de fuerzas más grandes. El tema más importante de este libro, consiste en que mucha gente cree que el final del mundo está pronto a llegar; rezan para que llegue el Apocalipsis, sólo para terminar con todo, lo que significa que siempre tienen la idea de ser las víctimas.

La mayoría de la gente no sabe que las sombras plutónicas, con las que están luchando, son el resultado directo de la falsa historia del pasado. La verdadera historia fue depurada hace miles de años, y a la gente se le ha alentado a sentirse culpable sobre algo que no pueden ni siquiera describir. *Estas dolorosas sombras nacieron durante los horribles tiempos de supervivencia, los largos años que siguieron a los caóticos cambios de la tierra.* Estos difíciles periodos necesitan examinarse, porque los mitos catastróficos siempre están emparejados con historias que dicen que los seres humanos que pecaron contra Dios, causaron los cambios en la tierra. Por ejemplo, en el Génesis 6:1-12, los hijos de Dios bajaron y sedujeron a las hijas de los hombres, de ellas nacieron gigantes y el maléfico llegó al mundo. Esto provocó que Dios mandara una gran inundación, el Diluvio de Noé quien, a pesar de esto, junto con su familia y las especies *sobrevivieron.* Después de la Inundación, las primeras fuentes de la historia en la Biblia dicen que en esos días, los humanos vagaban aturdidos por la Tierra entre gigantes serpenteantes y grandes pájaros-dioses, quienes enseñaron el arte de la civilización a la humanidad. De este tiempo, nos vimos a nosotros mismos como mezclados seres del cielo y la Tierra; *nos vimos como los hijos de los Ángeles Caídos, así como los indígenas.* Ha llegado el momento de investigar estas historias, porque son la fuente de partes intensamente sombreadas y separadas de nuestras psiques, que están todas confundidas con los recuerdos del cataclismo. De otro modo, sólo somos todos pecadores caídos, que nunca podrán recuperarse del trauma que ocurrió hace mucho tiempo; estaremos en el dominio de la catastrofobia por siempre.

Durante el tiempo del paraíso, como lo fue antes del Cataclismo, Kushi describe "todo el planeta unido en un tiempo de paz, creatividad y harmonía por la descendiente (centrípeta) energía que formó la galaxia, el sistema solar y esta tierra".[4] El también está de acuerdo con mi opinión, sobre que el Solsticio Galáctico de Invierno es el momento de la alineación de los solsticios, cuando el eje de la Tierra señala directamente dentro de la Vía Láctea y recibimos un "enorme flujo de corriente galáctica".[5] La masa de estrellas en ese plano "vierte su influencia directamente a través del canal central vertical de energía (norte-sur) del planeta y también de la humanidad, así como de otras formas de vida sobre la tierra. No sólo está el cerebro humano más activo durante ese periodo, sino que las fuentes botánicas de nuestro alimento son mucho más vigorosas, difícilmente se necesita alguna cultivación".[6] En relación a la Teoría de la Inclinación del Eje, el tiempo del paraíso que Kushi describe, duró por lo menos 30 millones de años y los últimos 11,500 han sido el momento de lucha, cuando la serpiente Draco empezó a retroceder en el cielo, por precesión. Esto es, el 21 de diciembre de 2012 puede darse el primer Solsticio Galáctico de Invierno, como se sugirió en el capítulo 1.

Kushi está describiendo el *mundo vibratorio*. La creación de realidades por medio del pensamiento, requiere de la recepción de energía por todo el cuerpo, no sólo al pensar con la cabeza. He empezado con nuestro apasionante futuro, porque el material de este capítulo será horroroso e impactante para muchos lectores. Ha sido profundamente suprimido. Nos han condicionado a evitar enfrentar la oscuridad interior; pero como el paraíso viene otra vez a la Tierra, nuestros cuerpos necesitan acoplarse bien para que podamos recibir estas fuerzas vibratorias. Sutiles glándulas que entran en muy altas frecuencias, como el hipotálamo y el timo, despiertan, y si tenemos masivos bloqueos emocionales, nuestros cuerpos físicos no pueden manejar las secreciones de estas glándulas.[7] Aún ahora, la recuperación de los recuerdos arcaicos está causando una crisis espiritual de compromiso de la mente. Como muchas personas miran profundo hacia adentro y enfrentan su propia violencia escondida y crueldad, los límites personales se están disolviendo y los sentimientos intensificando exponencialmente. La gente siente que su propio enojo y miedo interior están relacionados con el dolor del mundo; ellos *sienten* a Ruanda, Bosnia, Irak, Israel, Egipto y Washington. Están involucrados en un despertar a nivel de especie. Notablemente, cada vez que una persona deja ir su necesidad de estar separado del todo, tales encuentros con el ser profundamente honestos, causan milagros: de repente, los desastres en la Naturaleza o políticas que parecían inevitables, sólo no suceden. Esto se debe a que *la Naturaleza reformula sus campos, en resonancia con el corazón humano que se conoce a sí mismo, por pensamientos intencionales claros*. Ella cae en el caos, cuando los hombres malvados proyectan mentiras y odio a la colectividad. El divino está envuelto en el mundano mundo y responde al amor, además las búsquedas personales causan olas de gracia en el mundo material. Es tiempo de identificar los irreconocibles sueños, amores y poderes mágicos de la gente perdida en el Cataclismo, cuando nuestro sueño cósmico estaba destrozado. Otra vez, se deben cantar las canciones de los ancestros.

La Pesadilla Colectiva de la Elite Global

Cambiando nuestros reinos personales, que tan cuidadosamente construimos a nuestro alrededor para sentirnos protegidos, podemos ahora explorar la actual mentalidad de grupo, donde hay un edificio colectivo de maldad, causado por una red de invisibles formas de pensamiento arquetipo. La verdad es que vivimos en un mundo que está controlado por secretos grupos de Elite Global. Los miembros de estas asociaciones vienen de antiguas familias adineradas, que proporcionan individuos para mantener las importantes posiciones en la política, religión, medicina, bancos y negocios. Esto no es una noticia; sin embargo, no se entiende bien *la forma* en que ellos usan el poder. Utilizan las olvidadas artes de los Ángeles Caídos —creación por pensamiento, astrología, curación natural y la alquimia— mientras que al mismo tiempo desprestigian a estas artes, para que nadie vea qué es lo que ellos están haciendo en realidad. La gente fuera de la Elite no puede creer que esto es lo que hace este grupo, porque se visten con trajes y corbatas rojas, y sonríen afablemente en la televisión. Para el público, cualquier contacto con estas artes es una vergüenza, como llevar colgado un letrero que anuncie que uno lee la palma de la mano; de tal manera, la gente es defraudada por el uso de estas habilidades. Mientras tanto, la Elite utiliza continuamente todas las fuerzas mágicas en sus secretas intrigas.

La única manera en que este programa se puede dar a conocer, es observando el comportamiento de la Elite, por grandes periodos de tiempo. Como hemos visto, ellos han robado el conocimiento de las sagradas culturas y lo destruyeron allí mismo o lo guardaron como referencia en lugares como la Biblioteca del Vaticano, museos arqueológicos, el Instituto Smithsonian o en colecciones privadas. Usando estas poderosas herramientas —calendarios, artefactos totémicos, huesos y sistemas de adivinación— por miles de años, ellos han trabajado juntos en secreto para controlar al mundo.[8] Ver las notas a pie de página o apostillas, para ver la lista de buenos libros sobre la Elite Global. La Elite necesita controlar estas fuerzas, para dominar el mundo, pero *¿por qué?* Porque la gente que vive en pequeños ecosistemas puede usarlas para vivir en armonía con la tierra y mantener su libertad, y no los pueden controlar. Al tomar la tierra y los poderes mágicos de los indígenas, la Elite multiplica estas fuerzas dentro de sus propios sistemas entrelazados. Ahora vivimos en la era cuando ellos planean recurrir a sus fichas, porque saben que el tiempo del paraíso está por llegar. Como Andrew Collins dice, "iniciadas y secretas sociedades preservaron, honraron y hasta celebraron el conocimiento prohibido, con el que nuestros más distantes ancestros ganaron su inspiración y sabiduría, no de Dios ni de las experiencias de la vida, sino de una olvidada raza recordada hoy por nosotros como los ángeles caídos, demonios, diablos, gigantes y espíritus malévolos."[9]

Andrew Collins sigue el rastro de cómo que los Ángeles de varias escrituras de los cristianos, hebreos, iraníes y del Medio Oriente se entrecruzaron con las mujeres de la Tierra, hace miles de años. También describe cómo, durante los cruciales tiempos de supervivencia, los Ángeles enseñaron las artes prohibidas y las ciencias a la humanidad; *ellos eran seres físicos que caminaban entre nosotros*.[10] El cristianismo conspiró con la aristocracia, para eliminar la evidencia de la naturaleza corpórea de los Ángeles y esto continúa hasta hoy. Cuando los europeos colonizaron las Américas, la Inquisición ya había tomado las olvidadas artes de la gente común de Europa. Los conquistadores de América fueron entrenados para buscar todas las huellas del conocimiento y los sacerdotes barrían justo atrás de las legiones y destruían la información inmediatamente o la guardaban, y después construyeron iglesias sobre los sitios indígenas sagrados. Aturdieron las mentes de aquellos que sobrevivieron al genocidio y la gente olvidó la verdadera historia de los tiempos antiguos.

En el siglo XVIII, las personas estaban excavando para encontrar huesos de mamuts y dinosaurios y el público se consumía de curiosidad sobre estos increíbles hallazgos. A menudo los descubrimientos contradecían a la ciencia vigente, que era prescrita por los teólogos. La Elite estableció sistemas de universidad y museos para controlar y manejar los descubrimientos hechos por bien pagados arqueólogos, curadores y profesores, quienes fueron instruidos para seleccionar sólo ciertas partes de los datos. Estos se usaron para construir una mitología que soporta a la Elite —el Darwinismo Social— basado en la premisa de que la humanidad está siempre evolucionando de lo primitivo a lo más avanzado y así eliminando la posibilidad de civilizaciones prediluvianas. Desde entonces, esta mentira ha retrasado severamente el desarrollo humano y esto desequilibra a toda la cultura, motivo por el cual el nuevo movimiento arquetipo la está atacando. No es de extrañarse que las historias de los Ángeles Caídos se escondieran. *La Elite toma el poder de los Ángeles mismos, un pacto faustiano de mayores proporciones y consecuencias.* Pero final e inevitablemente, la evidencia de anteriores culturas avanzadas está surgiendo y nuestros más profundos recuerdos están empezando a despertar.

Ciudades Subterráneas y los Tiempos de Supervivencia

Las fechas revisadas de la construcción de la Esfinge, el Valle del Templo y el Osireion, evidencian la avanzada herramienta de maquinaria de Egipto y todos los registros escritos de ese lugar sugieren la existencia de una altamente avanzada Cultura Antepasada en Egipto antes del 10,500 a.C. Fuertes lluvias e inundaciones forzaron

---

* D.S. Allan y J.B. Delair, *Cataclysm! Compelling Evidence of a Cosmic Catastrophe in 9500 b.C.* [¡Cataclismo! Convincente Evidencia de una Catástrofe Cósmica en el 9500 a.C] (Santa fe: Bear & Company, 1997), 183-90. Esta fue una magnética inversión global llamada el Gothenburg Flip, que aparentemente ocurrió hace de 13,750 a 12,350 años, que muy probablemente disparó el Dryas más Joven, una corta edad de hielo de hace aproximadamente 12,500 a 11,500 años.

a los Antepasados a salir por mar en grandes barcos para buscar su seguridad, mientras que otros migraron al oeste hacia Libia˙. Los Textos del Edificio Edfú, que se cataloguaron durante los tiempos de la dinastía egipcia registran este preliminar éxodo y se ha descubierto evidencia de hacia donde fueron.[11] Por el mismo tiempo, alguien construyó treinta y seis ciudades subterráneas en el centro del antiguo reino otomano, Capadocia, que un total de *200,000 personas* pudieron haber habitado cómodamente. El más grande, Derinkuyu, cubre 6.4 km², sólo se han explorado a consciencia ocho niveles, de veinte que se piensa que existen y sólo este único complejo podría haber albergado adecuadamente a cerca de 20,000 personas. Tiene complejos tiros de ventilación de 10 cm de diámetro, que bajan más de 61 m en los diversos niveles, para lo que se habría necesitado taladros de punta de metal. Se han encontrado túneles que unen una ciudad con otra.[12] Cerca de la superficie de las cuevas, en las torres de toba hay dibujos serpenteantes de ocre rojo y diseños geométricos que concuerdan con el nivel de Çatal Hüyük de 8,500 años de antigüedad y las pinturas sobre las paredes de tumbas predinásticas en Egipto. Estos cavernícolas "no se estaban escondiendo de la gente, sino de las fuerzas de la naturaleza".[13] Habría estado oscuro y húmedo, debieron de haber extrañado la luz, pero por lo menos, pudieron sobrevivir. El nivel más bajo y antiguo tiene techos más altos que los superiores, y fueron labrados con herramientas de piedra encontradas cerca de ahí, que están fechadas al final del Paleolítico. Esto sugiere que los niveles más bajos fueron "diseñados para adaptarse a una raza de personas altas".˙

Los mitos describen a Istar, Inanna y a Perséfone descendiendo en la casa de la oscuridad, —la que una vez pensé que era Çatal Hüyük y hay incontables historias antiguas sobre gente yendo bajo la tierra durante los cambios de la tierra. El excavador de Çatal Hüyük, James Mellaart, escribe que los murales en los niveles sobre los que no se han excavado, tienen pinturas de arcaicas estructuras de carrizo, las ancestrales casas de la región de hace 11,000 años.[14] Estas son muy parecidas a las estructuras que se construyeron para la ceremonia del Faraón Heb Seb, para honrar las formas de vida de los antepasados, el Shemsu Hor (ver figura 5.5). Como Andrew Collins reporta, "la época que rodea la conmoción climática y geológica que acompañó a la última Edad de Hielo, es el único momento en el que la humanidad ha pasado largos

˙ Andrew Collins, *From de Ashes of Angels: The Forbidden Legacy of a Fallen Race* [De las Cenizas de los Ángeles: El Olvidado Legado de la Raza Caída] (Londres, Signet, 1997) 286-87. Como un ejemplo de lo que la gente más joven entiende, cuando le hablé sobre Derinkuyu a mi hija de veintidós años, tratamos de imaginar cómo se alimentaban. Ella dijo, "de aquí es de donde debe venir la tecnología de germinar las semillas". Como esta región fue la cuna de la temprana agricultura, ella puede tener la razón.

periodos de tiempo escondida del mundo exterior".[15] Por otro lado, él conjetura que la Cultura Antigua fue a Derinkuyu entre el 9500 y el 9000 a.C. durante las convulsiones climáticas.[16] Sugiero que el Nilo fue dañado por las fuertes lluvias durante un periodo llamado el Dryas más Joven —10,500 al 9500 a.C.— que ocurrió debido a la Gothenburg Flip, cuando había una pendiente en el campo magnético de la Tierra y una aumentada actividad tectónica y variación climática.[17] También, de acuerdo con Allan y Delair, antes del Cataclismo, el Altiplano de Anatolia estaba en la orilla del norte de un vasto continente del noroeste de África, con dirección a Asia Menor (el continente egeo o Tirreno) y hacia el norte había un gran lago, que se puede ver en la figura 2.4, un mapa tentativo del Mundo Prediluviano.[18] Sin el Mar Mediterráneo de por medio para llegar al Altiplano de Anatolia y con la cuenca del Nilo fluyendo, la gente del Nilo se habría dirigido al norte a las altas mesetas. Los antepasados egipcios pueden haber construido los niveles más bajos de estas ciudades durante esta fase, para tener un lugar donde mudar a su gente, en especial porque el Dryas más Joven fue una mini Edad de Hielo. En Derinkuyu, la gente podía haber sobrevivido al frío subterráneo por un considerable tiempo. Una de las más inquietantes teorías, es la del viaje de doce horas a través del Duat, un oscuro y extraño lugar subterráneo, que puede ser un lejano recuerdo de este terrible tiempo. Posiblemente ellos escogieron este lugar porque es una enorme cuenca geológica de suave piedra toba, entre dos grandes volcanes. *Entre más se tomen en cuenta esa geografía prediluvial y los cambios de la tierra, la mitología tendrá más sentido.*

La del medio oriente refleja dos cataclismos: al final de la época del Pleistoceno en el 9500 a.C. y la Inundación del Mar Negro en el 5600 a.C. En la Biblia, a Noé se le instruyó para que construyera un Arca porque iba a llegar un Diluvio, lo cual probablemente se refiere a la inundación del 5600 a.C. El texto sagrado iraní, el *Zend-Avesta*, contiene historias que retroceden más de 12,000 años. Por ejemplo, Ahura Mazda instruyó a Yima, el héroe de la inundación, para que construyera un var —una "fortaleza o ciudad subterránea".[19] Esto tenía la finalidad de poder sobrevivir entre el horrible frío que de hecho, predominó en esta región justo antes del Cataclismo. Es sabido que hay grandes túneles y cavernas bajo el Altiplano de Gizeh, mi maestro Abdel Hakim me contó que cuando era niño caminó por ellos.* Mucha gente reporta haber explorado enormes cuevas en las montañas de Perú y existen grandes cavernas

---

* Lynn Picknett y Clive Prince, The Stargate Conspiracy [La Conspiración de la Puerta de Estrellas] (Londres: Little Brown, 2000), 89-94. Los autores describen extensas pruebas y exploraciones secretas en busca de la localización de estos túneles bajo el Altiplano de Gizeh.

subterráneas bajo Jerusalén. Otros suponen que los modernos judíos y árabes pelean por las entradas a estas cuevas, porque ellos creen que el Final del Tiempo está por llegar y las cuevas son un refugio.[20] No es un secreto que en Colorado, la Elite ha construido enormes complejos bajo la tierra, en espera del Apocalipsis.

Es probable que las ciudades subterráneas hayan salvado gente del 10,500 al 9000 a.C., y posiblemente la historia del Arca de Noé, se refiere a barcos que se usaron para sobrevivir a la Inundación del Mar Negro. Las leyendas que describen la construcción de barcos, también sugieren que la gente tuvo algo de tiempo para prepararse; la investigación muestra que, de hecho, el Mar Negro surgió gradualmente a lo largo de dos años. Las narraciones arcaicas son posteriores compilaciones de historias de muchos tiempos diferentes que se confundieron, mezclándose en la tradición oral, y a menudo, los escribas que las anotaron podrían no haber sabido a qué se referían. Sin embargo, en la era científica de hoy, con un minucioso conocimiento sobre el clima y los cambios climáticos, es posible determinar qué evento de la mitología se está describiendo. En resumen, los antepasados egipcios construyeron ciudades subterráneas para sobrevivir durante el Dryas más Joven y las ocuparon. Una vez que el Cataclismo agotó su furia, los ríos se redujeron, la tierra fértil se depositó otra vez y la Tierra se pudo doblar nuevamente. La gente se mudó de estas ciudades y al principio se asentaron cerca del Asia Menor en Kurdistán y fundaron muchas ciudades, como Nevali Çori y Çatal Hüyük.

Arcaicos Textos Sagrados y Zaratustra

Los Ángeles Caídos del Cristianismo y "los Observadores" de las tradiciones judías, existen en fuentes mucho más tempranas de Irán y la India. Los nombres de los arcángeles confirman "la poderosa relación entre el judaísmo y los mitos indo-iraníes, encontrada en el *Zend-Avesta* y el *Rig Veda*."[21] Andrew Collins señala que "el material original de la caída de los Observadores, en realidad había venido de la rica mitología iraní".[22] De acuerdo con la ortodoxia, el héroe iraní Zaratustra vivió cerca del 600 a.C.; sin embargo, esta línea de profetas retrocede mucho más temprano, como argumento en el capítulo 6.[23] Los Magi adoraron a las más antiguas deidades indo-iraníes, los ahuras —brillantes dioses que se deleitan en los reinos celestiales— y los devas — ahuras que cayeron y se convirtieron en demonios sujetos a la tierra o Ángeles Caídos.[24] Esta caída ocurrió *antes* de Zaratustra, quien, según se dice, mató a los devas porque estaban sexualmente involucrados con mujeres de la Tierra, la cual es el clásico comportamiento de los Ángeles Caídos.[25]

El *Bundahishn* persa cuenta la historia de una pareja pura, que fue seducida por Angra Mainyu (por los devas, en otra fuente), una serpiente con dos pies y la pareja terminó adorándola. Desde entonces, sus descendientes son impuros y sólo pueden ser perdonados por Mithra, un dios persa del que oiremos mucho en el próximo capítulo. Esta leyenda de la caída y la necesidad de salvación, es obviamente similar a la historia de Adán y Eva en el Génesis.[26] Zaratustra predicó en contra de los devas, mientras que los sacerdotes Magi seguían la doctrina dual de ambas clases de deidades. Zaratustra enseñó que sólo se debía adorar a Ahura Mazda, así que acusó a los Magi de adorar "la Mentira".[27] Esto es, *reprimió más discusiones sobre ángeles involucrados con humanos*, pero estas jugosas historias persistieron en el folklore y la literatura. Por ejemplo, el Libro Iraní de los Reyes, el *Shahnameh*, tiene muchos audaces cuentos de devas que podían tomar una forma física y "acostarse con mujeres mortales, para engendrar descendencia con características físicas que concuerdan, casi exactamente, con la prole de los Observadores en la tradición hebrea".[28] Estos ángeles son iguales a los Observadores en el Libro de Enoc, una importante fuente judío-cristiana que no estaba incluida en la Biblia sino que fue suprimida por la antigua Iglesia. Uno de los principales personajes en el *Shahnameh* es Kiyumars, que es Gayomar en el *Zend-Avesta*, el mismo "Primer Hombre" del capítulo 4. Estas historias todas entrelazadas, y si Settegast está en lo correcto, de que este mito está descrito en la Cueva de Lascaux, entonces estos son fragmentos de los mitos de la creación prediluvial, que volvieron a surgir después del Cataclismo. La única manera de determinar cuál fuente es la más temprana, es examinarlas por las conocidas características de los diferentes periodos de tiempo, lo que ofrece mucha información sobre las cualidades de cada Gran Era.

Los Observadores, el Nefilim y los Ángeles Caídos

¿Quiénes fueron estos Observadores y cuáles eran sus características físicas? Los ángeles en el Libro de Enoc, los Elohim (que también están en la Biblia), eran altos, con bella piel y espeso cabello, como lana blanca. Brillaban como el Sol y sus ojos abrazaba nuestra alma. La gente tenía miedo de verlos, porque sus caras tenían la apariencia de serpientes o víboras.[29] El Libro de Enoc, que es sumamente antiguo, no estuvo disponible para los cristianos en el Oeste, hasta que se tradujo al inglés a principios del siglo XIX. El Nag Hamadi y los Rollos Esenios, que contienen mucha información sobre los Observadores y preceden por mucho a la Biblia, se encontraron a mediados del siglo XX. Los Rollos Esenios todavía están sólo parcialmente traducidos, porque los judíos ortodoxos y los teólogos cristianos conspiran para mantenerlos escondidos. Se ha traducido la Biblia Nag Hamadi y todo lo que pueden hacer los teólogos es desacreditarla. Esto no es difícil, porque contiene mucho material extraño y arcaico.[30] Los dos textos están repletos de gráficas y raras historias sobre los mismos Ángeles y Observadores en el Libro de Enoc, y en la literatura persa e hindú, así que es imposible mantener escondidos a estos extraños seres. Los Rollos Esenios fueron escondidos en cuevas del desierto cerca de Jerusalén; los Papiros de Nag Hamadi se ocultaron en Egipto y luego, unos cuantos cientos de años después, los padres de la antigua iglesia prohibieron el Libro de Enoc, así como otros libros apócrifos que incluyen a los Ángeles Caídos. No es extraño: estos libros reportan que la fuente del maligno en el mundo son estos ángeles, no los pecados de Adán y Eva —el dogma que soporta el catolicismo romano.

El Libro de Enoc no se incluyó en la Biblia, y otros libros que contienen historias de Ángeles Caídos fueron severamente editados. El hecho es que estas recién descubiertas antiguas *fuentes, son más genuinas para las antiguas creencias cristianas, que la Biblia*. Estos hallazgos exponen "falsificaciones" bíblicas del siglo IV, que gradualmente se están convirtiendo en evidencia, sin importar lo que la Iglesia haga. Por ejemplo, la historia del Génesis sobre Eva siendo tentada por la Serpiente, es de hecho una historia distorsionada de los Observadores parecidos a una víbora, tentando a las hembras humanas, que se reporta en el Libro de Enoc y otras leyendas judías. En dicho libro, doscientos Observadores guiados por Shemyaza, descienden de las montañas de Palestina del Norte, para entremezclarse con la humanidad y probar los deleites de las mujeres.[31] Ellas dieron a luz a bebés llamados Nefilim, —los caídos— gigantes que han pecado contra los animales, devorado a los locales y unos a otros, además de beber sangre.[32] Antes de que se volviesen hambrientos, enseñaron los secretos del cielo, como el forjar los metales, geografía, curación, astronomía y arquitectura.[33] La Biblia es muy confusa y contradictoria sobre el Dios que trae los cataclismos para liberar la Tierra de estas criaturas caídas. Sin embargo, el Libro de Enoc describe a ángeles rogando a Dios que no los destruya, y "existe mucha evidencia de que, en realidad, algunos miembros de la raza caída sobrevivieron estos tiempos turbulentos".[34] La evidencia más clara en la Biblia, de la existencia de estos Observadores está en sus hijos Nefilim —el Anakim, Emim, Refaim y Zuzim— que eran gigantes que vagaban por Canaán cuando Abraham y los judíos arribaron, cerca del 1800 a.C. En la Biblia hay reportes de batallas con gigantes, como la de David y Goliat, y a Josué enviando a un espía, Caleb, para matar a gigantes en su principal ciudad, Hebrón.[35]

Según la doctrina católica romana, el pecado de Eva fue comer la fruta que le ofreció la serpiente, y en consecuencia obtuvo el "conocimiento olvidado". Debido a que ella desobedeció a Dios, su descendencia está condenada a la miseria, al sufrimiento y a una naturaleza malévola; son pecadores desde el momento de nacer. La Iglesia debe purificar este pecado inmediatamente después del nacimiento, por medio del bautismo y uno se salvará si obedece los designios de Dios, como ella los interpreta. Por lo que se refiere a Eva, San Agustín la culpa, —Pecado Original— lo que la convierte en una seductora de la Serpiente. *Las historias de los Ángeles Caídos sugieren que la prole de Eva son los hijos de los Observadores.*[36] El nombre de Eva en hebreo significa "serpiente" y en algunos relatos judíos, Eva es la "ancestral madre del Nefilim".[37] Cuando la antigua Iglesia formuló el dogma, a principios del siglo IV, la gente común conocía estas leyendas. El problema fue que la gente que seguía el Libro de Enoc, a menudo se convertía en Maniqueos o Gnósticos. Los antiguos padres de la iglesia sabían que estos arcaicos cuentos estaban directamente en el camino de sus planes, para controlar los senderos humanos hacia la salvación, así que desarrollaron campañas contra la *herejía*, lo que simplemente significa "pensar de forma diferente". La Biblioteca de Alejandría se quemó, muchos antiguos cristianos fueron perseguidos por Roma y la Iglesia, y se decidió que Satán era la raíz de todo lo malévolo en el mundo. La doctrina central de la creación de la Iglesia se basa en una esencial madre pecadora, Eva; por lo tanto, la atención se cambió a la madre de Jesús, María. Mientras tanto, María Magdalena, una sacerdotisa que fue la probable esposa o consorte de Jesús y que por lo menos fue también uno de los primeros discípulos, se volvió la meretriz.[38] El cristianismo está basado en el odio a las mujeres: misoginia.[39] Una vez que el dogma de la Biblia y los sacerdotes se organizaron, la Iglesia Católica Romana se movilizó con la legión de Cristo y reclamó territorio al construir sus iglesias sobre los antiguos sitios sagrados. La Biblioteca del Vaticano y las intrigas dentro de la Iglesia, son un depósito de poder de los registros robados de las culturas conquistadas.

Algunos escritores argumentan que los Observadores y los Nefilims fueron extraterrestres que llegaron a la Tierra, para controlar y ayudar a la humanidad después de la Inundación —La Antigua Teoría Astronauta. Collins apoya una explicación mucho más razonable, una que emerge de forma natural, al permanecer en el contexto de las terribles condiciones que la humanidad tuvo que soportar durante este tiempo. Los Observadores parecen humanos, pero mucho más fuertes, maestros de grandes habilidades chamanísticas, que intervinieron para ayudar totalmente a los desposeídos supervivientes.[40] Los arcaicos textos sagrados y la Biblia contienen historias de hijas teniendo hijos de sus propios padres, hermanas con hijos de sus hermanos y padres a los que Yahvé les pidió que sacrificaran a sus hijos. Esto refleja un terrible tiempo, cuando la gente no podía procrear suficientes hijos para protegerse ellos mismos de morir y había una masiva hambruna. Puede ser que as historias de niños sacrificados se refieran a los niños Nefilim, nacidos para la perturbación de sus padres, o como se verá a continuación en la historia de Zal. Las historias de gigantes devorando a la gente y a ellos mismos, deben ser de los tiempos de inconcebible caos, cuando las razas de las personas que ya eran más numerosas o de alguna manera más poderosas, se mezclaron con los desesperados sobrevivientes. ¿Podría alguno de nosotros juzgar a la gente que vive en tiempos cuando se tiene que sobrevivir a cualquier costo? Así que, ¿por qué está la Elite —la potente fábrica de sacerdotes y reyes— tan determinada para ocultar estas historias?

Chamanismo de Buitre y el Nacimiento de Zal

¿De dónde vinieron los ángeles, los Observadores y los gigantes? Como hemos visto, Kiyumars, el héroe del *Shahnameh*, que retrocede hasta los primeros tiempos en Irán, es el mismo Gayomar, el héroe del *Zend-Avesta*. Un texto en el *Shahnameh*, el Nacimiento de Zal, es una arcaica historia de cómo se fundó la línea de reyes iraníes.[41] El legendario Kiyumars trabajó herramientas y armas de metal, irrigó la tierra y fundó la agricultura — siempre las habilidades de la avanzada gente que apareció después del Cataclismo, durante la Era de Cáncer. Lo mejor es sólo contar la historia, que está basada en la revelación del cuento del *Shahnameh*, de Andrew Collin.

En estos días, hace mucho tiempo, un rey de nombre Sam se casó con una hermosa dama, quien dio a luz a un niño que era alto y resplandeciente, con cabello y piel blancos. Su madre lo llamó Zal que significa uno que es anciano. Sam estaba horrorizado porque creía que Zal era el hijo de un deva, Magi o Demonio, así que dejó al niño al lado de una montaña para que lo devoraran las bestias y las aves de presa. La montaña donde dejaron a Zal era el legendario hogar de la Simurgh, una clase de noble mujer buitre o ave inusual. Cuando la Simurgh vio al infante Zal yaciendo, expuesto a los elementos, lo llevó a su nido, en lugar de comer al bebé o dárselo a sus pequeños. También sus crías fueron amables y cariñosas con Zal, quien creció para ser un buen joven. Sam dio por sentado que el niño había muerto, pero un día soñó que su hijo todavía estaba vivo, así que rezó al gran dios, Ahura Mazda, por el regreso de su hijo. Simurgh escuchó su oración y supo que debía devolverlo. Sin embargo, Zal no era feliz porque ya no tenía a la misteriosa ave para que lo protegiera, quien también le había enseñado muchas cosas de conocimiento, incluyendo el lenguaje y la sabiduría de su propio país.[42] La Simurgh le dio una de las plumas de sus alas, para que ella pudiera aparecer si alguna vez él la necesitaba. Zal se casó con una sacerdotisa extranjera, Rudabeh, descendiente de un rey serpiente, ella era mucho más alta que él. Era blanca como el marfil y su cara parecía un paraíso. Cuando estuvo lista para dar a luz por primera vez, no pudo parir y corría un grave peligro. Con su pluma,

Zal llamó a la Simurgh. ¡Ella llegó y le dio a su esposa una droga para liberarla del dolor y la ansiedad, luego a través de un adivino le habló al niño-león mientras lo sacaba por medio de una cesárea! *Su madre le dio el nombre de Rustam, a ella le dieron otra droga para que instantáneamente recuperara la salud y el resplandeciente niño se convirtió en el legendario héroe de Irán.*

Collins escribe que "la historia del Ave de Zal era casi idéntica a la milagrosa ave de Noé, presentada en el Libro de Enoc" y Zal se casó con Rudabeh porque "cada uno de ellos contaba con cualidades muy específicas, que se creían necesarias para perpetuar la existente línea de reyes divinos".[43] Debido a que esta historia es muy antigua y a que la mitología iraní influenció a la tradición judaica tardía, Collins sugiere que "la responsable de ambas historias es una fuente primaria mucho más antigua".[44] Luego, él explora la posibilidad de que con la Simurgh, el mito conserva la historia de "una cultura chamán mucho más temprana" que practicaba el chamanismo de buitre.[45] El Primer Hombre de la Cueva de Lascaux, es cabeza de pájaro y tiene un ave sobre su bastón, que ha dejado caer. En relación al nacimiento de Zal, su matrimonio es arreglado con otro Observador, él se convierte en el legendario héroe de Irán y el personaje central es la Simurgh. Collins argumenta que ella es una de las muchas chamanas que portaban plumas de buitre y yo estoy totalmente de acuerdo con él, porque esta forma de chamanismo todavía se sigue practicando en nuestros días. El chamanismo de buitre debe de haber sido críticamente importante, para las necesidades mortuorias después del Cataclismo, así como una ideal práctica chamán para viajar al otro mundo. Collins se cuestiona si "¿en realidad fueron los Observadores falsos recuerdos de una cultura chamán, que una vez habitó una región montañosa, posiblemente en Irán y poseían un conocimiento de ciencia y una tecnología más allá de aquella de las razas menos desarrolladas del Cercano Oriente?".[46] No tengo ninguna duda de que esto es verdad, porque muchos extraños cuentos arcaicos únicamente tienen sentido con un análisis chamán. Imaginémonos esto:

Suponga que es una familia que vive en los niveles más bajos de Derinkuyu. *Ha ocurrido el Cataclismo, constantemente hay pequeños o grandes movimientos de tierra y más arriba, los vientos son muy fuertes y el frío cala hasta los huesos. Es la temporada de más calor del año, cuando sólo hay unos cuantos meses para sembrar, cosechas y cazar, y es su turno para aventurarse*

---

* Collins, *From the Ashes of Angels* (De las Cenizas de Ángeles), 109-22. Donde yo uso la palabra "adivino" para clarividente, en su texto Collins usa "hipnotizador".

a buscar alimento con un pequeño grupo. Mientras camina con pesadez, teniendo en la mira la superficie de las cuevas para seguridad, el nublado cielo se oscurece con círculos de buitres, que los observan para ver si su grupo trae un cuerpo para descarnar. No hace mucho tiempo que la tierra estaba llena de cuerpos de animales y personas, y los buitres se multiplicaron y la limpiaron. Si ellos no hubieran consumido la carroña, la gente hubiera muerto por enfermedad, así que usted aprendió a respetarlos por limpiar los cuerpos de sus seres queridos. El nacimiento y la muerte estaban entretejidos y el buitre era la gran madre, que fomentaba la vida que ella reciclaba. A su vez, ella no atacaba a animales ni a personas saludables y después de limpiar los cadáveres, su espíritu se mudaba a través de reinos más elevados, regresando su esencia a las estrellas. Algunas veces lo llevó a usted volando a viajar por la tierra del espíritu, que le enseñó a no temerle a la muerte. A veces usted le tuvo miedo al buitre, que puede dejar limpio un cuerpo en una hora, un poderoso símbolo para enfrentar la muerte y experimentar el desmembramiento chamánico. El buitre enseña que la única cosa indestructible en el cuerpo es el espíritu.

Las aves chamanes también se encuentran en fuentes Sumerias y Babilónicas, como los fabulosos hombres-pájaros alados de Mesopotamia, los Annunaki, hijos del cielo y de la Tierra a quienes también se les llamó resplandecientes serpientes.[47] Las Tabletas de Kharsag son los textos más antiguos de Sumeria y describen un cataclismo que suena exactamente como la Inundación del Mar Negro.

Christopher O'Brien, el erudito que tradujo las tablillas, dice que esta inundación causó una dispersión que dio como resultado la fundación de las ciudades-estados de Mesopotamia, lo que concuerda con el *Diluvio de Noé*.[48] Collins piensa que esto ocurrió cerca del 5500 a.C., y argumenta que la original patria fue Kurdistán. Esto es importante, porque entre el 9500 y el 8000 a.C. Kurdistán "produjo algunos de los primeros ejemplos conocidos de la domesticación de animales, la metalurgia, la porcelana pintada, la proto-agricultura, el comercio, la urbanización y el lenguaje escrito".[49] La erudita turca Mehrdad Izady, dice que Kurdistán "atravesó por una inexplicable etapa de acelerada evolución tecnológica, impulsada por fuerzas aún inciertas".[50] Collins propone que los Observadores causaron esta actividad y consolida esta posibilidad, al reportar sobre la Cueva de Shanidar en Kurdistán, la cual tiene dieciséis niveles que han estado ocupados por 100,000

Fig. 7.2. Chamán Buitre

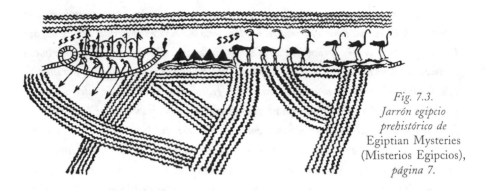

*Fig. 7.3.
Jarrón egipcio
prehistórico de
Egiptian Mysteries
(Misterios Egipcios),
página 7.*

años. Una sección del sitio, fechado en el 8870 a.C., contiene un depósito de "alas principalmente articuladas de por lo menos diecisiete aves, incluyendo de buitres".[51] La arqueóloga originaria del lugar, concluye que eran alas que usaban los chamanes pájaros y ella los relacionó con el chamanismo buitre practicado en el Çatal Hüyük, donde se representa "una figura humana vestida con piel de buitre".[52]

¿Descienden los Observadores de la cultura de los antepasados egipcios, que sobrevivieron por vivir bajo la tierra en Kerinkuyu o Egipto? Como hemos visto, Çatal Hüyük tiene mucha afinidad con los cretenses, que comparten atributos con el Egipto dinástico temprano. La premisa de Andrew Collins, de que Nevali Çori era un centro religioso de una antepasada cultura, es muy convincente. La fase del Espacio Vacío sobre el Nilo sugiere que mucha de la gente vivió lejos de este río por 5,000 años y regresó cuando le fue posible establecer su cultura otra vez. La figura 7.3 muestra una pintura sobre un jarrón prehistórico del 5000 a.C. por lo menos, de la región del Delta del norte de Egipto.[53] Estos jarrones son parecidos a la cerámica pintada de Elam en el sureste de Irak, el que apunta al tiempo cuando la Antepasada Cultura dejó los sitios en el Medio Oriente, luego se dispersó después de la Inundación del Mar Negro y regresó al Nilo. Esta pieza muestra a personas tomando barcos en el Nilo, por todo el camino hasta la cabecera del Lago Victoria. La convencional creencia es que los cuatro triángulos son las montañas de África. Yo pienso que son pirámides, lo que tiene obvias implicaciones en relación al Altiplano de Gizeh. Más respuestas sobre estas tempranas masivas olas de dispersión cultural, surgen cuando regresamos a la civilización global marítima que se desmembró en el 10,500 a.C. Esta fue casi destruida en el 9500 a.C., así que la gente se debe de haber metido bajo la tierra en otros lugares. A continuación analizaremos la evidencia del Altiplano de Perú y Bolivia, donde en 1961 se encontró la más completa biblioteca de una cultura prediluviana.

La Misteriosa Biblioteca de Piedra de Ica

En 1961 se encontró un escondite de piedras grabadas, cerca del Altiplano de Nazca en Perú, cuando la inundación del río Ica descubrió una cueva que contenía decenas de miles de estas piedras. En esta misma región se hallaron pequeños y grandes huesos de animales prehistóricos, sobre y cerca de la superficie desértica. Las piedras son una completa biblioteca de astronomía, geografía, medicina y formas de vida de una remota humanidad que *coexistió con los dinosaurios de las eras Cenozoica y Mesozoica*, esto es, hace tanto como 185 millones de años. Justo después del descubrimiento, le llevaron algunas de las piedras al distinguido Dr. Cabrera Darquea —quien, siendo un doctor, profesor de medicina, fundador y director de la Casa de Cultura de Ica y un profesor de biología y antropología en la Universidad Gonzaga, en Ica— estaba notablemente calificado para evaluarlas.[54] Después de intentar repetidamente que arqueólogos y antropólogos peruanos y extranjeros examinaran las piedras, todo fue en vano, Cabrera investigó el área cercana en el desierto Ocucaje. Encontró una completa medida paleontológica de fósiles de fauna y flora de la era Mesozoica, —hace de 130 a 185 millones años— en rocas sedimentarias, a kilómetros de donde se encontró el escondite. El lecho contiene huesos humanos, huesos de triceratops y un esqueleto completo de un fitosaurio, un reptil similar al cocodrilo de ahora. Este descubrimiento del 14 de octubre de 1984, verifica la coexistencia de gente y los dinosaurios, como se muestra en las Piedras de Ica. Esto confirma científicamente que los seres humanos habían vivido con los saurios, al final de la era Mesozoica.[55] J.B. Delair y E.F. Oppé reportan, acerca de varios investigadores que han encontrado restos desordenados de animales y humanos del Pleistoceno alrededor del Altiplano y algunos de los esqueletos humanos eran de talla gigante, sugiriendo a los Gigantes y los Observadores.[56] Inmediatamente, el Dr. Cabrera presentó sus hallazgos, en un discurso para una conferencia académica internacional en 1985, y fue ignorado.

El escondite fue encontrado por huaqueros, indígenas locales que buscan artefactos para vender, y este hallazgo fue una mina de oro para ellos. También la gente de la localidad estaba fascinada con ellos. Los reconocieron como reliquias de sus más distantes ancestros y empezaron a hacer sus propias versiones, las que distorsionaron la credibilidad del Dr. Cabrera. Las instituciones peruanas han estado llevando a cabo un ambicioso programa de descrédito, al decir que fueron campesinos locales los que lo hicieron. El Dr. Cabrera señala que los grabadores tuvieron que haber sido profesores de biología, cirujanos y expertos astrónomos para tallar las piedras, y que al principio los huaqueros las vendieron por una cantidad mucho menor de la que necesitarían cobrar si las hubieran tallado ellos mismos.[57] Cabrera mandó treinta y tres piedras a un laboratorio de minerales, para analizar la naturaleza de la piedra y la antigüedad de los grabados. El geólogo Eric Wolf informó que el agua de los ríos les había dado su forma y que son andesitas –piedras volcánicas con componentes químicos que han sido mecánicamente sometidas a gran presión, lo que aumenta su densidad y peso específico. Son casi tan duras como el cuarzo, pero tienen la superficie perfecta para grabarse, porque con el tiempo la fina pátina de la oxidación natural, las cubre con una capa. No hay un desgaste irregular sobre las incisiones y existe una pátina uniforme sobre los grabados, lo que *prueba que son muy antiguas.*[58] Las desconcertantes, gigantescas piedras entrelazadas de Tiahuanaco también son andesitas.[59]

Otros ingenieros que hicieron pruebas en las piedras, concuerdan con Eric Wolf. Agregaron que están formadas de flujos de lava de la Era Mesozoica, que terminó en cataclismos y a continuación empezó la Era Cenozoica. En 1966, el arqueólogo Alejandro Pezzia Assereto, del Patronato Nacional de Arqueología de Perú, estuvo presente cuando una de las piedras grabadas se descubrió en una tumba pre-Inca.[60] Este descubrimiento prueba que estas piedras tienen por lo menos 2,000 años, sin embargo, es probable que sean mucho más antiguas porque en la cultura pre-Inca enterraban frecuentemente ancestrales objetos de poder en sus tumbas. El contenido de las piedras indica que son antiguas, pero es posible que a los desacreditadores de Ica les gustaría que creyéramos que la gente coexistió con los dinosaurios, sólo hace 2,000 años. Las piedras de Ica son arcaicas, no es posible que sean falsas, son uno de los *más importantes descubrimientos arqueológicos de todos los tiempos.* Las instituciones peruanas forzaron a los huaqueros locales a declarar en público que ellos lo habían hecho. Aceptaron mentir porque ellos trafican con objetos arqueológicos, que es un negocio peligroso.[61] Las piedras están extremadamente detalladas y específicas y no es difícil distinguir las falsas de las verdaderas. Por fortuna, una vez que Cabrera se dio cuenta de que su hallazgo estaba siendo desacreditado, compró todas las antiguas piedras grabadas que le llegaban a las manos. Ha dedicado su vida a estudiar y llamar la atención del mundo. Él es descendiente directo de los españoles que fundaron Ica en 1563 y el mundo tiene mucha suerte de que él se preocupe. La Casa de Cultura exhibe 5,000 de las piedras que despiertan interés, otra vez con muy poco provecho. A lo mejor estas mismas piedras fueron algunos de los wakas de los que hablamos en el capítulo 5, que los sacerdotes Jesuitas saquearon cuando llegaron a Perú y Bolivia, después de los conquistadores. Es probable que el Vaticano tenga su propia colección.

El Dr. Cabrera es un biólogo y antropólogo académico, así que su datación de las piedras y su subsiguiente interpretación está cimentada en el convencional paradigma Darwiniano, basado en la columna geológica. En base a la ortodoxia, las piedras representan la fauna y la flora de las Eras Cenozoica y Mesozoica. Esto significa que son *¡una biblioteca de las artes avanzadas de una civilización de más de 185 millones de años de antigüedad!* El mismo Dr. Cabrera, aturdido por las piedras y el gran periodo de tiempo involucrado, concluyó que la gente que las grabó debe de haber sido una raza altamente avanzada, de un planeta en las Pléyades. Dedujo que eran avanzados maestros de los indígenas peruanos y que salieron para su planeta, antes o durante un gran cataclismo.[62] Sin embargo, la niebla mental que rodea a tales fantásticos hallazgos, se eleva cuando buscamos respuestas sobre quiénes eran, sin recurrir a la Antigua Teoría Astronauta. He notado que las personas que no han experimentado viajes en vuelos de chamanes en la alternativa realidad, a menudo concluyen ellos mismos que los fantásticos desmembramientos y las imágenes de vuelo deben de ser signos de hombres del espacio. Aunque yo difiero con su hipótesis, la persona que conoce más sobre las piedras es el Dr. Cabrera, quien las ha estudiado por más de treinta años. Yo no las he examinado personalmente; sin embargo, él las ha fotografiado y hecho cuidadosos diagramas para que otros los puedan analizar. La revisión sugerida por Guy Berthault de la Columna Geológica y la Cronología Revisada de Allan y Delair, de las épocas del Mioceno y Plioceno, conducen a otras posibilidades para fechar este escondite. Con base en la Cronología Revisada, *estas piedras pueden ser la biblioteca de una gente en lo alto de su evolución cerca del 15,000 al 10,500 a.C. que fueron maestros de las olvidadas artes clásicas.*

Yo reflexiono que en algún punto los astrónomos de Ica se deben de haber dado cuenta de que estaba por llegar un Cataclismo, debido a los inusuales cambios de hace 12,500 años. Las piedras podrían ser una biblioteca que usaron para enseñar objetivos que enterraron en un lugar seguro. Debieron de haber esperado que la podrían encontrar después que la Tierra se estabilizara. Toda la región tiene enormes cuevas en la roca de toba, que eran ideales para los colonos de cuevas subterráneas o posiblemente hasta ciudades como Derinkuyu en Turquía. Sin embargo, a diferencia del Altiplano de Anatolia, donde se localiza esta ciudad, el Altiplano se levantó miles de metros en el Cataclismo o después. Ahí muchas cuevas tienen algunos de los depósitos más impresionantes del Pleistoceno Tardío, que contienen mezclas de humanos y depósitos del Mioceno/Plioceno, lo cual es evidencia de que pocas, si es que alguna gente sobrevivió en este lugar.[63] Estos grabadores de piedra no fueron primitivos, como se puede ver por la información sobre ellas, habrían sabido que la piedra era el único medio que podría sobrevivir. Sospecho firmemente que los antiguos habitantes de Ica fueron la misma cultura prediluviana de los Tiahuanacos, porque los dos utilizaron andesita como su medio sagrado, que es muy duro de cortar y sus vestigios son tan avanzados que desconciertan totalmente. Para analizar las piedras, examinaremos una piedra astronómica y dos mapas globales de la Tierra, como eran hace por lo menos 12,000 años.

Los Antiguos Astrónomos estudian El Cielo y los Mapas Marítimos Globales

Esta piedra (figura 7.4) tiene tres caras laterales triangulares que representan a astrónomos explorando el cielo con telescopios, y su triangular cara superior es un zodiaco circundado por un objeto parecido a un cometa con una larga cola. Cabrera ha descifrado el lenguaje simbólico —"gliptolíticos"- al estudiar 12,000 piedras. Esto es demasiado complejo para describirlo aquí; sin embargo, mi análisis se basa parcialmente en el descifre lingüístico de Cabrera. Los lectores no se deben de sorprender de saber que los libros de Cabrera no están disponibles en los Estados Unidos, así que aquí se ilustran y analizan tres de las piedras. En la parte de arriba de la primera piedra, Cabrera ve un zodiaco de trece constelaciones, agregando las Pléyades a las actuales doce constelaciones, en base a los símbolos glíptolíticos de planetas y estrellas. Un "cometa" se acerca entre Sirio y Régulus en la constelación de Leo y viaja en la dirección contraria, a través de la constelación de las Pléyades, durante un eclipse solar que está siendo observado con *telescopios*.[64] Él dice, cuando el cometa "pasó cerca de la Tierra, habría tomado la vida humana y la llevó a la constelación de las Pléyades".[65] Cabrera cree que este es un hombre gliptolítico, enfrentando un eminente cataclismo sobre la Tierra y que regresó a las Pléyades. Tenemos que respetar esto, porque muchos indígenas alrededor del mundo dicen tener orígenes de las Pléyades, así como que tenían un calendario que era regulado por éstas antes del Cataclismo.* Sin embargo, de acuerdo con mi entrenamiento,

Fig. 7.4. Tres vistas de Faetón sobre una Piedra Ica, adaptada de la cubierta e ilustración de las páginas 41-49 de The Message of the Engraved Stones of Ica. *(El Mensaje de las Piedras Grabadas de Ica).*

---

* Vincent H. Gaddis, *American Indian Myths and Mysteries* [Mitos y Misterios de los Indígenas Americanos] (Nueva York: Indian Head Books, 1977), 9-10; Richard Rudgley, *The Lost Civilizations of the Stone Age* [Las Civilizaciones Perdidas de la Edad de Piedra](Nueva York: The Free Press, 1999), 100. Rudgley escribe que la herencia común de las Pléyades está tan esparcida, que se fecha con una antigüedad de más de 40,000 años.

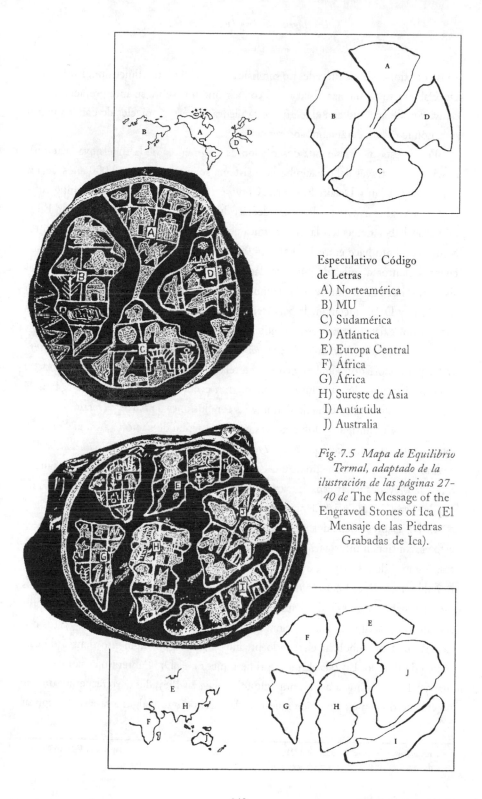

Especulativo Código
de Letras
A) Norteamérica
B) MU
C) Sudamérica
D) Atlántica
E) Europa Central
F) África
G) África
H) Sureste de Asia
I) Antártida
J) Australia

Fig. 7.5 Mapa de Equilibrio Termal, adaptado de la ilustración de las páginas 27–40 de The Message of the Engraved Stones of Ica (El Mensaje de las Piedras Grabadas de Ica).

estas conexiones de las Pléyades no son físicas —están en otra dimensión. En París, el Dr. Cabrera tuvo muchas discusiones con astrónomos sobre su interpretación, ellos estuvieron de acuerdo con él, en que esta piedra representa niveles de conocimiento astronómico verdaderamente sorprendentes.[66]

¿Podría esta piedra ser una descripción de fragmentos de la supernova (Faetón), moviéndose a través del espacio hacia el sistema solar hace como 12,000 años, según la teoría de Allan y Delair? Si es así, ¿Cómo estas personas tuvieron el tiempo suficiente para grabar esta piedra y las demás, durante los cambios de la tierra? Ellos pudieron haber detectado la astronómicamente cercana supernova, que explotó en algún momento hace entre 11,000 y 14,000 años, porque le habría tomado de unos cuantos cientos a miles de años, cruzar el espacio interestelar hacia las orillas del sistema solar.[67] A continuación —como un frío que sube por mi espalda— recuerdo que Allan y Delair dicen que la persistente conexión entre las Pléyades y los antiguos cataclismos existe, porque "es una indicación de la dirección celestial de la cual llegó Faetón —*de aquella de las Pléyades y Orión*".[68] Con fundamento en los registros conservados por historiadores árabes y coptos en relación a la constelación de Leo, Andrew Collins dice que ellos concluyeron que el gran evento tuvo lugar durante la Era de Leo, que encaja con la fecha de Platón y las conclusiones de Allan y Delair.[69] ¿Muestra esta piedra a antiguos Observadores viendo el arribo de Faetón?˙ *Esta piedra puede representar a este asteroide llegando a la Tierra en la dirección Orión-Pléyades durante la Era de Leo.* Me doy cuenta que existe una confusión sobre si Faetón está llegando o saliendo de la Pléyades y hay espacio para la interpretación, pero todos estos elementos no pueden ser sólo una coincidencia.

El Dr. Cabrera tiene dos piedras que son los mapas de la "historia" del mundo —esto es, contienen información sobre la calidad de la civilización de varios continentes. Algunos de los mapas de Hapgood probablemente representan el mundo marítimo, durante la época del Holoceno Temprano, cuando los navegantes prediluvianos también habrían necesitado mapas globales. Debido a que las piedras de Ica representan con exactitud la fauna y flora de hace 185 millones de años o más, estos dos mapas pueden simbolizar el mundo prediluvial, en algún momento dentro de este marco de tiempo. En relación a la primera piedra, el Dr. Cabrera piensa que es un mapa del planeta hogar del hombre gliptolítico en las Pléyades, y yo respetuosamente no concuerdo con él. Creo que muestra a la Tierra durante alguna fase de las épocas

---

˙ Allan y Delair, *Cataclysm!* (¡Cataclismo!, 210. Los autores dicen que después de que la supernova Vela explotara, le debe de haber tomado entre unos cuantos cientos a miles de años alcanzar el sistema solar.

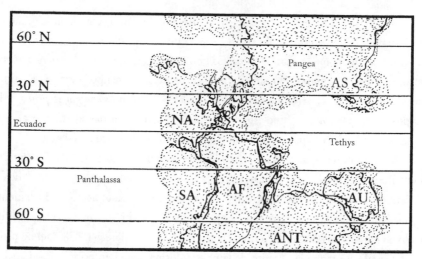

Fig. 7.6 Pangaea, adaptado de la figura 7.1 de New Views on an Old Planet (Nuevas Perspectivas sobre un Antiguo Planeta).

del Plioceno o Mioceno —de hace 29 millones de años a hace cerca de 20,000 años— porque la proporción de la tierra al mar es maravillosa (también es el caso en la tentativa reconstrucción de Allan y Delair del mundo prediluvial en la figura 2.4). El primer mapa Ica de piedra muestra el hemisferio occidental arriba y el oriental abajo. Sobre el primero se representa undibujo de la tierra cifrado en letras, con una que corresponde al dibujo de las masas de tierra en la piedra. Lo mismo sucede con el de abajo. Los continentes de la piedra Ica son bastante exactos para las actuales América del Norte y Sur, pero difieren mucho del hemisferio oriental, lo que sugiere una gran disminución, levantamiento y división en ese hemisferio, lo que de hecho ocurrió durante los pasados 185 millones de años.

La figura 7.6 es un especulativo mapa de Pangeo, el propuesto supercontinente de hace 220 millones de años, hecho por el geólogo de Cambridge Tjeerd H. Van Andel. Está soportado en una convencional teoría geológica. Les pido a los lectores que se tomen un momento para comparar el tentativo mapa del mundo prediluvial de Allan y Delair, en la figura 2.4 con el mapa de Pangeo y luego los comparen con este mapa de piedra de Ica. Los símbolos en los continentes se pueden leer por glíptolíticos (aunque sea un mapa de un planeta en las Pléyades) y Cabrera dice que este es un mapa de un *planeta en un estado de equilibrio térmico* habitado por humanos que son tecnológicos y adeptos a manejar sus recursos. Prevalecen las plantas y animales, incluyendo a los *dinosaurios* y a los animales domésticos; existen grandes ciudades y hay pirámides que capturan, acumulan y distribuyen la energía.[70] Compare la artística versión de las pirámides en el jarrón egipcio de 6,000 de antigüedad, que se muestra en la figura 7.3. Los glifos indican que este es un "planeta ideal para la vida humana".[71] Igual que la piedra astronómica, los hombres están proyectando energía al cosmos. Están representando la unidad con las serpientes y tomando la forma de animales varios, lo que sugiere que *son chamanes trabajando con la energía serpentina.* Es imposible fechar con exactitud este mapa, sólo se puede decir que es anterior al cataclismo y está colmado de información climática, paleontológica y geológica.

En el segundo mapa (figura 7.7), la Tierra está en una condición muy diferente. El hemisferio oriental difiere radicalmente, pero el occidental se reconoce con Mu y la Atlántida. El segundo mapa de piedra de Ica muestra arriba el hemisferio occidental y el oriental abajo. En la parte superior, se representa la Tierra con un dibujo codificado en letra, de las masas de tierra en la piedra hacia a la derecha. Abajo, el hemisferio oriental está también descrito de la misma forma que el anterior. Por un análisis gliptolítico, Cabrera postula que esta es la Tierra en un cerrado *sistema térmico* en un "punto crucial en el que el vapor de agua se precipitó en la forma de interminable lluvia, que liberó la gran cantidad de energía mecánica correspondiente, que resultó en el principio del cambio de las enormes masas continentales; esto es, un cataclismo de monstruosas proporciones".[72] Este sistema se describe por medio de gruesas olas alrededor de los mapas —en la atmósfera— que provoca una capa de vapor o "cuerpo negro formado por las nubes" y la energía térmica del Sol se captura, pero no puede radiar hacia fuera.[*] El mapa representa aún más masa de tierra continental, en relación con los mares y puede mostrar a la Tierra antes de un gran cataclismo en el remoto pasado, o más recientemente. Es posible que sea el 10,500 a.C., cuando empezaron los críticos cambios de la tierra. Por gliptolitos, se registra un difícil momento para el hombre gliptolítico y ciertamente es un recordatorio de demasiada tecnología. Note que no hay capas de hielo. Cabrera señala que las pirámides que se usaron para poder, están en los continentes en el primer mapa, pero en éste, la parte más baja de ellas apuntan hacia el cielo, "indicando que parte de la energía de la atmósfera se está capturando en un complejo sistema tecnológico".[73] Los vértices de las pirámides apuntan hacia los continentes, indicando que los humanos usan el poder y los extraños canales parecen formar parte de este sistema. El Dr. Cabrera está seguro que los artesanos de las piedras de Ica, son la misma primera gente de los Andes que constru-

---

[*] Javier Cabrera Darquea, *The Message of the Engraves Stones of Ica* [El Mensaje de las Piedras Grabadas de Ica] (Lima: publicación privada, 1989),152. Supongo que los lectores estarán conscientes de las implicaciones del mapa del cerrado sistema térmico, en relación con las actuales discusiones sobre el calentamiento global.

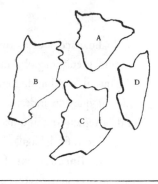

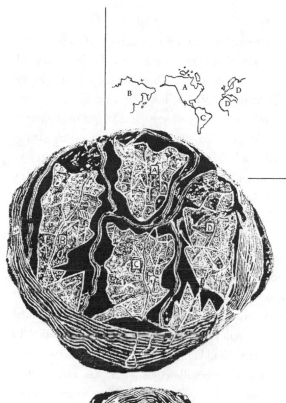

Especulativo Código de Letras

A) Norteamérica
B) MU
C) Sudamérica
D) Atlántida
E1) Europa
E2) Australia
F) África
G) Sureste de Asia.

Fig. 7.7. Cerrado Sistema Térmico, adaptado de la ilustración de las páginas 30–35 de Thc Message of the Engraved Stones of Ica (El Mensaje de las Piedras Grabadas de Ica).

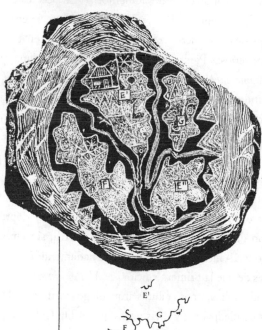

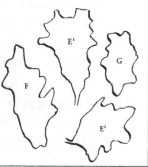

yeron Tiahuanaco y otras ruinas ciclópeas peruanas y bolivianas, que sugieren una unión entre la cultura global marítima y las pirámides de estos mapas. Graham Hancock escribe que el "escalón de tierra de la pirámide, de lados bien definidos y labrado con grandes bloques de andesita" en Tiahuanaco "debe de haber funcionado como cierta clase de artefacto o máquina arcaicos" que los arqueólogos piensan que tiene que ver con el rápido fluir del agua, porque tiene una "completa red de zigzagueantes canales de piedra, alineados con fina sillería'".[74] Interpretando los glifos, Cabrera ve controladores robóticos que están luchando con la defectuosa, demasiado manejada y controlada agricultura, así como con la domesticación de animales; a las casas donde hay grupos de humanoides, llamados nothartcus, cuya inteligencia está siendo elevada al nivel mínimo y el misterioso científico, hombre cognitivos que viven en la megalópolis, en especial en Sudamérica.[75] Ellos podían volar y parece ser un momento en que los humanos vivieron sobre la Tierra, durante una crisis ambiental.

Otras piedras representan avanzados métodos quirúrgicos, como transplantes de cerebro y corazón, evolucionado conocimiento de los ciclos reproductivos de humanos y animales, y hasta ¡granjas de dinosaurios! El hombre gliptolítico no temblaba de miedo por los grandes reptiles —¡entendían la fisiología de los dinosaurios y utilizaban adelantada tecnología y los usaban como alimento!".[76] Empecé este capítulo diciendo que los humanos tienen el potencial de crear la realidad con el pensamiento, pero parecería que estas personas estuvieron *controlando* el planeta con tecnología, igual que hoy en día. Las misteriosas Piedras de Ica deben ser prediluvianas y *yo creo que pueden representar la fundamental base del olvidado conocimiento de los Ángeles Caídos.* Como se discutió en el capítulo 3, el ingeniero Chris Dunn en *The Giza Power Plant* (La Planta de Poder de Gizeh), ha construido un poderoso caso sobre que los egipcios dinásticos usaron herramientas de poder y la Gran Pirámide fue una de sus plantas de poder. Las descripciones de las pirámides como plantas de poder en las piedras de Ica, apoyan las teorías de Dunn y hasta agregan más información.

Charles Hapgood investigó una colección de cerámica de 5,000 años de antigüedad encontrada en Acámbaro, México, llamada la Colección Julsrud.[77] Representa a humanos interactuando con dinosaurios, como las piedras de Ica, sin embargo, la fecha de la prueba del carbono 14 indica que tienen aproximadamente 7,000 años de edad.[78] En 1972, justo antes de que la primera edición de *Mystery in Acámbaro* (Misterio en Acámbaro) saliera al público, unos cuantos arqueólogos visitaron a Hapgood y le mostraron diapositivas de piedras Ica y unas pocas que el Dr. Cabrera les había prestado. Hapgood pudo ver muchas semejanzas entre las dos colecciones. Sobre la de Acámbaro, dijo, "uno obtiene de la colección misma una sensación de oscuras fuerzas dentro de la psique humana, un énfasis sobre el negativo poder del miedo y una sugerencia de hechicería en un elemental estado de desarrollo. *También debe de haber habido una verdadera y positiva afinidad con la naturaleza, que nuestra sociedad no entiende*".[79] Hemos alcanzado el punto en el cual los investigadores deben empezar a buscar estas clases de descabellados hallazgos y evaluarlos seriamente. Esto significa estudiar artefactos de culturas humanas, de hace miles de años que sugieren niveles de adelanto contrario al paradigma histórico convencional. Una de las más creíbles teorías es la del ingeniero Christopher Dunn, de que la Gran Pirámide de Gizeh era una planta de poder.

¡La Gran Pirámide es una Planta de Poder!

Como Sir William Flinders Petrie, el gran egiptólogo, Chris Dunn estudió estructuras y artefactos de granito en el Altiplano de Gizeh, así como las vasijas de piedra hechas de diorita, basalto, cristal de cuarzo y esquito metamórfico, algunos de los cuales tienen más de 5,000 años de antigüedad. Ambos, Petrie y Dunn concluyen que los fabricantes habían usado maquinaria motorizada.[80] En su día, hace más de 100 años, Petrie no pudo imaginar cómo lo habían hecho, así que escribió detalladas descripciones de ejemplos de labrado de piedras, que no podían haber sido logrados con herramientas de mano o alguna tecnología de herramienta de su tiempo. Esto permitió al moderno ingeniero Chris Dunn examinar la evidencia de Petrie, y a estudiar él mismo el material en Egipto. Dunn concluye que maquinaria de ultrasonido fue el único método que pudieron haber usado para cortar y taladrar la piedra.[81] Ha escrito muchos artículos sobre sus conclusiones, que han recibido mucha aceptación. Señala que estos artefactos hechos con máquinas, prestan apoyo a la teoría de que la Gran Pirámide fue construida por una civilización avanzada.[82] Con eso en mente, examinó los laboratorios en Florida, de Edward Leedskalnin, quien construyó el Castillo de Coral, levantando y maniobrando bloques de coral que pesaban tanto como *30 toneladas*. Leedskalnin clamó que conocía los secretos de los antiguos egipcios.[83] Dunn cree que él entendió cómo trabajar con el empuje gravitacional de la Tierra, al alinear los elementos magnéticos dentro de los bloques de coral; esto es, construyó un *¡artefacto antigravedad!*[84] Él publicó más artículos y dio entrevistas sobre los descubrimientos de Leedskalnin. Luego empezó a trabajar en la gran pregunta: ¿Qué proporcionaba la energía para hacer funcionar las herramientas de ultrasonido hace 5,000 años en Egipto?

La Gran Pirámide se construyó en el centro de la masa de tierra del Planeta y debido a que los constructores utilizaron *con exactitud las dimensiones de la Tierra en su diseño, en ese lugar, la Pirámide es una armoniosa entidad completa del planeta*; esto es,

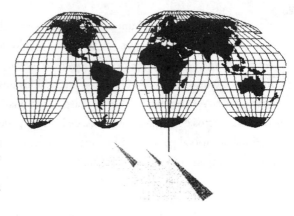

Fig. 7.8 La Gran Pirámide en el Centro de la Masa de Tierra del Planeta, figura 32 de The Giza Power Plant (La Planta de Poder de Gizeh)

responde a las vibraciones de la Tierra por resonancia y armónicos.[85] Resonancia significa que es una vibración sensible con el planeta, lo que la convierte en un *oscilador acoplado* que puede atraer la energía de la Tierra una vez que se sintoniza —*la Gran Pirámide vibra con la Tierra*.[86] La teoría de Chris Dunn es demasiado compleja para cubrirse en este libro; sin embargo, merece una seria lectura. Como él resume su trabajo, "la Gran Pirámide fue una planta geomecánica de poder que respondió sensiblemente con las vibraciones de la Tierra y convirtió esa energía en electricidad. Ellos la usaron para proporcionar poder a su civilización, lo que incluye herramientas mecánicas con las cuales dieron forma a duras rocas volcánicas".[87] Hasta que llegue alguien que encuentre alguna otra forma con la que ellos cortaron la piedra y levantaron bloques de muchas toneladas, la investigación de Chris Dunn se debe de examinar y probar.

Este capítulo empezó con algunas ideas sobre crear realidades con el pensamiento; seguimos las actividades de los Ángeles Caídos y analizamos las piedras de Ica, para terminar con la Gran Pirámide como una planta de poder. He descrito algunos descubrimientos verdaderamente sorprendentes, que la Elite Global está ocultando. La pregunta es, ¿por qué? A continuación, observaremos cómo se mueven las piezas en el juego de ajedrez de la Elite. Naturalmente, ellos son los Reyes, Reinas, Caballos y Alfiles, y la gente común son los peones. Sin embargo, todos los que vivimos en el planeta, estamos en este momento sobre el tablero, porque otra vez somos globales. Como usted puede ver con las Piedras de Ica, cuando la civilización humana alcanzó este nivel anteriormente, las pirámides fueron el centro de la tecnología. Ahora que hemos analizado una idea de tecnología sobre la cual la Gran Pirámide se utilizó y si es así, ¿Cómo obtuvieron la tecnología? Esta pregunta se contestará en el capítulo 9; sin embargo, no podemos acercarnos a ella sin antes entender cómo se juega el juego de la Elite Global. Tome parte en el plan de la Elite, para la Era de Acuario.

8

La Conspiración de la Puerta Estelar y el CosmoCráter

Con los cambios que se causarán,
el verdadero americanismo, el pensamiento universal que se expresa y
manifiesta en la hermandad del hombre,
como en la orden Masónica, será la final regla
en la conciliación de los asuntos mundiales.

—*Edgar Cayce[1]*

¡Apoyo a los Herejes!

El comprensible encubrimiento de la verdadera historia de los Ángeles Caídos, las Piedras de Ica y la cerámica de Acámbaro, son todos excelentes ejemplos de los programas de control de información, de la Elite Global. Los restos arqueológicos de la avanzada cultura global prediluvial no se están revelando al público o nos han educado con una estúpida historia sobre nuestro pasado, que nos vuelve locos. Grandes investigadores como Charles Hapgood o el Dr. Cabrera son acogidos con un total silencio y descrédito. Sin embargo, a pesar del aparente éxito de este programa, que en este momento tiene un antigüedad de miles de años, hoy en día mucha gente se está enterando de la forma en que funciona la Elite. Existen cientos de libros, como los de David Icke y William Cooper, que reportan con gran detalle los programas financieros, sociales y políticos de la Elite. Los detalles de lo que ésta hizo, dónde y cuándo, son aburridos. No importa cuánto se les observe, ellos sólo cambian en nuevos aspectos, porque son *cambiadores de forma*. Para los individuos, la única forma de deshacerse del control es decodificar el programa actual. Más tarde, veremos cómo cualquiera de nosotros puede transmitir esta energía serpentina, porque toma forma sólo entre la ignorancia y la confusión. En este momento quiero mostrar cómo funciona el programa de la Elite Global en nuestros tiempos y cómo empezó, en primer lugar.

Al seguir una elaborada campaña de desinformación, la Elite se mantiene un paso delante de la gente. Por ejemplo, hostigan y desacreditan a cualquiera que se acerque demasiado a la información científica o espiritual que pueda liberar a la gente. Cuando alguien está a punto de divulgar los secretos de la resonancia harmónica, como Christopher Dunn, alguno de los creativos agentes de la Elite, —escritores, productores de cine y estrellas del medio— simplemente escogen la parte más deficiente de la investigación de una persona, (toda investigación tiene algunos puntos débiles) y la dejan ir fuera de proporción, para hacer que la persona se vea como un tonto. Otra de sus tácticas favoritas es convencer al público que un extraordinario suceso fue un engaño, como los Círculos de Trigo en Inglaterra o las Piedras de Ica. La meta de este programa es continuamente *decepcionar y desautorizar* al público y entonces, la gente perderá toda esperanza y hasta olvidará que hay alguna. Por ejemplo, el libro *Giza: The Truth* (Gizeh: La Verdad) intenta excluir a Christopher Dunn; sin embargo, él tuvo la posibilidad de refutar esto con éxito y no va a desaparecer.[2] *Existe una continua lesión mental que prueba la fortaleza de los inventores y de los ávidos buscadores.* El público se emociona con una nueva teoría y se excita ante la posibilidad de tener más información, que pudiera mejorar al planeta o contestar algunas preguntas profundas, y entonces se deriva la teoría y su inventor es crucificado. Siempre, la más directa ruta a la resonancia cósmica es sentir y expresar el amor de nuestros corazones, que es el motivo por el cual la campaña de desánimo se está llevando a cabo. Sin embargo, usted puede desviar todo esto simplemente al poner una especial atención a las teorías o a los individuos que la Elite desacredita.

¡Ésta le mostrará el camino! ¡Sólo voltee su atención a los *herejes*! Cada vez que los medios y la academia reciban un emocionante descubrimiento con un helado silencio, dé por hecho que puede ser algo de suma importancia. Ciertos hallazgos, como las Piedras de Ica, se enfatizan para enseñar la manera en que se estudia en inversa al programa de la Elite, lo que desorienta al público. Otra táctica de su juego de ajedrez es empujar a un tonto al centro de atención pública, como a Thomas Edison, mientras que secretamente sacrifican la mente del verdadero genio, Nicola Tesla, cuyas tecnologías de la energía resonante fueron robadas y sus descubrimientos desarrollados en secreto, como el "Experimento Filadelfia", en el cual un barco y su tripulación fueron vibrados en otra dimensión durante la Segunda Guerra Mundial. Albert Einstein y su bomba fueron el centro en el siglo XX, mientras que la investigación de Wilhelm Reich sobre la primaria fuerza de vida —energía orgone— fue desechada. Él fue un sicoanalista que descubrió la fuerza organizadora que posibilita al alma a tomar la forma del cuerpo, y su descubrimiento se pudo haber usado para describir científicamente qué es la verdadera salud. Aquellos que están en contra del paradigma oficial viven una vida de gran dolor, pero todo cambiaría si la gente inteligente volteara su atención a los verdaderos inventores. Una vez que Charles Hapgood publicó *Maps of the Ancient Sea Kings* (Mapas de los Antiguos Reyes del Mar), fue esquivado por sus propios colegas hasta su muerte; murió en prisión después de que su laboratorio fuera destruido y sus libros se dejaran de imprimir, y Nicola Tesla murió en la miseria, en un hotel de mala muerte. Es irónico que Albert Einstein escribiera el prólogo para la primera edición de *Path of the Pole* (Sendero del Polo) de Charles Hapgood.[3]

La Conspiración de la Puerta Estelar

La Conspiración de la Puerta Estelar de Lynn Picknett y Clive Prince, se publicó en Inglaterra en el año 2000. Este trabajo, profundamente inquietante y perspicaz, interpreta los planes de la Elite para la nueva religión de la Era de Acuario y expone cómo "la CIA, el M15 Británico, grupos ocultos y hasta algunos de los más encumbrados científicos del mundo" están trabajando juntos en una gran conspiración que saca provecho del "ardiente deseo humano de contactarse con lo sobrenatural y lo inefable".[4] Desde luego, en vista de los conflictos Egipto-Judaicos de la Era de Aries y los Judío-Cristiano-Islámicos de la Era de Piscis, esto no es nuevo. Cada vez que las Grandes Eras cambian, las nuevas creencias centrales que surgen entre la gente, parecen ser absolutamente únicas. La más reciente es buscar a los hombres del espacio, pero *los extraterrestres son sólo una nueva forma de los Ángeles Caídos y de los Observadores*. La forma de seguir los movimientos en este elaborado juego de ajedrez, consiste en no olvidar ni por un segundo que la estrategia es una enorme conspiración política y religiosa que "da jaque mate" a cualquiera que se mueva independientemente. Debido a que sobre todas las cosas, los humanos buscan el contacto espiritual, *los movimientos religiosos son el lugar de donde, de hecho, viene la conspiración* —la política es meramente el frente. La última vez que llegamos a este punto fue cuando la Iglesia Católica Romana sobrepasó al judaísmo en el occidente; la pregunta obvia es, "¿cuál es la religión principal en este momento?" Como un Éxodo en reversa, el punto candente es el centro geodésico del planeta, el Altiplano de Gizeh, mientras que los disturbios en Jerusalén distraen la atención del público. En el altiplano de Gizeh se está haciendo una fanática búsqueda del Pasillo de los Registros. Millones están enganchados en el drama, porque buscan al todopoderoso dólar con su pirámide cubierta con el ojo que todo ve; *unidos por el simbolismo, millones se han involucrado energéticamente en esta caza del místico tesoro*. De hecho, la búsqueda del Pasillo de los Registros es una moderna forma de la cruzada del Rey Arturo por el Santo Grial, "el antiguo y escurridizo objeto del deseo del corazón" y cuando se encuentre, "mágicamente, de alguna manera toda nuestra civilización se transformará".[5]

Muchos de los nuevos escritores arquetipo forman parte de la contracultura egiptológica, que está trabajando para probar que la Esfinge es muy antigua y las Pirámides son las reliquias de una arcaica y avanzada civilización. En efecto, la conspiración utiliza esta contracultura, la que "en efecto, ahora se ha convertido en una nueva ortodoxia, con una igualmente rígida doctrina de sí misma".[6] Populares escritores como Graham Hancock y Robert Bauval son caballeros en busca del Santo Grial, y es casi imposible saber si se dan cuenta de que han sido empujados en la mística cruzada o si es que ellos la están cínicamente orquestando. Dejé de enseñar en Egipto en 1996, cuando empecé a entender que algo muy confuso estaba pasando a mi alrededor. *The Stargate Conspiracy* (La Conspiración de la Puerta Estelar) me dio la posibilidad de comprender mis propias experiencias en ese país, de 1991 a 1996. Todos formamos parte de la cruzada que está tomando forma, al penetrar la energía de Acuario en el campo planetario. Podemos empuñar nuestro deseo del corazón, más que ser rehenes en un muy sucio y transparente juego global. Veamos algunos de los principales jugadores.

The Sirius Mystery (El Misterio de Sirio) de Robert Temple (1976) es un erudito libro sobre leyendas egipcias, africanas, griegas, babilonias y sumerias. La tesis principal de este autor, consiste en que visitantes del sistema de la estrella Sirio le dieron sus símbolos y rituales a Dogón, la cultura de África central.[7] Esto me dio algunas nuevas ideas sobre lo que llamo la *mentalidad de Sirio*; sin embargo, puse poca atención a los hombres del espacio, porque cualquier chamán puede ir a Sirio cada vez que lo desee, lo que obviamente era un deporte favorito para los habitantes de Dogón. Para una nueva edición en 1998, Robert Temple revisó el libro en una forma radical y ahí él dice que debido a la primera publicación, la CIA lo acosó por quince años, la M15 lo monitoreó, además de que un Masón mayor se acercó a él y le pidió que se uniera a la fraternidad, para que pudieran discutir su libro como iguales y mantener las discusiones en privado.[8] No obstante este extraño interés de las sociedades secretas por su libro, *The Sirius Mystery* ha influenciado enormemente al movimiento Nueva Era, porque incontables personas que lo han leído con honestidad, creen que los Dogón y los egipcios son culturas extraterrestres. Yo pensé que esto era sólo una tontería por parte de un hombre muy inteligente. He estado en contacto con los sirianos y otras inteligencias estelares desde mi niñez, y ellos son formas de energía, sin cuerpo.[9] Los reinos que habitan no son físicos ni tienen lugar, lo que significa que siempre están ahí y accesibles, si se puede encontrar la puerta de entrada. He visto "naves espaciales" que siempre estaban cerca de las bases militares o de laboratorios de investigación como Los Álamos, y estoy segura que los "avistamientos" son conjuros científicos que desafortunadamente, algunas veces se proyectan en las recámaras de la gente. La más espeluznante cosa que alguna vez haya visto en mi vida, fue cuando nuestra familia iba por la carretera 25 de Nuevo México, cerca de la tierra de prueba de White Sands. ¡De repente, más o menos de uno y medio a tres kilómetros del lado izquierdo del automóvil y a unos treinta metros de altura o más, un brillante y gigantesco buitre negro se manifestó, de entre una delgada y clara luz de día y voló al lado del automóvil! No supimos qué fue, hasta que varios años después, vimos en la televisión al bombardero "Stealth" levantado por un enorme gancho y remolcado sobre una gigantesca estrella roja de cinco puntos. La cultura en masa está siendo condicionada a creer que los extraterrestres son verdaderos y que están aquí en este momento. A lo mejor así es, pero yo creo que es un programa de desinformación de la Elite Global.

También existe una muy esparcida creencia dentro de la contracultura, de que Marte albergó una antigua civilización que estaba conectada a los arcaicos egipcios. Esto conduce a la conclusión de que "los antiguos dioses eran extraterrestres —*y han regresado*".[10] *The Sirius Mystery* (El Misterio de Sirio) es el libro-abuelo de muchos textos sobre egiptología, del nuevo paradigma, porque convence a mucha gente inteligente de que los extraterrestres influyeron en África.[11] Esto sugiere que los antiguos egipcios no pudieron haber construido las Pirámides, y esa tontería de cabezas huecas anima a la gente a esperar que los dioses bajen del cielo para desatar una hecatombe. *¡Esta es una avanzada catastrofobia, toda ataviada para la Nueva Era!* El discernimiento que ofrecen Lynn Picknett, Clive Prince y Andrew Collins, me ha inspirado para describir claramente mi propias conexiones estelares. No había hecho eso hasta ahora porque estas conexiones son sagradas. Estos autores me han ayudado a entender que la Antigua Teoría Astronauta alimenta una conspiración muy peligrosa, que está succionado a incontables personas ingenuas. La finalidad de la agenda es convencer al público que los extraterrestres colonizaron la Tierra y Marte y que están por regresar, tan pronto como se encuentre el Pasillo de los Registros en Gizeh. Naturalmente, rescatarán a los Escogidos de Dios antes del profetizado cataclismo y los llevarán lejos en sus naves espaciales. ¿Cómo pudo una tontería como esa haber ganado alguna credibilidad? Entra el Profeta Durmiente.

Edgar Cayce y la Búsqueda del Pasillo de los Registros

El famoso "Profeta Durmiente" Edgar Cayce, es la fuerza manejadora detrás de la búsqueda del Pasillo de los Registros y cronometra este descubrimiento con los *venideros* cambios de la tierra, que inyectan miedo y urgencia en la cruzada.[12] Pido a los lectores que vuelvan a leer la cita con la que se abre este capítulo, que muestra que la *agenda de Cayce era masónica*. Presentado al público con habilidad, como un simple cristiano profundamente impresionado por la extraña información oculta que llegaba a través de sus trances, en realidad, ya le habían proporcionado la información. Tenía una memoria prodigiosa y trabajó en librerías, donde leyó muchos libros esotéricos. Estuvo expuesto a los muchos ocultistas que lo buscaban. Él y su padre estaban lo suficientemente arriba en la masonería como para encontrar nuevos albergues, además de que fueron vendedores de seguros masónicos.[13] Cayce advirtió a Woodrow Wilson sobre la formación de la Liga de las Naciones. Fue presentado a Wilson por el Coronel Edmund Starling, entonces director del Servicios Secreto, que era un amigo y posible compañero masón junto con el padre de Cayce.[14] El contenido de las lecturas de Cayce está reempacado, mohoso y es un esoterismo viejo, como los trabajos de Alice Bailey, Madame Blavatsky y H.C. Randall Stevens.[15] A menudo, los canales son traídos a través del material que ellos ya han estudiado, porque los datos esotéricos son la sabiduría perpetua, y este proceso es una forma de enseñar y redescubrimiento para ellos y sus grupos. El problema con Cayce es que fue presentado como un inocente y adormilado cristiano, y *la gente común de buen corazón tomó sus ocultas ideas y profecías como una verdad de evangelio*. La búsqueda del legendario Pasillo de Registros de Cayce, es el centro de la agenda de la Elite y la exploración es una fabulosa herramienta para encubrir la conspiración. La mayoría de la gente no puede creer que agencias de inteligencia estén involucradas, debido a que cruzadas psíquicas como esas, son puro sicoblá-blá que asusta, lo que la Elite consistentemente desacredita.

El hijo de Cayce, Hugh Lynn Cayce, empezó la bien cimentada Asociación para la Investigación y la Iluminación (AII) para alojar, analizar y promulgar las lecturas de Cayce.* AII se ha involucrado profundamente en exploraciones en Egipto, para encontrar el Pasillo de los Registros, porque Cayce padre dijo que se encontraría ahí cerca del 1998. Zahi Hawass, director del Altiplano de Gizeh desde 1987, fue

---

* A pesar de que tengo dudas sobre la Atlántida y las predicciones de los cambios de la tierra de Cayce, él fue un fantástico médico intuitivo. Sería vergonzoso que se desacredite esa parte de su trabajo, porque sus predicciones sobre los cambios de la tierra no se han manifestado de acuerdo a su calendario.

educado por la AII en los Estados Unidos y regularmente da conferencias en sus oficinas generales en Virginia Beach, lo que facilita a la AII a tener grandes oportunidades para explorar el altiplano.[16] El Instituto de Investigación de Stanford (IIS) que está muy ligado al Departamento de Defensa y a la comunidad de inteligencia, ha llevado a cabo otros proyectos en Gizeh.[17] El Dr. James J. Hurtak, el autor del extravagante tomo fundamentalista, *The Keys of Enoch* (Las Llaves de Enoc), quien para millones es el nuevo mesías, ha estado profundamente involucrado en las exploraciones de Gizeh.[18] Para 1973, Hurtak ya había explorado la correlación entre las pirámides y Orión, más de veinte años antes de la publicación de *The Orion Mistery* (El Misterio de Orión).[19] En 1977 y 1978, misteriosamente, se le permitió a Hurtak utilizar rayos láser para medir los ángulos de los tiros de ventilación en la Gran Pirámide, para ver si están alineados con Orión y Draco; pero no se han revelado los resultados.[20] Existen persistentes y bien fundados rumores de que los egipcios están llevando a cabo, en la clandestinidad, excavaciones por todo el Altiplano y que ya se han encontrado muchas cosas, pero se mantienen en secreto.[21] En medio de este extraño drama se encuentra Zahi Hawass, que muestra selectos "descubrimientos" en la televisión norteamericana, que sirven de cortina de humo para distraer la atención de las exploraciones clandestinas. Hawass es el clásico hombre pantalla para un elaborado juego. Estas personas son camaleónicas y es imposible saber qué es lo que están haciendo en realidad. El hecho es que las *afiliaciones con la comunidad de inteligencia, son siempre un signo de una gran conspiración para distraer al público por medio de rumores y mentiras sembradas.*[22] El Internet ha llevado el acalorado remolino de rumores a un punto de ebullición en el ciberespacio; mientras tanto, los hermosos templos en Egipto están siendo asaltados. Sin darse cuenta, las personas introducidas en la cruzada por el Santo Grial, terminan siendo amargamente desilusionadas por no encontrar el deseo de su corazón, mientras que con sutileza, las condicionan para que crean en la religión de la Era de Acuario. Esta selección tiene una base más amplia de lo que parece: la pirámide en el dólar americano, el obelisco en Washington y otros símbolos masónicos como esos que han sido impresos en los cerebros de los norteamericanos, por más de doscientos años.[23] Es como si toda la cultura estadounidense fuera mesiánica y millones de personas ignorantes respondieran a estas formas de pensamiento, porque sienten mucha curiosidad sobre la antigua civilización perdida. Recordando a los Ángeles Caídos en el capítulo anterior, usted puede notar que el libro de J.J. Hurtak se titula *The Keys of Enoch* (Las Llaves de Enoc). A continuación entran los marcianos.

La Civilización Perdida en Marte

En 1972, la sonda del *Mariner 9* tomó unas fotografías de un área sobre Marte llamada Cydonia, que parece representar una enorme escultura de una cara, algunas pirámides, un círculo de piedras prehistóricas y un montículo que se asemeja a Avebury Henge y a Silbury Hill en Inglaterra.* ¡La posibilidad de que en Marte existan ruinas de una civilización que contengan una gran cara de apariencia humana viendo hacia la tierra, en realidad echó a andar la Antigua Teoría Astronauta! J.J. Hurtak relacionó Cydonia con Gizeh al describir la Cara como "parecida a la Esfinge", aunque no tenga cuerpo y mucho menos sea de león.[24] Varios jugadores hicieron nuevas carreras como investigadores de la Cara de Marte, en particular Richard Hoagland —asesor de la NASA, que una vez lo fue de NBC, ABC y CNN— quien se ha convertido en el campeón público para la Cara de Marte.[25] Mayormente él es el responsable de convencer al público de que existe una arcaica civilización en Marte, que alguna vez estuvo conectada con Gizeh.[26] Es extraño que dijera que "el 'mensaje de Cydonia' podría ayudar al mundo de forma significativa, en una dramática transición hacia el verdadero 'nuevo orden mundial'...si no al literal Nuevo Mundo".[†] En relación con la muy verdadera posibilidad que evidencia una antigua civilización existente en Marte, la Elite está apenas a más de un paso adelante del grupo, en la exploración del espacio. Hay muchas cosas que la Elite desea desesperadamente conocer antes de que alguien más lo haga. A menudo convencen a brillantes investigadores para unírseles, ya que ¿quién quiere terminar como Nicola Tesla o Wilhelm Reich? Sin embargo, una vez que el pacto faustiano se ha aceptado, ellos utilizan a los nuevos miembros, especialmente como armas letales para implantar datos seleccionados —a menudo el público confía en los caballeros. A cambio, los nuevos iniciados son publicados por grandes editores y se encuentran en las listas de los mejor vendidos, se convierten en estrellas del círculo de lectura y se les introduce socialmente en la Elite.

El gran encubrimiento consiste en que el hallazgo de los vestigios de una destruida antigua civilización en Marte —con ruinas que son similares a las del Altiplano de Gizeh y el Círculo de Avebury— *podría ser la máxima prueba de la teoría cataclísmica de Allan y Delair*. La figura 2.1 indica que Faetón explotó cerca de Marte y cambió la órbita de éste. Su actual lenta rotación —24 horas, cuando debería ser de 8 horas—

---

* Graham Hancock, *The Mars Mystery* [El Misterio de Marte] (Nueva York: Crown, 1998), 91-92. Por un análisis fragmentado, hay motivos para creer que las estructuras de Cydonia no fueron hechas por fuerzas naturales.
† Citado por Lynn Picknett y Clive Prince, en *The Stargate Conspiracy* [La Conspiración de la Puerta Estelar] (Londres: Little, Brown, 2000), 128. Nótese cómo estas palabras vinculan la colonización de las Américas con el Nuevo Orden Mundial.

sugiere que su acercamiento causó la fractura de su corteza y la caída de su campo magnético. Los astronautas dicen que "algo muy profundo ha sucedido en Marte en un pasado no muy distante".[27] La superficie marciana está dañada más hondamente que la terrestre, pero efectos similares sugieren que los dos planetas deben de haber sido traumatizados por algo externo como Faetón. Allan y Delair escriben, "con seguridad estas similitudes son demasiado cercanas, como para ser producto de eventos totalmente separados, ya que todas están en apariencia unidas por el insistente tema subyacente de un poderoso y destructivo ataque cósmico".[28] La superficie marciana se destruyó tanto, que es probable que ninguna forma de vida sobreviviera. En la Tierra permanecieron las suficientes especies, que hemos llegado a un punto en el cual, científicamente, nos hemos dado cuenta de que hace poco *esta pesadilla alteró a todo el sistema solar.* Graham Hancock comenta, "la noción de que el terminal cataclismo de Marte sea reciente, —quizá de hace menos de 20,000 años— es una herejía astronómica que levanta para nosotros una peculiar resonancia".[29] A la luz de lo que se dice aquí sobre Cydonia, con relación a Avebury Henge, los lectores deberían leer el material del anexo D, que discute la teoría de Ralph Ellis, sobre que este lugar es un modelo de la Tierra flotando en el espacio e *inclinado sobre su eje.*[30]

El Anuncio de Marte

En relación con el deseo de la Elite Global de esconder lo que saben sobre Marte, el 7 de agosto de 1996, la NASA misteriosamente organizó a un grupo de científicos, para que anunciaran que en un meteorito que aterrizó en la Antártida hace como 13,000 años se había encontrado evidencia de vida en Marte. Este evento atrajo por completo la atención de los medios, incluyendo los emocionados comentarios de Bill Clinton y Al Gore, que son típicos signos de un gran complot de la Elite.[31] Este anuncio puede formar parte del programa para conseguir público que crea en la influencia extraterrestre, posiblemente fue una pantalla de humo para distraerlo sobre Cydonia o para aumentar la curiosidad sobre la Cara en Marte. Este informe es un perfecto ejemplo de las tácticas de alto nivel de la Elite, a la que mucha gente reconoce al instante, porque sabían que el descubrimiento de la posible vida sobre Marte, *ya había ocurrido y sido anunciado a la ciencia* por Vincent Di Pietro, John Brandenburg y Bartholomew Nagy. Este último publicó un ensayo sobre los componentes químicos de los meteoros (aunque todavía no sabía que fueran de Marte) en 1975, y agregó el aspecto marciano en un trabajo con el científico Colin Pillinger en *Nature* (Naturaleza) en julio de 1989.[32] Nagy murió en diciembre de 1995, unos cuantos meses antes de que el anuncio de Marte validara su investigación. Todos los científicos en el campo saben lo que se publica en ese libro, pero Nagy consiguió un silencioso tratamiento. Con su nariz de Pinocho creciendo cada vez más en la televisión, Bill Clinton habló sobre el gran nuevo descubrimiento, "sus implicaciones son más transcendentales e impresionantes de lo que se pueda imaginar".[35] ¿Por qué estaba tan sorprendido? Una meretriz de Washington, Sherry Rowlands, inmediatamente dio entrevistas a la prensa y dijo que el consejero más cercano de Clinton, Dick Morris, le había contado todo sobre este descubrimiento, cuando todavía era un secreto militar.[34]

¿Qué está pasando? Hay algo más que satisface el ojo público. Nótese que el misterioso meteoro marciano aterrizó en la Antártida *hace cerca de 13,000 años*. ¿Les parece familiar? El hecho es que Di Pietro, Brandenburg y Nagy se pueden haber acercado demasiado a la verdad; esta gran distracción se creó para asegurar que nadie se imaginara que *¡este es un meteoro de la superficie de Marte, que volaba con Faetón hace 11,500 años!* Analice la figura 2.1, cuando Faetón se metió con la Tierra y algunos meteoros marcianos cayeron sobre la Antártida. La historia oficial dice que el meteoro se formó hace 4.5 millones de años cuando la corteza marciana se creó por primera vez. Luego, hace 16 millones de años, un cometa o asteroide chocó con Marte y lanzó una pieza de roca fuera de la superficie y hace 13,000 años cayó en la Antártida.[35] Esta es una clásica desinformación de la Elite —una útil historia que el público creerá, porque han sido entrenados para creer que el sistema solar se formó hace 4.5 miles de millones de años. Entonces, la sugerencia de que a un meteoro de un impacto en Marte le llevó 16 millones de años aterrizar en la Antártida hace 13,000 años, es eficaz para fomentar la teoría de que los rasgos catastróficos de la corteza marciana no son recientes. El hecho es que *los meteoros de Marte cayeron sobre la zona Austral hace 11,500 años y ésta es una prueba del sistema solar, de la teoría cataclísmica de Allan y Delair.*

¿Qué está en juego aquí? Conforme sale a flote la magnitud de lo que pasó tan recientemente, muchos científicos y escritores están inventando varias teorías de desastres cíclicos. Debido a que la normal reacción humana es dar por hecho que si algo tan horrible pasó antes, sucederá otra vez, estas cíclicas *teorías cataclísmicas corresponden a la nueva catastrofobia científica.* Entretanto, mientras el sistema solar va alrededor de la galaxia, se mueve sobre, a través y por debajo del plano galáctico, aproximadamente cada 30 millones de años, como un delfín nadando a través de las estrellas, las nubes moleculares y otros cuerpos. Cuando el sistema solar se mueve de esta manera, la posibilidad de encuentros catastróficos es mucho más grande de lo usual. *Hubo* masivas extinciones de especies hace 94.5 millones, 65 millones, 29 millones y 11,500 millones de años. Con base en esto, Graham Hancock concluye, "...estos datos nos recuerdan que ahora y en cualquier momento, el sistema Tierra-Luna puede entrar en un episodio de bombardeo".[36] Para él, Cydonia es una "advertencia de que una fatalidad parecida a la de Marte está latente sobre la tierra, a no ser que se tomen las medidas pertinentes para prevenirla".[37] Entonces, por supuesto debemos gastar trillones en monitorear los cielos y construir armas para disparar a las cosas del cielo, lo que es el propósito establecido de la tecnología de la guerra de las galaxias, la agenda secreta de la Elite. Piense en esto: primero, la gente es controlada mentalmente, para hacerle creer que los extraterrestres están llegando y así, el armamento de las guerras de las galaxias se podría utilizar para dispararles en el cielo. Mientras tanto, Allan y Delair ya han demostrado que esta gran fase catastrófica del ciclo de 30 millones de años, del plano galáctico, *sucedió justamente hace 11,500 años.* Tal vez estamos al principio de 25 a 30 millones de años de una evolución relativamente tranquila, mientras que el sistema solar está reestableciendo el equilibrio. Con relación a los desajustes orbitales y axiales, en el sistema solar, los científicos uniformitarios nos harían pensar que "estas anormalidades se han acumulado periodos inconmensurables de tiempo", lo que los posibilita para convencer al público que el sistema solar es "recurrentemente catastrófico".[38] Si las irregularidades son el resultado de un reciente gran desastre, la historia del sistema solar "se puede definir mejor como tranquila y ordenada por lo general, pero recientemente interrumpida por un solo y tremendo cataclismo".[39]

El anuncio sobre Marte, de agosto de 1996, involucró a todos los niveles, hasta los más sutiles. Mientras tanto, en este momento, ondas cósmicas increíblemente energizantes están alcanzando la Tierra, lo cual está midiendo la Elite.[40] Ya sea que los individuos puedan recibirlas y sus sutiles glándulas puedan activarse por estos poderes, depende de que estén concentrados o distraídos; esto es, si están conectados a la tierra con su cuerpo. Sólo al examinar los patrones astrológicos que influyen en la mente colectiva, puede conocerse la condición en la que la gente estará durante cualquier periodo de tiempo. Como parte de mis conferencias de viernes por la noche, desde 1985 he estado dando un análisis de estos patrones, *una forma de pronóstico de cuerpo astro-emocional.* Esto beneficia a los estudiantes, mientras que a mí, me proporciona inesperadas perspicacias sobre las tácticas de la Elite. Los patrones permanecen por unos días, semanas y hasta por unos cuantos meses, y son de una potencia variable que puede aumentar o disminuir considerablemente el potencial de libertad de las personas. Con regularidad, mis estudiantes reportan que en estos momentos es una gran ventaja contar con la información sobre estos modelos. La astrología es una de las herramientas más transformativas, que están a disposición de las personas y la Elite sabe que la gente está muy afectada por los patrones astrológicos.

Después de unos cuantos años de pronóstico astro-emocional, me cuestioné si la Elite estaba representando eventos dirigidos, durante los influyentes periodos en los que yo estaba interviniendo. Justo cuando hubo un periodo de gran oportunidad para que el público fuese inspirado por la energía, sucedieron cosas horribles, como los asesinatos de JonBenet Ramsay, Nicole Simpson y la Princesa Diana; las masacres de Waco y Columbine, el bombardeo de la Ciudad de Oklahoma y el Y2K.* Empecé a preguntarme si habría eventos *en masa, orquestados para distraer al público de la poderosa energía transformativa.* En relación con el anuncio de Marte, estoy segura de eso. De mayo a agosto, estuve dando conferencias sobre el increíble potencial del 6 al 19 de agosto de 1996, un momento en el cual hubo una gran cruz en el cielo formada por nódulos lunares (donde la luna cruza la eclíptica) y Júpiter, Saturno, Quirón y Marte en conjunción con Venus. Este fue un periodo en el que hubo gran potencial para que los hombres se dieran cuenta de su propia participación en la supresión femenina. La posibilidad de sanar este dolor tipo Prometeo directamente con las mujeres, en sus vidas y en su propia "femineidad interna" fue tan grande, que tuvimos la posibilidad de catalizar la saludable polaridad masculino-femenino y sumergirnos en el amor intencional. El anuncio de Marte fue hecho en un momento para distraer a los hombres, al abrumarlos con la energía marcial, la vibración que los mantiene más cautivos. En cualquier caso, noté que algunos hombres que conocía y muchos de mis estudiantes *sí* empezaron a remover la coraza alrededor de sus corazones en agosto de 1996. Empecé este libro con la premisa de que la Tierra está siendo activada por el Solsticio Galáctico de Invierno, que se encuentra en camino para el 2012, así que después me pregunté si la Elite estuvo creando programas, para usar estas potentes fuerzas para sus propios propósitos. Entra el Consejo de los Nueve.

El Consejo de los Nueve

La búsqueda del Pasillo de los Registros está manejada por el deseo humano por la iluminación. Los autores de *La Puerta Estelar* descubrieron que inteligencias no corporales —el Consejo de los Nueve o simplemente los Nueve— conservan gran poder sobre "los más poderosos industriales, los científicos vanguardistas, los populares animadores, los parasicólogos radicales y las figuras clave en los círculos militares y de inteligencia".[41] Los Nueve han influenciado grandemente a Richard Hoagland y J.J. Hurtak. De hecho, ellos son la fuente para *The Keys of Enoch* (Las Llaves de Enoc) de

---

* David Icke, *The Biggest Secret* [El más Grande Secreto] (Scottsdale, Ariz.: Bridge of Love Publications, 1999). David Icke y yo vemos muy similarmente a los eventos en masa, como una herramienta para controlar al público. Este comentario sobre las tragedias dirigidas viene mayormente de mi propia experiencia, como expliqué en el texto.

Hurtak, lo que en su momento, causó que millones de personas se abrieran a los Nueve.[42] ¿Qué es los Nueve y de dónde llegaron? Una fuente primaria es Andrija Puharich, un parasicólogo que inició la Fundación de la Mesa Redonda, en Glen Cove, Maine, que está dedicada a canalizar y a otras búsquedas esotéricas.[43] En la Mesa Redonda, Puharich estableció las sesiones canalizadoras para un místico hindú, el Dr. D.G. Vinod. Los Nueve Principios o Fuerzas se identifican a sí mismos, y explican que son un grupo de nueve entidades que inventaron un todo parecido a Dios.[49] A través del Dr. Vinod, los Nueve nunca dijeron que fueran extraterrestres, sin embargo, Puharich declaró que esto fue después de que las canalizaciones de un joven psíquico lo convencieron.[45] Nótese cómo este salto bloquea nuestro libre acceso a lo sobrenatural y lo inefable, porque concretiza a los seres divinos que se supone no deben ser materiales. Debido a la imponente medida y poder de estos seres, el contacto se confunde y con el tiempo, se vuelve fanático. Puharich fue iniciado como un Kahuna hawaiano hecho y derecho, estudió muchos métodos para alterar la consciencia, incluyendo el uso de drogas sicodélicas y puede que haya sido un verdadero buscador. A pesar de sus méritos, estuvo completamente involucrado con la Elite.[46] Usó la hipnosis para desacreditar la mente de muchos brillantes psiques, como Uri Geller y se comprometió en los experimentos de la AII sobre aquel, durante el mismo periodo en que la CIA estaba involucrada en experimentos de control remoto con la AII.[47] Hablando de extrañas alianzas, el Laboratorio de los Nueve se fundó en la propiedad de Puharick en Ossining, Nueva York, con J.J. Hurtak como su segundo al mando.[48] Esto generó una serie de personas que primordialmente fueron canalizadores a extraterrestres, con ricos patrocinadores, celebridades y físicos del AII a su alrededor.[49] Se escribieron libros; los Nueve dieron seminarios a través de un canal en Esalen; el grupo continuó hasta después de la muerte de Puharich en 1995 y por todo el mundo los canalizadores, incluyéndome a mí, atrajeron a los Nueve, sin haberse conocido antes.[50]

A los dioses de los misterios egipcios Heliopolitanos se les llamó los Nueve, y todavía son potentes fuerzas cósmicas.[51] El nivel de interpretación de estas fuerzas está en proporción directa al nivel espiritual del canal. Debido a que los individuos, los grupos y las culturas se encuentran en un estado muy bajo de moral y de consciencia espiritual, a menudo lo que llega a través de los canales está distorsionado. Por medio de los de la Mesa Redonda, los Nueve clamaron que iban a regresar para rescatar a la humanidad, cuya salvación se mezcla con el miedo al Apocalipsis, el racismo, los Escogidos y la batalla entre el bien y el mal. Los humanos somos imperfectos porque los extraterrestres echaron a perder nuestra programación genética. Los Nueve han llegado para arreglar todo esto, porque nosotros los humanos somos tan indefensos.[52] ¿Cómo arreglarán todo los Nueve? Primero, el apocalipsis limpiará el planeta y luego, de acuerdo con Hurtak, Norteamérica será el lugar de una nueva "Administración Espiritual", el surgimiento del nuevo "JerUSalem".[*] El gran problema con la presencia de Puharich en medio de esto, es que "él también estuvo llevando a cabo una investigación secreta para la defensa y el establecimiento de inteligencia en dos áreas principales: técnicas de manipulación psicológica usando drogas alucinógenas, y las capacidades militares y de inteligencia de las habilidades psíquicas".[53] Por muchos años, él estuvo profundamente involucrado en proyectos de experimentación de control mental de proyectos militares y de la CIA, y su "uso de hipnosis fue poco ético y peligroso".[54] Este es un clásico ejemplo de cómo la Elite se apropia de muchos métodos necesarios para sanar: por ejemplo, la hipnosis es una increíble herramienta para quitar fobias, eliminar bloqueos emocionales y agudizar la inteligencia.

Los Nueve son el centro de una conspiración orquestada para implantar una serie de ideas en los individuos, cultos y cultura para crear una nueva religión. Esto ha producido organizaciones como el Instituto de Ciencias No Éticas en Palo Alto, que se usan como órganos de inteligencia para influir a personas poderosas y al mundo.[55] ¿Por qué? Los autores de *Stargate* (La Puerta Estelar) notan que Puharich "estaba obsesionado con los dioses del espacio", se fascinó con los Misterios Heliopolitanos y creyó que "era posible abrir esta puerta", lo que forzaría a los extraterrestres a entrar a esta realidad, para que él pudiera encontrarse con ellos.[56] Esto está conjurando, lo que puede llamar a las energías que normalmente no son corporales en un plano físico. Estas fuerzas operan por sus propias leyes y los chamanes indígenas propiamente entrenados son muy precavidos y les tienen mucho respeto. Puharich y Uri Geller llevaron a cabo tantos experimentos misteriosos en el Laboratorio Lawrence Livermore, en California, que los físicos empezaron a ver apariciones de enormes pájaros parecidos a un cuervo y platillos voladores.[57] Ellos causaron una ruptura temporal en las barreras entre las dimensiones, algo con lo que los físicos juegan cuando dividen la materia.[58]

Aquí hablo extensivamente sobre los Nueve, porque esto es una horrible distorsión espiritual. Los Misterios Heliopolitanos son eternos y disponibles, y la contemplación de sus estructuras y leyes pueden regalar a cualquiera con una exquisita comunión mística. Debido a las interpretaciones personalizadas de Puharich, Cayce, Hurtak y otros, habilidades espirituales muy reales se están pervirtiendo, justo cuando más se

---

[*] Picknett y Prince, *The Stargate Conspiracy* (La Conspiración de la Puerta Estelar), 197. El diseño de la palabra — "JerUSalem"— es de J.J. Hurtak.

les necesita. El plan parece ser que una vez que los extraterrestres hayan sido conjurados, entonces ellos serán los nuevos mesías. La acumulación de enlaces de comunicación desde el 1900 —como el teléfono, la radio, la televisión y el ciberespacio— han aumentado la conectividad. La mayoría de los canales se obsesionan en los venideros cambios de la tierra y la gente piensa que debe ser verdad, porque todos dicen las mismas cosas. La mentalidad de tropel en el Internet ciega a la gente. Mientras tanto, hay un contacto con el espíritu mucho más hondo y profundo, que se está construyendo. Por ejemplo, en el siglo XIX, el espiritualismo fue un enorme movimiento, que se dedicó a acercarse a la gente que había muerto, para consolar a sus seres queridos, al ayudarlos a experimentar su presencia en un estado no físico. Primero, esto es reconfortante y también ayuda a que la gente viva experimente la calidad sobrenatural de la vida en otras dimensiones. Hay una gran diferencia entre el Espiritualismo y el conjuro oculto, pero distorsiones como los Nueve, le restan respeto al legítimo contacto con otras dimensiones.

Símbolos como Transmisores de la Mente Divina

La hipótesis de trabajo de este libro consiste en que Faetón inclinó el eje de la Tierra hace 11,500 años, lo que empezó una forma totalmente nueva de evolución humana. Hace aproximadamente 10,000 años, empezaron a aparecer símbolos abstractos, y al estudiar la mitología y los artefactos durante este marco de tiempo, se puede detectar la influencia de las Grandes Eras. Pero, ¿Qué significan estos símbolos? Yo creo que forman otras dimensiones y son bilaterales. Los símbolos *traducen ideas de otros mundos al nuestro*, como si fueran un túnel del eje vertical. Los sabios vieron que tienen un gran poder y la gente se inspira creativamente para hacer arte con ellos. Antes del Cataclismo, parece que la gente estuvo en contacto directo con una enorme biblioteca de una compleja mitología astral, que penetró la realidad ordinaria y luego se destrozó nuestro acceso al sistema de ese lugar. Después, se encontró que los símbolos eran una puerta en estos complejos hologramas estelares. Los mitos que han bajado de ese tiempo, justo después del desastre de hace mucho tiempo —que están contenidos dentro de mitos más recientes, como las semillas cósmicas— son versiones tergiversadas y vacías de maravillosos dramas en el cielo nocturno. Lo diferente ahora es que *vivimos estos mitos fuera de nuestros dramas personales, porque mucha gente no está enterada de la vida en el otro mundo.* Esto ha sido abrumador y el reino astral, también ha sido un gigantesco teatro que se avecina sobre el mundo y los sabios observaron este desarrollo con asombro. Pronto aparecieron los cosmocráteres o señores del Tiempo, porque por la Era de Géminis, los sabios pudieron ver que los símbolos cambiaban cuando las eras lo hacían. Basados en la discusión del Çatal Hüyük en el capítulo 6, el simbolismo de la Era de Géminis estuvo disponible en su totalidad, exactamente cuando la era se abrió. Para ellos, era obvio que los símbolos podían usarse para influir en la forma en que la gente creaba realidades con el pensamiento. Por ejemplo, el gran reformador de la civilización humana, Zaratustra, utilizó símbolos para animar a la gente para que mejorara la vida en la Tierra, al adoptar la agricultura. La antropóloga Felicitas Goodman dice, "lo que todos los agrónomos tienen en común es la ilusión de poder, de tener la posibilidad de ejercer control sobre el hábitat".[59] Durante la Era de Géminis, las culturas desarrollaron exquisitos y complejos simbolismos y se utilizó su inherente potencial de control.

La gente puede sentir la inherente sobrenaturalidad de los símbolos y son atraídos por ellos. Para la gente se convirtió en un proceso inconsciente el responder a los símbolos durante la Era de Cáncer, probablemente debido a que todavía estaban pasmados. Ahora, para *mucha* gente ha llegado el momento de entender estas salidas que conducen a otros mundos. ¿Por qué no deberían desarrollar su formidable individualidad? Es importante ver cómo los símbolos afectan a la gente en general. Después de todo, el ciberespacio podría crear ondas globales de conexiones o establecer una demencia colectiva —esta vez, el potencial "cataclismo" y no periódicos agentes destructivos en el cielo. Debido a que los símbolos sirven de puente entre las realidades, se les *diviniza*; pueden manifestarse en cualquier lugar, porque están formados de puro pensamiento. Los grandes seres como los Nueve no tienen problema para regresar a este tiempo, pero existen pocos vehículos que pueden recibir sus vibraciones, porque la mayoría distorsionan la espiritualidad con sus egos. ¿Adónde están los Miguel Ángel, los Beethoven, y los Bach? Es fácil contestar esta pregunta. La cultura usada para apoyar a los artistas del Renacimiento, ahora soporta a Edison, Einstein, Steven King y sexo en línea.

En cada Gran Era nace un cuerpo de potentes símbolos que son puertas para los mundos sobrenaturales. Durante los pasados 12,000 años, artefactos que tienen símbolos, se pueden fechar con exactitud e identificar a sus fabricantes. Igual que hay capas de tiempo en los mitos, por todo el planeta se manifiestan símbolos en zonas geográficas por Tiempo; son *geomórficos*. Increíblemente, el sistema simbólico se manifiesta en su totalidad, justo cuando la era abre. Los símbolos se han usado para inspirar bellos potenciales y para limitar e impedir el potencial humano, que es lo que Hitler hizo con la suástica. Pero, ¿de dónde viene la belleza o el mal? Yo creo que este último se manifiesta a través de los programas de control: *el mal llega al mundo cuando unas cuantas personas escogidas, que sucede que saben cómo trabaja este proceso, usan los sím-*

bolos para manipular y controlar la mente de los humanos. Los cosmocráters entendieron el juego. Disfrutan jugarlo, así que lo mantienen en secreto porque prefieren ser un rey que un peón. En otras palabras, *¿qué pasa si el mal siempre empieza con la manipulación del pensamiento?* Esta es una de las formas, si no la mejor, para que entre el mal en nuestro mundo. Quienes se han vuelto inmunes a estas influencias del mal, ven que las fuerzas de control intentan observar cada uno de los pensamientos que llegan a sus mentes. Hemos visto cómo símbolos, tales como el ojo que todo lo ve en la piedra superior que remata la pirámide en el dólar, se pueden usar para bien o mal. Existen grandes fuerzas operantes que están usando símbolos y manipulando formas de pensamiento, para sus propios propósitos. Vivimos en una era en la cual es obvio que enormes fuerzas están controlando a la gente por medio del poder, el dinero y el sexo. ¡La mayoría de la gente hasta sabe con exactitud quién lo está haciendo! La información que necesitamos ahora es saber cómo le sucedió esto a nuestro mundo y cuándo. El programa maestro que esclavizó al mundo durante la Era de Piscis, viene del Imperio Romano.

Perseo le quita la vida a la Medusa

De forma extraña, cerca de 200 años antes de que empezara esta era, cuando la de Aries se esfumó a lo lejos, una misteriosa trama de fuerzas en el antiguo mundo clásico —filósofos estoicos, astrónomos griegos y piratas cilicianos— creó una nueva religión llamada *Mitraísmo*. Ésta y la cristiandad surgieron al mismo tiempo y se es-

Fig. 8.1. La región del Mar Negro y el Mediterráneo Oriental.

parcieron en los mismos lugares a través del imperio romano, porque eran "dos respuestas al mismo grupo de fuerzas culturales".[60] El estudioso del mitraísmo, David Ulansey, dice que éste fue el "camino no tomado" por la civilización occidental.[61] Sin embargo, yo pienso que es *el sendero secreto que corre profundo en las entrañas del catolicismo romano*, un camino que tan pronto mantendrían en secreto. Los piratas cilicianos fueron 20,000 marineros que controlaron el Mar Mediterráneo durante el Imperio Romano y la nueva religión se esparció como el fuego, a través de sus filas y de las legiones romanas. Esta religión de soldados fue la herencia de la Era de Aries, cuando el campo de batalla fuera el deporte favorito por 2,000 años. Estos forajidos fueron ricos hombres de ilustre linaje, que utilizaron las estrellas para navegar. Creían que poseían una inteligencia igual a la de los aristócratas y habían heredado el derecho de vivir vidas aventureras y perseguir el conocimiento.[62] Estos fornidos piratas ardían por una curiosidad oculta, igual que los caballeros de Cayce, hoy en día.

Tarso fue la capital de Cilicia y durante los tiempos helénicos y romanos, rivalizó con Atenas y Alejandría. Una estimulantecomunidad intelectual se desarrolló alrededor de los filósofos estoicos, porque a los nativos les gustaba aprender. Tarso hospedaba a muchos de los filósofos estoicos. Entre ellos estaban Posidonius, Atenodorus y el famoso Zenón de Tarso, quien fue influenciado por el famoso astrónomo Aratos de Soli (315-240 a.C.).[63] De acuerdo con los estoicos, los patrones estelares influyen grandemente en los asuntos humanos. Ellos creyeron en el Gran Año, que fue determinado por tales patrones y argumentaron que el "cosmos entero era periódicamente destruido por una gran conflagración (*ekpyrosis*) y subsecuentemente vuelto a crear (*palingénesis*)".[64] Alegorizaban dioses y figuras míticas para representar fuerzas cósmicas y naturales; tenían un simbolismo dominante y obras de teatro de misterio. Por ejemplo, Faetón era un ser alegórico que manejaba el carruaje del Sol al final de una era, el agente de ekpyrosis.[65] En otras palabras, son estoicos los científicos de hoy que predican que un cataclismo cíclico está por venir.

El estoicismo fue la principal filosofía de Tarso, la ciudad de los piratas cilicianos. Por lo tanto, cuando supuestamente Hiparco descubrió la precesión de los equinoccios, en el 128 a.C., tuvo un gran impacto en los estoicos y en los piratas debido a su interés en las estrellas.[66] De hecho, he señalado a lo largo de todo este libro que de cierta manera, la precesión se entendía desde hace por lo menos 10,000 años, pero lo que importa es la forma en que Hiparco *describió* esta influencia. Naturalmente, él fue el idiota empujado ante el ojo público. Ya que él creía que la Tierra estaba fija en el espacio y que todo en el cosmos se movía a su alrededor, entonces la precesión era el movimiento de la *"estructura de todo el cosmos"* alrededor de un eje cósmico.[67] Debido a que la creencia vigente era que las estrellas estaban fijas y no cambiaban, y ya que el verdadero conocimiento precesional estaba escondido dentro de las cábalas secretas, el anuncio de Hiparco habría sido muy impresionante para el público. Sin embargo, igual que el anuncio de Marte, esto fue meramente lo que se le dijo a la gente. Estoy sugiriendo que esta forma de mentira y manipulación pública ha sido endémica por más de 2,000 años. Mientras tanto, los verdaderos agentes de poder —los piratas cilicianos, los soldados romanos y los estoicos— tomaron estas nuevas ideas y formularon una poderosa religión. Los estoicos alegorizaron a seres divinos para transportar fuerzas naturales. ¿Qué gran dios sería entonces seleccionado como el hombre de acción del cosmos, el cosmocráter? De hecho es fácil imaginar esta salvaje mezcla, ya que estamos viendo lo mismo en el Altiplano de Gizeh hoy en día. Cuando la Era de Piscis empezó hace más de 2,100 años, todo estaba en un flujo constante y había muchas alianzas incomparables. Si tenemos en la mente al *Stargate Conspiracy* (La Conspiración de la Puerta Estelar), es posible imaginar lo que llamaré *La Conspiración de Taurotomia*. Esta palabra significa "matar el toro".

Los estoicos buscaron una arquetipo apropiado que personificara al cosmocráter, la impresionante fuerza que mueve los cielos. Ulansey argumenta que *ellos utilizaron a Mitra en público y a Perseo en secreto*.[68] Del hermoso cielo azul mediterráneo, el gran dios Perseo —que se levanta sobre Tauro, Aries y Piscis en la Eclíptica y sostiene la cercenada cabeza de la Medusa en una mano y la espada de Damocles en la otra— se convirtió en sobrenatural. Empujado por un gran ciclón cósmico conforme la Era de Aries finalizaba, se vio a Perseo como la fuerza que había terminando a la de Tauro y Aries, y hasta su espada señala hacia Piscis. Contemple la figura 8.2 e imagine la potencia de este dios guerrero que usaba un gorro Frigio, (queriendo decir que él es un Magi) mientras se levanta sobre dos o tres Grandes Eras y cercena a la Medusa. La constelación de Perseo está en la Vía Láctea, posiblemente el eje que el cos-

Fig. 8.2. Perseo Sobrevolando sobre la Eclíptica, adaptado de la figura 3.1. de Los Orígenes de los Misterios de Mitra.

195

Fig. 8.3. La Paleta Narmer de Hieracompolis

mos acomete, donde los últimos vestigios de la antigua cultura de la diosa, la Medusa, es decapitada.[*] Ella representaba a los arcaicos chamanes serpientes, quienes a menudo eran mujeres parecidas a los chamanes buitres y ella convertía a la gente en piedras, con sólo mirarlas. Sin embargo, después de miles de años de guerra y opresión que con el tiempo, destruyeron la feminidad interior, a la Medusa le robarían sus poderes de chamán, durante la Era de Piscis.

Perseo conecta la rueda del tiempo con el toro y la mujer asesinada, y una divinidad de un poder como este podía controlar a la Tierra, que era la agenda del Imperio Romano. No está claro cómo exactamente los piratas cilicianos y los estoicos se reunieron y desarrollaron los rituales del mitraísmo. Sabemos más sobre los ritos vigentes, que de las religiones más secretas, porque ellos construyeron lugares de culto en los pueblos y ciudades romanos, del norte de Escocia hasta Libia. Están bajo la tierra, son templos parecidos a cuevas con enormes altares llamados "*tauroctonias*" que representan a Mitra matando al toro, rodeado por numerosos símbolos astrales y mitológicos. ¿Por qué era Mitra el héroe público y Perseo el secreto? Este último fue un antiguo dios griego y persa, y su nacimiento y vida son muy similares a la historia de Zal del capítulo 7. La madre de Perseo, Danae, fue seducida por su tío, el gemelo rival de su padre y éste la encerró en una torre. Zeus la sedujo en ese lugar, nació Perseo y lo alejaron igual que a Zal. Esta es una temprana versión griega que retrocede a las primeras fases de la religión de Irán y de la India, yendo por lo menos 10,000 años atrás en la fase de la supervivencia posterior al Cataclismo durante la Era de Cáncer.

---

[*] J.B. Delair, carta personal, 22 de noviembre de 2000. En relación con mi argumentación sobre Perseo, Delair anota que las leyendas de éste se han establecido como orientales (se les conoce aún en Siberia). Sobre la Medusa, él dice, "las más antiguas leyendas de la creación colocan el nacimiento de Medusa *antes* del de la tierra y del hombre (algunos estudiosos sugieren que ella fue una temprana forma de *Tiamat*) y localizaron su dominio en un lugar distante a la Tierra". Ella puede ser Tiamat, colocada entre Marte y Júpiter. Perseo la asesinó, así que él es una figura del "cataclismo". Esto significa que él fue el arquetipo ideal para el poder y el control del Tiempo por los mitraístas.

Se escogieron a Perseo y a la tauroctonia, porque son poderosos arquetipos arcaicos que se necesitaron para atontar a la gente durante la Era de Piscis. Perseo, como cosmocráter, creó la necesidad para que, de forma muy secreta, el núcleo central comenzara a trabajar con esta fuerza. Los rituales de sacrificio en cuevas o templos subterráneos, hicieron que los miembros externos se sintieran como si estuvieran participando en un gran misterio.

La Paleta Predinástica de Narmer de Hierakonpolis (Nekhen) está fechada cerca del 3,500 a.C. y es una muy temprana interpretación del Faraón asesinando a sus enemigos —en este caso, semitas— que llegaban al Nilo periódicamente.ʼ La Paleta está hecha con tal exquisita habilidad y los conceptos expresados son tan claros y completos, que pienso que representa al reino faraónico en la apertura de Tauro en el 4480 a.C. La he incluido aquí para compararla con la figura 8.2 porque creo que los mitraístas adoptaron a Perseo, debido a que los egipcios dinásticos lo habían usado para representar al *Faraón como Perseo asesinando a sus enemigos.* Los mitraístas habrían seleccionado este arquetipo porque Roma planeaba conquistar Egipto. Esto es importante porque primero, hay más prueba de que los egipcios usaron las eras precesionales para organizar su imperio; segundo, el que es asesinado aquí es un invasor de Egipto, pero los mitraístas usan a Medusa, y tercero, porque a esta constelación se le dio el nombre de Perseo, un arcaico dios iraní. La Paleta Narmer puede ser un registro de la estadía de la Antepasada Cultura en el Medio Oriente, lo que conmemora su regreso al Nilo. Claramente, esta religión iba a ser muy poderosa. Recuerda cómo operan las conspiraciones a través de la religión, pero las políticas están por fuera.

Mitrídates VI Eupátor, el rey que controló Asia Menor, tenía la religión cuyo nombre fue dado en su honor. Perseo fue un ancestro de la línea iraní de reyes que empezó con Zal, de quien descendía este rey y además, Mitríadates fue un antiguo dios iraní que asesinó al toro. Fue un gran rival de Roma durante las Guerras contra él y utilizó a los piratas cilicianos como aliados en contra de Roma. Perseo fue la divinidad secreta y nombrar al dios después de un al gran rey, otorgó más poder al culto. Debido a que Mitra fue un dios del horrible tiempo de la lucha con los Observadores, el culto era chthonicʼ —empapado de poderes de lo más profundo de la

---

ʼ W.B. Enery, *Archaic Egipt* [Egipto Arcaico] (Londres, Penguin Books, 1961), 38-49. Junto a la Paleta de Narmer se encontró la maza de cabeza del Rey Escorpión (Narmer). En su interpretación, él está protegido por la diosa buitre, Nekhet (también conocida como Nekhbet), lo que se agrega a la teoría del chamanismo de buitre. Uno de los editores de este libro, Nicholas Dalton, cree que el tocado de buitre de Isis, recuerda el chamanismo de buitre y yo estoy de acuerdo. (N.T. maza: arma antigua de hierro o de palo a modo de bastón, con cabeza gruesa).

ʼ N.T. Relativo al mundo de los muertos, dioses y espíritus.

Fig. 8.4. Tauroctonia, adoptado de la figura 5.5 de *The Origins of the Mithraic Mysteries (Los Orígenes de los Misterios de Mitra).*

Tierra.[69] Una vez que los estoicos hubieron formulado esta poderosa deidad, hecha alegoría con el Rey a la mano, luego los piratas cilicianos adoptaron a Mitra como su dios. Los rituales de matar al toro activaron masivas fuerzas chthonic y entre la sangre, se establecieron e imprimieron grandes formas de pensamiento con poderosos símbolos astrales. Esto es, se conjuraron fuerzas que todavía poseen el lado oscuro de la cristiandad romana: la Misa es un sacrificio simbólico del ritual de comer. Hay una tauroctonia escondida, exactamente debajo del altar de la Iglesia del Vaticano, igual que hay ocultas cuevas bajo los altares de muchas iglesias antiguas, que podrían tener lugares de culto.*

La tauroctonia en la figura 8.4 es típica de estas escenas en general —nótese que el toro está agonizando con una dolorosa muerte y la espada de Perseo hace brotar trigo en la herida. Los seguidores de Mitra hicieron rituales de matar al toro, frente a las tauroctonias iguales a ésta y debido a que se hacía en cuevas, esto revivió distantes recuerdos del Paleolítico y del Holoceno Temprano, cuando la humanidad fue forzada a vivir debajo de la tierra. *El mitraísmo fue increíblemente atávico*, igual que lo fueron los nazis. Como hemos visto, debido a la terrible lucha por la supervivencia durante la

---

* Un jesuita que oficiaba Misa en el Vaticano, me reveló la existencia de cuevas rituales con una tauroctonia directamente debajo del altar. Esta información se me dio bajo palabra de mantener la identidad de él en secreto.

Era de Cáncer, los primeros mitos de los Ángeles Caídos sugieren que las personas sobrellevaban la vida que los aletargaba y desensibilizaba. Los cultos de sacrificio y orgiásticos —como los Órficos y Dionisíacos, que existieron en el distante pasado— fueron religiones que ayudaron a la gente a procesar los poderes chthonic, pero probablemente no se usaron para conjurar fuerzas. Los rituales de Mitra y la iconografía tienen muchos de los símbolos de las antiguas religiones orgiásticas, que usaban para seleccionar poderes atávicos. Tenemos que cuestionarnos por qué los soldados que efectuaban rituales de sangre que obviamente conjuraban a fuerzas chthonic muy grandes, desarrollaron culto tan poderoso como ese. De una cosa podemos estar seguros: estos soldados y sus maestros esotéricos crearon una intensa ola de misoginia, a la que todavía ahora se aferran la Iglesia Católica Romana y otras poderosas organizaciones. Mientras que las mujeres sean Medusa, los hombres serán piedras y con el tiempo, el mundo se quedará sin madres.

Zoroastro y la Era de Asa

Durante la Era de Géminis, cuando los cambios de la tierra se estaban asentando y la gente cambió del nivel de supervivencia, las reformas vinieron naturalmente. La mayoría de la gente prefiere un acercamiento más refinado a la vida, que sólo sobrevivir. Los chamanes, como mediadores entre la Tierra y el cielo, trabajan con estas fuerzas para mantener el equilibrio colectivo y la gente común pueda dedicarse a sus negocios. *La gente no busca ni quiere estos poderes chthonic en sus vidas, excepto cuando están la catastrofobia los aflige.* La Era de Cáncer estaba llegando a su fin y varios maestros espirituales y sabios hicieron su aparición y crearon nuevas religiones para disminuir las practicas chthonic y ayudar a la gente a animar sus vidas con mejores vibraciones. Por ejemplo, Zaratustra de la India o Zaroastro de Irán, fue de esta clase de grandes reformadores. Él retrocede por todas las Grandes Eras y probablemente existieron una serie de Zoroastros que asumieron este linaje. Zoroastro/Zaratustra significa "observando las estrellas", así que este es un linaje de astrónomos, que obviamente supieron sobre la precesión, como hemos visto con Çatal Hüyük. Siguiendo a Zoroastro a través de las etapas del Tiempo, por símbolos y la mitología, es una gran forma de ver como los patrones de las Grandes Eras cambian, porque las muchas formas que él tomó reflejan la evolución de la humanidad. El magismo puede ser la más temprana, debido a que en los últimos tiempo los sacerdotes magi eran salvajes chamanes que hacían llover, lo que señala a la Era de Cáncer. La siguiente forma fue el zervanismo, como hemos visto en la discusión del doble eje y de la cruz de rueda de Çatal Hüyük, lo cual de hecho puede representar el inicio de la Era de Géminis. Settegast

Fig. 8.5 Diseños Geométricos de cerámica de Halafian, adaptado de la figura 138 de Plato Prehistorian (Platón Prehistoriador)

cree que Çatal Hüyük fue uno de los muchos sitios donde, en efecto, el zervanismo se enseñó, posiblemente por el profeta mismo.[70]

Zoroastro fue un reformador muy exitoso durante la Era de Géminis. Extremadamente se necesitaba la agricultura, debido a la condición de la tierra y al florecimiento de la población, por lo que él y sus emisarios enseñaron a la gente a cuidar la tierra, a trabajar duro y a valorar la vida sencilla. Estimuló a la gente para que dejaran de invocar a las fuerzas chthonic en rituales orgiásticos y les enseñó cómo vivir en un estado de orden, al ser una buena persona que disfruta una buena vida. Él llamó *Asa* al principio de orden y paz y su concepto de él es el mismo de Tao y Maat. "El cultivo de la tierra fue visto por los seguidores de Zaratustra como una clase de adoración".[71] Settegast argumenta con éxito que las culturas samarrán y halafan, que establecieron comunidades agrícolas desde Grecia a través de Turquía hasta Irak e Irán, en el momento exacto cuando empezó la Era de Géminis, fueron inspiradas por la religión de Zaratustra.[72] Como se puede ver en las ilustraciones, sus diseños de cerámica son muy geométricos y tienen mucho contraste entre lo oscuro y lo claro; son tan hermosos e iluminadores que los debe de haber inspirado un sobrecogimiento religioso. Como Zaratustra les enseñó a atraer la luz y animó a la gente a no invocar a las fuerzas oscuras, la cerámica se usó como arte en la casa, para instruir a la gente cómo mezclar estas fuerzas en sus vidas. Asa y Maat son conceptos similares y estas culturas usaron un fino arte para traer a las fuerzas espirituales elevadas a la vida diaria de las personas. La Antepasada Cultura Egipcia puede haber construido el Derinkuyu como un refugio subterráneo hace 12,000 años y luego la gente se acomodó y estableció en Anatolia, Kurdistán y hasta en Irán. Zaratustra/Zoroastro puede representar a la Antepasada Cultura en la Era de Géminis.

En el capítulo anterior, comenté que Zoroastro sofocó ulteriores discusiones sobre los Ángeles Caídos involucrados con los humanos; sin embargo, permanecen en la literatura sagrada y en los cuentos folklóricos. *Esta represión de las fuerzas oscuras puede haber sido el principio del encubrimiento de los Ángeles Caídos.* Probablemente esta fase en las enseñanzas de Zoroastro vienen del principio de la Era de Tauro, cuando las teocracias empezaron, eso creó lugares y templos donde los sacerdotes y reyes podían conspirar. Es interesante que modernos Zoroastrianos mantengan un control sacerdotal y rituales al mínimo y, como Andrew Collins anota, "sistemáticamente, por siglos, los musulmanes del Medio Occidente han intentado erradicar su fe por completo".[73] Como se sabe, ahora existen difíciles tensiones en el mundo en el Medio Oriente, lo que puede ser el resultado de una temprana supresión de las fuerzas oscuras. Collins visitó la sagrada cueva de Yezidi en la frontera entre Turquía y Siria. Los Yezidis son sacerdotes *zaddik* que son extáticos nómadas hacedores de lluvia, que claman ser descendientes de Noé y por lo menos sus registros retroceden 10,000 años.* Collins vio en el piso una interpretación de un antiguo zodiaco, así como relicarios con arcaicas figuras que usan gorros cónicos parecidos a los que portaban los tibetanos. Este bonete es la primera versión del gorro frigio que usan los persas. Regresaremos a Perseo/Mitra, ahora que podemos ver qué tan antiguos y poderosos son en realidad estos arquetipos. Son las fuerzas que estaban totalmente escondidas durante la Era de Piscis, después de ser progresivamente suprimidas por eras anteriores.

Rituales de Sangre y el Ahriman

Analizando otra vez la tauroctonia en la figura 8.4, nótese que hay un escorpión picando los genitales del toro, una gran serpiente bajo su pata derecha y trigo saliendo de su cuerpo donde Mitra le entierra la espada. Se han encontrado cientos de estas figuras y todos ellas contienen el mismo grupo de símbolos. En esta figura, la posición del escorpión sugiere que su sexualidad forma parte de la energía del ritual y la serpiente es astronómica. Por lo común, la pata o el muslo del animal representan a la constelación de la Osa Mayor y la serpiente a Draco retorciéndose alrededor del Polo Norte. Nótese a los gemelos que representan la Eclíptica y la Era de Géminis. En muchas tauroctonias, uno lleva un cetro en ángulo de 90 grados hacia arriba y el otro inclina el suyo 23 ½ grados.[74] Con base en la mitología iraní, la daga en el hombro significa que el toro asesinado es creador, porque al morir riega con su sangre las plantas y las hierbas. Si vemos astronómicamente a la constelación de Perseo en la

---

* Collins, *From de Ashes of Angels* (De las Cenizas de los Ángeles), 185-87. J.B. Delair escribe en su carta del 22 de noviembre 2000 a la autora, que el elemento Noé también existe en la "ciencia popular de los kurdos turcos, que asocian ciertos rasgos topográficos con su memoria".

figura 8.2, Ulansey dice que las Pléyades están localizadas justo donde la daga se entierra en el hombro del toro. El conocimiento de que Faetón llegó a través de aquellas, formó parte de las enseñanzas secretas de la Mitra.[75] Debido a que efectuaban sacrificios de toros, escondidos dentro de las cuevas, tenían la libertad de revelar por medio del simbolismo lo que ellos sabían.

Cuando imaginamos la oscura chamánica Era de Cáncer como un periodo de supervivencia y lucha, entonces el proceso de reforma durante la de Géminis, muestra que para la humanidad fue una era heroica y un momento en el que comenzaron muchas de las grandes religiones. Fue una era cuando la gente se esforzó en alcanzar una comunidad pacífica, y libertad artística y mental después de una experiencia muy oscura y mística con los poderes de la tierra, durante la Era de Cáncer. Cuando consideramos a Zoroastro como un reformador agrícola y religioso que influenció a las religiones en el Medio Oriente, incluyendo el judaísmo, tenemos que preguntar: ¿No es extraño que el Mitraísmo, que se basa en las más antiguas fuerzas chthonic de la Era de Cáncer y Leo, se volviera a invocar al principio de la de Piscis? Esta religión de sacrificio ritual de soldados, que se centra en el asesinato de la mujer, habría horrorizado a Zoroastro: *representa todo lo que él y sus seguidores reformaron miles de años antes.* No soy la primera ni la última persona en dudar si las fuerzas oscuras —la Ahriman de Zaratustra— rige a la Iglesia Católica Romana. Ni siquiera mencionaría esto, sin ofrecer algunas soluciones en el capítulo final. Lo más importante es reconocer aquí que las fuerzas del *mal son reales, pero no pueden venir a este mundo a no ser que alguien las conjure.* Al principio de la Era de Piscis se invocaron poderosas fuerzas en los lugares de culto del Mitraismo. Desde un positivo punto de vista, este proceso puede haber liberado algunas de las subconscientes presiones en las mentes de la gente del tiempo de supervivencia, durante la Era de Cáncer. Este conjuro succionó las fuerzas arquetipo de las anteriores cinco Grandes Eras y las cargó directamente en la Era de Piscis. *Estas son las fuerzas ocultas de la Elite, de las que la humanidad se está dando cuenta ahora.*

Durante la Era de Piscis, la cristiandad puede haber sido la fuerza de luz y el mitraísmo, la de la oscuridad; sin embargo, mientras las analizamos en nuestra época actual, las dos son fundamentalmente misóginas. Las duraderas Antepasadas Culturas de los atenienses y los egipcios, además de la prediluvial cultura de la Diosa de los magdalenienses, fueron inflexibles sobre una cosa: la importancia de la veneración de la Diosa. Mientras que las vibraciones de Acuario penetran nuestro planeta hoy en día, tenemos algunas grandes oportunidades. Primero, la Era de Acuario formará un trino con la Era de Géminis, lo que significa que naturalmente propiciará iluminación y liderazgo por medio de los sabios. Segundo, la energía de Acuario es tan andrógina, que tenderá a equilibrar los poderes masculinos y los femeninos. Tercero, y el más importante, la gran convergencia de datos descrita en este libro, sugiere que la *humanidad está al borde de tener la posibilidad de transmutar las fuerzas de control que han estado operando por miles de años.* Es dudoso que muchas personas serán empujadas juntas en *The Stargate Conspiracy* (La Conspiración de la Puerta Estelar), porque esto es demasiado transparente e inmaduro. Los caballeros deben de perseguir al grial por todo el camino hasta el final, ya que los pactos faustianos son lucrativos, pero la gente no los seguirá si está informada. El gran desafío es invocar a la Gran Diosa, en balance con la nueva armonía de la Tierra, que se está formando mientras el planeta establece equilibrio. El más importante reto será traer a la Diosa de regreso a nuestro mundo, sin conjurar a las fuerzas chthonic. A ella se le encuentra mejor en el amor entre la gente, en nuestros viajes con animales, en los ojos de los niños y en el mundo natural a nuestro alrededor.

9

La Diosa Alquimia y los Misterios Heliopolitanos

Los sentimientos son la única forma para que se puedan mover
ustedes mismos fuera del espacio y tiempo lineal, mientras que estén
en su cuerpo, ya que ellos son el punto de acceso para que los seres en
otras realidades se comuniquen con ustedes.

—*Barbara Hand Clow*[1]

El Modelo de la Agenda de las Pléyades y el Tiempo Interactivo

El modelo central de consciencia de *The Pleiadian Agenda: A New Cosmology for the Age of Light* (La Agenda de las Pléyades: Una Nueva Cosmología para la Era de la Luz) muestra cómo nuestros cuerpos reciben simultáneamente frecuencias de nueve dimensiones, cuando estamos conectados con la tierra en un espacio y tiempo lineal (3D).[2] Es *un esquema del humano despierto*. La primera dimensión (1D) es el cristal con núcleo de hierro en el corazón de la Tierra, que pulsa 7.8 veces por segundo ó 7.8 hertz. Este pulso se mueve hacia las rocas, el magma y las esencias microbianas que viven en el área bajo la superficie de la Tierra —el *mundo telúrico elemental* (2D)— como ondas magnéticas. Sobre la superficie de la Tierra, en la atmósfera, la electricidad carga las ondas magnéticas y se convierten en campos electromagnéticos que soportan a todos los seres vivos, como la persona que se muestra recostada en una tabla de masaje en la figura 9.1. Esta persona está en la 3D y expresa pensamientos y sentimientos que se entretejen todos juntos en la consciencia colectiva. Ésta, que es (4D), hace un domo de energía etérica sobre el individuo y todas las comunidades. Todos nosotros participamos en esta mente grupal, que no es sólida ni física. Ésta mente de grupo es *real* pero menos densa que nuestros cuerpos y el sentido del Tiempo de las personas y la historia les dan la textura y el color; es fluida y cambia conforme las culturas y la gente evolucionan. El cuerpo emocional 4D está formado mayormente por los sucesos en la 3D, tal como los eventos montados para manipular a la

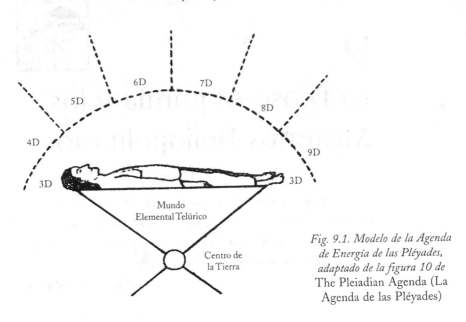

Fig. 9.1. Modelo de la Agenda de Energía de las Pléyades, adaptado de la figura 10 de The Pleiadian Agenda (La Agenda de las Pléyades)

gente, como la tan nombrada búsqueda del Pasillo de los Registros. Estas búsquedas incitan a la gente a tomar acciones o los influyen para desconectarse ellos mismo, pero sólo si desconocen que se está jugando un juego. Cualquier persona puede leer estas energías etéricas y decidir conscientemente trabajar con la 4D, lo que significa acceder a cualquier realidad a través de los sentimientos.

La ciencia secreta egipcia nos enseña cómo detectar el reino arquetipo 4D dentro de la 3D, al aprender a reconocer las actividades de los dioses o neters en la realidad ordinaria. Cuando el campo de la Tierra está equilibrado y la gente vive en culturas que mantienen el campo de Tao, Asa o Maat, el individuo está muy conectado a la tierra, intensamente estimulado por los sentimientos y puede leer los eventos con brillantez. Cuando las culturas logran estos niveles, la gente pasa la mayoría de su tiempo contando historias, haciendo arte y efectuando ceremonias que traen a los dioses a la vida sobre la Tierra. En este momento, la humanidad está excesivamente desequilibrada y fuera de contacto con estos reinos espirituales. Este es el por qué escogí explorar cómo podemos reestablecer el Paraíso sobre la Tierra —Maat/Tao/Asa. Con sólo voltear a las frecuencias que todos nosotros somos capaces de mantener, invitamos a las inteligencias divinas al mundo de los humanos. Nos hemos olvidado de ellas y están solas cuando no pueden jugar en esta dimensión. En este sentido, la nueva creación está siempre a la orilla de nuestros sentidos; lo divino es inherente. Esta forma es un simple y accesible nuevo método que está inspirado por la Escuela Heliopolitana de Misterio.

Toda existencia es un asunto de perspectiva, razón por la cual mi modelo de nueve dimensiones examina realidades como dimensiones en las cuales nuestra consciencia se localiza a sí misma. Estos días, la mayoría de la gente ve la realidad desde sus cuerpos emocionales 4D —*no se localizan en sus cuerpos físicos 3D.* Esto les provoca andar girando por ahí totalmente confundidos en los reinos arquetipos, donde están disponibles para ser manipulados y cautivados por varias mentes. Cuando una persona está en cuerpo profundamente conectada a la tierra, tiene un tremendo flujo de energía de la Tierra y el domo 4D se vuelve diáfano y se permuta con facilidad por la consciencia cósmica. Los sentimientos limpios y abiertos son el puente entre lo tangible y lo intangible —entre el cuerpo y el espíritu. Luego, nuestros cuerpos de sentimientos 4D tienen acceso a frecuencias cósmicas de la quinta a la novena dimensión (5D a la 9D) y de hecho, podemos comprender el mundo espiritual al volvernos adeptos a leer las divinas manifestaciones en nuestro mundo. Estamos diseñados para vivir en un agradable capullo de sutiles impulsos que suavizan la 4D, mientras nuestras células se regeneran por medio de potentes fuerzas más bajas, como los movimientos de la corteza terrestre, el magnetismo y las formas microbianas de vida. En el modelo de Agenda de las Pléyades, de la 5D a la 9D se señalan como líneas que llegan directamente a nuestros domos 4D, porque esto muestra cómo estas frecuencias activan el domo 4D. *Primero recibimos información cósmica en nuestros cuerpos por medio de los sentimientos.* Para ponerlo de forma más sencilla, estamos diseñados para jugar con los dioses todo el día, si primero percibimos cómo nos sentimos y después, al expresar estas fuerzas a través del arte y la ceremonia. De acuerdo a los antiguos egipcios, ¡a estos dioses les gusta comer, hacer el amor, trabajar y organizar realidades; *Estamos diseñados para tener un total acceso a las esencias divinas.* Reduciendo estas inteligencias a extraterrestres, la Antigua Teoría Astronauta es infantil y degrada nuestra innata divinidad.

Muestro a una persona recostada en una tabla de curación, porque muchos de nosotros hemos detectado estos sentimientos por la primera vez, mientras estamos en una sesión sanadora con un guía; sin embargo, esta persona puede estar parada, sentada o nadando. Las dimensiones con las que los humanos pueden interactuar son progresivas, como el moverse de 1D a 9D, pero aquí lo que nos interesa es cómo podemos detectar estas dimensiones con nuestros cuerpos.[*]

Las dimensiones más bajas son las más densas y tienen la más intensa energía. Las más altas vibran con frecuencias progresivamente más rápidas, menos densas y se

---

[*] Si los lectores están interesados en las cualidades específicas de cada dimensión, esto es el tema de *The Pleiadian Agenda: A New Cosmology for the Age of Light* [La Agenda de las Pléyades: Una Nueva Cosmología de la Era de la Luz]. (Santa Fe: Bear & Company, 1995).

trasladan a nuestros cuerpos a través del domo 4D. Esto es, este domo es una puerta de salida para las dimensiones más altas que se abren o cierran de acuerdo a nuestros sentimientos. *Los radicales diferenciales de densidad son la causa de la división entre el cuerpo y el espíritu, pero es irónico que no haya segmentación en alguien que está emocionalmente claro.* Como el cristal de núcleo de hierro pulsa la Tierra, nosotros vibramos en 3D con ondas que llegan a través del reino telúrico (2D) y con estas ondas tomamos una forma física por la intención de nuestra alma.˙ Mientras tanto las pulsaciones en el cielo penetran la Tierra por medio de ondas, como los rayos gama, que vibran en frecuencias mucho más altas que la 1D a la 4D y contienen increíbles inteligencias que, por lo general, son la fuente de varios mundos cósmicos, como los de los sistemas estelares de las Pléyades, Sirio u Orión. Nuestros cuerpos 4D sienten estas altas vibraciones dimensionales y cada una está caracterizada por ciertas cualidades divinas, que han sido identificadas por la sabiduría inmortal, comunicada por nuestros ancestros y los maestros sabios.

Recogemos estas señales por medio de nuestros *sentimientos* y si no entendemos nuestros propios patrones emocionales de respuesta, la mente colectiva 4D tiende a dualizarnos, lo que bloquea nuestra recepción de frecuencias más altas. Por ejemplo, al sentir una aterradora presencia, un fundamentalista de cualquier religión y un tonto de la Nueva Era pueden pensar: el primero, que el Arcángel Miguel ha llegado y el segundo, que un extraterrestre de Zeta Reticulae se encuentra al final de la cama y los dos pueden tener la certeza de que un demonio se encuentra en el cuarto. Pero, estas personas sólo han sido contactadas por un espíritu de otra dimensión que desea comunicarse, lo que es una maravillosa oportunidad para jugar y aprender. La mayoría de la gente se encuentra fuera de sus cuerpos físicos y atorados en la 4D, donde las fuerzas divinas se reducen a oscuridad/luz, bueno/malo y positivo/negativo. Son arrojados a una *confusión dual* por las apariciones de los centellantes reinos arquetipo, en especial porque vivimos en una cultura que desacredita la sabiduría eterna, que nos enseña como hacer amistad con estas fuerzas. Todos los humanos encarnados son capaces de ver, oír, tocar, leer y oler estas frecuencias de forma natural, pero muchas avenidas, si no todas, están dormidas debido al sistema educacional. Usualmente, una persona tiene por lo menos una puerta abierta y puede recibir la intensidad de una o más de las más altas dimensiones. Por ejemplo, usted puede tener la posibilidad de escuchar al divino en un antiguo cuarteto de Beethoven, pero el emocional dominio

---

˙ Nosotros mismos nos podemos sanar al disminuir las frecuencias de nuestros cuerpos al nivel de 2D. Ver el capítulo 3 de The Pleiadian Agenda (Barbara Hand Clow, 1995) para esta información.

5D del corazón puede ser demasiado complejo para usted, porque existen demasiadas formas de amarnos los unos a los otros. Muchos de nosotros que contemplamos el reino de formas divinas 6D, podemos ser fácilmente transportados por sus símbolos y patrones geométricos que impulsan la creación en este mundo, ¡pero podemos tener un ataque al corazón si nos sentimos *realmente* enamorados! El Modelo de la Agenda de las Pléyades, indica que podemos recibir cualquiera de las cinco más altas dimensiones y una vez que aprendemos a mantener una forma de divinidad, las otras se pueden abrir.

Trayendo lo Divino a la Vida Diaria

Usted debe ser capaz de descubrir lo sobrenatural en las idealizadas formas 6D, o escuchar a Dios en los códigos de sonido 7D, pero puede ser casi incapaz de encontrar lo divino en el amor apasionado 5D. Sin embargo, una vez que experimente cómo se *siente* el divino, con el tiempo otras formas de este exquisito elixir estarán disponibles para usted. La séptima dimensión se estructura a sí misma en octavas verticales y sus ondas se miden como la escala musical. Con relación a la habilidad del sonido para crear formas en la 6D, esto se ha demostrado por cymatics˙, el estudio del sonido, que muestra patrones formados por granos de arena mientras se mueven en realidad con el sonido de las olas.˙ En la octava dimensión, el sonido se vuelve la voz de órdenes más elevadas y podemos oír al Dios/Diosa, un diálogo que vivimos cuando nuestros cerebros fueron bicamerales. Antes, discutí extensamente la investigación de Julian Jaynes porque pienso que el más exitoso programa de descrédito de la Elite, de los pasados 4,000 años, fue la pérdida de las habilidades de nuestro cerebro bicameral. Hemos estado muy condicionados en nuestros tiempos a pensar que estamos locos si oímos voces en nuestras cabezas —"bicamerales"- pero *cada uno de nosotros puede escuchar a los divinos sabios*. Cuando una persona está en una relación de conversador con los sabios, entonces las agendas políticas y religiosas de la Elite son fáciles de decodificar, porque operan en la cuarta dimensión (4D) y son mucho menos complejas que la inherente mente divina. De hecho, la octava dimensión crea el mundo material al aclarar intencionalmente —la divina palabra— y cuando oímos estas palabras, conocemos el plan divino y nuestro papel en él.

˙ La máquina cymatics fue demostrada por John Beaulieu durante un Taller sobre Remodelado de BioSonics al que asistí en Stone Ridge, Nueva York, en octubre de 1999. La arena se mueve alrededor y hace patrones sobre un disco de metal que está vibrando por el sonido de piedras. ¡Esta máquina demuestra cómo las ondas de sonido 7D forman la geometría 6D!

En la novena dimensión (9D), experimentamos el tiempo cósmico que une nuestro mundo con la Galaxia de la Vía Láctea; conocer este reino nos ayuda a saber cuando es el *momento* de tomar acción. De repente, cuando somos expertos en esta dimensión, los sabios se materializan y se instalan en los templos para crear junto con nosotros. Las antiguas historias egipcias sobre las actividades de los neters —como Osiris, Isis, Horus y Seth— son grandes ejemplos de sabios que existieron en la Tierra.

Todo esto tiene más sentido cuando vamos de arriba a abajo: la Galaxia pulsa desde su centro, donde viven las divinas inteligencias 9D y hablan a los humanos a través de los concilios 8D, que ofrecen un excelente consejo.* Si absorbemos este consejo, esto genera ondas de inteligencia 7D que son los sonidos de la creación. Estos tonos se forman en los geométricos campos morfogenéticos 6D, que son seducidos por las pulsaciones de los biológicos campos de amor 5D, que son tan intensos, que se dividen por nuestros sentimientos 4D. Una vez que conocemos nuestros sentimientos, somos presa del creativo vórtice que invita a lo divino al mundo material. En cualquier momento, usted puede ser penetrado por el amor 5D, llevando esto a la armonía resonante en la geometría 6D, ser transportado por la música 7D de las esferas, encontrar la comunión con los seres o guías divinos 8D y conocer a los sabios 9D del centro de la Galaxia de la Vía Láctea.

El modelo de la Agenda de las Pléyades es un sistema viviente que describe cómo la consciencia cósmica entra al mundo material. También muestra la manera en que periódicamente las estrellas en nuestra galaxia despiertan a la Naturaleza y actúan como nuestras cuidadoras. Por ejemplo, las Pléyades son las *cuidadoras del corazón humano*; el sistema de la estrella Sirio, *la geometría sagrada*; la Galaxia de Andrómeda, el *sonido*; el sistema estelar de Orión, *el karma*; la Galaxia de la Vía Láctea, *lo divino*. Nosotros los humanos somos los cuidadores de la Tierra, un lugar que todas estas inteligencias pueden visitar y jugar. Conforme la Naturaleza despierta, la polaridad se intensifica porque las más altas dimensiones están activando el reino arquetipo 4D por medio de los estelares; además el telúrico está activando nuestros cuerpos y nosotros nos encontramos entre la espada y la pared. Durante los cataclismos, nuestros emocionales cuerpos 4D se impresionaron y dejamos afuera a las frecuencias más altas, porque estábamos muy temerosos de estas fuerzas catastróficas. Ahora la *luz se está metiendo en todas las sombras y aclarando la catastrofobia.* Esto nos hace sentir sobre energizados y millones ingieren drogas, sólo para calmarse. Sin embargo éstas sacan el conocimiento fuera del cuerpo y hacia el reino arquetipo 4D, el que mina nuestra

---

* A menudo estos concilios son círculos de animales, árboles o piedras y hasta grupos de microbios.

habilidad del cuerpo 3D para regenerarse por medio de los poderes telúricos 2D. *Las drogas roban la voluntad, que es nuestra habilidad mental para sanarnos y la gente se convierte en zombis —peones de la mente colectiva.*

Como el modelo de la Agenda de las Pléyades muestra, podemos ser conscientes receptores de muchas dimensiones, que es de la forma en que nos diferenciamos de los animales.˙ Mientras que llegan más altas, fuerzas dimensionales, nosotros las polarizamos por medio de nuestros sentimientos para entender las energías. Nuestras mentes juegan con las cosas, como el considerar que los Ángeles caminaron alguna vez entre nosotros; repentinamente, en la mitad del mundano planeta emergieron exquisitos dramas y obras de misterio, como enormes hongos emocionales. Nos volvemos niños en un cuarto oscuro, escudriñando la caja de los muñecos conforme las formas sostenidas por hilos empiezan a bailar. Nuestras mentes despiertan por las primordiales formas arquetipo, como el Minotauro o Medusa, cuando percibimos que estos seres pueden revelar las profundidades de los personajes y los eventos en nuestras vidas ordinarias. ¿Vio a la Medusa cuando conoció a la madre de su futura pareja? O, ¿estaba el Minotauro en la cama en su noche de bodas? ¿Vio la estupenda gran lagartija verde en Washington, D.C. la semana pasada? Nuestro mundano mundo es demasiado pequeño, sin la expansión de las más altas dimensiones. Debido a que estamos tan temerosos, disminuimos y le restamos importancia a las intimidaciones de nuestros dramas y monstruos personales. Permanecemos como seres pequeños y miedosos que nos escondemos en nuestros pequeños mundos personales, y miramos a través de periscopios hacia el gran reino emocional 4D, pero estamos listos para tener más valor. En lugar de eso, debemos estirar nuestros cuerpos emocionales, al permanecer conectados a la tierra en nuestros cuerpos físicos, para que podamos contener estas magníficas fuerzas para librarnos de la manipulación. De otra forma, nuestras vidas 3D son histéricos teatros para los eventos que, de hecho, sólo existen en otras dimensiones.

En nuestras vidas, siempre estamos de un lado o del otro de cualquier drama y esta dualidad desubicada divide a la 3D en todo lo bueno o todo lo malo. En este oscurecido teatro de la vida, inferiores formas dimensionales (2D) que buscan la libertad, son succionadas en este mundo para ocupar el lado que es juzgado y negado, porque existen para energizar la 3D. Estos son arquetipos materializados que trabajarán a

---

˙ Cada animal encarna una facultad específica —como la vista en el halcón o el oído en el zorro— que es superior a la capacidad humana. Somos un agregado de las facultades animales, e inferiores a ellos, en especial si destruimos su hogar sobre la Tierra y de ese modo pierden la facultad específica que ellos tienen.

través de nosotros en la 3D; el cáncer es un muy buen ejemplo de este proceso. Sería mejor que estas fuerzas emitieran gran energía en el domo 4D y estuvieran ahí, en nosotros, para abrir las puertas para los más altos espíritus dimensionales. Esta telúrica invasión del reino material provoca enfermedad y violencia en el mundo material, lo que *no parará hasta que cada uno de nosotros reconozca que el reino de oscuridad y luz, simplemente expresa los dos aspectos, el positivo y el negativo, de nosotros mismos.* Si trabajamos emocionalmente con nuestros propios aspectos, sin sucumbir a las acciones en el mundo físico, la auténtica creatividad surgirá, lo que hace del mundo real un alegre hogar para jugar. Este es el motivo por el cual los antiguos egipcios creaban constantemente historias sobre los dioses y dialogaban con ellos en los templos. Los dioses vivían con ellos y engrandecían sus vidas. En los mundos celta y balineses, los dioses están por todos lados en las casas, ayudando a resolver problemas con hierbas y bichos, y el hogar es un lugar mágico. Las fuerzas divinas sólo se vuelven diabólicas cuando se les niega la participación creativa. La segunda y cuarta dimensión trabajan juntas para energizar a la 3D y este proceso se integra en la gente que ha madurado sus emociones.

Los arquetipos que filtran las fuerzas divinas a este mundo, se revelan por medio del arte y del simbolismo, la biblioteca de la colectiva evolución humana que nos une con los reinos divinos. Las dimensiones superiores son realidades simultáneas que penetran nuestro mundo, con ondas que podemos o no recibir. Para detectarlas, cada uno de nosotros necesita aprender a sentir sus frecuencias específicas de vibración, porque nuestros sentimientos pueden decodificarlas, con sólo que un radio o una pantalla descargue ciertas ondas. *El modelo de la Agenda de las Pléyades descifra cómo los humanos pueden ser artefactos receptivos de frecuencias multidimensionales cuando los cuerpos emocionales no están dualizados y se despiertan nuestros profundos recuerdos.* Por esto la sagrada ciencia egipcia dice que el primer paso es Maat, o equilibrar las polaridades y la meta es el acceso estelar hacia Sirio y Orión.

Cuando una Gran Era termina y otra empieza, los grandes sabios regresan a este mundo con la sabiduría eterna. Entonces, depende de nosotros traer una era de iluminación, como la de Géminis, lo que sólo puede pasar si todos participamos. Sin conocer los sentimientos de los antiguos, no nos podemos imaginar que estuvieran en contacto con los más grandes reinos del ser. Sin embargo, nuestra intuición conoce algo más al voltear a su arte y simbolismo. Por eso nos conmovemos por el arte del Paleolítico, que fue el final de decenas de miles de años de contacto cósmico, cuando el vínculo fue destrozado.

El despertar Colectivo

Cuando tenemos un limpio y responsable cuerpo emocional y recibimos frecuencias más elevadas, tenemos una tremenda energía y fuerza de vibración. Si estamos emocionalmente divididos, con el tiempo somos poseídos por las fuerzas arquetipo, que están atrapadas en nuestros cuerpos emocionales y al final nos cansamos y perdemos la energía. De acuerdo con el conocimiento de los sabios, estamos completando 11,500 años de una degeneración colectiva y rápidamente estamos cambiando a una emocionante fase regenerativa. La clave de todo este proceso es el despertar de todo individuo, porque cada uno de nosotros tiene increíbles regalos creativos qué ofrecer, que mantienen la resonancia en el campo morfogenético de ideas. Los grandes dioses creativos están regresando y buscan reuniones en nuestra realidad; pero ¿habrá alguien en casa con quien se puedan reunir? Este libro discute el corazón de las secretas, misteriosas y superhumanas habilidades que están siendo exploradas por muchos investigadores. Claramente, *nos estamos preparando para el regreso de la antigua sabiduría.* Sin embargo, algo falta aún y yo creo que es entender que cada uno de nosotros vivimos muchas épocas de vida. La Iglesia eliminó la reencarnación en el occidente, para que la gente sintiera que el conocimiento que obtienen en cada vida muere con ellos, pero no es así. Como hemos visto, cualquier persona puede entrar en trance y con facilidad reportar los "secretos" —el Pasillo de los Registros. Cuando nuestro planeta logra la consciencia global, todos participan en el despertar, porque cada uno de nosotros tiene regalos para los dioses. Por ejemplo, de hecho, la secreta ciencia egipcia describe cómo los regalos de los dioses son semillas contenidas en las mundanas actividades humanas. Su cultura fue profundamente sagrada porque cada individuo — granjero, sacerdotisa, arquitecto o Faraón— era un artista. Estos días, las personas resisten el movimiento de la energía creativa a través de ellos mismos, porque están condicionados por la religión para no estar seguros si las fuerzas son oscuras o claras. Estas fuerzas no se irán mientras existan los humanos, así ¿manejaríamos mejor el proceso chthonic, en el cual el agua del mar profundo sube a la superficie, si nos diéramos cuenta de que *el negro frenesí solo puede penetrar cuerpos emocionales dualizados?* A lo que le temo es a la hipnosis psicótica masiva y no al mágico despertar de los individuos. Veamos lo que sucede cuando un individuo responde a la mente colectiva.

La gente que limpia los bloqueos psicológicos internos, estimula un *grupo de alquimia* y luego puede apoyar a aquellos que siguen luchando. De hecho, soy muy optimista sobre nuestro futuro, pero estamos justo a la mitad de un pasaje sumamente difícil, porque la humanidad está enfrentando las verdaderas profundidades de sus heridas. Conforme la gente sana el dolor, la memoria arcaica de las viejas heridas despierta y algo de esto es extraño, como las payasadas de los Gigantes y el Nefilim, descritas en el capítulo 7. La sagrada ciencia egipcia es la mejor fuente para entender esto, debido a la manera en que ellos comprendieron las barbaridades de los dioses en el reino humano. Los mitos dicen que Osiris medía más de 4.5 m, lo que significa que su energía era enorme y su presencia algo inspirador.[3] Historias sobre el comportamiento sexual, hábitos de alimentación o enfermedades y el sufrimiento de los dioses, contienen brillante información instructiva, porque se basaban en cómo los seres desarrollados manejaban los problemas, lo que ofrece soluciones más desarrolladas y complejas a los humanos.[4] Los dioses aspiran a un orden más perfecto porque sus dimensiones no tienen espacio ni tiempo, lo que ofrece perspectiva en dilemas humanos. Esta información estuvo libremente disponible para todos a través de la narración de cuentos, lo que a menudo le daba a la gente la posibilidad de curarse. Por ejemplo, los síntomas eran un signo de los dioses y ellos interpretaban estos mensajes al leer sus propios cuerpos lo más posible. Era un asunto por el cual preocuparse, si alguien estaba sufriendo o desequilibrado porque podría desestabilizar el Maat, así que la gente fuerte cuidaba a los débiles. Sabían que los dioses eran extremadamente sensibles y que sus grandes cualidades de vibración podrían sólo existir en las casas felices y amables. Los altares se mantenían en el hogar, para invitar al divino a la realidad ordinaria.

Por los últimos 2,500 años, la Elite ha conservado en secreto la sabiduría eterna; sin embargo, repentinamente la gente que ni siquiera está enterada de las ideas ocultas, se encuentra sumergida en ricos y arcanos recuerdos. De hecho, aquellos de nosotros que entienden lo que está pasando, deben de tener una gran compasión y ánimo por quienes aún están impactados. Cuando despertamos recuerdos internos, nuestros sistemas nerviosos se vuelven a conectar con la mente planetaria y nuestros cuerpos tienen que aprender como manejar más grandes flujos de energía. Cada receptor conecta estas fuerzas a la tierra, para la alquimia en su conjunto. A través de un módulo giratorio de inteligencia biológica, las plantas y las especies de animales saben cuándo es tiempo de regenerarse dentro de una zona ecológica. En los humanos está en la mente colectiva, la que nos llama a regenerarnos y a que muchos de nosotros gravitemos de forma natural hacia los tiempos y experiencias necesarios para crecer. Cuando encontramos la manera de estar en resonancia armónica con la Tierra, nuestros cuerpos, emociones, mentes y almas se activan o aceleran. Nuestros personales campos de energía cambian profundamente, de acuerdo con las cualidades de la mente planetaria. Como muchos de nosotros llegamos a un

*Fig. 9.2. Espirales Megalíticas de la piedra de entrada
en el Templo de Newgrange en Irlanda.*

acuerdo con los bloques emocionales y los traumas físicos del pasado que están impidiendo el crecimiento en el presente, lo colectivo está fluyendo con la memorable inteligencia. Usar la reencarnación como un concepto, posibilita a la mayoría de la gente a participar en la mente colectiva, a través de grandes periodos de tiempo y ésta es una idea que hasta un pequeño niño entiende.

Al hacer un viaje retrospectivo, por medio de una regresión a la vida pasada, encontré que a los arcaicos egipcios, los cretenses y los iniciados paleolíticos siempre los guiaron a través de sus anteriores tiempos de vida. Su método para reactivar el conocimiento pasado se usó para adelantar sus propias culturas. Este fue el método de evocación de la memoria, que mantenía la tradición oral, en especial después del Cataclismo. También fue así como las culturas evitaban cometer los mismos errores una y otra vez. Como resultado, ciertas culturas experimentaron una *evolución en espiral* y no de Tiempo cíclico, motivo por el cual las espirales son tan comunes en su arte megalítico, igual que los laberintos. Conforme vamos recuperando la memoria, el final del espiral se engruesa y nos volvemos serpentinos. Sólo hasta hace poco recordamos este excelente lugar de la transmisión cultural. Su continuidad se perderá, a no ser que recordemos quiénes ya hemos sido. Necesitamos recostarnos en nuestras cama y volver a tejer el sueño del tiempo.

Regresión a la Vida Pasada, bajo Hipnosis

La regresión de la Vida Pasada (RVP) es un método terapéutico para recordar nuestras "vidas anteriores" y en realidad no es importante que se crea que estas historias son "reales". La RVP nos ayuda a tener acceso a los temas de nuestras vidas y ver el linaje como un viaje cósmico, mientras activa todas las nueve dimensiones en nuestros mapas de consciencia. En una típica sesión de regresión, se hipnotiza a los clientes o se les induce a un trance ligero y se les estimula para que retrocedan en el tiempo a buscar información que pudiera ayudarlos en su vida actual. A menudo, por el simple hecho de recordar los temas claves en el pasado, podemos experimentar un gran descubrimiento psicológico que estimula un nuevo crecimiento en nuestra vida actual. Se pueden conquistar las agobiantes fobias —como el miedo al agua o a las alturas— al hacer que el cliente vuelva a experimentar un ahogamiento o una caída en una vida pasada, y algunas veces la gente con sobrepeso logra obtener un peso normal, después de revivir una vida pasada en la cual murieron de hambre. Muchos clientes también han recuperado momentos de su vida en los que sufrieron horribles cataclismos. *RVP reduce significativamente la catastrofobia.*[*]

Este tipo de hipnosis surgió de la terapia hipnótica normal y de las consultas sicológicas durante los años 60s en el siglo XX, y ahora los terapeutas la usan ampliamente, para ayudar a sus clientes a tener acceso a temas emocionales profundos. Más allá de recibir un alivio sintomático, con las sesiones de RVP algunos clientes buscan el crecimiento espiritual y la trasformación. Cuando el primero es la meta, se facilita mucho la regresión al usar los conceptos del karma y la reencarnación, que nos enseñan que volvemos a nacer muchas veces para solucionar asuntos del karma. Regresamos una y otra vez, guiados por el deseo de nuestra alma de aprender, expresar amor y encontrar un significado espiritual. He dado conferencias a miles de personas sobre la reencarnación y el karma, y hasta ahora la mayor objeción al concepto consiste en que las personas dicen que odian la idea, porque ¡no desean volver a nacer! Este es el motivo por el cual la cultura occidental destruye el medio ambiente. ¿Para qué molestarse en cuidar los bosques y los ríos, los animales y los insectos y la fertilidad de la tierra, si se cree que no se regresará otra vez a este mundo? En la India, cada templo mayor conserva un perfecto hábitat para selectas familias de animales y pájaros, sin importar qué tan habitados se vuelvan los pueblos.

Gregory Paxson, de Chicago, fue mi primer terapeuta RVP. Comenta que a pesar de que esta terapia es una práctica reciente en nuestra cultura, en realidad es una

---

[*] Muchas personas han reportado un alivio significativo por la RVP, lo que el seguro médico cubre algunas veces.

antigua y secreta tradición que se usó por miles de años, para entrenar adeptos.[5] La mayoría de las personas que realizan sesiones de RVP, reportan sus experiencias pasada al usar un espacio y tiempo lineal, y muchos se sorprenden de encontrarse haciendo esto, lo que me hace pensar que existe una biblioteca central codificada por el tiempo, que contiene todas nuestras experiencias pasadas —*el* Pasillo de los Registros— que toda persona puede visitar en cualquier momento. En el capítulo 3, hablé del cronómetro estelar interno, que esencialmente es un reloj para nuestras almas; es muy activo en el reino arquetipo —nuestra entrada a conocimientos más elevados— y estoy segura que no puede funcionar si tenemos una línea de tiempo incorrecta. Parece que somos almas que crean experiencias en medio de eventos colectivos, como si estar vivos fuera como participar en una película. La tecnología de la computación nos está facilitando el considerar ideas como ésta, porque los archivos de la computadora están organizados por tiempo lineal, basado en relojes cristalinos. Al viajar a través de varios tiempos y experimentar las cualidades de sus campos de energía, yo codifiqué las cualidades de vibración mental de esos tiempos en mi cerebro, incluyendo la del ser bicameral. Todos pueden volver a despertar estas capacidades dormidas. La RVP es tremendamente útil para limpiar su cuerpo emocional e ir más allá de la dualidad, porque el terapeuta está entrenado para ayudarlo a ver todos los aspectos alrededor de un dilema en particular y buscar la solución.

Greg Paxson piensa que la memoria es un "poder de frescura, de nueva vida en resonancia armónica con la antigua tierra del corazón".[6] Me gustaría agregar que cuando exploramos esta resonancia, nos experimentamos a nosotros mismos como vibratorios, energía pura, que es lo que sucede cuando tenemos un limpio y diáfano cuerpo emocional. Es muy liberador y extensivo estar consciente que sus sentimientos son el campo de energía que lo mantiene en forma física. Difícilmente necesito mencionar que millones de meditadores alcanzan estos niveles de consciencia día tras día. Paxson llama a nuestros cuerpos de consciencia —físico, emocional, mental y alma— "hologramas de diferentes densidades, que co-ocupan el mismo espacio físico, vibrando independientemente y en armónica interacción alrededor de la referencia — frecuencia del Yo".[7] Para él, una iniciación es "un evento en el cual se reciben energías superiores en la persona, que cambian permanentemente la frecuencia de energía y el funcionamiento de esa personalidad" —esto es, entrando a las nueve dimensiones al mismo tiempo.[8] Para mí, los recuerdos son como acordes musicales imaginarios y cuando los experimentamos otra vez, enriquecemos nuestra actual frecuencia de resonancia. Por ejemplo, piense ahora en cómo por siempre nos engrandecemos al escuchar los últimos cuartetos de Beethoven o las fugas de Bach. Al sentir los pasados campos vibratorios, que existen en lo profundo de nuestros cerebros, nuestra actual estructura de nueve dimensiones se entona. Igual que un viejo violín en el ático que se aceita, se le cambian las cuerdas y se toca otra vez, nos convertimos en instrumentos cósmicos. Para lograr esto, RVP conduce al cliente a experimentar el cuerpo, los sentimientos, los pensamientos y los aspectos espirituales de olvidados tiempos de vida, que se esconden en nuestro interior, esperando para contar sus historias. Paxson descubrió que la manera más fácil para hacer *progresar* la consciencia de un cliente era hacerlo experimentar las iniciaciones pasadas, porque esos fueron los anteriores tiempos en los que habíamos hecho desarrollarse nuestras consciencias.

Mientras reviví las iniciaciones pasadas, empecé a ver cómo los campos vibratorios que rodean mi cuerpo estaban respondiendo a esta activación. Sabemos que todos han experimentado iniciaciones en el pasado, porque las culturas antiguas fueron iniciáticas. Aquellas están codificadas en nuestros cuerpos y cualquiera puede revivirlas. Cuando salía a interactuar con mis lectores, me admiraba de oírlos decir que mientras leían mi *Mind Chronicles Trilogy* (Trilogía de Crónicas de la Mente), experimentaban sus propias iniciaciones, ¡las que a menudo eran iguales a las mías! Muchos lectores dijeron que estaban fascinados por los cambiantes campos vibratorios y algunas veces cayeron en estados alterados de consciencia o trance, conforme iban leyendo mis descripciones. Sintieron que estaban logrando niveles iniciáticos junto conmigo y estoy segura que así fue. Unos cuantos estudiantes describieron estas experiencias en terapia, a miles de kilómetros de donde yo estaba. Noté que algunos de ellos hablaron de iniciaciones por las que yo había pasado, en sesiones de RVP con Greg y que no se habían publicado. Este es un gran ejemplo de la alquimia de grupo —todos debemos haber estado tocando en una despierta mente colectiva. La iniciación es un proceso que sigue ciertas leyes de niveles progresivos de logro, que altera la mente de grupo; ésta es la razón de por qué las culturas indígenas la usan. Con el tiempo, llegué al punto en el que interactuaron todas las épocas de mi vida. Mi actual realidad continuó cambiando cada vez que eliminaba un bloqueo de mi pasado, y finalmente me sentí en un campo resonante que está notablemente conectado con otros. Si queremos despertar y ser un todo, una manera de hacerlo es procesar las personalidades dormidas que aún quieren crecer. Nadie puede liberar esa entidad excepto usted: libere su alma ahora y ofrezca una visión mucho más amplia a su actual estado mental. Los antiguos egipcios describieron este proceso como la personificación de su *ka*, lo que le permite a usted eliminar viejos rasgos inútiles y abre espacio a nuevas partes del Yo que llevan la sabiduría olvidada. Con el tiempo, estas épocas de la vida se mezclan en esta vida, mientras que usted se convierte en una persona que ha viajado mucho y a la que exóticos lugares visten y perfuman —aunque nunca haya dejado su hogar.

La recuperación de la RVP a mitad del siglo XX empezó a limpiar la mente colectiva, porque los teólogos Judío-Cristianos eliminaron la reencarnación de la doctrina hace 1,600 años y la mentalidad de un solo periodo de vida ha construido un gran dique hecho de emociones no procesadas. Los individuos brotaron más feroz e irracionalmente que nunca, con desesperados y violentos gritos de ayuda, porque sienten que deben hacerlo todo en esta vida —casarse, tener hijos, ser exitosos en sus trabajos, ser famosos. Están drogados, el dique es cada vez más alto y el peso del agua significa que estará en peligro. Con el tiempo, estos intensos complejos internos se deben expresar, motivo por el cual siempre se ha usado el proceso de iniciación en las culturas saludables. Como lo pone Paxson,

Una esquizofrenia existencial ha evolucionado en nuestra propia sociedad, lo que se manifiesta en las vidas interiores de muchos de sus habitantes. La cultura Judío-Cristiana está cimentada en las historias de hombres a quienes Dios habló directamente, a través de un arbusto en llamas o profetizó en sus sueños, y alcanza su punto más alto de fervor en el Maestro que levanta al muerto, devuelve la vista al ciego y como un clímax en una larga serie de milagros, resucitó él mismo después de la muerte. El vinculante hilo que corre sin parar, es que existe una fuente y un valor más alto para nuestra existencia, de lo que podemos percibir por medios físicamente objetivos. El abismo entre estas fundamentales raíces en "lo visto y lo oculto" y el reino de los científicos, el conocimiento racial del mundo tangible "donde de hecho vivimos" es amplio y profundo. Esta polaridad en nuestras mentes y cuerpos ha estado expandiéndose e intensificándose los últimos dos siglos.[9]

Bailando sobre la Espalda de la Tortuga

Muchos respetados eruditos como Joscelyn Godwin y Julian Jaynes, temen que el despertar los poderes de lo oscuro y lo claro, lleve a la gente al racismo y a la locura colectiva.[10] Movimientos en masa han polarizado culturas, al hacer que la gente se obsesione con los grandes arquetipos como el Socialismo Nacional y la Supremacía Aria en la Alemania Nazi. Muchas personas inteligentes temen que si la gente expande su conocimiento, sea poseída por la influencia de estas fuerzas. Yo creo que todos deben despertar y entender cómo estos poderes influyen nuestra realidad; de otra manera alguien más los usará para controlar a la humanidad. El concepto detrás del modelo de la Agenda de las Pléyades, —que debemos estar totalmente conectados con la tierra en nuestros cuerpos— ofrece una sorprendentemente sencilla solución para la posesión de las fuerzas oscuras: no puede suceder, a no ser que nuestra perspectiva esté enterrada en la mente colectiva 4D. Como hemos visto, la Elite Global insidiosamente divide y conquista gente y países, al disparar fuerzas duales. Una vez dividida, la gente se convierte en víctima o victimario y habrá asesinatos entre vecinos y hermanos. Sin embargo, *la Elite no puede apretar el gatillo para que las personas peleen entre sí, si ellas entienden estas fuerzas en su propio interior.* Si piensa en las guerras mundiales del siglo XX, la gran mayoría de la gente en el planeta participó en ellas, física o emocionalmente. Esto generó una enorme locura colectiva que alimentó las llamas del conflicto, mientras que la Elite utilizó al mundo como un tablero de juego. Si hubiera habido una intervención menos emocional en la colectividad, la paz se habría encontrado más pronto y el público en general habría podido ver los movimientos del juego de maestros. Ahora las cosas son diferentes, porque mucha gente se da cuenta de que los únicos ganadores de las guerras son los financieros y los fabricantes de armas.

Los sabios, han ayudado a la gente a descubrir la dulzura de las pacíficas vibraciones dentro de ellos mismos, una vez que han limpiado sus propios conflictos emocionales. A principio del siglo XXI, la Elite está otra vez tratando de provocar el torbellino mortal de las fuerzas oscuras y claras. Cada persona y país que mantenga los dos lados del dilema en el corazón, reduce el enojo, el juicio y el odio. *El mundo necesita volverse inteligente acerca de las fuentes de los conflictos.* Por ejemplo, ¿Qué si el génesis del conflicto árabe/israelí sea de hecho, las batallas no resueltas entre los Ángeles Caídos y el Nefilim, atrapados en los cuerpos emocionales de la gente Judío-Cristiano-Islámica, que están involucradas con o reaccionan al dilema? ¿Qué si la Elite seleccionó la tierra de Palestina para este antiguo conflicto, porque está suspendido sobre cuevas tectónicamente activas e imperfecciones que están engrasadas por poderes de aceites microbianos en esta zona geomórfica? ¿Qué si los participantes en este conflicto son capturados en la mentalidad superviviente de la Era de Cáncer y el polvo los aclararía, si lograrán una lección de historia en el Nuevo Paradigma? Poseídos por el tiempo de supervivencia y rezando por el final del Tiempo, la gente pelea por las cuevas y portales que conducen al mundo subterráneo, como buitres descarnando un animal muerto. ¿Cómo puede alguien que vive en una zona de lucha como esa, manejar este campo totalmente dual y cubierto, sin aclarar primero sus propias emociones?

La gente que se encuentra fuera de este campo debe expresar emociones de compasión y en medio de sus pensamientos, observar su propia participación en este torbellino. Esta parte del mundo parece mantener la última herida de la humanidad y ¿quién se atrevería a visitar los sitios sagrados de Jerusalén, sin una completa guía de iniciación chamánica? Asumiendo que la gente que está luchando allá fuera sea alimentada por la energía en la mente colectiva y el vórtice, ¿qué si se eliminaran las emociones duales del exterior? ¿Qué si el único apoyo para vivir en, o ir al Medio Oriente fuera para la gente que nació ahí? Después de miles de años de migraciones, este torbellino o cualquier otro sobre el planeta, existe para que la gente pueda acceder a los cuerpos físicos en estos lugares. La armonía surge cuando cada uno de nosotros cuida la tierra donde vive.

Una vez, la tierra dio albergue a una civilización global marítima que dominaba la geomancia, las fuerzas resonantes, la astronomía, la geografía y la comunidad. Este mundo colapsó hace 11,500 años y los supervivientes se establecieron por todo el planeta, e intentaron renovar sus culturas, mientras que hacían frente a más cataclismos. Pronto se dieron cuenta de que la posición de las estrellas en el cielo había cambiado y la cantidad de calor que ahora llegaba del Sol, había variado y causado las estaciones. Culturas altamente chamánicas de cazadores-recolectores adoptaron la agricultura y fueron menos libres. A pesar de los muchos grandes cambios, esta gente salvó el gran conocimiento de los antepasados y se construyeron templos por todos lados, para guardar estos registros y continuar las prácticas rituales. Hoy, mientras analizamos que una vez la humanidad fue altamente avanzada, podemos ver que el conocimiento que los antiguos desarrollaron —como el uso de la energía vibratoria, el sonido, el contacto con seres muy evolucionados en otras dimensiones, así como leyes dimensionales para la tecnología— es crucial para una vida equilibrada sobre la tierra. Al usar la resonancia armónica, muchos están participando en el despertar masivo de la inteligencia de la tierra, y saben que el lugar para encontrar la "mente" de la tierra está justo en la casa.

La medicina Tortuga nos enseña que es el momento para que, temporalmente, retiremos nuestras consciencias del campo global, para que la gente en cada área, pueda sentir la construida intensidad de la segunda dimensión en nuestro propio campo geomórfico. Esto trae una vitalidad a nuestros cuerpos que dispara increíbles ondas de sentimientos. Conforme nuestros cuerpos vibran con este intensificado domo de fuerzas arquetipo que llegan desde nuestros propios corazones, las grandes emociones —formas, sonidos, palabras y luz de las dimensiones superiores— nos guiarán para encarnar nuestra propia realidad. Esta gran confusión de ser el hogar en nuestros propios cuerpos, se debe resolver antes de empujar nuestra consciencia a otros lugares, en especial a unos tan jugosos y claves como Palestina, el que la Elite utiliza como distracción, para mantener nuestra mirada fuera de Egipto. La mayoría de la gente es fácilmente alejada por los Grandes Ángeles y los tiempos de supervivencia, pero el activado campo de Egipto nos anima a conectarnos a la tierra, en el lugar donde nos encontremos. La Tierra Santa es la zona más difícil del planeta, porque la Elite Global la ha seleccionado como la tierra cero de la masiva locura colectiva: catastrofobia. En verdad nos parecemos a Osiris, experimentando un gran desmembramiento global. Igual que la Diosa Isis encontró las partes del cuerpo de Osiris y edificó templos en cada lugar en el Nilo, del mismo modo también nosotros nos unimos otra vez —no estaremos completos hasta que seamos *casa*. En lugar de ser destrozados por los buitres en la tierra de la dualidad, que disparará lo oscuro y lo claro hasta que la tierra se tranquilice, podemos sanar nuestro propio dolor y mover nuestra consciencia al eje vertical de la iluminación. El divino entrará en nuestras pacíficas y amorosas emociones.

Osiris fue el dios más popular de Egipto, porque modeló el desmembramiento en la vida y la renovación eterna del alma en el tiempo. Debido a la batalla con su hermano Seth, es un maestro para enfrentar la oscuridad interna y vivir para hacer la paz con ella. La naturaleza de Seth representa los poderes de la segunda dimensión, que todos debemos de aprender a pacificar. Estas oscuras vibraciones pulsan profundamente en nuestros cuerpos y nos conectan con la Tierra, y aprendemos a amar la oscuridad, cuando nos damos cuenta que hacer la paz con ellos, nos da la posibilidad de ascender a los reinos espirituales. El fetiche de Abidos (figura 5.6) era llevado entre las multitudes hacia el templo, porque les enseñaba cómo se forma el eje vertical, por medio de la activación de la dimensiones inferiores. Se les permitió ver cómo la energías de la Tierra nacen de las inferiores y más profundas dimensiones y cómo al vivir en la tercera y rezar a las cuatro direcciones, impulsa nuestra consciencia a contactar con lo divino. Fue durante este festival que a la gente común se le permitió contemplar el más poderoso sendero de iluminación. Todos los antiguos egipcios sabían que su tierra —Khemet— era sagrada, pero de hecho la enseñanza no fue sobre Egipto. Se localizan en el centro geográfico de la Tierra; se dieron cuenta que a cada persona sobre el planeta le era posible estar en casa, en sus propias zonas geomórficas. Como fue verdad en el antiguo Egipto, *ahora sólo la gente puede crear el Maat*. Osiris era un popular dios porque una diosa, su esposa, lo hizo hombre en su totalidad. El resto de este libro está dedicado a ofrecer mis propias técnicas para establecer el Maat, y empezamos con cómo hacerlo utilizando la astrología.

Quirón como un Sanador Herido

Lo tangible y lo intangible se han dividido por el racionalismo occidental; nuestros cuerpos están tan atados a las cosas materiales, que muchos de nosotros no podemos sentir los campos vibratorios que nos rodean. Misteriosamente en noviembre de 1977, en el Observatorio de Pasadena, el astrónomo Charles Kowal vio un vehículo cósmico para sanar esta división,. Kawal vio un planeta nuevo, que orbita alrededor del Sol entre Urano y Saturno, lo llamó Quirón. Con una órbita sumamente elíptica, viaja también dentro de la de Júpiter por unos cuantos años, durante su viaje solar de 51 años.* Inmediatamente después de ver el planeta, un grupo de astrólogos investigó la mitología de Quirón, pues cada vez que se ve un nuevo planeta, un nuevo campo arquetipo se abre en la consciencia humana. Mitológicamente, Quirón fue un centauro (mitad caballo, mitad humano) y en la prehistoria griega antes del 1600 a.C., él fue un astrólogo que iniciaba a sanadores, astrólogos y guerreros. Fue el fundador de la medicina natural y la curación energética y fue un guía para los adeptos que salieron en la búsqueda alquímica.11 "Chir" —o la forma griega, "Cheir"— significa "mano" y es la palabra raíz para muchas modalidades de curación, como quiropráctica, quiromancia (adivinación), la onda quiral (la energía que se mueve entre las manos de los sanadores) y el plexo coroideo, que debería ser *quiroideo* (la profunda onda craneal). Cirugía es *chirurgery* en francés, como lo fue en inglés hasta el siglo XX, pero es difícil de pronunciar. En los tiempos históricos griegos, Asclepius reclamó que el manto sanador de Quirón y fundó la medicina alópata en el 600 a.C., que estaba basada en la idea de que el doctor sana al paciente. Quirón fue el fundador de la curación natural y la medicina, que postula que los individuos se sanan a sí mismos y el ver a Quirón predice el regreso de sutiles modalidades de curación en el occidente, como las emergentes formas de la medicina vibratoria.[12] Justo como Platón dijo, los griegos han olvidado su propio pasado y cuando salieron de su edad oscura por el 600 a.C., Asclepius cambió a Quirón de lugar. Ahora a *nosotros* se nos ha pedido que nos traguemos esta amarga píldora. Este fue el principio de la división entre nuestros cuerpos y mentes, lo que se intensificó dentro de la cultura Judío-Cristiana, en especial durante los pasados 500 años. Sin embargo, esta división finalmente está terminando.

La dicotomía cuerpo/mente en el occidente empezó a sanar en 1977, cuando los sicólogos se dieron cuenta de que lo que pasa en los *cuerpos* de la gente es relevante para lo que sucede en sus *cabezas*. Simultáneamente, los trabajadores del cuerpo entendieron que lo que sucedía entre los sentimientos y los pensamientos de la gente es muy importante para lo que ocurre cuando ellos estimulan sus cuerpos. De repente, a finales de los 70s en el siglo pasado, del mismo modo que Humpty Dumpty se rehizo a sí mismo otra vez, nosotros empezamos a reconstruir nuestros seres fracturados. Los últimos cientos de años de división cuerpo/mente han sido tan inquietantes para

---

* Kowal primero llamó Quirón a un pequeño planeta. Desde entonces, los astrónomos han dicho que Quirón es un asteroide o un cometa. Como se puede ver en la historia del Cataclismo en el capítulo 2, la épica Akkadian, el *Enuma Elish*, de hecho define que Quirón es: una luna de Saturno que fue lanzada a una órbita planetaria hace 11,500 años.

la mayoría de la gente, que nada detendrá esta fusión holística. A Quirón se le conoció como el "Curador Herido" porque una de las flechas de Hércules lo envenenó y como era inmortal, tuvo que vivir en un cuerpo dolorido. Al final, el deseo de Quirón fue morir y a cambio de su descendiente en Hades, Zeus liberó a Prometeo, el dios del fuego, que estaba colgado de un peñasco, mientras los buitres devoraban su hígado. Naturalmente, esta leyenda retrocede hasta los tiempos de supervivencia. Por este intercambio, Zeus liberó los fuegos creativos de Prometeo y el centauro sanador murió cuando nada había ya en su cuerpo, excepto dolor. ¿No son estos todavía dos grandes asuntos en nuestros días? Nuestra creatividad está sujeta a nuestros contrariados hígados y millones están atrapados, en cuerpos torturados por la medicina alópata. El sistema médico hace que una persona se sienta culpable, a no ser que luchen contra su inevitable final con armas químicas y radioactivas, y reemplacen las partes inservibles de sus cuerpos con órganos donados. *Debemos volver a obtener el poder sobre nuestros propios cuerpos, para tener la libertad de escoger nuestro momento y forma de morir; no nacimos para ser pasto del sistema médico.*

En el antiguo mundo, Quirón inició a los guerreros durante los tiempos de supervivencia. Retrocede a los primeros tiempos e increíblemente, ¡Quirón nació cuando Faetón se hizo pedazos a través del sistema solar hace 11,500 años! Faetón es el mismo de Marduk en el *Enuma Elish* que empuja a Gaga, una luna de Saturno, la libera de su órbita y asume una nueva como Quirón.* Esto es, *Quirón se convirtió en un planeta durante el Cataclismo y se le conoció como el Sanador Herido, hace 11,500 años.* Los astrónomos modernos vieron por primera vez a este planeta en 1977, exactamente cuando en realidad empezó el movimiento de curación cuerpo/alma; por lo tanto, *¡Quirón es un arquetipo planetario para sanar la catastrofobia!* De acuerdo con la astrología, la clase de arquetipo que está surgiendo, llega durante la primera órbita de ese planeta desde que es visto. Quirón completará su primera órbita alrededor del Sol, a partir de su descubrimiento, en agosto de 2027, cuando otra vez el mundo haya establecido una cultura global iniciadora. Como él fue el astrólogo de astrólogos, ¿cómo podemos muchos de nosotros usar la astrología para mejorar nuestras vidas?

---

* D.S. Allan y J.B. Delair, *Cataclysm! Compelling Evidence of a Cosmic Catastrophe in 9500 b.C.* [¡Cataclismo! Convincente Evidencia de una Catástrofe Cósmica en el 9500 a.C.] (Santa Fe: Bear & Company, 1997), 204, 222. Allan y Delair creen que Gaga es Quirón, que yo misma concluí en 1986, al consultar la clave del Sello de Akkadian —VA/243— y estudiando el *Enuma Elish*. VA/243 muestra todo el sistema solar *después* del Cataclismo y la Tierra y su luna están claramente representadas. Estos autores notan que la sección clave de las tablas de Ninevah, la Tercera Tabla, describe a Gaga/Quirón siendo sacada de su órbita como una luna de Saturno y luego obteniendo su propia órbita. Ver L.W. King, *Enuma Elish: The Seven Tables of Creation* [Enuma Elish: Las Siete Tablas de la Creación] (Londres: Luzac y Co., 1902), la Tercera Tabla.

El Principio de Luz Líquida

La mayoría de la gente que usa la astrología tiene el don nato de la lectura y entonces, periódicamente sigue el rastro de los actuales aspectos planetarios (tránsitos y progresiones) en relación a su mapa natal. Debido a que pasé demasiado tiempo observando patrones generales (astro-pronóstico), noté un ciclo más largo en la vida de cada uno —el principio de luz líquida— que es fácil de entender e influyente en extremo. Este es el ciclo de grandes pasajes de vida: (1) El *regreso de Saturno* a los 30 años de edad, más o menos, cuando la gente establece una dirección para toda su vida; (2) La *oposición de Urano* entre las edades 38 y 44, cuando enfrentamos la crisis de los cuarentas, y aclaramos nuestros conflictos emocionales o empezamos a perder energía y (3) el *regreso de Quirón* cerca de los 50 a los 51, cuando enfrentamos nuestra mortalidad y damos una nueva dirección a nuestra consciencia hacia las búsquedas espirituales. Estos asuntos son muy importantes para cada individuo, y la consciencia de grupo de estas fases es aún más benéfica para la comunidad. El principio de luz líquida ocurre porque todos somos como las plantas en la Tierra que crecen al Sol, y esto describe cómo la fuerza de vida —energía kundalini— se activa por medio de los planetas que giran alrededor del Sol. Esto dispara las épocas de crecimiento que moldean a la comunidad. Por ejemplo, todos se benefician al reconocer que los individuos están listos para asumir responsabilidad entre los 29 y los 30 años. Cuando entendemos que la gente está desarrollando sus vidas en tres etapas claves, entonces saber cómo y cuándo ayudarlos, se vuelve más patente. El Dr. Richard Gerber, autor de *Vibrational Medicine* (Medicina Vibratoria), anota que "las interpretaciones de Barbara Hand Clow, de los ciclos astrológicos y sus implicaciones en la crisis de la edad madura, son muy asombrosas en el sentido de que nos han conducido a una forma totalmente nueva de entender el proceso de crecimiento y transformación, como una parte de la vida diaria".[13]

Al pensar en nosotros mismos como plantas recibiendo el Sol brillante, los hombres y mujeres jóvenes que se acercan a los 30s tienen la oportunidad de establecer su dirección en la vida por medio del trabajo, el matrimonio, los hijos o el servicio social, es lo mejor para lograr la paz en el mundo. A mucha gente le importaría más la pérdida de la juventud de la Tierra, si pudieran sentir esta necesidad en sus corazones. También, los individuos cercanos a los jóvenes tendrían la tendencia de no presionar-

---

* Barbara Hand Clow, *The Liquid Light of Sex: Kundalini, Astrology and the Key Life Transitions* [La Luz Líquida del Sexo: Kundalini, Astrología y la Clave de las Transiciones de Vida](Santa Fe: Bear & Company, 1991). He creado la frase *principio de luz líquida*, para englobar el proceso de la integración de energía kundalini durante estos tres pasajes clave de vida.

los demasiado, cuando apenas están entrando a los 20s. Cuando las personas se acercan a la crisis de los cuarenta, una extremadamente poderosa y regeneradora energía kundalini fluye a través de sus cuerpos y pueden aclarar sus cuerpos emocionales, entonar bien sus mentes y dirigir sus vidas con sus almas. En este momento, mucha gente casi se vuelve psicótica porque la cultura no valora esta búsqueda; de hecho, la niega. Pero, que la gente pueda transmutar su esencia durante la edad madura, es la clave para la salud humana y para enaltecer el carácter. Cuando muchas personas están cerca de los 50s, se abre un enorme abismo de desesperanza. Se están dando cuenta que algún día, al morir, dejarán este mundo y no tienen idea a donde irán, porque la cultura niega la realidad del mundo del espíritu. *El espíritu debe experimentarse mientras estamos vivos, para tener el valor de enfrentar nuestra mortalidad,* y los sabios y los chamanes siempre han ayudado a la gente a experimentar los otros mundos, para que no se desesperen.

Dejé de hacer lecturas natales en 1991 porque el principio de la luz líquida me permite simplemente sentir la energía que fluye moviéndose en el cuerpo de la gente, sin analizar las mapas. Naturalmente, la astrología natal es muy valiosa, pero con los años, después de participar en muchas enseñanzas ceremoniales, me he interesado más en la comunidad, porque falta tanto ésta en el planeta. Trabajé con un grupo Luna Nueva en Nuevo México por 10 años más o menos, lo que para la gente es una forma fácil y divertida de encontrar la comunidad. Nos reunimos en cada luna nueva y creamos ceremonias, obras teatrales de misterio, círculos de chismoreo y objetos medicinales. A través de esta experiencia, gradualmente empecé a sanar una de las más profundas heridas que los indígenas sufren en Norteamérica: conforme pasa el tiempo, nuestras líneas de sangre se están adelgazando cada vez más. Para mí este es un asunto tanto celta, como nativo norteamericano. Al pasar el tiempo, me di cuenta que en realidad no era un asunto de sangre, sino más bien de *clan*. Estos son grupos de personas unidas por la sangre, un interés específico o una afinidad geográfica, que exploran realidades juntos. Entonces, a principios de los 90s, en el siglo XX, empecé a ver que los clanes se agrupaban en una realidad ordinaria para explorar juntos otras dimensiones, en mucho parecidos a pequeños niños jugando en la caja de arena. Me encontré con Felicitas Goodman, del Instituto Cuyamungue en Nuevo México y supe que ella había descubierto una increíble técnica para que la gente moderna tenga acceso a la realidad alternativa, que pueda desempeñar un mejor papel en la curación del mundo. Universalmente, los chamanes y la gente de medicina entienden que ellos contactan una realidad alternativa que es "el gemelo del ordinario secular, una realidad sagrada donde habitan los espíritus".[14] Adoptar posturas rituales mientras se está en trance, es una magnífica manera para que la gente moderna se conecte con la arcaica consciencia, porque *éstas son las mismas posturas que se usaron en las culturas chamanes por miles de años*.

La Realidad Alterna y las Posturas Estáticas del Cuerpo

La Dra. Felicitas Goodman descubrió que las arcaicas culturas chamanas adoptaban posturas rituales y entraban en trance, para ponerse en contacto con los espíritus y buscaron información para solucionar problemas. Una vez que por accidente descubrió esto en 1977 (el año del hallazgo de Quirón), supo que a menudo las figuritas y el arte de piedra por todo el mundo "no son simplemente expresiones de creatividad, sino de hecho, instrucciones rituales".[15] Si la postura de uno de estos artefactos se combina con la estimulación rítmica, "el cuerpo sufre temporalmente dramáticos cambios neurofisiológicos y surgen experiencias visionarias que son específicas a la posición de referencia".[16] Estos cambios incluyen a hormonas relacionadas con la presión de la sangre, que inicialmente se eleva y luego baja en forma dramática durante el resto del trance, y la presión arterial disminuye mientras que el pulso se eleva. Esto es lo que por lo general sucede cuando uno muere, razón por la cual muchos chamanes dicen que ellos mueren en trance.[17] Goodman encontró que éste se debe mantener durante 15 minutos; las instrucciones de inducción y suspensión enseñan a la gente cómo entrar y luego salir del otro mundo con seguridad. Ella ha buscado y desarrollado la forma más fácil, rápida, segura y directa para entrar y salir de la realidad alternativa. Al hacer un trabajo de RVP, nuestra psique siempre selecciona una vida pasada que nos pueda dar la solución para un dilema presente. Al hacer una postura sagrada, nuestro cuerpo experimenta viajes, culturas o reuniones con animales y espíritus que nos son necesarios en ese momento. Las posiciones son una magnífica forma para traer a los sabios y aprender de ellos, porque tocan las arcaicas culturas sagradas, que siempre trabajan con los espíritus. También hay una forma ideal para mantener su constante auto-consciencia, mientras está en la realidad ordinaria. La primera dimensión es el núcleo de hierro de cristal, que vibra a 7.6 ciclos por segundo y notablemente, mientras se está en trance, las ondas del cerebro se han medido a *¡la misma frecuencia exactamente! La persona en trance está sincronizada con el centro de la Tierra.*[18] Recuerde, Greg Paxson dijo que la memoria es "nueva vida en resonancia armónica con la antigua tierra del corazón", como si él también hubiera intuido el pulso del centro de la Tierra. Hasta donde puedo ver, la realidad alterna sólo se abre cuando los humanos pulsan con el planeta, lo que dice Chris Dunn que pasa, cuando la Gran Pirámide resuena con la Tierra.

Las estatuas o las pinturas de la Postura del Espíritu de Oso, que se usa para sanar, se han encontrado en cientos de lugares alrededor del planeta y tienen tanto como 8,000 años de antigüedad. Se encontraron treinta y cuatro ejemplos sólo en las Cícladas.[19] Algunas posturas tienen más de 30,000 años, como la Venus de Galgenberg, lo que significa que este arte ritual empezó mucho antes del Cataclismo. El Instituto Cuyamungue aún sigue encontrando nuevas posturas y probándolas en grupos, y desde 1996, estudiantes y maestros han usado más de cincuenta significativas posiciones. Estas tienen acceso a nueve realidades diferentes: curación, adivinación, metamorfosis, viajes de espíritu, muerte e iniciaciones de renacimiento, mitos vivientes y celebración.[20] Por ejemplo, si usted o alguien a quien ama está enfermo, usted puede adoptar *la posición del espíritu del oso* u otras seis o siete posturas curativas, cada una de las cuales tiene espíritus especiales adjuntos a ellas, que la investigación del Instituto conoce. Si necesita dejar ir viejas realidades y sólo permite que llegue el cambio, usted puede intentar una postura de metamorfosis, como el *príncipe olmeca*. En *Ecstatic Body*

Postures (Posturas Estáticas del Cuerpo) se muestran todas éstas, además que se describe la técnica; la autora Belinda Gore es psicóloga y directora del Instituto Cuyamungue.

Los puntos de interés son: *¿Qué* es la realidad alternativa y *por qué* desearíamos entran en ella? Los Capítulos 7 y 8 muestran que existe una lucha titánica, por el acceso de los humanos a los registros de la antigua sabiduría. Aquellos involucrados en este juego están obsesionados con el final del mundo y afligidos por la "carencia de éxtasis".[21] Estamos fuera del antiguo linaje del contacto espiritual, que retrocede por lo menos 40,000 años, cuando éramos "cazadores recolectores" en balance y armonía con su medio ambiente. Estábamos

Fig. 9.3. Postura del Espíritu de Oso de Ecstatic Body Postures (Posturas Extáticas del Cuerpo), página 49.

equilibrados, porque buscábamos el consejo de los espíritus, lo que es lo mismo que ser capaces de escuchar las voces de los sabios 8D y que nos conduce a estar entonados con la Tierra. Como Belinda Gore escribe, "es una poderosa lección para darse cuenta que hoy en día, cuando estamos al borde del desastre ecológico, está dentro de nuestro poder humano el decretar los rituales que nos pueden ayudar a traer al mundo natural de regreso a la armonía".[22] La realidad alternativa donde viven los espíritus, se encuentra ahí eternamente, y está disponible con sólo asumir una postura y usar su cuerpo como una alfombra mágica para entrar a la realidad no ordinaria.

Felicitas Goodman se dio cuenta que las posturas vinieron de sólo dos clases de sociedades —de las cazadoras u horticultoras— y a pesar de que los pastores y los agricultores efectuaban poses durante las ceremonias religiosas, "son simbólicas y no intervienen en la entrada en la realidad alterna".[23] Los cambios vinieron en el periodo Neolítico Temprano y conforme aumentaron las poblaciones, la gente empezó a controlar el ciclo de las plantas y a regular más sus sociedades, "pareciera que ellos perdieron el profundo sentido de la unidad con el mundo natural, que ha caracterizado a sus ancestros cazadores-recolectores".[24] Gore cree que la gente en las sociedades neolíticas refinó las posturas, para restaurar su conexión hacia la vida más libre del pasado y Goodman ve esto como un sistema que ellos nos pasaron, para que podamos entrar en la realidad alterna.[25]

Con el tiempo, se adoptó una agricultura a gran escala en muchos lugares y controló el mundo natural dominado; como lo pone Gore, "la dualidad se vuelve el centro en la espiritual y secular visión del mundo...el de la realidad ordinaria y el mundo del espíritu se dividieron entre el bien y el mal, cielo e infierno, arriba y abajo, espíritu y cuerpo, Dios y Diablo".[*] Esta primordial dualidad es lo que divide a nuestros cuerpos emocionales y corta el acceso a los espíritus.

La conspiración crece porque la gente está hambrienta de lo sobrenatural y lo inefable, para un acceso chamánico a otros mundos. Las modernas tribus chamanas tienen acceso a estos mundos, por medio del éxtasis inducido por droga, y los sacerdotes chamanes egipcios contactaron otros mundos tal como los Textos

Fig. 9.4. la Postura de Fortalecimiento de *Ecstatic Body Postures (Posturas Extáticas del Cuerpo)*, página 74.

de la Pirámide describen ascensiones a otros mundos.[26] Durante los viajes de ayahuasca en el Amazonas, cuando se ingiere la planta procesada, creando efectos psicotrópicos,

---

[*] Belinda Gore, *Ecstatic Body Postures: An Alternate Reality Workbook* [Posturas Estáticas del Cuerpo: Manual de una Realidad Alterna] (Santa Fe: Bear & Company, 1995), 18. El geólogo Andrew Sherratt escribió sobre el génesis de la agricultura y las placas tectónicas en *The Origins and Spread of Agriculture and Pastoralism in Eurasia* [Los Orígenes, y la Expansión de la Agricultura y el Pastoreo en Eurasia] (David R. Harris, ed. [Washington, D.C.; Smithsonian Press, 1996]) en las páginas 133-40. Él cree que la prehistoria es *estructural* como el resultado de raros e importantes accidentes —esto es, los efectos de las placas tectónicas. Naturalmente, postulo que esto comenzó hace 11,500 años, como lo hacen Allan y Delair *(Cataclysm!)*. Sherratt muestra que la agricultura empezó dentro de tres cuellos de botellas globales tectónicas: Centroamérica, el Medio y el Lejano Oriente. Aquí, su historia es relevante porque enfatiza el traumático génesis del Holoceno.

las mujeres se sientan con los ayahuasqueros y viajan a otros reinos con ellos, pero ellas no toman la droga, porque "no necesitan ayuda química para sus viajes espirituales".[26] Aquellos de nosotros que usamos el trance extático, hombres o mujeres, tampoco necesitamos usar drogas. Los chamanes amazónicos reciben respuestas específicas para preguntas precisas en sus trances; igualmente, uno puede seleccionar cierta postura para un propósito determinado, ya que son muy concretas.

En el Instituto Cuyamungue y en otros lugares donde se enseñan posturas sagradas, los estudiantes participan en danzas enmascaradas de trance. Un grupo de quince a veinte de nosotros entramos en una privación sensorial, por medio de una sencilla dieta, retirados del mundo exterior, orando con el amanecer y el atardecer, y exhaustos por hacer trances y arte todo el día y la noche. Hemos llegado a crear una danza de los espíritus y esto es sólo posible si vivimos con ellos, en su mundo por muchos días, lo que sucede al retirar gradualmente nuestra atención de la realidad ordinaria. Entramos en trance en posturas específicas, a menudo en adivinación, para aprender sobre la historia de la danza de los espíritus. Esto es, *ellos nos enseñan los elementos de una danza que los traerá a nuestro mundo.* Descubrimos qué animal, planta o ser, cada uno de nosotros mismos representará en la danza, y por días aprendemos a convertirnos en el animal, al hacer una máscara de barro y usando varios materiales para volvernos nuestro animal de pies a cabeza. Ya no nos concebimos a nosotros mismos como humanos. Juntos adivinamos más, para entender la historia que sale a través de los danzantes y emerge una nueva historia para la Tierra, que será bailada, una enseñanza de la realidad alterna, de nuestro mundo. Cuando nuestros disfraces están hechos y los espíritus han tejido la danza de una forma a través del maestro, entonces es el momento para bailar en el campo sagrado mientras los tamborileros golpean los tambores. Yo he hecho esto en dos ocasiones y en ambas, la historia de la danza estaba sucediendo en el tan nombrado mundo real mientras bailábamos. Por ejemplo, en agosto de 1994, los espíritus nos enseñaron la danza del nacimiento del Búfalo Blanco, de la tradición Lakota. Cuando nos fuimos a casa, después de bailar, leímos en el periódico que cerca de Janesville, Wisconsin había nacido una cría de Búfalo Blanco. En Lakota, esto se vio como una señal de nueva esperanza viniendo a la Tierra. Esta cría nació mientras estábamos danzando en Nuevo México, en el Instituto Cuyamungue.

Las nueve dimensiones descritas en *The Pleiadian Agenda* (La Agenda de las Pléyades) muestran cómo lo divino se manifiesta como sonido, y forma campos geométricos que crean vida. Conocemos esta creación en nuestros cuerpos, cuando los espíritus de seres, animales y plantas y las fuerzas cósmicas nos visitan, juegan con nosotros, nos enseñan sabiduría y nos curan. Las fuerzas espirituales y cósmicas pueden entrar en nuestro mundo, en particular, muy fácilmente durante momentos especiales, y el Solsticio Galáctico de Invierno es un tiempo muy singular, de acuerdo al Calendario Maya. Sin embargo, nosotros somos las puertas hacia nuestro mundo, la Tierra es nuestro hogar y los espíritus sólo entrarán si los invitamos. Las danzas de los indígenas en el Instituto Cuyamungue, los misterios egipcios, el arte y la música, el chamanismo y la meditación, son todos formas para traer a los espíritus a nuestros mundos. La mayoría de las fuentes arcaicas que se ilustran y analizan en este libro, existieron después del Cataclismo, como Çatal Hüyük, las culturas megalíticas y las dinastías egipcias. Tenemos una visión en el mundo antes del Cataclismo, por los pintores de la cueva magdaleniense y las piedras de Ica. Yo creo que siempre estaremos embrujados por el asombro sobre cómo era la Tierra, antes de que la realidad repentinamente se volviera tan compleja, posiblemente causada por la inclinación del eje. Si es verdad que el desastre empezó esta inclinación entre la realidad ordinaria y la alterna, entonces es posible que los espíritus disfruten nuestra compleja y emocional experiencia. De mis prácticas en danzas enmascaradas de trance, ya sé que ellos piensan que nuestro mundo está mejor que nunca. ¡Sin importar si los invitamos y aprendemos su sabiduría, nuestra experiencia con la Tierra puede ser pacífica, armónica, feliz y mucho más divertida!

Anexo A:
Línea Egipcia del Tiempo

• 39,000 a cerca del 9500 a.C.   El **Primer Tiempo** o *Zep Tepi*, cuando los grandes sabios míticos llamaron al Shemsu Hor para gobernar Egipto.[1]

• 9500 a cerca del 4000 a.C. — El **exilio de la Antigua Cultura Egipcia** en los desiertos del oriente y el occidente y en el Medio Oriente.[2]

• 5500 a cerca del 3200 a.C. — El **periodo arcaico predinástico** cuando los egipcios resurgieron en el Nilo, primero como la cultura Gerzeana, que por los tiempos predinásticos había clamado descender del Shemsu Hor, los míticos dioses y diosas del Primer Tiempo. La tumba de Uadji se construyó durante este periodo.[3]

• 3150 a.C. — La **Unificación** del Bajo y Alto Egipto bajo Menes (quien puede ser Narmer) cuando el Primer Tiempo se reestableció en el Nilo y continuó por 3,000 años.[4]

• 3150 al 2700 a.C. — El **Periodo Arcaico** que abarca la Primera y Segunda Dinastías con faraones nombrados, como Narmer, Menes y Djer.

• 2700 al 2200 a.C. — El **Antiguo Reino**, que abarca de la Tercera a la Sexta Dinastía. Se le conoce como la Era de la Pirámide, cuando el poder de Egipto se intensificó grandemente, ya sea que las pirámides se construyeran durante ese tiempo o no. Djoser fue un famoso faraón de la Tercera Dinastía, que construyó la pirámide de Saqqara, que se dijo había sido diseñada por el gran sabio Imhotep. Khufu fue un famoso faraón de la Cuarta Dinastía, que se supone construyó la Gran Pirámide. Unas fue un célebre faraón de la Quinta Dinastía que construyó un templo pirámide en Saqqara, que es cortado con la primera versión de los Textos de la Pirámide. El Antiguo Reino se caracterizó por las prácticas religiosas de las escuelas de misterio Heliopolitanas, Hermopolitanas y Menfite, mayormente dirigidas desde el Bajo Egipto.

• 2200 al 2000 a.C. — El **Primer Periodo Intermedio**, que abarca de la Séptima a la Décima Dinastía, cuando el poder real declinó y hubo mucha anarquía y caos, y el Bajo y Alto Egipto se dividieron.

• 2000 al 1750 a.C. — El **Reino Medio,** que abarca de la Décima Primera a la Duodécima Dinastía, cuando Egipto se reunificó y Tebas se convirtió en la nueva capital, donde el sacerdocio del dios Amón se volvió un poder político y teológico, que rivalizó con las escuelas de misterio del Antiguo Reino.

• 1750 al 1550 a.C. — El **Segundo Periodo Intermedio**, que va de la Décima cuarta a la Décimo Séptima Dinastías, cuando otra vez se rompió la unidad y el Hicsos ocupó mucho de Egipto desde su reino de Avaris en el Delta. Probablemente, los masivos cambios de la tierra causaron este movimiento de gente en el Medio Oriente.

• 1550 al 1070 a.C. — El **Nuevo Reino** que comprende de las Décimo Octava a la Vigésima Dinastías, cuando Egipto llevaba a cabo una organizada operación militar por la primera vez en su historia. Algunos llaman a este periodo la Edad de Oro de Egipto. Una vez más se unificó y es probable que debido a la previa ocupación de los Hicsos, conquistara territorios allende sus fronteras, con campañas en el Medio Oriente. Fueron faraones famosos los Tutmosis I-IV, Amenhotep I-III, Hatshepsut, Akhenatón (que fue Amenhotep IV pero cambió su nombre), Tutankamen y Seti I y su hijo Ramsés el Grande. Este periodo se caracterizó por las constantes luchas por el poder entre los faraones y los sacerdotes de Amón.

• 1070 al 525 a.C. — El **Tercer Periodo Intermedio**, que engloba de la Vigésima Primera a la Vigésima Sexta Dinastía, cuando el poder faraónico declinó y los sacerdotes Amón rigieron Egipto desde Tebas.

• 525 al 332 a.C. — El **Periodo Tardío**, que comprende de la Vigésima Séptima a la Trigésima Primera Dinastías, hasta que Alejandro el Grande conquistó Egipto en el 322 a.C.

Anexo B:
Cambios en la Tierra Durante la Época del Holoceno

A Holocene Snapshot (Una Instantánea del Holoceno) por J.B. Delair[1]

Hasta una superficial mirada al registro del Holoceno muestra que, viniendo después de la supuesta época glacial de Pleistoceno que duró 2 millones de años, su permanencia ha sido excepcionalmente corta: sólo cerca de 11,500 años. Esta fecha y la brevedad de la época se confirman por la evidencia de campo que abre varias disciplinas. Sin embargo, dentro de este breve periodo, la completa serie de profundos cambios ambientales y climáticos ha ocurrido en una rápida sucesión. Los naturalistas han acuñado nombres para distinguir los diferentes episodios, mientras que los prehistoriadores les han dado otros nombres, al estudiarlos desde perspectivas antropológicas y sociales. El Anexo C presenta cronológicamente una tabla de estos.

De forma notable, entre estos cambios se encuentra la elevación global de los niveles del mar, la oscilación de las tablas de agua, los fluctuantes glaciares y las líneas de nieve, los recurrentes episodios volcánicos y sísmicos y los ciclos de desertificación. Todos estos se han engendrado o son el resultado de los, a menudo, muy intensos cambios climáticos —incluyendo a los monzónicos— con efectos esparcidos sobre la vida de las plantas y los animales, así como en la actividad humana. Superficialmente de gran permanencia, muchos sistemas ambientales existentes que iniciaron por estos cambios, han concordado con la gran antigüedad, sin embargo las investigaciones modernas tienden a demostrar lo opuesto: *con pocas excepciones, se ha probado que estos sistemas son sumamente jóvenes y todo menos permanentes.* [itálicas mías]

En particular son ejemplos prominentes el Mar del Norte, el Sahara y los desiertos de Arabia, el fondo del Golfo Pérsico, el archipiélago indonesio, los grandes lagos de Norteamérica y la jungla amazónica. Seguramente, en sus actuales apariencias, ninguno de estos "permanentes" rasgos geográficos, de hecho, anteceden al Holoceno.

El mar del Norte es el resultado de un hundimiento progresivo del lugar en que se encuentra (40), sólo logra su presente configuración cerca del 6500 a.C. (41). Antes de esa fecha, los hombres podían caminar por la tierra continuamente seca de la Cabeza Flamborough, a la desembocadura occidental del Elba Alemán. En esos días la Isla del Hombre todavía estaba unida a la tierra de Britania (42), el actual Canal de Bristol permanecía cubierto de tierra, tan al oeste como Westward Ho y la costa occidental de la Bahía Cardigan, seguida por una casi derecha línea Norte-Sur de Alglesey occidental a la más lejana extremidad de la península Pembroke (43).

La red de canales de río en el piso del mar entre Sumatra, Java y Borneo (44) y otras islas de Indonesia (45), muchas de ellas, extensiones sumergidas de los ríos aún activos en esas islas, atestiguan con las turbas hundidas de mar adentro e inamovibles cepas de árbol (46), a la extrema novedad geológica de un hundimiento de la corteza terrestre y la invasión marina de enormes extensiones de Asia del Sureste (47) cerca del 8000 a.C.

Por lo general, los efectos análogos contemporáneos también separaron el norte de Australia de la isla de Nueva Guinea (48, 49, 50), mientras que el ligeramente anterior hundimiento del territorio, ahora sumergido entre Nueva Guinea oriental y Melanesia (Archipiélago Bismarck y las Islas Solomón) y se extiende hacia el norte a las inmediaciones de la Micronesia (ahora en su mayor parte representada por las Islas Carolina) forma parte de la misma historia (51). No es de sorprenderse que marcados cambios del nivel del mar acompañaran a estos desarrollos en la Polinesia Francesa (52) y tan lejos al este como las Islas Sociedad y las Tuamotu (53). La desaparición tan continua de terreno (colectivamente casi tan extensa como Australia) representa una pérdida de tierra de dimensiones continentales.

La separación de Sri Lanka (Ceilán), de la tierra firme de India, involucró cambios similares hace aproximadamente 9,000 años (54) y es posible que un poco antes de ese momento, el hundimiento de mucha de la tierra que ahora ocupa el Golfo Pérsico (55, 56), así como de la Costa Atlántica de las provincias marítimas de Canadá (57).

Hablando en términos geológicos, las palabras "Holoceno" y "post-glacial" son esencialmente intercambiables. Es significativo que más o menos al mismo tiempo con los hundimientos de la corteza terrestre antes comentados, en Norteamérica ocurrieran levantamientos "post-glaciales" de la litosfera (58, 59), Escandinavia (60, 61) —

incluyendo el Golfo de Bosnia (62)— y el norte de Estonia (63, 64), por nombrar sólo cuatro ejemplos.

De estos, el levantamiento escandinavo fue en particular accidentado y aparentemente muy abrupto, a tal grado que enormes porciones de la corteza terrestre, que soportaban grandes lagos fueron levantadas *enteras*, en especial en Noruega y Suecia. De otra forma tranquilos, los lagos se llevaron al reposo con diferentes líneas litorales inclinadas (65, 66). Las posiciones exactas de las pre-inclinadas líneas de la costa, son claramente visibles en las adyacentes laderas. Varios milenios después, muchos de los grandes lagos alpinos también se inclinaron, pero en su caso, en dos separadas ocasiones (67). Las comunidades villas-lago agrupadas alrededor de estos lagos fueron severamente desestabilizadas por estos eventos.

Todavía más al sur, tan lejos tierra arriba en Perú y Bolivia, las líneas de costa inclinadas se notan por extraordinaria "frescura" (68), se levantaron en las faldas de los Andes, por un antiguamente más grande y profundo Lago Titicaca. De forma interesante, durante los últimos 7,500 años su nivel de agua ha fluctuado muy marcadamente varias veces (69) y aún en este momento inunda las impresionantes ruinas de estructuras de piedras ciclópeas hechas por alguna antigua civilización, ahora olvidada.

Con movimientos tectónicos (corteza) de esta magnitud, no es de sorprenderse que la sola salida de las aguas del Lago Michigan, de Norteamérica fuera, hasta hace 10,000 años, el Río Mississippi (figura B.1). Siguiendo una momentánea coalescencia de las aguas de los Grandes Lagos hace unos 8,000 años, cuando formaron el super-lago Algonquín, las aguas del Michigan fluyeron hacia el mar por un canal, ahora muerto, conocido como la Desembocadura Ottawa. Transcurrieron más de 4,000 años antes de que los Grandes Lagos empezaran a adquirir sus perfiles modernos y las aguas del Michigan alcanzaran el mar por su ruta actual —los Lagos Hurón, Erie y Ottawa, las Cataratas del Niágara y el Río San Lorenzo (70). Casualmente, estas cataratas tienen en este momento un poco más de 5,000 años (71, 72), ¡no son más antiguas que la unificación de Sargon de Agade de los primeros reinos de Mesopotamia de Sumer y Akkad! (73, 74).

Estas cortezas y los cambios del lago afectaron inevitablemente las hidrografías locales. Entre otros efectos, las inclinaciones Alpinas desviaron los cursos originales de los ríos Tiroleses (75), condenaron a los demás a producir nuevas cataratas como en Jajce, Bosnia (76) o alteraron las tablas de agua del Holoceno en innumerables lugares, causando nuevos cauces o desaguando a incontables ríos y arroyos menores. De estos, podemos notar los cambios hidrográficos en el valle Kafue de Zambia (77), las extintas vías fluviales de los pantanos ingleses (78, 79, 80), ahora un antiguo canal seco del Río Lea cerca de Wheathampstead, Hertfordshire (81) y los sucesivos cambios en el curso del poderoso Río Amarillo de China, sobre el cual se volvieron a establecer grandes secciones, casi 161 kilómetros de sus anteriores rutas (82, 83).

Estos cambios hidrológicos tuvieron repercusiones generalizadas. En muchas instancias —incluyendo el interior de Australia (84, 85), las áreas de Namibia (86) y Kalahari de África (87), Siria (88), Arabia (89, 90, 91, 92, 93) y virtualmente en todo

---

Fig. B.1. Lago Algonquín y los Grandes Lagos (E=L. Erie, F=Lagos Finger del Estado de Nueva York, H=L. Hurón, MH=Manto de Hielo, M=L. Michigan, S=L. Superior, O=L. Ontario).

Fig. B.1a. Los ancestros de los lagos Superior, Michigan, Erie y Hurón formándose en la orilla sur del manto de hielo Laurentiano, hace cerca de 10,000 años. Los Lagos Michigan y Superior desaguaron en el Río Mississippi, y el Hurón y el Erie, en el Río Hudson.

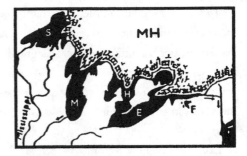

Fig. B.1b. Lago Algonquín en su auge hace cerca de 8,000 años, formado por el agua de nieve de la retracción del manto de hielo Laurentiano y vaciado en la vía marítima del San Lorenzo. El Erie se habría separado del Algonquín, aunque también desaguaba en el valle San Lorenzo.

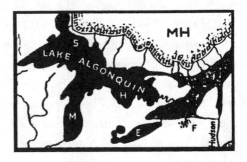

Fig. B.1c. Los Grandes Lagos empezaron a tomar sus líneas exteriores actuales hace 4,000 años, conforme el manto de hielo se retrajo aún más lejos y el Lago Algonquín disminuyó su tamaño. Los lagos superiores aún desaguan en la vía marítima de San Lorenzo, aunque por la vía del valle del Río Ottawa. El Ontario y las Cataratas del Niágara se habían formado por esta etapa.

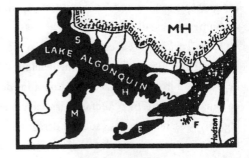

el Sahara—, desaparecieron sistemas completos de lagos y ríos, a menudo de gran extensión.

La inmensa medida de algunas de estas redes se acentuó en 1981, cuando el radar de penetración subterránea del Transbordador del espacio, Columbia "descubrió" varias de ellas, enterradas justo debajo de las superficies deshidratadas del sur de Libia y el oeste de Egipto (94). Con anterioridad se encontraron similares sistemas muertos en el oeste del Sahara (95) y se rastrearon en la región central del desierto, retrocediendo en el tiempo tanto como los años 20s del siglo XX(96).

En algún otro lado, como con las pasadas fuentes de varios ríos aún existentes como el Nilo, reducidos sub-afluentes, invirtieron su dirección de flujo o juntos dejaron de proveer a los originales ríos padres (97, 98).

Lagos tan grandes como el enorme de agua dulce que ocupó el celebrado Fayum de Egipto, desaparecieron tan sólo cerca del final de los tiempos Neolíticos (99). Vestigios no fosilizados de animales y plantas modernos, congregados en el fondo de estos lagos y ríos extintos, revelan la igualmente reciente muerte de la vida orgánica sustentada por estos perdidos sistemas hidrológicos. Estos muestran que, hace sólo un corto tiempo geológico dentro de nuestra propia época (Holoceno), grandes áreas de estas regiones ahora desiertas, hospedaron próspera fauna y flora. Aún tan tarde como el 4000 a.C., los bosques todavía florecían en regiones ahora deshidratadas de Sudán (100), el sector de Nubia que no ha tenido lluvias continuas desde cerca del 3500 a.C. (101).

Antes de eso, en los tiempos Neolíticos (mitad del Holoceno), las montañas del Mar Rojo (actualmente desoladas) estaban bien arboladas e irrigadas por ríos —ahora casi todos secos— con un buen número de peces. Varias diferentes culturas predinásticas egipcias se beneficiaron exitosamente de aquellas condiciones (102). Como ahora se sabe, mucho del régimen del desierto del Sahara corresponde a hace sólo cerca del dato increíblemente reciente de 5,000 años (103). El proceso de desertificación se desarrolló de forma dispareja, ya que unos cuantos robles y cedros, que anteriormente dominaron muchos distritos de esa región, se las arreglaron para sobrevivir en pequeños grupos aislados, por ejemplo: al sur de El Daba, en la Depresión Qattara de Egipto, hace tanto como el 500 a.C. (104).

Al este, en Arabia se desarrolla una historia similar donde, a la mitad de los tiempos del Holoceno, desaparecidas gentes civilizadas utilizaron alguna vez las activas redes de ríos y lagos, en el actualmente árido "Cuarto Vacío" de la península y las zonas próximas (105, 106).

Sin duda, estos desarrollos estuvieron conectados con un cambio pan-asiático, hacia el norte del cinturón monzónica del Holoceno temprano (107) cerca del 5000 a.C., antes de que lentamente regresaran a su actual latitud, en los tiempos del Atlántico tardío o por el 3500 a.C. De particular interés es la susceptibilidad del sistema de monzón en relación con los cambios orbitales (108). Como ya se notó, la rapidez de la rotación de la Tierra varía y su órbita es excéntrica. Todos estos factores están intrincadamente unidos.

Mientras la extensiva desertificación del Holoceno temprano afectaba seriamente la vegetación contemporánea en el Viejo Mundo, muy diferentes desarrollos ocurrieron en el Nuevo.

La más grande selva tropical de la Tierra llena la cuenca del Amazonas de Sudamérica. Estudios modernos de polen fosilizado encontrado ahí revelan que, hasta muy recientemente, grandes áreas de bosque fueron ocupadas por la típica flora de la sabana y que la similitud de las plantas con las actuales, pero ampliamente aserradas parcelas de este lugar, de hecho demandan un anterior y continuo contacto entre ellas (109, 110). Esta conclusión se compara con la de los ornitólogos que investigan la evolución de las aves del Amazonas (111), la de los herpetólogos investigando la evolución del lagarto (112) y con los estudios arqueo-etnológicos por toda la región (113).

Este cambio ambiental parece haber avanzado en etapas. La datación por carbono 14, de masas de madera subfósiles subyacentes a la selva tropical, examinada en varias localidades ampliamente separadas, muestra que, en términos generales, han ocurrido tres principales episodios de cambios repentinos, involucrando violentas inundaciones destructivas, muy diferente a las estacionales de hoy (114, 115). Estos surgieron cerca del 8000, a.C., 5200 a.C. y 3600 a.C. (116). Antes de esas fechas, el bosque tropical de Brasil, como lo conocemos, con sus extensiones tierra adentro en Venezuela, Colombia, Perú y Bolivia, simplemente no existía. Esta "instantánea" del Holoceno no es más que una indicación de la notable modernidad geológica de muchos de los más celebrados rasgos naturales del mundo, e indica las fechas de cuándo al menos, alguna vida empezó.

[Para quienes deseen consultarlas, en la sección de "Notas" se incluyen las de J.B. Delair relativas a este artículo. Son un excelente ejemplo de la amplitud de la reciente convergencia de datos a nivel mundial, discutidos en mi libro y el corto texto reproducido aquí, es una muy importante síntesis de datos extensos].

Anexo C: Puntos Cronológicos de Interés del Holoceno

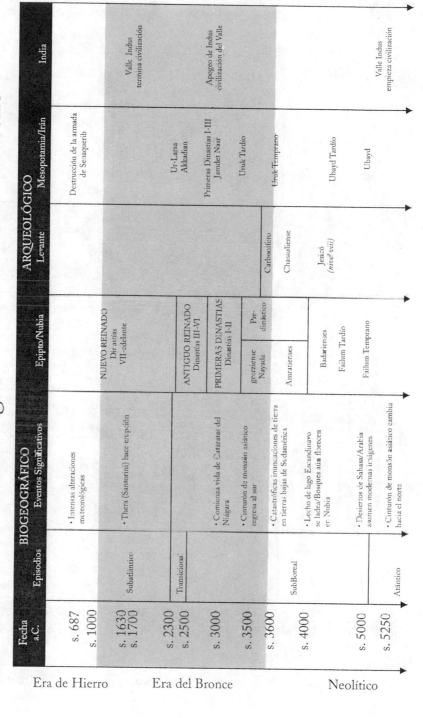

Fecha a.C.	BIOGEOGRÁFICO		ARQUEOLÓGICO			
	Episodios	Eventos Significativos	Egipto/Nubia	Levante	Mesopotamia/Irán	India
s. 687 / s. 1000	Subatlántico	• Intensas alteraciones meteorológicas			Destrucción de la armada de Senaquerib	
s. 1630 / s. 1700	Subatlántico	• Thera (Santorini) hace erupción	NUEVO REINADO Dinastías VII-adelante			Valle Indus termina civilización
s. 2300 / s. 2500	Transicional		ANTIGUO REINADO Dinastías III-VI		Ur-Larsa Akkadian	Apogeo de Indus civilización del Valle
s. 3000		• Comienza vida de Cataratas del Niágara	PRIMERAS DINASTÍAS Dinastías I-II		Primeras Dinastías I-III Jamdet Nasr	
s. 3500		• Cinturón de monzón asiático regresa al sur	Pre-dinástico / gerzeiense Nayada		Uruk Tardío	
s. 3600	SubBoreal	• Catastróficas inundaciones de tierra en tierras bajas de Sudamérica	Amratienses	Carbonífero / Chasuliense	Uruk-Temprano	
s. 4000	SubBoreal	• Lecho de lago Escandinavo se ladea/Bosques aún florecen en Nubia	Badarienses / Faiium Tardío	Jericó (nivel viii)	Ubayd Tardío	
s. 5000		• Desiertos de Sahara/Arabia asumen modernas imágenes	Faiium Tardío		Ubayd	
s. 5250	Atlántico	• Cinturón de monzón asiático cambia hacia el norte	Faiium Temprano			Valle Indus empieza civilización

Era de Hierro · Era del Bronce · Neolítico

s. 5400	Atlántico	• Bosques lluviosos brasileños adquieren la forma actual			Ubayd (Eridu)
s. 6000		• Lagos/ríos de Sahara/Arabia/Australia empiezan a secarse	QUARUNIAN		
s. 6500		• Britania separada del continente europeo	TASIAN		Khuzestan
s. 7000		• Sri Lanka separada de India del Sur			
s. 7500	Boreal	• Retido general de glaciales/campos de nieve			Jarmo
s. 8000		• Se forma el archipiélago Indonesio			
s. 8200		• Inundaciones catastróficas en tierra baja en Sudamérica			
s. 8300	PreBoreal	• Australia/Nueva Guinea/Melanesia se vuelven islas		Jericó (nivel i)	Zawi-Chemi y Karin Shahir
s. 8600		• Apogeo de 'Pequeña Edad de Hielo'		Natufienses	Ali Kosh
s. 8700					
s. 9000	Dryas más Joven	• Globalmente empieza lento elevación del nivel del mar		Mallaha	
s. 9400		• Se forman glaciales/campos de nieve sobre la mayoría de áreas elevadas			Moradores de cueva de Shanidar
s. 9500	Pleistoceno	• Nivel del mar mucho más bajo que ahora	Transtornos Globales		
s. 9550					

Neolítico   Mesolítico   Paleolítico

Anexo D:
Reflexiones sobre la Inclinación del Eje de la Tierra

Del reciente artículo "Planeta en Crisis" de J.B. Delair, a continuación presento sus especulaciones, sobre el motivo por el cual el eje de la tierra se debe de haber inclinado hace 11,500 años.[1] También describo la investigación de Alexander Marshack, sobre las marcas de hueso del Paleolítico y el Neolítico, así como alguna vanguardista investigación Neolítica astronómica de otros cuantos eruditos. Este material pudo haber sido un capítulo completo, pero decidí ponerlo en un anexo, debido a su alta calidad tecnológica y porque la Teoría de la Inclinación Axial es una hipótesis de trabajo que de ningún modo he probado. Empiezo con J.B. Delair.

"La más inmediatamente notable imagen de la Tierra es que gira en un eje inclinado a 23 ½ grados del vertical. Su órbita no es un círculo perfecto ni es estrictamente concéntrica con el sol. La inclinación axial se explica de la variación en las horas de luz por día, entre las diferentes partes del mundo, a través del año. Combinado con la excéntrica revolución anual alrededor del sol, la inclinación es responsable de las estaciones y la diferencia entre la temperatura promedio de verano del norte y sur del ecuador. El eje de rotación de la Tierra no coincide con el eje magnético. Aparentemente esto también está conectado con la rotación variable de la Tierra, que fluctúa a través de un periodo de 10 años" (28, 29).

"Mientras sigue su órbita, la Tierra también oscila cíclicamente: el 'Bamboleo de Chandler', con un ciclo de 14 meses (30, 31,32). Este movimiento también está asociado con la viscosidad en el centro de la Tierra (33), así que es una íntima parte del actual mecanismo interno de ésta."

"Debido a que teóricamente la Tierra debe rotar sobre un eje vertical y de hecho, lo puede haber hecho en un geológicamente reciente pasado (34,35), *estos detalles sugieren un planeta que, en no muy remotos tiempos, ha sido seriamente desestabilizado* [itálicas mías]. Si es verdad, estos 'más ajustados eslabones terrestres' [por ejemplo, el centro de la Tierra gira significativamente más rápido que el resto del planeta], que parecen funcionar sólo a través de la presencia y la acción de la viscosidad del interior de la Tierra, se pueden considerar como anormalidades".

"Sin embargo, varios vecinos planetarios de la Tierra comparten un número de estos rasgos, incluyendo las inclinaciones y los senderos excéntricos orbitales, así que ¿son los equivalentes terrestres realmente unos "normales"? La evidencia sugiere otra cosa. Allan y Delair han discutido una selección de esta evidencia y sus ramificaciones pan-solares (36) [y analizados más en el texto principal de este libro, en especial en el capítulo 2].

"No debe de haber ninguna razón por la cual algún planeta parecido a la Tierra, imperturbado por indecibles eras, no debería tener un eje posicionado verticalmente [itálicas mías]. Esto unificaría las ubicaciones de los polos geográficos y los magéticos, lo que asegura iguales horas de luz de día en todas las latitudes, y virtualmente elimina las estaciones. No habría necesidad para las diversas sub-capas de la corteza terrestre, de funcionar de forma diferente y no se requeriría el actual mecanismo de reología. Sin embargo, una protuberancia ecuatorial permanecería como un esencial rasgo estabilizador, además de la retención de una órbita no-circular ni concéntrica, probablemente aún así, causaría pequeñas diferencias climáticas de 'estación' cuando la Tierra se encontraba más cerca o lejos del Sol".

Lo que sigue a continuación en "Planeta en Crisis", son a unos cuantos comentarios sobre las implicaciones de estas anormalidades y después, Delair describe a detalle los cambios de la tierra en el Holoceno, lo que está en el anexo B. Escribe que estos relativamente recientes cambios terrestres globales, deben ser el resultado de otras fuerzas que operan en las profundidades de la Tierra y en esta sección, titulada "Ruptura", él especula sobre la "causa o causas del grupo de catástrofes del Holoceno".

"La esencial inestabilidad de la tierra, como se refleja por sus 'anormalidades' estructurales y de comportamiento, debe evidenciar algún persistente desequilibrio interno, todavía no totalmente explicado. Sin embargo, ya hemos visto que el límite del Manto sólido con el Centro exterior líquido es irregular, quizá hasta el punto de ser topográfico (119) y que la superficie exterior del Centro interior sólido tampoco es suave (120). Con seguridad, tampoco se sabe si realmente es esférico: como se mueve dentro del medio viscoso del Centro exterior, no necesariamente requiere serlo. Sin embargo, un Centro exterior con una superficie no esférica ni regular, generaría más inestabilidades.

"Dados estos detalles y la velocidad rotacional más alta del Centro [¡cuatrocientos o quinientos años para una vuelta completa por el Centro externo!], sus irregularidades de la superficie deben estar continuamente en una posición variante a aquellas de un movimiento más lento del límite interior del Manto. El material plástico del Centro interno intermedio debe, por lo tanto, experimentar un desplazamiento, conforme se alteran las distancias entre las irregularidades opuestas. La continua compresión y liberación de este material debe ocurrir, como resultado de una rotación diferencial como esa. Ahora, se han estado investigando deductivamente movimientos internos de la Tierra como esos (121).

"Es lógico inferir que los picos de una afinada compresión del Centro exterior y las depresiones de relajación compensatoria, deberían desarrollarse alternadamente para diferenciar las intensidades subterráneas en diferentes momentos, en distintos hemisferios. Probables resultados, que algunas veces podrían surgir demasiado rápido, incluirían eventos que a menudo han sido llamados catástrofes del Holoceno medio. Son típicos ejemplos los ajustes de la litosfera, como las inclinaciones de los lagos escandinavos, alpinos y de Sudamérica, los extensos hundimientos regionales como las áreas de Indonesia/Australia/Melanesia (ver anexo B), cambios a gran escala de tablas de agua, como en las regiones de Arabia y Sahara, además de los terremotos y severo vulcanismo, como la erupción del Santorini y la esparcida secuela de sus efectos (122). Tampoco hay duda de que los grandes terremotos como los que alguna vez atormentaron al imperio romano, estén muy asociados con el Bamboleo de Chandler (123, 124), íntimamente conectados en sí mismos con la actividad viscosa en el centro de la Tierra (125).

"¿Por qué el Centro interno gira más rápido que el resto del planeta?, y ¿cuál es la razón de que la inclinación de su eje coincida con el de la Tierra como un todo (compare los diferentes lugares de los polos geográficos y magnéticos)? Se *ejerce credulidad para suponer que cualquier planeta parecido a la Tierra, imperturbado por influencias externas por millones de años, podría haber adquirido de forma natural, sin ayuda, un eje inclinado, un campo magnético desequilibrado, una rotación variable o un Bamboleo de Chandler.* [itálicas mías]

"La mayoría de los geocientíficos que han estudiado esto ampliamente, están de acuerdo en que cualquier evento o serie de eventos que resultan en características tan profundas como éstas, casi con certeza tendrían que involucrar alguna influencia de un agente del exterior. En otras palabras, la Tierra necesitaría estar sujeta a algunas poderosas fuerzas extraterrestres —una severa fuerza suficiente para penetrar su anterior mecanismo interno sin destruirlo, en realidad.

"Atinadamente a través de los siglos, una fuerza como esa ha sido apoyada una y otra vez, para explicar eventos tradicionalmente catastróficos como el Diluvio de Noé, la pérdida de una primitiva Edad de Oro, el advenimiento y también la desaparición de la Era de Hielo, la repentina refrigeración de la fauna mamut de Siberia y Alaska y hasta el desplome de reinos legendarios como la Atlántida, Lyonesse, etc. (126-135)".

A continuación, el artículo analiza el importante escenario catastrófico, que ya se ha sintetizado en mi texto principal y anticipa a estos eventos como la causa de las anormalidades de la Tierra, como la inclinación del eje.

"Después de, en apariencia afectar de forma negativa a muchos de los planetas exteriores del Sol, la postulada visita cósmica que por lo visto pudo retardar temporalmente la rotación del Manto de la Tierra y a la litosfera, no pudo sin embargo detener la rotación del Centro interno, debido a la viscosidad del exterior. Como consecuencia de esta interrupción, los niveles termales y electromagnéticos de la tierra aumentaron enormemente, con toda clase de efectos no bienvenidos. Entre estos parece haber estado un *giro axial del Manto y de la corteza, hacia una inclinación diferente de aquella del Centro interno sólido* [itálicas mías]. Seguramente, este último puede, en sí mismo, haber sido distorsionado gravitacionalmente, dentro del Centro líquido exterior a una posición fuera del centro, causando que la Tierra se desviara de su movimiento alrededor del eje vertical o temblara (o ambos), como algunas tradiciones que recuerdan los eventos de hecho manifestan. Movimientos como esos *sólo* fueron posibles debido a la viscosidad del Centro exterior. También es probable que el agresor cósmico jalara a toda la Tierra sobre su actual inclinación, ya que cualquier anterior *normal* régimen *planetario debe* haberse desarrollado sobre un eje más vertical.

"La resumida rotación del Manto/Litosfera alrededor de un todavía rotante, pero un poco descentrado, Centro interior (el exterior líquido es inmaterial en este punto), a diversas velocidades alrededor de diferentes ejes (el polo geográfico y el magnético), impuso enormes presiones y tensiones sobre la Tierra. Destacados fueron la rotación fluctuante y el Bamboleo de Chandler. Un Centro desplazado aseguraría un muy lento y vacilante regreso a la normalidad planetaria, subrayado esporádicamente por ajustes terrestres catastróficos. La historia del Holoceno está llena de estos. Aunque a menudo alarmantes, en realidad son expectoraciones y resuellos de un mundo aún en crisis".

Catastrofobia es un síndrome psicológico que resulta de estos cambios terrestres durante 11,500 años. Este libro postula que el síndrome se puede sanar al recordar el evento original, y reconociendo los valientes ajustes a la nueva Tierra, realizados por la gente del Neolítico. Los recuerdos de estas catástrofes se salvaron porque la gente de los que ellos se sabían sus ancestros —nosotros— necesitarían esta información para poder lograr la siguiente etapa de nuestra evolución. Esta es la Medicina Tortuga. Recientemente, algunas increíbles nuevas teorías sobre la antigua astronomía, han estado anticipando puntos salientes sobre cómo se las arreglaron los humanos neolíticos con la nueva Tierra. Cubriré algunas de estas nuevas teorías muy brevemente, ya que estas nuevas ideas pueden terminar siendo tierra fértil para otros, que podrían desear analizar si el eje de la Tierra se puede haber inclinado hace poco y convertido la vida terrestre en un total nuevo juego de pelota.

En 1962, los líderes de un programa espacial le pidieron al escritor científico Alexander Marshack que co-escribiera un libro que explicaría cómo la humanidad había alcanzado el punto de planear un alunizaje. Cuando Marshack entrevistó a muchos de los promotores clave y agitadores en el programa espacial, se dio cuenta de que ninguno de ellos sabía *por qué* íbamos a ir al espacio; todo lo que importaba era que tenían la habilidad para hacerlo. Se suponía que escribiría unas cuantas páginas sobre el amanecer de la civilización y cómo el desarrollo de las matemáticas, la astronomía y la ciencia, los conducía a entrar en el espacio. Estudió la interpretación ortodoxa de nuestro surgimiento histórico y se topó justo con todos los "de repente" que empezaron hace 10,000 años, como el modelo del florecimiento instantáneo de la civilización egipcia.[2] Retrocedió hasta las culturas paleolíticas y luego, tuvo el gran despertar que cambió toda su vida, así como nuestro actual entendimiento de la ciencia paleolítica y neolítica: descubrió que podía leer y decodificar las marcas de antiguos humanos en huesos arcaicos. Irónicamente, ¡había trabajado en un proyecto que explicaba cómo podríamos llegar a la Luna y descubrió que los huesos de las cuevas paleolíticas y neolíticas son calendarios lunares! Con el tiempo le intrigó el hecho de los huesos son este tipo de almanaques, desde los primeros tiempos hasta el 9000 a.C. (Neolítico Temprano) y luego, de hace cerca 10,000 años, el factor solar se agrega a las notaciones lunares. Las fases de la luna se dividen en unas de seis meses, que son equinoccios o solsticios.[3] *La investigación de Marshack y la de muchos otros paleocientíficos, indican que los antiguos humanos no muestran signos de conocer la existencia de las cuatro estaciones sino hasta hace 10,000 años.* Creo que no es real suponer que simplemente no se dieron cuenta del viaje del Sol de un lado al otro en el horizonte, ni de los cambios de las estaciones, en especial desde que de repente se obsesionaron con este factor hace 10,000 años más o menos.

Las laboriosas decodificaciones de Marshack, de las marcas de hueso como calendarios lunares, de antes del 10,000 a.C., han sido ampliamente aceptadas por la mayoría de los prehistoriadores, durante los pasados cuarenta años.[4] Con el tiempo, él se concentró en el hecho de que las anotaciones de los huesos fueran calendarios lunares hasta el final del Paleolítico y luego agregaran el factor solar hace 10,000 años. Pasó veinte años tratando de descifrar las marcas de la placas encontrada en 1969 en la Grotte du Tai que tiene de 10,000 a 11,000 años de antigüedad, debido a que tiene los típicos ciclos lunares, con algunos elementos nuevos. La decodificó usando todo su conocimiento de las anotaciones y el arte del Paleolítico Superior, combinados con los de las culturas neolíticas anteriores a la invención de la escritura. Esta placa es uno de los objetos científicos más antiguos y complejos del Neolítico Temprano y probablemente, es uno de los primeros que registran los iniciales intentos de los humanos, por mostrar que hay cerca de seis ciclos lunares entre los solsticios y los equinoccios.[5] El antropólogo Richard Rudgley escribe que la notación Tai llena el vacío "antes del aparentemente repentino desarrollo de las observaciones astronómicas, en el periodo neolítico en el noroeste de Europa, resumido por el alineamiento de los monumentos megalíticos, como Stonehenge."[6] En relación con las notaciones astronómicas del Neolítico Temprano, lo que me impresiona más es el arte de la pared de Çatal Hüyük, los complejos diseños geométricos de Natufian y las espirales grabadas y los galones de New Grange, que muestran el año dividido en mitades de luz y oscuridad con las fases delineadas de la Luna.[7]

Apenas hemos empezado a saber cómo fue la avanzada astronomía neolítica, porque sólo ahora estamos descifrando sus monumentos, anotaciones y artefactos. Nos es muy difícil tomar seriamente su obsesión por el cielo, porque casi no podemos ver el cielo nocturno en nuestras modernas ciudades. Un gran cambio es evidente en las interpretaciones neolíticas del cielo y yo creo que fue la inclinación del eje, que causó los equinoccios y los solsticios. Pienso que de repente podemos ver cosas que estaban justo bajo de nuestra nariz, porque nuestra propia perspectiva se está expandiendo. Por ejemplo, Robert Temple, el autor de *The Sirius Mystery* [El Misterio de Sirio], descrito en el capítulo 8, acaba de publicar un brillante libro *The Cristal Sun* [El Sol de Cristal], que de forma definitiva prueba que la gente ha estado usando telescopios y lentes para mejorar el alcance visual, por miles de años, y muchos de los lentes han sido exhibidos en museos por todo el mundo, por cientos de años.[8] En el capítulo 5 mencioné que Raph Ellis, autor de *Thoth*, tiene un sólido caso sobre que el Círculo de

Avebury es una representación de la Tierra flotando en el espacio. También de acuerdo con el escritor, *¡el Círculo Avebury muestra la inclinación axial de la Tierra!* Los lectores interesados necesitan estudiar los diagramas y el texto de Ellis. En los 80s del siglo pasado, me di cuenta de que las avenidas norte-sur llegan a Avebury con una inclinación de 23 grados a las avenidas este/oeste, y yo me pregunto el motivo. ¿Por qué se tomarían tanto trabajo para modelar la Tierra en el espacio, inclinada en su órbita solar? La astronomía megalítica muestra una virtual obsesión con los solsticios y los equinoccios. Por ejemplo, New Grange captura la primera luz del solsticio de invierno, cuando el Sol envía dagas de luz, profundo en sus cámaras, que iluminan los centros de los complejos espirales. Muchas otras cámaras megalíticas capturan la luz en el momento exacto del equinoccio de primavera o de otoño. Hasta el centro del Vaticano se construyó para capturar la luz del equinoccio de primavera.˙

En *Uriel's Machine* [La Máquina de Uriel], Christopher Knight y Robert Lomas han mostrado cómo las culturas antiguas fueron a casi increíbles distancias para comprender, registrar y anticipar la luz del Sol y Venus. Han demostrado que, de hecho, las formas de varios rombos de la Acanaladas Lozas neolíticas de Cerámica, así como las bolas de piedra grabadas proporcionan información astronómica. La forma de las rombos creados al amanecer y al atardecer, a través del año cambian con latitud; ¡ellos creen que estos rombos describen la latitud de quienes los hicieron![10] Repentinamente, la latitud se volvió importante debido a los ángulos solares ya que la estación cambia tan dramáticamente en las latitudes del norte. Aunque en *Uriel's Machine* [La Máquina de Uriel] hay teorías que necesitan muchas pruebas, sus conclusiones sobre Bryn Celli Ddu, la cámara de piedra megalítica, en la Isla de Anglesey (3500 a.C.) merecen una seria atención. Por medio de la arqueoastronomía, los autores demuestran que Bryn Celli Ddu es una sofisticada cámara que fue usada para corregir el rumbo de tiempo en los calendarios solar y lunar, al calibrar el tiempo de un año por el regreso sinódico del ciclo de 8 años de Venus, con el solsticio de invierno. Este planeta ilumina una daga radiante de luz cada ocho años, dentro de la cámara de Bryn Celli Ddu cuando es el más brillante. De acuerdo con el historiador romano Tácito, esto fue cuando apareció la Diosa y ya que Venus es el más fiable indicador del tiempo del año, ¿qué tiene que ver el Tiempo con la Diosa?".[11]

En *The Dawn of Astronomy* [El Amanecer de la Astronomía] Sir. J. Norman Lockyer reportó en su exhaustivo estudio de los templos de la estrella, del antiguo Egipto, que varias edificaciones de este tipo estaban alineadas con ciertas estrellas clave, hace tanto como el 6400 a.C. (ver capítulo 3). También demostró que los "orificios en el pórtico y las paredes divisorias de los templos egipcios, representan con exactitud los diafragmas en el telescopio moderno" y comenta que ellos "no conocían nada sobre telescopios".[12] Posteriormente, Robert Temple ha demostrado que los antiguos egipcios *sí* tenían telescopios, así que a lo mejor usaron sus templos como grandes telescopios en modernos observatorios.[13]

Reúno estos relatados detalles aquí, porque creo que *la inclinación del eje inspiró una revolución científica antes de la invención de la escritura,* que estamos decodificando en nuestro tiempo. La inclinación axial cambió la forma de recibir la luz en la Tierra. A Alexander Marshack le pidieron que encontrara la fuente de la habilidad de la humanidad, para llegar a la Luna y descubrió que en sus tiempos la gente arcaica ya estaban profundamente en contacto con la Luna. Sugiero que el sendero allende la catastrofobia, es para despertar esta inteligencia arcaica, lo que encuentro que está codificado en la Luz misma. De acuerdo con las tradiciones indígenas, la Luz está infundida con información cósmica y la ciencia moderna ha descubierto que los fotones la llevan también. La astronomía megalítica, así como la indígena, sugieren que la Luz es más potente y transmutativa para los humanos durante los equinoccios, los solsticios y las lunas nuevas y llenas. Posiblemente esa entonación intencional despierta la inteligencia cósmica. Una nueva forma evolutiva que empezó cuando la inclinación del eje resquebrajó la Tierra, como si ella fuera un huevo cósmico listo para salir al universo. Mientras los científicos pelan el huevo, quiza lo más sabio que pueden ellos hacer es presentar un argumanto mejor.

Notas

CAPÍTULO UNO

1. John Major Jenkins, *Maya Cosmogenesis 2012* [Cosmogénesis Maya 2012] (Santa Fe: Bear & Company, 1998), 332.

2. Matt Ridley, *Genoma: The Autobiography of a Species in 23 Chapters* [Genoma: La Autobiografía de una Especie en 23 Capítulos] (Nueva York; HarperCollins, 1999), 122-35.

3. D.S. Allan y J.B. Delair, *Cataclysm! Compelling Evidence of a Cosmic Catastrophe in 9500 b.C.* [¡Cataclismo! Convincente Evidencia de una Catástrofe Cósmica en el 9500 a.C.] (Santa Fe: Bear & Company, 1997), 15.

4. Ibid, 215 16.

5. Ibid, 207-11.

6. Ver E.C. Krupp, *Beyond the Blue Horizon: Myths, Legends of the Sun, Moon, Stars, and Planets* [Más allá del Azul Horizonte: Mitos, Leyendas del Sol, Luna, Estrellas y Planetas] (Nueva York: HarperCollins, 1991); John North, *Stonehenge: A New Interpretation of Prehistoric Man and the Cosmos* [Stonehenge: Una Nueva Interpretación del Hombre Prehistórico y el Cosmos] (Nueva York: The Free Press, 1996); y John Major Jenkins, *Maya Cosmogenesis 2012* [Cosmogénesis Maya 2012] (Santa Fe: Bear & Company, 1998).

7. Robert M. Schoch, *Voices of the Rocks: A Scientist Looks at Catastrophes and Ancient Civilizations* [Voces de las Rocas: Una Mirada Científica a las Catastrofes y a las Antiguas Civilizaciones] (Nueva York: Harmony Books, 1999), 33-51.

8. J.B. Delair, carta a la autora, 3 de agosto de 1999.

9. Robert Bauval y Adrian Gilbert, *The Orion Mystery: Unlocking the Secrets of the Pyramids* [El Misterio de Orión: Abriendo los Secretos de las Pirámides] (Nueva York: Crown Publishers, 1994), 179-96.

10. Daniel Giamario, "Mayo 1988 y el Gran Alineamiento Galáctico", *The Mountain Astrologer* 82 [La Montaña Astrólogo 82] (1998), 57-64; Jenkins, *Maya Cosmogenesis*

2012 [Cosmogénesis Maya 2012], 105-14, 324-26; Nick Anthony Fiorenza, *Erection of the Holy Cross: Astronomical Earth-Grid Spacetime Mapping* [Levantamiento de la Santa Cruz: Mapeo Astronómico del Espacio-tiempo de las Coordenadas de la Tierra] (Fort Collins, Colo.: IANS, 1995), 14; Michio Kushi, *The Era of Humanity* [La Era de la Humanidad] (Berkeley, Calif.; *East West Journal*, 1977), 98-100.

11. Kushi, *The Era of Humanity* [La Era de la Humanidad], 104.

12. Guiseppe Maria Sesti, *The Glorious Constellations* [Las Constelaciones Gloriosas] (Nueva York: Harry N. Abrams, 1987), 447.

13. William Ryan y Walter Pitman, *Noah's Flood: The New Scientific Discoveries about the Event that Changed History* [El Diluvio de Noé: Los Nuevos Descubrimientos Científicos sobre el Evento que Cambió la Historia] (Nueva York: Touchstone, 1998); Stephen Oppenheimer, *Eden in the East: The Drowned Continent of Southeast Asia* [Edén en el Este: El Continente Hundido en el Sureste de Asia] (Londres: Weidenfeld y Nicolson, 1998).

14. Kushi, *The Era of Humanity* [La Era de la Humanidad], 105.

15. Allan y Delair, *Cataclysm!* [¡Cataclismo!], 83-137.

16. Felicitas D. Goodman, *Where the Spirits Ride the Wind: Trance Journeys and Other Ecstatic Experiences* [Donde los Espíritus Cabalgan el Viento: Viajes en Trance y Otras Extáticas Experiencias] (Bloomington, Ind.: Indiana University Press, 1990), 19-23.

17. Jenkins, *Maya Cosmogenesis 2012* [Cosmogénesis Maya 2012], 116.

Capítulo Dos

1. Hertha Von Dechend y Giorgio de Santillana, *Hamlet's Mill: An Essay on Myth and the Frame of Time* [El Molino de Hamlet: Un Ensayo sobre Mitología y el Marco del Tiempo] (Boston: David R. Godine, 1977), 145.

2. D.S. Allan y J.B. Delair, *Cataclysm! Compelling Evidence of a Cosmic Catastrophe in 9500 b.C.* [¡Cataclismo! Convincente Evidencia de una Catástrofe Cósmica en el 9500 a.C.] (Santa Fe: Bear & Company, 1997), 149-51, 161-64.

3. John Major Jenkins, *Maya Cosmogenesis 2012* [Cosmogénesis Maya 2012] (Santa Fe: Bear & Company, 1998); Norman J. Lockyer, *The Dawn of Astronomy* [El Amanecer de la Astronomía] (Londres: Macmillan, 1894); John North, *Stonehenge: A New Interpretation of Prehistoric Man and the Cosmos* [Stonehenge: Una Nueva Interpretación del Hombre Prehistórico y el Cosmos] (Nueva York: The Free Press, 1996); William Sullivan, *The Secret of the Incas: Myth, Astronomy, and the War against Time* [El Secreto de los Incas: Mito, Astronomía y la Guerra contra el Tiempo] (Nueva York; Crown Publisher, 1996).

4. Allan y Delair, *Cataclysm!* [¡Cataclismo!], 254.

5. Ibid, 149-68. También ver Rand Flem-Ath y Rose Flem-Ath *When the Sky Fell: In Search of Atlantis* [Cuando el Cielo Cayó: En Busca de la Atlántida] (Nueva York: St. Martin's Press, 1995), 53-72.

6. Allan y Delair, *Cataclysm!* [¡Cataclismo!], 263.

7. Ibid, 265.

8. Tejeerd H. Van Andel, *New Views on an Old Planet* [Nuevas Vistas sobre un Antiguo Planeta] (Cambridge: Cambridge University Press, 1994), 107-8 y John A. Stewart, *Drifting Continents and Colliding Paradigms* [Levantamiento de Continentes y Paradigmas de Colisión] (Bloomington Ind.: Indiana University Press, 1990), 29-34, 181.

9. Allan y Delair, *Cataclysm!* [¡Cataclismo!], 267.

10. Ibid, 267-68.

11. Ibid, 268.

12. Rand Flem-Ath y Rose Flem-Ath en *When the Sky Fell*, 1-6; Charles Hapgood, *Maps of the Ancient Sea Kings: Evidence of Advanced Civilization in the Ice Age* [Mapas de los Antiguos Reyes del Mar: Evidencia de una Avanzada Civilización en la Era de Hielo] (Londres: Turnstone Books, 1966), 174-88; Charles Hapgood, *The Path of the Pole* [El Sendero del Polo] (Kempton, Ill.: Adventures Unlimited Press, 1970), 1-45, 185-92.

13. Guy Berthault citado John Milton, *Shattering the Myths of Darwinism* [Destrucción de Mitos del Darwinismo] (Rochester, Vt.: Park Street Press, 1992), 68.

14. Allan y Delair, *Cataclysm!* [¡Cataclismo!], 136.

15. Ibid, 241.

16. Ibid, 12-17.

17. Michio Kushi, *Forgotten Worlds: Guide to Lost Civilizations and the Coming One World* [Mundos Olvidados: Guía para las Civilizaciones Perdidas y el Advenimiento de Un Mundo] (Becket, Mass.: One Peaceful World Press, 1992), 64.

18. Allan y Delair, *Cataclysm!* [¡Cataclismo!], 54.

19. Ibid, 136-37.

20. Ibid, 135.

21. Ibid, 136.

22. Hapgood, *Maps of the Ancient Sea Kings* [Mapas de los Antiguos Reyes del Mar].

23. Ibid.

24. Graham Hancock, *Fingerprints of the Gods* [Huellas de los Dioses] (Nueva York: Crown Publishers, 1995), 22-23.

25. Hapgood, *Maps of the Ancient Sea Kings* [Mapas de los Antiguos Reyes del Mar], 178.

26. Ibid., 188, paréntesis mios.

27. Flem-Ath y Flem-Ath en *When the Sky Fell* [Cuando el Cielo Cayó], 73-88.

28. Hapgood, *Maps of the Ancient Sea Kings* [Mapas de los Antiguos Reyes del Mar], 187.

29. Ibid.

30. Allan y Delair, *Cataclysm!* [¡Cataclismo!], 53.

CAPÍTULO TRES

1. John Milton, *Paradise Lost* [El Paraíso Perdido] (Norwalk, Conn.: Eastern Press, 1976), 254.

2. Julian Jaynes, *The Origin of Consciousness in the Breakdown of the Bicameral Mind* [El Origen de la Consciencia en el Colapso del Cerebro Bicameral] (Boston: Houghton Mifflin, 1976), 105.

3. Jaynes, The Origin of Consciousness [El Origen de la Consciencia], 101-25.

4. Felicitas D. Goodman, discusión durante la Danza Enmascarada de Trance, Cuyamungue, N. Mex., julio 1994.

5. Jaynes, *The Origin of Consciousness* [El Origen de la Consciencia], 255-92.

6. Mary Settegast, *Plato Prehistorian: 10,000 to 5000 B.C.—Myth, Religion, Archaeology* [Platón Prehistoriador: 10,000 a 5000 a.C. —Mito, Religión, Arqueología] (Hudson, N.Y.: Lindisfarne Press, 1990), 1-5.

7. Robert Bauval y Adrian Gilbert, *The Orion Mystery: Unlocking the Secrets of the Pyramids* [El Misterio de Orión: Abriendo los Secretos de las Pirámides] (Nueva York: Crown Publishers, 1994), 69.

8. Ibid., 189-96.

9. Graham Hancock, *Fingerprints of the Gods* [Huellas de los Dioses] (Nueva York: Crown Publishers, 1995), 383-87. También ver W.B. Emery, *Archaic Egypt* [Egipto Arcaico] (Londres: Penguin Books, 1961), 21-37.

10. Bauval y Gilbert, *The Orion Mystery* [El Misterio de Orión], 187.

11. Hancock, *Fingerprints of the Gods* [Huellas de los Dioses], 382-87.

12. Ibid., 382.

13. Platón, *Timaeus y Critias* [Timeo y Critias], trad. Desmond Lee (Londres: Penguin, 1965), 33-36.

14. Peter Tompkins, *Secrets of the Great Pyramid* [Secretos de la Gran Pirámide] (Nueva York: Harper & Row, 1971); Kurt Mendelssohn, *The Riddle of the Pyramids* [El Enigma de las Pirámides] (Londres: Thames and Hudson, 1974).

15. Michael A. Hoffman, *Egypt before the Pharaohs: The Prehistoric Foundations of Egyptian Civilization* [Egipto antes de los Faraones: Los Cimientos Prehistóricos de la Civilización Egipcia] (Nueva York; Dorset Press. 1979), 102.

16. John Anthony West, *Serpent in the Sky* [Serpiente en el Cielo] (Nueva York: Harper & Row, 1979), 196-232.

17. Hancock, *Fingerprints of the Gods* [Huellas de los Dioses], 396.

18. Hoffman, *Egypt before the Pharaohs* [Egipto antes de los Faraones], 102.

19. Karl W. Butzer, *Early Hydraulic Civilization in Egypt: A Study in Cultural Ecology* [Temprana Civilización Hidráulica en Egipto: Un Estudio en la Ecología Cultural] (Chicago: University of Chicago Press, 1976), 56.

20. Hoffman, *Egypt before the Pharaohs* [Egipto antes de los Faraones], 40.

21. Butzer, *Early Hydraulic Civilization in Egypt* [Temprana Civilización Hidráulica en Egipto], 35.

22. Ibid., 39.

23. Ibid., 12-56 y Norman J. Lockyer, *The Dawn of Astronomy* [El Amanecer de la Astronomía] (Londres: Macmillan, 1894), 235-42.

24. Butzer, *Early Hydraulic Civilization* [Temprana Civilización Hidráulica], 26-36.

25. Hancock, *Fingerprints of the Gods* [Huellas de los Dioses], 407-8

26. Hoffman, *Egypt before the Pharaohs* [Egipto antes de los Faraones], 28.

27. Settegast, *Plato Prehistorian* [Platón Prehistoriador], 97-101; Henri Lhote, *Frescoes* [Frescos] (Nueva York: Dutton, 1959), el inserto entre 88-89 y el inserto entre 96-97.

28. Glenda Cooper, "Por qué Debemos Ahora Volver a Pensar en la Civilización", *London Daily News*, 28 de diciembre de 2000, 26-27.

29. Butzer, Early Hydraulic Civilization [Temprana Civilización Hidráulica], 23.

30. Bauval y Gilbert, *The Orion Mystery* [El Misterio de Orión], 196.

31. Ibid., 97-104.

32. Ian Lawton y Chris Ogilvie-Herald, *Giza: The Truth* [Gizeh: La Verdad] (Londres: Virgin Publishing, 2000), 323-25.

33. Lockyer, *The Dawn of Astronomy* [El Amanecer de la Astronomía].

34. Robert Bauval y Graham Hancock, *Keeper of Genesis: A Quest for the Hidden Legacy of Mankind* [Guardián del Génesis: Una Búsqueda del Escondido Legado de la Humanidad] (Londres: Heinemann, 1996), 194.

35. Bauval y Gilbert, *The Orion Mystery* [El Misterio de Orión], 80-104.

36. Steven J. Dick, *The Biological Universe: The Twentieth Century Extraterrestrial Life Debate and the Limits of Science* [El Universo Biológico: El Debate de la Vida Extraterrestre del Siglo XX y los Límites de la Ciencia] (Cambridge: Cambridge University Press, 1996), 215.

37. Jane B. Sellers, *The Death of the Gods in Ancient Egypt* [La Muerte de los Dioses en el Antiguo Egipto] (Londres: Penguin Books, 1992), 251.

38. Lockyer, *The Dawn of Astronomy* [El Amanecer de la Astronomía], 352-53.

39. Bauval y Gilbert, *The Orion Mystery* [El Misterio de Orión], 179-96.

40. Sellers, *The Death of the Gods* [La Muerte de los Dioses], 93.

41. Hancock, *Fingerprints of the Gods* [Huellas de los Dioses], 372.

42. Christopher Dunn, *The Giza Power Plant: Technologies of Ancient Egypt* [La Planta de Poder de Gizeh: Tecnologías del Antiguo Egipto] (Santa Fe: Bear & Company, 1998), 134-50.

43. Jeremy Naydler, *Temple of the Cosmos: The Ancient Egyptian Science of the Sacred* [Templo del Cosmos: La Antigua Ciencia Egipcia de lo Sagrado] (Rochester, Vt.: Inner Traditions, 1996), 80; Lucie Lamy, *Egyptian Mysteries: New Light on Ancient Knowledge* [Misterios Egipcios: Nueva Luz en el Conocimiento Antiguo] (Londres: Thames y Hudson, 1981), 35-46.

44. Dunn, *The Giza Power Plant* [La Planta de Poder de Gizeh], 125-50; Barbara Hand Clow, The Pleiadian Agenda: A New Cosmology for the Age of Light [La Agenda de las Pléyades: Una Nueva Cosmología para la Era de la Luz] (Santa Fe: Bear & Company, 1995).

CAPÍTULO CUATRO

1. Immanuel Velikovsky, *Mankind in Amnesia* [La Humanidad en Amnesia] (Nueva York: Doubleday, 1982), 30-31.

2. Editors of Pensée, *Velikovsky Reconsidered* [Velikovsky Reconsiderado] (Nueva York, Doubleday, 1976), 7

3. Velikovsky, *Mankind in Amnesia* [La Humanidad en Amnesia], 30.

4. Rand Flem-Ath y Rose Flem-Ath *When the Sky Fell: In Search of Atlantis* [Cuando el Cielo Cayó: En Busca de la Atlántida] (Nueva York: St. Martin's Press, 1995), 14.

5. Thomas D. Dillehay, *The Settlement of the Americas: A New Prehistory* [El Asentamiento de las Américas: Una Nueva Prehistoria] (Nueva York: Basic Books, 2000), 36.

6. Flem-Ath y Flem-Ath *When the Sky Fell* [Cuando el Cielo Cayó], 61.

7. Ibid.

8. D.S. Allan y J.B. Delair, *Cataclysm! Compelling Evidence of a Cosmic Catastrophe in 9500 b.C.* [¡Cataclismo! Convincente Evidencia de una Catástrofe Cósmica en el 9500 a.C.] (Santa Fe: Bear & Company, 1997), 133-34; Charles Hapgood, *Maps of the Ancient Sea Kings: Evidence of Advanced Civilization in the Ice Age* [Mapas de los Antiguos Reyes del Mar: Evidencia de una Avanzada Civilización en la Era de Hielo] (Londres: Turnstone Books, 1966), 182.

9. Mary Settegast, *Plato Prehistorian: 10,000 to 5000 B.C.—Myth, Religion, Archaeology* [Platón Prehistoriador: 10,000 a 5000 a.C. —Mito, Religión, Arqueología] (Hudson, N.Y.: Lindisfarne Press, 1990), 17.

10. Flem-Ath y Flem-Ath *When the Sky Fell* [Cuando el Cielo Cayó], 107-8; Hapgood, *Maps of the Ancient Sea Kings* [Mapas de los Antiguos Reyes], 126-36.

11. Graham Hancock, *Fingerprints of the Gods* [Huellas de los Dioses] (Nueva York: Crown Publishers, 1995), 409.

12. Richard Rudgley, *The Lost Civilizations of the Stone Age* [Las Civilizaciones Perdidas de la Edad de Piedra] (Nueva York: The Free Press, 1999), 69-71.

13. Settegast, *Plato Prehistorian* [Platón Prehistoriador], 108.

14. Ibid., 106.

15. Ibid., 107-11

16. Stephen Oppenheimer, *Eden in the East: The Drowned Continent of Southeast Asia* [Edén en el Este: El Continente Hundido en el Sureste de Asia] (Londres: Weidenfeld y Nicolson, 1998), 430.

17. Jean Clottes y Jean Courtin, *Cave Beneath the Sea: Paleolithic Images at Cosquer* [Cueva Bajo el Mar: Imágenes Paleolíticas en Cosquer] (Nueva York: Harry M. Abrams, 1996), 34-35.

18. Settegast, *Plato Prehistorian* [Platón Prehistoriador], 106-110.

19. Ibid, 109. También ver Hapgood, *Maps of the Ancient Sea Kings* [Mapas de los Antiguos Reyes del Mar], 124-33.

20. Oppenheimer, *Eden in the East* [Edén en el Este], 441-74.

21. Settegast, *Plato Prehistorian* [Platón Prehistoriador], 110.

22. Brian Clark, "Géminis: En Búsqueda del Gemelo Perdido", *The Mountain Astrologer Magazine* 91 (2000): 3223.

23. Settegast, *Plato Prehistorian* [Platón Prehistoriador], 110.

24. Felicitas D. Goodman, *Where the Spirits Ride the Wind: Trance Journeys and Other Ecstatic Experiences* [Donde los Espíritus Cabalgan el Viento: Viajes de Trance y Otras Experiencias Extáticas] (Bloomington, Ind.: Indiana University Press, 1990), 23.

25. Platón, *Timaeus y Critias* [Timeo y Critias], trad. Desmond Lee (Londres: Penguin, 1965), 156.

26. Tjeerd H. Van Andel, *New Views on an Old Planet: A History of Global Change* [Nuevas Perspectivas sobre un Antiguo Planeta: Una Historia de Cambio Global] (Cambridge: Cambridge University Press, 1994), 85-87.

27. Dillehay, *The Settlement of the Americas* [El Asentamiento de las Américas].

28. Dr. Walter Neves, citado en Larry Rohter, "Un Antiguo Esqueleto Reta a las Teorías Largamente Sostenidas", *New York Times*, 26 de octubre de 1999, sec. F, 1,5.

29. Proyecto de Libro-Fuente, *Science Frontiers* 1, no. 126.

30. Oppenheimer, *Eden in the East* [Edén en el Este].

31. Hapgood, *Maps of the Ancient Sea Kings* [Mapas de los Antiguos Reyes del Mar], 218.

32. Platón, *Timaeus y Critias* [Timeo y Critias], 34-36.

33. Ibid, 136-37.

34. Marija Gimbutas, *The Language of the Goddess* [El Lenguaje de la Diosa] (San Francisco: Harper & Row, 1989), 321.

35. Platón, *Timaeus y Critias* [Timeo y Critias], 35-36.

36. Norman J. Lockyer, *The Dawn of Astronomy* [El Amanecer de la Astronomía] (Londres: Macmillan, 1894), 329, 414-18.

37. Rudgley, *The Lost Civilizations of the Stone Age* [Las Civilizaciones Perdidas de la Edad de Piedra], 100.

38. Platón, *Timaeus y Critias* [Timeo y Critias],, 36-37.

CAPÍTULO CINCO

1. Marija Gimbutas, *The Language of the Goddess* [El Lenguaje de la Diosa] (San Francisco: Harper & Row, 1989), 321.

2. John Michell, *Old Stones of Land's End* [Antiguas Piedras del Final de la Tierra] (Bristol, Inglaterra: Pentacle Books, 1979), 6.

3. John Michell, *The New View over Atlantis* [La Nueva Visión sobre la Atlántida] (San Francisco: Harper & Row, 1983), 83-105.

4. David Cowan y Anne Silk, *Ancient Energies of the Earth* [Las Antiguas Energías de la Tierra] (Londres: Thorsons, 1999), 8-23.

5. Michell, *The New View over Atlantis* [La Nueva Visión sobre la Atlántida] 11-27.

6. Ibid., 11.

7. Ibid., 11-27.

8. Tom Graves, *Needles of Stone* [Agujas de Piedra] (Londres, Granada, 1980), 99-100. También ver Francis Hitching, *Earth Magic* [Tierra Mágica] (Nueva York:

William Morrow, 1977).

9. Michell, *The New View over Atlantis* [La Nueva Visión sobre la Atlántida], 47-58.

10. Michael Dames, *The Silbury Treasure: The Great Goddess Rediscovered* [El Tesoro de Silbury: El Redescubrimiento de la Gran Diosa] (Londres: Thames y Hudson, 1976).

11. Ralph Ellis, *Thoth: Architect of the Universe* [Thoth: Arquitecto del Universo] (Dorset, Inglaterra: Edfu Books, 1997), 104-29.

12. Ibid., 50.

13. William Sullivan *The Secret of the Incas: Myth, Astronomy, y the War against time* [El Secreto de los Incas: Mito, Astronomía y la Guerra contra el Tiempo] (Nueva York; Crown Publishers, 1996), 23-24.

14. Michell, *The New View over Atlantis* [La Nueva Visión sobre la Atlántida], 94.

15. P.C.W. Davies y J. Brown, *Superstrings* [Supercuerdas] (Cambridge: Cambridge University Press, 1988).

16. Michell, *The New View over Atlantis* [La Nueva Visión sobre la Atlántida], 39.

17. Georg Feuerstein, Subhash Kak y David Frawley, *In Search of the Cradle of Civilization* [En Búsqueda de la Cuna de la Civilización] (Wheaton, Ill.; Quest Books, 1995), 76-99.

18. Tom Van Flandern, *Dark Matter, Missing Planets, and New Comets: Paradoxes Resolved, Origins Illuminated* [Materia Oscura, Planetas Perdidos y Nuevos Cometas: Paradojas Resueltas, Orígenes Iluminados] (Berkeley, Calif.: North Atlantic Books, 1993), 155-236.

19. Richard Rudgley, *The Lost Civilizations of the Stone Age* [Las Civilizaciones Perdidas de la Edad de Piedra] (Nueva York: The Free Press, 1999), 8-9. También ver Felicitas D. Goodman, *Where the Spirits Ride the Wind: Trance Journeys and Other Ecstatic Experiences* [Donde los Espíritus Cabalgan el Viento: Viajes en Trance y Otras Extáticas Experiencias] (Bloomington, Ind.: Indiana University Press, 1990), 219-23.

20. Jeremy Naydler, *Temple of the Cosmos: The Ancient Egyptian Science of the Sacred* [Templo del Cosmos: La Antigua Ciencia Egipcia de lo Sagrado] (Rochester, Vt.: Inner Traditions, 1996), vii.

21. Michell, *The New View over Atlantis* [La Nueva Visión sobre la Atlántida], 94.

22. Norman J. Lockyer, *The Dawn of Astronomy* [El Amanecer de la Astronomía] (Londres: Macmillan, 1894), 235-36.

23. Barbara Hand Clow, *The Mind Chronicles Trilogy: Eye of the Centaur* [La Trilogía de las Crónicas de la Mente: El Ojo del Centauro] (Santa Fe: Bear & Company, 1990), 37-40.

24. Graham Hancock, *Fingerprints of the Gods* [Huellas de los Dioses] (Nueva York: Crown, 1995), 400-407.

25. Miriam Lichtheim, *Ancient Egyptian Literature, Vol. II: New Kingdom* [Antigua Literatura Egipcia, Vol. II: Nuevo Reino] (Berkeley, Calif.; University of California Press, 1980), 197-99.

26. Dimitri Meeks y Christine Favard-Meeks, *Daily Life of the Egyptian Gods* [Vida Diaria de los Dioses Egipcios] (Ithaca, N.Y.: Cornell University Press, 1993), 26.

27. Henri Frankfort, *Kingship and the Gods: A Study of Ancient Near Eastern Religion and the Integration of Society and Nature* [El Reino y los Dioses: Un Estudio de la Antigua Religión del Cercano Oriente y la Integración de la Sociedad y la Naturaleza] (Londres: University of Chicago Press, 1948), 101-23.

28. Frankfort, *Kingship and the Gods* [El Reino y los Dioses], 19.

29. Ibid., 20.

30. Ibid., 23.

31. Ibid., 112,, 126.

32. Ibid., 128-29

33. Ibid., 91-129.

34. Ibid., 130.

35. Ibid., 133.

36. Ibid., 134.

37. Ibid., 79.

38. Brian Fagan, *From Black Land to Fifth Sun* [De la Tierra Negra al Quinto Sol] (Reading, Mass.: Perseus Books, 1998), 74.

39. Frankfort, *Kingship and the Gods* [El Reino y los Dioses], 86.

40. Ibid., 207.

41. Citando a C.H. Wilkinson en Alan F. Alford, *The Phoenix Solution: Secrets of a Lost Civilization* [La Solución de Fénix: Secretos de una Civilización Pérdida] (Londres: Hodder and Stoughton, 1998), 322.

42. Ibid., 327-28.

43. Naydler, *Temple of the Cosmos* [Templo del Cosmos], 13.

Capítulo Seis

1. Aeschylus, Prometheus Bound, trad. E.H. Plumptre, 1868. No está disponible la cita completa, pero una traducción alternativa se puede encontrar en *Greek Tragedy* [Tragedia Griega] de Albert Cook y Edwin Dolan, (Dallas: Spring Publications, 1972), 80-81.

2. Mary Settegast, *Plato Prehistorian: 10,000 to 5000 B.C.—Myth, Religion, Archaeology* [Platón Prehistoriador: 10,000 a 5000 a.C. —Mito, Religión, Arqueología] (Hudson, N.Y.: Lindisfarne Press, 1990), 30, 34.

3. W.B. Emery, *Archaic Egypt* [Egipto Arcaico] (Londres: Penguin Books, 1961), 152, fig.8.

4. Adrian Barnett, "Escritura en Piedra", *New Scientist*, 4 de octubre de 1997, 11.

5. Andrew Collins, *From the Ashes of Angels: The Forbidden Legacy of a Fallen Race* [De las Cenizas de los Ángeles: El Prohibido Legado de una Raza Caída] (Londres, Signet, 1997), 327-47

6. Ibid., 344.

7. Settegast, *Plato Prehistorian* [Platón Prehistoriador], 94-105.

8. Charles Pellegrino, *Unearthing Atlantis: An Archaelogical Odyssey* [Atlántida Desenterrada: Una Odisea Arqueológica] (Nueva York: Vintage Books, 1993), 246. También ver Michael Hoffman, *Egypt before the Pharaohs: The Prehistoric Foundations of Egyptian Civilization* [Egipto antes de los Faraones: Los Cimientos Prehistóricos de la Civilización Egipcia] (Nueva York; Dorset Press. 1979), 23-32.

9. George Rapp Jr. y Christopher L. Hill, *Geoarchaeology: The Earth-Science Approach to Archaeological Interpretation* [Geoarqueología: Un Acercamiento Tierra-Ciencia a la Interpretación Arqueológica) (New Haven, Conn.: Yale University Press, 1998), 159.

10. Settegast, *Plato Prehistorian* [Platón Prehistoriador], 46.

11. Ibid., 46-49.

12. Ibid., 50.

13. Platón, *Timaeus y Critias* [Timeo y Critias], trad. Desmond Lee (Londres: Penguin, 1965), 134.

14. Settegast, *Plato Prehistorian* [Platón Prehistoriador], 42.

15. Ibid., 42-51.

16. Ibid., 141.

17. William Ryan y Walter Pitman, *Noah's Flood: The New Scientific Discoveries about the Event that Changed History* [El Diluvio de Noé: Los Nuevos Descubrimientos Científicos sobre el Evento que Cambió la Historia] (Nueva York: Touchstone, 1998).

18. Ryan y Pitman, *Noah's Flood* [El Diluvio de Noé], 188-201.

19. Andrew Collins, *The Gods of Eden: Egypt's Lost Legacy and the Genesis of Civilization* [Los Dioses del Edén: El Legado Perdido de Egipto y el Génesis de la Civilización] (Londres: Headline, 1998), 312-17; Stephen Oppenheimer, *Eden in the East: The*

Drowned Continent of Southeast Asia [Edén en el Este: El Continente Hundido en el Sureste de Asia] (Londres: Weidenfeld y Nicolson, 1998), 60-61

20. Charles Hapgood, *Maps of the Ancient Sea Kings: Evidence of Advanced Civilization in the Ice Age* [Mapas de los Antiguos Reyes del Mar: Evidencia de una Avanzada Civilización en la Era de Hielo] (Londres: Turnstone Books, 1966), 186-87.

21. Georg Feuerstein, Subhash Kak y David Frawley, *In Search of the Cradle of Civilization* [En Búsqueda de la Cuna de la Civilización] (Wheaton, III.; Quest Books, 1995), 87-99

22. A.G. Galanopoulos y Edward Bacon, *Atlantis: The Truth behind the Legend* [Atlántida: La Verdad detrás de la Leyenda] (Nueva York: Bobbs-Merrill, 1969), 112.

23. James W. Mavor, *Voyage to Atlantis* [Viaje a la Atlántida] (Rochester, Vt.: Park Street Press, 1990), 46.

24. Platón, *Timaeus y Critias* [Timeo y Critias], 36.

25. J.B. Delair, "Planet in Crisis" [Platena en Crisis], *Chronology and Catastrophism Review*, 2 (1997), 2.

26. Jane Hamblin y los Editores de Time-Life, The Firt Cities [Las Primeras Ciudades] (Nueva York: Time-Life Books, 1973), 43-67.

27. Settegast, *Plato Prehistorian* [Platón Prehistoriador], 163-71.

28. Ibid., 169.

29. Ryan y Pitman, *Noah's Flood* [El Diluvio de Noé], 184.

30. Collins, *From the Ashes of Angels: The Forbidden Legacy of a Fallen Race* [De las Cenizas de los Ángeles: El Prohibido Legado de una Raza Caída] (Londres, Signet, 1997), 266-70.

31. Settegast, *Plato Prehistorian* [Platón Prehistoriador], 189.

32. Ibid., 201-03.

33. Brian Fagan, *From Black Land to Fifth Sun* [De la Tierra Negra al Quinto Sol] (Reading, Mass.: Perseus Books, 1998), 69.

34. Ibid., 92.

35. Settegast, *Plato Prehistorian* [Platón Prehistoriador], 201, 215-16.

36. Hertha Von Dechend y Giorgio de Santillana, *Hamlet's Mill: An Essay on Myth and the Frame of Time* [El Molino de Hamlet: Un ensayo sobre Mitología y el Marco del Tiempo] (Boston: David R. Godine, 1977), 62-63.

37. Settegast, *Plato Prehistorian* [Platón Prehistoriador], 9, 215-21.

38. Ibid., 201. También ver David Ulansey, *The Origins of the Mithraic Mysteries* [Los Orígenes de los Misterios Mitraicos] (Oxford: Oxford University Press, 1989), 9.

39. Settegast, *Plato Prehistorian* [Platón Prehistoriador], 205.

40. Malcolm W. Browne, "Harnessing a Molecule's Explosive Powers" [Aprovechando los Poderes Explosivos de una Molécula], *New York Times*, 25 de enero de 2000, sec. F, 3.

41. Richard Rudgley, *The Lost Civilizations of the Stone Age* [Las Civilizaciones Perdidas de la Edad de Piedra] (Nueva York: The Free Press, 1999), 50-57.

42. Ibid., 86-105.

43. Ibid., 87.

Capítulo Siete

1. Elémire Zolla en Giuseppe Maria Sesti, *The Glorious Constellations* [Las Gloriosas Constelaciones] (Nueva York: Harry N. Abrams, 1987), 14-15.

2. Michio Kushi, *The Era of Humanity* [La Era de la Humanidad] (Berkeley, Calif.: East West Journal, 1977), 100.

3. Michio Kushi, *The Era of Humanity* [La Era de la Humanidad], 65-69.

4. Ibid., 105.

5. Ibid., 104.

6. Ibid., 104-5.

7. Mary Scott, *Kundalini in the Physical West* [Kundalini en el Oeste Físico] (Londres: Routledge & Kegan Paul, 1983), 236-37.

8. David Icke, The Biggest Secret [El más Grande Secreto] (Scottsdale, Ariz.: Bridge of Love Publications, 1999); Christopher Knight y Robert Lomas, *The Hiram Key: Pharaohs, Freemasons, and the Discovery of the Secret Scrolls of Jesus* [La Llave de Himan: Faraones, Masones Libres y el Descubrimiento de los Pergaminos de Jesús] (Boston: Element, 1999); Louis Pauwels y Jacques Bergier, *The Morning of the Magicians* [La Mañana de los Magos] (Nueva York; Stein and Day, 1964) y Trevor Ravenscroft, The *Spear of Destiny* [La Lanza del Destino] (York Beach, Me.: Weiser, 1982).

9. Andrew Collins, *From the Ashes of Angels: The Forbidden Legacy of a Fallen Race* [De las Cenizas de los Ángeles: El Prohibido Legado de una Raza Caída] (Londres, Signet, 1997), 10.

10. Ibid.

11. Andrew Collins, *The Gods of Eden: Egypt's Lost Legacy and the Genesis of Civilization* [Los Dioses del Edén: El Legado Perdido de Egipto y el Génesis de la Civilización] (Londres: Headline, 1998), 261.

12. Collins, *From the Ashes of Angels* [De las Cenizas de los Ángeles], 283-85.

13. Ibid.

14. James Mellaart, *Çatal Hüyük: A Neolithic Town in Anatolia* [Çatal Hüyük: Una Ciudad Neolítica en Anatolia] (Nueva York: McGraw-Hill, 1967), 66.

15. Collins, *From the Ashes of Angels* [De las Cenizas de los Ángeles], 286.

16. Ibid., 345.

17. D.S. Allan y J.B. Delair, *Cataclysm! Compelling Evidence of a Cosmic Catastrophe in 9500 b.C.* [¡Cataclismo! Convincente Evidencia de una Catástrofe Cósmica en el 9500 a.C.] (Santa Fe: Bear & Company, 1997), 183-90; Tjeerd H. Van Andel, *New Views on an Old Planet: A History of Global Change* [Nuevas Perspectivas sobre un Antiguo Planeta: Una Historia de Cambio Global] (Cambridge: Cambridge University Press, 1994), 36, 86, 96-97.

18. Allan y Delair, 101-5

19. Collins, *From the Ashes of Angels* [De las Cenizas de los Ángeles], 290.

20. J.B. Delair y E.F. Oppé, "La Evidencia de la Violenta Extinción en Sudamérica", en *The Path of the Pole* [El Sendero del Polo], ed. Charles Hapgood (Kempton, I11.: Adventures Unlimited Press, 1970), 280-97; Hershel Shanks, "Everything Your Ever Knew about Jerusalem Is Wrong" [Todo lo que Usted Sabe sobre Jerusalén está Equivocado (Bueno, Casi todo)], *Biblical Archaeology Review* 65, no. 6 (1999), 20-29.

21. Collins, *From the Ashes of Angels* [De las Cenizas de los Ángeles], 102.

22. Ibid., 92.

23. Ibid., 98. Mary Settegast, *Plato Prehistorian: 10,000 to 5000 B.C.—Myth, Religion, Archaeology* [Platón Prehistoriador: 10,000 a 5000 a.C. —Mito, Religión, Arqueología] (Hudson, N.Y.: Lindisfarne Press, 1990), 211-25.

24. Collins, *From the Ashes of Angels* [De las Cenizas de los Ángeles], 100.

25. Ibid., 101.

26. Ibid., 103.

27. Ibid., 105.

28. Ibid., 116.

29. Ibid., 51-54.

30. James M. Robinson, ed., *The Nag Hamadi Library* [La Biblioteca Nag Hamadi] (San Francisco: Harper & Row, 1977).

31. Collins, *From the Ashes of Angels* [De las Cenizas de los Ángeles], 23-24.

32. Ibid., 24-25.

33. Ibid., 25-27.

34. Ibid., 63.

35. Ibid., 62-73.

36. Ibid., 38-45.

37. Ibid., 41.

38. Margaret Starbird, *The Woman with the Alabaster Jar: Mary Magdalen and the Holy Grail* [La Mujer con el Jarrón de Alabastro: María Magdalena y el Santo Grial] (Santa Fe: Bear & Company, 1993), 27-30.

39. Matthew Fox, *Original Blessing: A Primer in Creation Spirituality* [Bendición Original: Un Compendio en la Creación de la Espiritualidad] (Santa Fe: Bear & Company, 1983), 18,232-38.

40. Collins, *From the Ashes of Angels* [De las Cenizas de los Ángeles], 56-61.

41. Ibid., 109-22.

42. Ibid., 114.

43. Ibid., 111-15.

44. Ibid., 112.

45. Ibid., 127-34.

46. Ibid., 140.

47. Ibid., 205-7.

48. Christopher O'Brien y Barbara Joy O'Brien, *The Genius of the Few: The Story of Those Who Founded the Garden in Eden* [El Genio de los Pocos: La Historia de Aquellos que Fundaron el Jardín en el Edén] (Northhamptonshire, England: Turnstone, 1985), 68-70.

49. Collins, *From the Ashes of Angels* [De las Cenizas de los Ángeles], 244.

50. Ibid., 245.

51. Ibid., 247-48.

52. Ibid., 249.

53. Lucie Lamy, *Egyptian Mysteries: New Light on Ancient Knowledge* [Misterios Egipcios: Nueva Luz sobre el Conocimiento Antiguo] (Londres: Thames and Hudson, 1981), 7.

54. Javier Cabrera Darquea, *The Message of the Engraved Stones of Ica* [El Mensaje de las Piedras Grabadas de Ica] (Lima: publicación privada, 1988).

55. Delair y Oppé, "The Evidence of Violent Extinctions in South America" [La Evidencia de la Violenta Extinción en Sudamérica], 280-97.

56. Ibid., 286-91.

57. Cabrera, *The Message of the Engraved Stones of Ica* [El Mensaje de las Piedras Grabadas de Ica], 87-102.

58. Ibid., 40-42

59. H.S. Bellamy, *Built Before the Flood: The Problem of the Tiahuanaco Ruins* [Construidas Antes del Diluvio: El Problema de las Ruinas de Tiahuanaco] (Londres: Faber

and Faber, 1947), 35 y Graham Hancock, *Fingerprints of the Gods* [Huellas de los Dioses] (Nueva York: Crown Publishers, 1995), 76.

60. Cabrera, *The Message of the Engraved Stones of Ica* [El Mensaje de las Piedras Grabadas de Ica], 24.

61. Ibid., 87-102.

62. Ibid., 64-74, 200.

63. Delair y Oppé, "The Evidence of Violent Extinctions in South America" [La Evidencia de la Violenta Extinción en Sudamérica], 281-94.

64. Cabrera, *The Message of the Engraved Stones of Ica* [El Mensaje de las Piedras Grabadas de Ica], 189-92.

65. Ibid., 196.

66. Ibid., 190-97.

67. Allan y Delair, *Cataclysm!* [¡Cataclismo!], 207-11.

68. Ibid., 317.

69. Collins, *The Gods of Eden* [Los Dioses del Edén], 338-41.

70. Cabrera, *The Message of the Engraved Stones of Ica* [El Mensaje de las Piedras Grabadas de Ica], 164-67.

71. Ibid., 166,

72. Ibid., 152.

73. Ibid., 142.

74. Hancock, *Fingerprints of the Gods* [Huellas de los Dioses], 76.

75. Cabrera, *The Message of the Engraved Stones of Ica* [El Mensaje de las Piedras Grabadas de Ica], 151-64.

76. Ibid., 173.

77. Charles Hapgood, *Mystery in Acambaro* [Misterio en Acámbaro] (Kempton, I11.: Adventures Unlimited Press, 2000), 72-153.

78. Ibid., 93.

79. Ibid., 96. (itálicas mías).

80. Christopher Dunn, *The Giza Power Plant: Technologies of Ancient Egypt* [La Planta de Poder de Gizeh: Tecnologías del Antiguo Egipto] (Santa Fe: Bear & Company, 1998), 103-70.

81. Ibid., 87.

82. Ibid., 105.

83. Ibid., 109-19.

84. Ibid., 109-24.

85. Ibid., 134-35.

86. Ibid., 138-39.

87. Ibid., 151.

CAPÍTULO OCHO

1. Edgar Cayce citado en Lynn Picknett y Clive Prince, *The Stargate Conspiracy* [La Conspiración de la Puerta Estelar] (Londres: Little, Brown, 2000), 59.

2. Ian Lawton y Chris Ogilvie-Herald, *Giza: The Truth* [Gizeh: La Verdad] (Londres: Virgin Publishing, 2000), 214-16, 476-78; Christopher Dunn, "Petrie on Trial", *Atlantis Rising* 24 (2000), 24-25, 60-61.

3. Charles Hapgood, *The Path of the Pole* [El Sendero del Polo] (Kempton, Ill.: Adventures Unlimited Press, 1970), xiv-xv.

4. Picknett y Prince, *Stargate Conspiracy* [La Conspiración de la Puerta Estelar], xv.

5. Ibid., 59.

6. Ibid., 13.

7. Robert K.G. Temple, The Sirius Mystery [El Misterio de Sirio] (Nueva York: St. Martin's Press, 1976).

8. Picknett y Prince, *The Stargate Conspiracy* [La Conspiración de la Puerta Estelar], 34.

9. Barbara Hand Clow, *The Pleiadian Agenda: A New Cosmology for the Age of Light* [La Agenda de las Pléyades: Una Nueva Cosmología para la Era de la Luz] (Santa Fe: Bear & Company, 1995),xix-xxi.

10. Picknett y Prince, *The Stargate Conspiracy* [La Conspiración de la Puerta Estelar], xiv (itálicas de la autora).

11. Ibid., 28.

12. Ibid., 59.

13. Ibid., 105.

14. Ibid., 106-7.

15. Ibid., 255-302.

16. Ibid., 63.

17. Ibid., 84.

18. J.J. Hurtak, *The Book of Knowledge: The Keys of Enoch* [El Libro del Conocimiento: Las Llaves de Enoc] (Los Gatos, Calif.: The Academy for Future Science, 1977).

19. Picknett y Prince, *The Stargate Conspiracy* [La Conspiración de la Puerta Estelar], 87.

20. Ibid.

21. Ibid., 81-115.

22. Ibid., 100.

23. David Ovason, *The Secret Architecture of Our Nation's Capital* [La Arquitectura Secreta de la Capital de Nuestra Nación] (Nueva York; HarperCollins, 2000).

24. Picknett y Prince, *The Stargate Conspiracy* [La Conspiración de la Puerta Estelar], 117-19.

25. Ibid., 121.

26. Ibid., 135.

27. D.S. Allan y J.B. Delair, *Cataclysm! Compelling Evidence of a Cosmic Catastrophe in 9500 b.C.* [¡Cataclismo! Convincente Evidencia de una Catástrofe Cósmica en el 9500 a.C.] (Santa Fe: Bear & Company, 1997), 226.

28. Ibid. 227.

29. Graham Hancock, *The Mars Mystery* [El Misterio de Marte] (Nueva York: Crown, 1998), 48.

30. Ralph Ellis, *Thoth: Architect of the Universe* [Thoth: Arquitecto del Universo] (Dorset, Inglaterra: Edfu Books, 1997), 104-31.

31. John Noble Wilford, "Replying to Skeptics, NASA Defends Claims About Mars" [Contestando a los Escépticos, NASA Defiere los Reclamos Sobre Marte] , *New York Times*, 8 de agosto 1996, sec. D., 1,20.

32. Picknett y Prince, *Stargate Conspiracy* [La Conspiración de la Puerta Estelar], 157-59; Graham Hancock, *The Mars Mystery* [El Misterio de Marte], 21-22.

33. David L. Chandler, "Clinton Touts Mars Project", *Boston Globe*, 8 de agosto 1996, sec. A, 1.

34. Graham Hancock, *The Mars Mystery* [El Misterio de Marte], 23.

35. John Noble Wilford, "Replying to Skeptics, NASA Defends Claims About Mars" [Contestando a los Escépticos, NASA Defiere los Reclamos Sobre Marte], 20.

36. Graham Hancock, *The Mars Mystery* [El Misterio de Marte], 244.

37. Ibid., 264.

38. Allan y Delair, *Cataclysm!* [¡Cataclismo!], 205.

39. Ibid.

40. Anthony Milne, *Doomsday* [Día del Juicio Final] (Londres: Praeger, 2000), 33-34; Alfred K. Mann, *Shadow of a Star: The Neutrino Story of Supernova 1987A* [La Sombra de una Estrella: La Historia de Neutrino de la Supernova 1987A] (Nueva York: W.H. Freeman and Company, 1997), 56-64, 81-98.

41. Picknett y Prince, *The Stargate Conspiracy* [La Conspiración de la Puerta Estelar], 163.

42. Ibid., 161-66.

43. Ibid., 167-69.

44. Ibid., 167-68.

45. Ibid., 168.

46. Ibid., 169.

47. Ibid., 171.

48. Ibid., 178.

49. Ibid., 177.

50. Ibid., 174-81.

51. Ibid., 183-87.

52. Ibid., 189-96.

53. Ibid., 205-6.

54. Ibid., 205-9, 217.

55. Ibid., 235.

56. Ibid., 239.

57. Ibid., 239-40.

58. Ibid., 240.

59. Felicitas D. Goodman, *Ecstasy, Ritual, and the Alternate Reality* [Éxtasis, Ritual y la Realidad Alterna] (Bloomington, Ind.: Indiana University Press, 1992), 25.

60. David Ulansey, *The Origins of the Mithraic Mysteries* [Los Orígenes de los Misterios Mitraicos] (Oxford: Oxford University Press, 1989), 4.

61. Ibid.

62. Ibid., 88.

63. Ibid., 68-69.

64. Ibid., 71-73.

65. Ibid., 75.

66. Ibid., 76.

67. Ibid., 78.

68. Ibid., 83.

69. Mary Settegast, *Plato Prehistorian: 10,000 to 5000 B.C.—Myth, Religion, Archaeology* [Platón Prehistoriador: 10,000 a 5000 a.C. —Mito, Religión, Arqueología] (Hudson, N.Y.: Lindisfarne Press, 1990), 220.

70. Ibid., 225.

71. Ibid., 219.

72. Ibid., 240-51.

73. Andrew Collins, *From the Ashes of Angels: The Forbidden Legacy of a Fallen Race* [De las Cenizas de los Ángeles: El Prohibido Legado de una Raza Caída] (Londres, Signet,

1997), 95.

74. Ulansey, *The Origins of the Mithraic Mysteries* [Los Orígenes de los Misterios Mitraicos], 32-33, 47-49.

75. Ibid., 57.

CAPÍTULO NUEVE

1. Barbara Hand Clow, *The Pleiadian Agenda: A New Cosmology for the Age of Light* [La Agenda de las Pléyades: Una Nueva Cosmología para la Era de la Luz] (Santa Fe: Bear & Company, 1995), 54.

2. Ibid., 73.

3. Dimitri Meeks y Christine Favard-Meeks, *Daily Life of the Egyptian Gods* [La Vida Diaria de los Dioses Egipcios] (Ithaca, N.Y.: Cornell University Press, 1993), 58.

4. Ibid., 53-89.

5. Barbara Hand Clow, *Eye of the Centaur* [El Ojo del Centauro] (Santa Fe: Bear & Company, 1990), 4.

6. Ibid., 8.

7. Ibid., 8-9.

8. Ibid., 9.

9. Ibid., 18-19.

10. Joscelyn Godwin, Arktos: *The Polar Myth in Science, Symbolism, and Nazi Survival* [Arktos: El Mito Polar en la Ciencia, Simbolismo y la Supervivencia Nazi] Kempton, I11.: Adventures Unlimited Press, 1996), 48,76.

11. Barbara Hand Clow, *Chiron: Rainbow Bridge between the Inner and Outer Planets* [Quirón: Puente Arcoiris entre los Planetas Internos y los Externos] (St. Paul, Minn.: Llewellyn Publications, 1989), 1-12.

12. Richard Gerber, *Vibrational Medicine: New Choices for Healing Ourselves* [Medicina por Vibración: Nuevas Opciones para Sanarnos Nosotros Mismos] (Rochester, Vt.: Bear & Co., 2001).

13. Richard Gerber citado en Barbara Hand Clow, *The Liquid Light of Sex: Kundalini Rising During Midlife Crisis* [La Luz Líquida de Sexo: Surgimiento de Kundalini Durante la Crisis de los Cuarentas] (Santa Fe: Bear & Company, 1991), xix.

14. Belinda Gore, *Ecstatic Body Postures: An Alternate Reality Workbook* [Posturas Extáticas del Cuerpo: Un Libro de Trabajo de la Realidad Alterna] (Santa Fe: Bear & Company, 1995), x.

15. Ibid., ix.

16. Ibid.

17. Ibid., 12.

18. Ibid.

19. Felicitas D. Goodman, *Where the Spirits Ride the Wind: Trance Journeys and Other Ecstatic Experiences* [Donde los Espíritus Cabalgan el Viento: Viajes en Trance y Otras Extáticas Experiencias] (Bloomington, Ind.: Indiana University Press, 1990), 107.

20. Gore, *Ecstatic Body Postures* [Posturas Extáticas del Cuerpo].

21. Ibid., 29-30.

22. Ibid., 16.

23. Ibid., xii.

24. Ibid., 17.

25. Ibid.

26. Lynn Picknett y Clive Prince, The *Stargate Conspiracy* [La Conspiración de la Puerta Estelar] (Londres: Little, Brown, 2000), 346-51.

27. Ibid., 350-51.

Anexo A

1. Graham Hancock, *Fingerprints of the Gods* [Huellas de los Dioses] (Nueva York: Crown Publishers, 1995), 381-87. La fecha más antigua es de Manetho, el Papiro de Turín, Diodoro Sículo, Herodoto, y la Piedra de Palermo.

2. Andrew Collins, *The Gods of Eden: Egypt's Lost Legacy and the Genesis of Civilization* [Los Dioses del Edén: El Legado Perdido de Egipto y el Génesis de la Civilización] (Londres: Headline, 2000).

3. Michael Hoffman, *Egypt before the Pharaohs: The Prehistoric Foundations of Egyptian Civilization* [Egipto antes de los Faraones: Los Cimientos Prehistóricos de la Civilización Egipcia] (Nueva York; Dorset Press. 1979) y W.B. Emery, *Archaic Egypt* [Egipto Arcaico] (Londres: Penguin Books, 1961). Lista del Rey de Abidos. El Énfasis es sobre los faraones y periodos teológicos discutidos en mi texto.

4. La Cronología Dinastica es la base estándard usada por los egiptólogos, que se derivó de Manetho y las Listas del Rey, y la interpretación de los eventos es mías.

Anexo B

1. J.B. Delair, "Planet in Crisis", *Chronology and Catastrophism Review*, 2 (1977), 6-9. Notas del artículo de J.B. Delair:

40. Barton, P & Wood, *Geophys.Journ.*, vo. 79, 1984, pp. 987-1022.

41. Manley, J., *Atlas of Prehistoric Britain*, Oxford, 1989.

42. Gresswell, RK, *Sandy Shores in South Lancashire*, Liverpool, 1953, ver fig. 6.

43. Manley, op cit.

44. Kuenen, PH, *Marine Geology*, Nueva York, 1950.

45. Van Bemmelen, RW, *The Geology of Indonesia*, The Hague, 1949.

46. Geyh, MA, Kudrass, HR y Strief, *Nature*, vol. 278, 1979, pp. 441-443.

47. Hantoro, WS, Faure, H. Djuwansah, R, Faure-Denard, L & Pirazzoli, PA. *Quat.Inter.*, vol. 29/30, 1995, pp. 129-34.

48. Van Andel, TH, Heath, GR, Moore, TH & McGeary, DRF, *Amer.Jour.Sci.*, vol. 265. 1961, pp. 737-758.

49. Smart, J, *Geology*, vol.5, 1977, pp.755-759.

50. Torguerson, T, Jones, MR, Stephens, DE & Ullman, WJ, *Nature*, vol. 313, 1985, pp. 785-787.

51. Bloom, A. *Quanterneria*, vol. xii, 1970.

52. Piazzolli, PM & Montaggioni, F, *Palaeogeogr.Palaeoclimat.Palaeoecol.*, vol. 68, 1988, pp. 153-175.

53. Piazzoli, PM, Montaggioni, F, Delibrias, G, Faure, G & Salvet, B, *Proc. 5TH Intern. Coral Reef Cong.* (Tahiti), 1985, vol. 3, pp. 131-136.

54. Wadia, DN, *Geology of India*, 1953, p. 37.

55. Holmes, A, *Principles of Physical Geology*, Londres pp. 417-418.

56. Lees, GM & Falcon, NL, *Geogr.Journ.*, vol. 118, 1952, pp. 24-39, ver p. 28 fn.

57. Grant, DR, *Canad.Journ.Earth Sci.*, vol. 7, 1970, pp. 676-689.

58. King, PB, *The Evolution of North America*, Princeton, NJ, 1937.

59. Fillon, RH, *Quat. Res.*, vol. 1, no: 4, 1971, pp. 522-531.

60. Putnam, WC, *Geology*, Nueva York, 1964.

61. Bergvist, B, *Geologiska Forengingen I Stockholm Forhandlinger*, vol. 99, 1977, pp. 347-357.

62. Velichko, AA (ed.), *Late Quaternary Environments of the Soviet Union*, Londres, 1984.

63. Kyasov, DD, *Late Quaternary History of Major Lakes and Inland Seas of Eartern Europe*, Leningrado, 1975.

64. Kolp, O, Quaestiones Geogr., vol. 13/14, 1990, pp. 69-86.

65. Klakegg, O and Rye, N, *Norsk. Geolog. Tidskrift.*, vol. 70, 1990, pp. 47-59.

66. Svensson, N-O, Terra Nova, vol. 3, 1991, pp. 359-378.

67. Gams, H y Nordhagen, R, *Mitteilungen der Geographischen Gessell*, Munchen, vol. xvi, 1923, heft. 2, pp. 13-348.

68. Moon, H, (trad.), *Linn. Soc. Lond.*, ser. 3, vol. 1, pt. 1, 1939.

69. Wirrmann, D & de Oliveira Almeida, LF, *Palaeogeogr.Palaeoclimat.Palaeoecol.*, vol. 58, 1987, pp. 315-323.

70. Holmes, A, op. cit.

71. Wright, HE Jr., *Bull.Res.Council Israel*, no. 7g, 1958, pp. 53-59.

72. Flint, RF, *Glacial Geology and the Pleistocene Epoch*, Nueva York, 1947, p. 382.

73. Sayce, AH, *Hibbert Lectures*, Londres, 1887, p. 21.

74. Oppenheim, L., *Ancient Mesopotamia*, Chicago, 1963, p. 161.

75. Gams & Nordhagen, op. cit.

76. Gregory, JW, 1911, *Rep. Brit. Assoc. Adv. Sci.*, Portsmouth, pp. 445-446.

77. Brelsford, V, *Geogr.Journ.*, vol. 83, 1934, pp. 48-50.

78. Fowler, G, *Geogr.Journ.*, vol. 79, 1932, pp. 210-212.

79. Fowler, G. *Proc.Cambs.Antiq.Soc.*, vol. xxxiii, 1933, pp. 109-128.

80. St. Joseph, JK, Antiquity, vol. xiviii, 1974, pp. 295-298.

81. Kendall, HGO, *Proc.Prehis.Soc.E. Anglia*, vol. 1, pt. 2, pp. 135-139.

82. Harris, M. *Cannibals and Kings*, Nueva York, 1976.

83. Holmes, A, op. cit.

84. Mulcahy, MJ, en Jennings, JN y Marbutt, JA (eds.), *Landform Studies from Australia y New Guinea*, Cambridge, 1967, pp. 211-230.

85. Dury, GH & Logan, MI, *Studies in Autralian Geography*, Londres, 1968, pp. 14-15.

86. Selby, MJ, Hendry, CH & Seeley, MK, *Palaeogeogr.Palaeoclimat.Palaeoecol.*, vol. 26, 1978, pp. 37-41.

87. Boocock, C & Van Straten, OJ, (trad.), *Proc.Geol.Soc.S.Afr.*, vol. 65, 1962, pp. 125-171.

88. Wright, op. cit.

89. Holm, DA, *Science*, vol. 132, 1960, pp. 1369-1379.

90. McClure, *Nature*, vol. 263, 1976, pp. 755-756.

91. Al Sayari & Zotl, JG, (eds.), *Quaternary Period in Saudi Arabia*, Nueva York, 1978.

92. Kropelin, S & Soulie-Marsche, I, *Quat.Res.*, vol. 36, 1991, pp. 210-223.

93. Pachur, J-J & Kropelin, S, *Science*, vol. 237, 1987, pp. 298-300.

94. NcCauley, JF, Schaber, GG, Breed, CS, Grolier, MG, Haynes, CV, Issawi, B, Elachi C & Blom, A, *Science*, vol. 218, 1982, pp. 1004-1020.

95. Geyh, MA & Jakel, D. *Palaeogeogr.Palaeoclimat.Palaeoecol.*, vol. 15, 1974, pp. 205-208.

96. Gautier, EF, *Geograph, Rev.*, vol. 16, 1926, pp. 378-394.

97. Harvey, CPD & Grove, AT, *Geogr.Journ.*, vol. 148, pp. 327-336.

98. Bowen, R, & Jux, U, *Afro-Arabian Geology: A kinematic view*, London & New York, 1987.

99. Gardner, EW, *Geol.Mag.*, vol. 64, 1927.

100. Ritchie, JC & Haynes, CV, *Nature*, vol. 330, 1987, pp. 645-647.

101. Murray, GW, *Geogr.Journ.*, vol. 117, 1951, pt. 4, pp. 422-434.

102. Ibid.

103. Ibid.

104. Murray, GW, *Journ.Egypt.Archaeol.*, vol. 17, 1931.

105. Twitchell, KS, *Saudi Arabia*, 3rd edn., New Jersey, 1958.

106. Thesiger, W, *Arabian Sands*, Londres, 1959.

107. Kutzbach, JE, *Science*, vol. 214, 1981, pp. 59-61.

108. Kutabach, JE & Otto Bliesner, BL, *Journ.Atmosph.Sci.*, vol. 39, no.6, 1982, pp. 1177-1188.

109. Eden, MJ, *Journ.Biogeogr.*, vol. 1, 1974, pp. 95-109.

110. Prance, GT, *Acta Amazónica*, vol. 3, no. 3, 1973, pp. 5-28.

111. Haffer, J, *Science*, vol. 165., 1969, pp. 131-137.

112. Vanzolini, PE & Williams, EE., *Archos.Zool.Est.Sao Paulo*, vol. 19, 1970, pp. 1-124.

113. Meggers, BJ, pp. 493-496 en Prance, GT (ed.), *Biological Diversification in the Tropics*, Nueva York, 1982.

114. Mousinho de Meis, MR, *Bull.Geol.Soc.Amer.*, vol. 82, 1971, pp. 1073-1078.

115. Flemley, JR, *The Equatorial Rain Forest: A Geological History*, 1979.

116. Campbell, KE Jr. & Frailey, D. *Quat.Res.*, vol. 21, 1984, pp. 369-375.

Anexo D

1. J.B. Delair, "Planet in Crisis", *Chronology and Catastrophism Review* (1997), 4-11. Las secciones del artículo sólo son extractos.

2. Alexander Marshack, *The Roots of Civilización* (Nueva York: Mc. Graw-Hill, 1967), 9-16.

3. Ibid.

4. Richard Rudgley, *The Lost Civilization of the Stone Age* [La Civilización Perdida de la Edad de Piedra] (Nueva York: The Free Press, 1999), 102.

5. Ibid., 102-4.

6. Ibid., 104.

7. Martin Brennan, *The Stars and the Stones: Ancient Art and Astronomy in Ireland* [Las Estrellas y las Piedras: Arte y Astronomía Antiguos en Irlanda] (Londres: Thames and Hudson, 1985).

8. Robert Temple, *The Crystal Sun* [El Sol de Cristal] (Londres: Century Books, 2000).

9. Ralph Ellis, *Thoth Architect of the Universe* [Thoth Arquitecto del Universo] (Dorset, Inglaterra: Edfu Books, 1977), 104-31.

10. Christopher Knight y Robert Lomas, *Uriel's Machine: The Prehistoric Technology that Survived the Flood* [La Máquina de Uriel: La Tecnología Prehistórica que Sobrevivió el Diluvio] (Boston: Element, 1999), 152-82.

11. Ibid., 213-32.

12. Norman Lockyer, *The Dawn of Astronomy* [El Amanecer de la Astronomía] (Londres: Macmillan), 108.

13. Robert Temple, *The Crystal Sun* [El Sol de Cristal], 412-14.

Notas del artículo de J.B. Delair:

28. Lambeck, K, *The Earth's Variable Rotation: Geophysical Causes and Consequences* [La Rotación Variable de la Tierra: Causas y Consecuencias Geofísicas] (Cambridge, 1980).

29. Rochester, MG, *PhilTrans.Roy.Soc.Lond.*, vol. A306, 1984, pp. 95-105.

30. Ray, RD, Eames, RJ & Chao, BF, *Nature* vol. 391, 1996, n. 65831, pp. 595-597.

31. Dahlen, FA, *Geophys.Journ.Roy.Astron.Soc.*, vol. 52, 1979.

32. Guinot, B, *Astron.Astrophys.*, vol. 19, 1972, pp. 207-214.

33. Ibid. [20]

34. Harris, J, *Celestial Spheres and Doctrine of the Earth's Perpendicular Axis*, Montreal [Esferas Celestes y Doctrina del Perpendicular Eje de la Tierra], 1976.

35. Warren, RF, *Paradise Found; The Cradle of the Human Race at the North Pole. A Study of the Preshistoric World* [Paraíso Encontrado; La Cuna de la Raza Humana en el Polo Norte. Un Estudio del Mundo Prehistórico], Boston, 1885, p. 181.

36. Allan, D.S. y Delair, J.B., *When the Earth Nearly Died* [Cuando la Tierra Casi Muere], Bath, 1995 [Esta es la edición inglesa de *Cataclysm!*, Santa Fe, (1997)].

119. Keaney, P., (ed.), *The Encyclopedia of the Solid Earth Sciences* [La Enciclopedia de las Ciencias Sólidas de la Tierra], Oxford, 1993, p. 134.

120. Whaler, K & Holme, R, *Nature*, vol. 382, no. 6588, 1996, pp. 205-206.

121. Ramalli, G, *Rheology of the Earth*, 2da. ed., Londres, 1995.

122. Pellegrino, O, *Return to Sodom and Gomorrah*, Nueva York, 1995.

123. Mansinha, L & Smylie, DL., *Journ Geophys,Res.*, vol. 72, 1967, pp 4731-4743.

124. Dahlen, FA, *Geophys.Journ.Roy.Astron.Soc.*, vol. 32, 1973, pp. 203-217.

125. Yatskiv, YS & Sasao, T. *Nature*, vol. 255, no. 5510, 1975, p. 655.

126. Whiston, W, *A New Theory of the Earth*, Londres, 1696.

127. Catcott, A. *A Treatise on the Deluge*, Londres, 2da. Ed., 1761.

128. Donnelly, I, *Ragnarok: The Age of Fire and Gravel*, 13a ed. Nueva York, 1895.

129. Beaumont, C, *The Mysterious Comet*, Londres, 1932.

130. Bellamy, HS, *Moons, Myths, and Men*, Londres, 1936.

131. Velikovsky, I. *Worlds in Collision*, Londres, 1950.

132. Patten, DW, *The Biblical Flood and the Ice Epoch*, Seattle, 1966.

133. Muck, O, The Secret of Atlantis, Londres, 1978.

134. Englehardt, WV, *Sber,Heidel.Akad.Wiss.Math.Nat.KL.*, 2abh, 1979.

135. Clube, V, y Napier, WR, *The Cosmic Serpent*, Londres, 1982.

Lecturas Sugeridas

Allan, D.S. y J.B. Delair. *Cataclysm! Compelling Evidence of a Cosmic Catastrophe in 9500 b.C.* [¡Cataclismo! Convincente Evidencia de una Catástrofe Cósmica en el 9500 a.C.] Santa Fe: Bear & Company, 1987.

Bauval, Robert y Adrian Gilbert. *The Orion Mystery: Unlocking the Secrets of the Pyramids* [El Misterio de Orión: Abriendo los Secretos de las Pirámides] Nueva York: Crown Publishers, 1994.

Clow, Barbara Hand. *The Pleiadian Agenda: A New Cosmology for the Age of Light* [La Agenda de las Pléyades: Una Nueva Cosmología para la Era de la Luz] Santa Fe: Bear & Company, 1995.

Collins, Andrew. *From the Ashes of Angels: The Forbidden Legacy of a Fallen Race* [De las Cenizas de los Ángeles: El Prohibido Legado de una Raza Caída] Londres, Signet, 1997.

Dunn, Christopher. *The Giza Power Plant: Technologies of Ancient Egypt* [La Planta de Poder de Gizeh: Tecnologías del Antiguo Egipto] Santa Fe: Bear & Company, 1998.

Flem-Ath, Rand y Rose Flem-Ath. *When the Sky Fell: In Search of Atlantis* [Cuando el Cielo Cayó: En Busca de la Atlántida] Nueva York: St. Martin's Press, 1995.

Goodman, Felicitas D. *Where the Spirits Ride the Wind: Trance Journeys and Other Exstatic Experiences* [Donde los Espíritus Cabalgan el Viento: Viajes en Trance y Otras Extáticas Experiencias] Bloomington, Ind.: Indiana University Press, 1990.

Gore, Belinda. *Ecstatic Body Postures: An Alternate Reality Workbook* [Posturas Extáticas del Cuerpo: Un Libro de Trabajo de la Realidad Alterna]. Santa Fe: Bear & Company, 1995.

Hapgood, Charles. *Maps of the Ancient Sea Kings: Evidence of Advanced Civilization in the Ice Age* [Mapas de los Antiguos Reyes del Mar: Evidencia de una Avanzada Civilización en la Era de Hielo]. Londres: Turnstone Books, 1966.

Jaynes, Julian. *The Origin of Consciousness in the Breakdown of the Bicameral Mind* [El Origen de la Consciencia en el Colapso del Cerebro Bicameral]. Boston: Houghton Mifflin, 1976.

Picknett, Lynn y Clive Prince. *The Stargate Conspiracy* [La Conspiración de la Puerta Estelar]. Londres: Little, Brown, 2000.

Ryan, William y Walter Pitman. *Noah's Flood: The New Scientific Discoveries about the Event that Changed History* [El Diluvio de Noé: Los Nuevos Descubrimientos Científicos sobre el Evento que Cambió la Historia]. Nueva York: Touchstone, 1998.

Settegast, Mary. *Plato Prehistorian: 10,000 to 5000 B.C.—Myth, Religion, Archaeology* [Platón Prehistoriador: 10,000 a 5000 a.C. —Mito, Religión, Arqueología]. Hudson, N.Y.: Lindisfarne Press, 1990.

Ulansey, David. *The Origins of the Mithraic Mysteries* [Los Orígenes de los Misterios Mitraicos]. Oxford: Oxford University Press, 1989.

Von Dechend, Hertha y Giorgio de Santillana. *Hamlet's Mill: An Essay on Myth and the Frame of Time* [El Molino de Hamlet: Un ensayo sobre Mito y el Marco del Tiempo]. Boston: David R. Godine, 1977.

Impreso en Grupo Editorial Zeury SA de CV
Belice # 15 Col. Olivar de los Padres CP 01780
México, D. F. Teléfono 5595-8761,5595-3042